불안을 멈추는 기술

BEYOND ANXIETY

All rights reserved including the right of reproduction in whole or in part in any form. No part of this book may be used or reproduced in any manner for the purpose of training artificial intelligence technologies or systems.
This edition published by arrangement with The Open Field, an imprint of Penguin Publishing Group, a division of Penguin Random House LLC.
THE OPEN FIELD is a registered trademark of MOS Enterprises, Inc.

이 책의 한국어판 저작권은 알렉스리 에이전시 ALA를 통해서
The Open Field, an imprint of Penguin Publishing Group, a division of Penguin Random House LLC 사와 독점계약한 ㈜알에이치코리아에 있습니다.
저작권법에 의하여 한국 내에서 보호를 받는 저작물이므로 무단전재와 무단복제를 금합니다.

불안을 멈추는 기술
BEYOND ANXIETY

마사 벡 지음 ■ 김미정 옮김

쉽게 불안하고 예민해지는
이들을 위한 감정 훈련법

RHK

이 책을 향한 찬사

이 책에서 마사 벡은 우리 시대를 갉아먹는 진짜 바이러스인 '불안'을 주제로 다룬다. 특유의 유머와 탁월함, 탐정 같은 치밀한 조사력, 그리고 틀에 얽매이지 않는 사고를 바탕으로, 이 무시무시한 정신적 재앙을 실제 삶 속에서 극복하는 방법을 찾아냈다. 이를 통해 마사 벡은 다시 한번 우리 모두에게 빛과 희망 그리고 반가운 설렘을 선사한다.

엘리자베스 길버트, 『먹고 기도하고 사랑하라』, 『빅매직』 저자

나는 쉽게 불안에 빠지는 사람이다. 이 책을 펼칠 때도 희망을 품긴 했지만, 솔직히 큰 효과는 없을 거라고 확신했다. 그런데 효과가 있었다. 그것도 놀라운 효과가 있었다. 책 곳곳에 담긴 주옥같은 지침들 덕분에 조금이나마 내 삶을 되찾았다. "고맙고 또 고맙습니다, 마사 벡. 당신이 또 해냈군요!"

글레넌 도일, 『언테임드』 저자

마사 벡은 다층적인 접근법을 직접 연습해 볼 수 있는 활동들을 제안한다. 이 방법들은 그녀가 자신의 내면뿐 아니라 외부 세계와의 관계를 바꾸는 데 결정적인 역할을 했다. 더 용감하고, 단단히 연결된 삶으로 나아가는 길을 보여준 벡에게 깊은 감사를 전한다.

리처드 슈워츠, 내면가족체계연구소 IFS·Internal Family Systems Institute 설립자 겸 『내가 기다리던 사람은 바로 나 You Are the One You've Been Waiting For』 저자

마사 벡은 과학적 지식과 공감, 유머를 절묘하게 엮는 특유의 재능으로 우리가 알고 있는 불안에 관한 모든 통념을 뒤집고, 이를 극복하는 길을 제시한다. 정말 이 책을 사랑하지 않을 수 없다!

마시 시모프, 『이유 없이 행복하라』 저자

마사 벡은 우리가 느끼는 부정적인 감정에 대해 꼭 알아야 할 중요한 교훈을 전한다. 그 감정들을 없애는 것이 아니라, 이해하고 배우며 그 안에서 성장하는 것이 진짜 목표라는 것이다. 바로 그 변화가 여러분의 삶을 변화시킬 수 있다.
아서 C. 브룩스, 하버드대학교 케네디 스쿨 교수 겸 『우리가 결정한 행복』 저자

『불안을 멈추는 기술』은 지금 우리 시대에 꼭 읽어야 할, 가장 시의적절한 책이다. 모든 것이 지나치게 강렬한 이 시대에, 단순한 생존을 넘어 번성하기를 희망하는 모든 사람에게 꼭 필요한 지식과 기발한 도구들이 책 곳곳에 빼곡히 담겨 있다.
수전 케이시, 『디 언더월드 The Underworld』 저자

이 획기적인 책은 불안과 우리 안에 아직 드러나지 않은 타고난 창의성, 그리고 내면 깊숙이 우리를 부르는 삶의 목적 사이의 깊은 연결을 이해하는 큰 통찰을 준다. 정신적·정서적·영적 건강을 바라는 이들을 위한 필독서다.
섀넌 카이저, 『그냥 이대로 나를 사랑해』 저자

마사 벡은 훈계하거나 얕보는 투로 말하는 법이 없으며, 공포와 파멸을 부추기지도 않는다. 대신 신경 체계의 다양한 부분을 활용해, 우리 안의 호기심과 창의성을 일깨우고 불안을 넘어설 수 있도록 이끈다.
엘리자베스 레서, 오메가연구소 Omega Institute의 공동설립자 겸 『부서져야 일어서는 인생이다』 저자

자유롭고 창의적인 나의 전 세계 가족에게.
세상의 모든 언어를 안다 해도,
여러분을 향한 저의 사랑을 다 표현하기에는 모자랄 것입니다.

들어가며

2020년이 시작되자, 보 번햄^{Bo Burnham}(미국의 스탠드업 코미디언 겸 영화감독-옮긴이)은 마침내 다시 무대에 설 준비가 되었다고 느꼈다. 유망한 코미디언으로 활동하던 그는 2016년 공연 중 공황 발작을 겪은 뒤 3년간 무대에서 물러나 있었고, 드디어 복귀할 때가 되었다고 생각했다.

그때, 중국에서 한 사람이 마른기침과 함께 쓰러졌다.

보 번햄의 계획은 물론이고, 여러분과 나 그리고 전 세계 모든 이들의 계획이 송두리째 틀어졌다. 그러나 번햄은 공연의 꿈을 포기하지 않았고, 오히려 그 상황을 창의력으로 돌파하기 시작했다. 여기에 약간의 복수심까지 더해졌다. 꼼짝없이 집 안에 갇힌 그는 직접 대본을 쓰고, 연기하고, 촬영하고, 편집하는 모든 과정을 혼자 해냈다. 그렇게 음악과 코미디가 절묘하게 결합된 작품 〈인사이드^{Inside}〉가 탄생했다. 이 콘텐츠는 2021년 6월 온라인에 공개된 이후, 사람들의 극찬을 받았다.

〈인사이드〉는 21세기의 삶을 놀라울 정도로 정확히 포착한다. 한 장면에서 번햄은 카메라 앞에 홀로 앉아 이렇게 노래를 시작한다. "이런, 또 시작이군. 이 이상한 기분….''

사격 연습장에는 선물 가게가 있고, 쇼핑몰에서는 총기 난사가 일어나다니* … 이 모든 일의 결말을 가만히 받아들이게 돼.

번햄은 이 시대의 위험―기온 상승, 뉴스와 비디오 게임 속 폭력, 눈사태처럼 쏟아지는 정보, 사회의 분열―에 대한 우리의 반응을 가리켜 '이상한 기분'이라고 부른다. 물론 전혀 즐겁지 않은 기분이다. 번햄의 작업은 역사상 가장 기술적으로 진보하고 박식한 사람들이 느끼는 이상하고도 은근한 공포를 들춰내고, 인간 활동이 생존에 꼭 필요한 것들을 어떻게 파괴하는지 예리하게 짚어낸다.

끔찍한 뉴스를 강박적으로 확인하고, 환경 붕괴를 농담거리로 삼고, 정치적 혼란에 머리를 절레절레 흔들며, 인류가 스스로 종말을 자초하는 소식을 접할 때, 우리는 어렴풋이 이 '이상한 기분'의 어두운 그림자를 느낀다. 보 번햄도 잘 알고 있었겠지만, 이 기분의 또 다른 이름은 바로 **불안**이다.

---

* 총기가 있는 사격장의 선물 가게가 쇼핑몰보다 더 안전하다는 아이러니를 강조하는 장면 – 옮긴이.

믿을 수 없는 불안의 시대

1948년 W. H. 오든^{W. H. Auden}은 〈불안의 시대^{The Age of Anxiety}〉라는 긴 시로 퓰리처상을 받았다. 물론 그분 입장에선 그 시대도 꽤 불안했을 테지만, 외람되게도 이렇게 말씀드리고 싶다.

오든 씨, 지금 우리 시대를 한번 보셔야겠습니다.

2022년, 《뉴욕타임스》는 청소년들이 느끼는 불안을 '내면의 팬데믹'이라고 명명했다. 이 용어는 불안이 널리 퍼질 뿐 아니라, 급속도로 심해지고 있다는 것을 의미했다.

지난 2017년 《포브스 헬스》는 전 세계적으로 2억 8천4백만 명 이상이 일종의 불안장애 진단을 받았다고 보도했다. 기록된 사례보다 기록되지 않은 사례가 더 많다는 것은 거의 확실했다. 미국인들이 경험하는 불안의 정도를 기록하고자 나선 『정신의학 연구 저널』은 불안이 이렇게 빠르게 심화된 원인을 직접적이든 간접적이든 "불안을 촉발하는 세계적 사건에 노출된 탓"이라고 분석했다.

이 연구가 언제 발표됐는지 궁금한가?

어이없게도 2018년이다. 하하하!

그 옛날 2018년을 떠올려보자. 그때도 우리는 이미 '불안을 유발하는 세계적 사건들'에 충분히 노출되어 있다고 느끼고 있었다. 기억하는가?

코로나19 팬데믹 첫해, 전 세계 불안장애 유병률은 25%나 치솟았다. 《포브스 헬스》에 따르면, 불안장애를 겪는 사람의 수는 약 2억 9천8백만 명에서 3억 7천4백만 명으로 늘어났다. 2020년에는 설문

응답자의 거의 절반(47%)이 일상을 무너뜨리고 건강을 해치는 이 고문 같은 증상을 주기적으로 겪는다고 대답했다. 2023년에는 팬데믹에 대한 두려움이 어느 정도 잦아들었음에도, 18세에서 24세 사이 청년의 절반이 여전히 불안 증상을 겪고 있다고 밝혔다. 이 모든 사실을 종합하면, 불안장애가 세계에서 가장 흔한 정신 질환이라는 사실은 놀랍지도 않다.

통계는 눈물을 씻어낸 숫자에 불과하다고들 말한다. 하지만 나는 그 눈물이 그대로 느껴진다. 왜냐하면, 나 역시 그 고통을 겪는 사람 중 하나이기 때문이다.

내가 겪은 이상한 기분

내가 평생 불안을 연구해온 이유는, 나 자신이 늘 불안을 겪어왔기 때문이다. 예전부터 그랬다. 나는 때때로 타오르는 화산처럼 뜨겁게 끓어오르고, 하늘을 뒤덮는 파도처럼 거세게 몰아치는 불안에 휩싸이곤 했다. 잘살 때도 가난할 때도, 아플 때나 건강할 때도 몇 년씩 불안을 안고 살아야 했던 시절이 있었다. 한 번은 생일을 하루 앞두고, 시간은 자꾸 흐르는데 나는 이룬 게 하나도 없다는 생각에 사로잡혀 안절부절못했던 적도 있다. 그때 내 나이는 겨우 네 살이었다.

학교에 들어가고 나서 상황은 더 나빠졌다. 처음으로 시를 써오라는 과제를 받았을 때는, 변변찮은 내 작문 실력이 걱정돼 꼬박 5일 동안 밤낮으로 환각에 시달렸다. 급기야 나를 진료했던 소아과 의사는 발륨이라는 신경 안정제를 써서 잠시나마 내 마음을 가라앉혀 주었다. (소아과 의사가 무려 발륨을 처방했을 정도였다!) 고등학생이 되어 토론팀에 들어간 뒤에는, 심사위원 앞에서 발언하려는 찰나에 그만 기절해 버리기도 했다.

그런데도 대중 앞에서 말하려 했던 건, 사춘기 무렵 내게 선택지가 있다는 걸 깨달았기 때문이다. 끔찍한 불안을 무릅쓰고 그런 일들에 부딪혀보든지, 아니면 침대 밑 상자 속에 콕 처박혀 살아가든지. 나는 결국 박차고 일어나 삶 속으로 뛰어드는 쪽을 선택했다. 그렇다고 벌떼를 피해 달아나는 사람처럼 미친 용기를 냈던 건 아니었지만 말이다.

나는 겁에 질린 채로 대학에 지원했고, 그다음에는 대학원에 들어갔으며, 이후 갖가지 일자리를 얻었다. 극심한 공포 속에서 결혼하고, 여행하고, 아이를 몇 명 낳아 기르기 시작했다. 이곳저곳에서 여러 일을 했고, 어떤 사람들보다는 많이 했고, 어떤 사람들보다는 적게 했다. 하지만 어디에서 무엇을 하든 언제나, 항상, 늘 불안했다.

정말이지, 그 기분은 좋을 게 없었다.

이 모든 불안이 내가 사회과학에 이끌린 이유 중 하나다. 만일 내가 마음이란 것을 이해하고 나 자신의 마음을 이해할 수만 있다면, 언젠가는 이 끝없는 불안에서 자유로워질 수 있을 것 같았다. 그렇게 수년간 책을 읽고 공부했다. 하지만 내가 처음 마주한 정보는 너무나 실망스러웠다. 대부분의 책에서는 인간의 뇌가 다섯 살 무렵이면 거의 완전히 틀이 잡히고, 그 뒤로는 변하지 않는다고 했다. 우울하게 책장을 넘기던 나는, 이 지독한 불안에 사로잡힌 내 끔찍한 뇌가 앞으로도 그대로일 거란 생각에 마음이 무너져 내렸다.

하지만 거기서 읽기를 그만두지 않아 다행이었다.

몇 해가 지나 신기술이 등장하면서, 신경학자들은 뇌를 더 정밀하게 들여다볼 수 있게 되었다. 알고 보니, 뇌가 변하지 않는다는 말은 완전히 틀린 이야기였다. 우리 머릿속의 회백질은 경이롭게도 스스로를 고쳐나간다. 우리가 평생 어떻게 뇌를 쓰느냐에 따라 그 모양은 계속 달라질 수 있고, 실제로 그렇게 달라진다.

이 사실을 알게 되었을 때, 내 마음은 마치 굿이어 비행선Goodyear Blimp(주로 광고용으로 쓰이는 비행선으로 스포츠 실황의 상공 촬영에 쓰임-옮긴이)처럼 부풀어 올랐다. 그때부터 '신경가소성neuroplasticity'(우리 뇌의 유연한 특성을 가리키는 용어)에 관한 자료는 닥치는 대로 빠짐없이 찾아 읽었다. 새로 접하는 연구 하나하나가 내게 더 큰 희망을 안겨주었다. 그중에서도 특히 기억에 남는 건, 수년간 명상을 수련한 티베트 승려들의 뇌를 조사한 신경학자들의 연구였다. 연구에 따르면, 이 승려들은 행복, 연민, 평온과 관련된 뇌 영역에 이례적으로 아주 밀도 높은 신경조직을 가지고 있었다.

어느 한 승려는 이 효과가 워낙 두드러져서, 그의 뇌 활동을 측정하던 과학자들은 장비에 문제가 생긴 줄 알았을 정도였다. 이 승려는 말 그대로 평정심을 완전히 자기 것으로 만든 진정한 초능력자였다. 물론 그가 처음부터 그렇게 느긋했던 것은 아니다. 사실 그는 어린 시절 내내 극심한 불안과 공황 발작에 시달리며 싸워야 했다.

그래, 그거지!

내 말은, 공황 발작을 겪은 게 잘됐다는 뜻이 아니라, 그가 그걸 이겨냈다는 게 정말 대단하다는 말이다.

그 무렵, 나는 대학원 과정을 마치고 잠시 대학에서 학생들을 가르치다가 학계를 떠나, 글을 쓰며 라이프 코치로 활동하고 있었다. 사실 내 경력은 학문적 훈련보다도, 우리 모두가 자기 안의 깊은 갈망을 실현할 수 있고, 그로써 세상을 더 나은 곳으로 만들 수 있다는—거의 병적이라 할 만큼 강한—확신에 기반하고 있었다. 티베트 승려들의 뇌 연구 내용을 읽은 뒤에는 그 믿음이 누구도 흔들지 못할 만큼 단단히 뿌리를 내렸다. 나는 히말라야에 가서 승려가 되지 않고도 내 뇌를 바꿀 수 있다고 확신했다. 평화에 이르는 길이 이미 내 안에 존재한다고 믿었다. 이제 필요한 건, 그 길을 찾아내는 일이었다.

평온함에 이르는 기술을 발견하다

2021년, 보 번햄이 그 음울하면서도 탁월한 작품 〈인사이드〉를 완성할 무렵, 내 삶에서도 몇 가지 일이 겹치면서 나는 어느 때보다 불안 극복에 집착하게 되었다. 이를테면 이런 일들이다.

- (지금은 줌Zoom을 통해 조언을 구하는) 나의 클라이언트 중 많은 이들이 불안 때문에 거의 미칠 지경에 이르고 있었다. 누가 그들을 탓할 수 있을까. 팬데믹, 미래의 재정 상황, 정치적 격변, 갈수록 이상해지는 날씨, 그 외 온갖 걱정거리가 넘쳐났다. 그들을 돕고 싶은 마음에 나는 어느 때보다도 집중해서 불안을 파고들기 시작했다.

- 봉쇄 기간 동안에는 창의성에 관한 온라인 강의를 기획하고 진행하면서 몇 달을 보냈다. 이 강의를 통해, 극도로 불확실해진 세상을 헤쳐 나갈 혁신적인 방법을 사람들이 스스로 떠올릴 수 있도록 돕고 싶었다. 수업을 준비하면서 나는 뇌에서 일어나는 창의성의 작동 방식과 관련해 알아볼 만한 것은 전부 알아보았다.
- 과학자, 심리학자 등 여러 전문가와 주기적으로 대화를 나누기 시작했다. 그중에는 나와 과거 같은 시기에 하버드에 있었던 신경해부학자 질 볼트 테일러Jill Bolte Taylor도 있었다. 어느 날 그녀는 심각한 뇌졸중을 겪으며, 좌반구 대부분의 기능이 멈추는 극적인 경험을 하게 되었다. 과학자이자 생존자인 그녀의 이야기는, 우리 뇌가 어떻게 불안을 만들어내고, 또 어떻게 그 불안을 놓아줄 수 있는지를 이해하는 데 커다란 교훈을 전해주었다.

이런 경험들 덕분에, 내 마음을 다스릴 수 있는 새로운 아이디어들이 떠올랐다. 나는 불안이 뇌에, 나아가 우리의 행동과 사회적 상호작용에 어떻게 영향을 미치는지를 점점 더 깊이 들여다보게 되었다. 특히 흥미로웠던 것은, 불안과 창의성이 마치 스위치처럼 반대 방향으로 작동한다는 여러 증거들이었다. 둘 중 하나가 작동하면 다른 하나는 잠잠해지는 듯했다. 이 점에 착안해 나는 '평온함을 얻는 기술'이라는 제목으로 하나의 실험을 시작했다. 창의성을 활용해 나의 불안을 잠재우는 데 초점을 맞춘 실험이었다.

결과는 뜻밖이었다. 전 세계가 위기 속에 있었고, 나 역시 극도의 불안에 빠져 있을 것이라 예상했지만, 실제로 나의 불안은 제로에 가까울 정도로 떨어졌다. 한때 나를 공황 상태로 몰아가던 여러 사건들—신체적 고통과 장애, 재정 불안, 중병에 걸리거나 사랑하는 이의 죽음 같은 것들—이 더는 나를 흔들지 않았다. '평온함을 얻는 기술'을 실천한 이후, 과거 어느 때보다 타인과 세상을 잘 돌보면서도 훨씬 덜 불안한 자신을 발견하게 되었다.

봉쇄 조치로 인해 아기 기저귀를 갈아주는 것 외에 대부분의 사회적 상호작용이 온라인으로 전환되면서, 나는 다양한 그룹 코칭을 진행하게 되었다. 그중 무료로 운영한 온라인 모임에는 수백 명이 참여하기도 했다. 사회학에 기반한 시각을 지닌 나로서는 새로 개발한 불안 완화 기법을 이런 모임에서 시험해 볼 수 있다는 생각에 가슴이 벅찼다. 나는 수천 명에게 이 전략을 소개했고, 온라인이라는 놀라운 기술 덕분에 피드백도 실시간으로 받을 수 있었다. 모든 그룹의 절대다수는, 내가 제안한 방식 덕분에 불안을 빠르고 지속적으로 낮출 수 있었다고 답해주었다. 그때, 나는 이 내용을 책으로 써야겠다고 결심했다.

불안을 넘어서기 위해 우선 알아야 할 것들

이 글을 쓰는 지금, 내 책상 위에는 평범한 사람들이 겪는 고질적인 걱정을 덜어주는 방법을 담은 놀라운 책들이 수북이 쌓여 있다. 책 한 권 한 권마다 훌륭한 조언이 담겨 있고, 나는 이 책들을 여러 번 정독하며, 불안을 줄이기 위한 방법들을 실제로 시도해보았다. 그리고 내가 라이프 코치로서 상담·코칭을 진행하는 클라이언트들에게도 그 방법들을 많이 전했고, 실제로도 많은 도움이 되었다.

하지만 최근까지도, 이런 노력은 마치 아우게이아스 왕의 외양간*을 청소하는 일처럼 느껴졌다. 책에서 조언한 대로 수년간 부지런히 정신 건강을 챙기고 수천 시간을 들여 명상을 실천한 끝에, 나는 불안을 헤치고 나아가 평화로운 내면과 연결되는 길을 찾을 수 있었다. 아주 잠시, 혹은 그럭저럭 대부분의 시간 동안은 말이다. 하지만 마감일이 닥치거나, 심란한 뉴스, 원인 모를 복통 등 뭔가 걱정거리가 생기면—마치 변비약을 먹은 아우게이아스 왕의 소와 말들처럼—내 뇌는 다시 불안을 마구 쏟아냈다. 낮에는 웃으며 지내고 밤에는 억지로라도 잠들 수 있었지만, 그러기 위해서는 끊임없이 애써야 했다.

다양한 분야를 탐색하는 과정을 거치며, 나는 내 삶을 송두리째 바꿔놓은 **세 가지 중요한 사실**을 깨달았다. 이 사실들 덕분에 불안이 내 마음에 어떻게 파고드는지 이해하게 되었고, 또 지독한 불안을 더 없이 점잖은 것으로 바꾸는 방법을 알게 되었다. 내가 실험한 새로운 전략들이 효과를 내기 시작하면서, 내 불안은 거의 존재하지 않는 수준까지 떨어졌고, 그 평온한 상태는 안정적으로 유지되었다.

이제 그 '세 가지 사실'을 여러분에게 소개하려 한다. 불안을 넘어서기 위한 여러분의 여정에 이 세 가지가 든든한 토대가 되기를 바란다.

---

* 고대 그리스의 비극 시인 에우리피데스의 『헤라클레스』에 등장하는 일화. 아우게이아스 왕의 외양간 청소는 헤라클레스가 죄를 씻기 위해 수행한 12가지 고역 중 다섯 번째 고역이다. 그 외양간은 거대한 소떼가 살았던 곳이라 오물더미가 가득 쌓여 있었다 — 옮긴이.

첫 번째 중요한 사실:
우리 모두는 뇌 속에서 '불안의 소용돌이'를 무의식적으로 작동시키는 법을 배운다. 대부분의 사람들은 이 소용돌이를 스스로 끊임없이 회전시키고 가속하면서도, 정작 자신이 그렇게 하고 있다는 사실조차 알아차리지 못한다.

아주 어릴 때부터 우리는 일정한 방식으로 생각한다는 이유로 보상을 받는다. 특히 언어를 사용해 논리를 따지고 분석적으로 사고하면 높은 평가를 받는다. 지금 이 순간 여러분도, 이 페이지에 적힌 상징들을 언어로 해석하며 내 추론을 따라가는 중일 것이다. 이런 식의 사고는 여러분 뇌의 특정 부위를 반복적으로 자극하며 점점 단단히 구축해 나간다. 근력 운동을 통해 근육이 강화되듯, 사고 습관은 신경 회로를 단련시킨다.

이렇게 강화되는 뇌 영역은 대체로 좌반구에 있다. 물론 뇌는 거의 항상 전반적으로 작동하지만, 중심이 되는 쪽이 있다는 의미다. 좌반구 중심의 사고는 분명 여러 이점을 안겨주지만, 동시에 반드시 감수해야 할 중대한 불이익이 하나 따른다. 바로 그 한껏 발달한 좌반구 속에, 내가 '**불안의 소용돌이**anxiety spiral'라고 부르는 신경학적 기제가 자리 잡고 있다는 사실이다.

'불안의 소용돌이'는 주차장에서 차를 몰고 나오다가 무언가를 밟아 타이어가 찢어지는 것처럼, 갑작스럽게 작동한다. 한 번 자극을 받으면 불안은 걷잡을 수 없이 심해지지만, 저절로 가라앉지는 않는다. 모든 동물은 위험에 처했을 때 본능적으로 공포 반응을 보인다. 하지만 인간은 언어와 상상이라는 놀랍고 멋진 능력 덕분에, 실제로 위험한 상황이 아니더라도 한껏 높아진 공포 반응을 계속 유지할 수 있다. 더욱이 우리 사회가 좌뇌 중심으로 움직일수록, 각 개인은 '불안의 소용돌이'를 점점 더 높은 수준으로 끌어올리고 가속하라는 신호를 더 자주 받게 된다.

두 번째 중요한 사실:
사회가 우리를 더 불안하게 만들 듯, 우리도 사회를 더 불안하게 만든다.

불안은 전염성이 있다. 아무리 내 안의 불안을 가라앉히는 요령을 익혔다 하더라도, 불안으로 가득한 문화 속에 머물다 보면 어느새 다시 공포의 지대로 끌려가게 된다. 우리 뇌와 감정은 우리가 날마다 마주하는 문화적 환경 속에서 형성된다. 이를테면, 학생들의 성과를 비교하고 순위를 매기는 학교에서의 성적 압박, 일정 수준의 소득을 유지해야 한다는 경제적 부담, 끊임없이 쏟아지는 세계 각지의 심란한 뉴스들, 그리고 가족, 친구, 심지어 처음 만나는 사람들의 고통과 불안조차도 우리에게 영향을 끼친다. 불안한 사람들로 가득한 사회에서 평온함을 유지하기란, 거꾸로 움직이는 에스컬레이터를 걸어 내려오는 것만큼이나 어렵다.

사회가 우리를 불안하게 만들 듯, 우리 역시 사회를 더 불안하게 만든다. 우리의 불안한 감정과 생각, 행동은 우리를 둘러싼 세계로 번져나가 다른 사람들의 불안을 더 키운다. 그러면 그들은 다시 사회적 압박을 높이고, 우리는 더 큰 불안에 시달리게 되며, 그 불안을 또

019

다시 다른 이들에게 전가하게 된다.

이제 이쯤 되면, 이야기가 어디로 흘러가는지 감이 올 것이다. 우리 머릿속의 '불안의 소용돌이'는 불안을 계속 끌어올리는 주범으로서 더 큰 순환 고리 속에 스스로를 연결시킨 채, 개인의 마음과 사회 전체를 오가며 빙빙 돌고 또 휘몰아친다.

우리를 불안으로 몰아넣는 사회적 영향은 끝이 없고, 미묘하면서도 강력하다. 우리 뇌에 있는 '거울 세포$^{mirror\ cells}$'는 주변 사람들이 느끼는 감정을 자동으로 따라 하게 만든다. 그래서 불안은 눈 깜짝할 사이에 퍼져 나간다. 위험과 참상의 이미지들은 더욱 빠르게, 더 널리 퍼져 나가고, 우리는 전 세계에서 벌어지는 끔찍한 사건들을 끊임없이 보고 듣는다. 그렇게 불안이 쌓이는 가운데서도 우리는 어떻게든 일상을 유지하며 살아가려 애쓴다. 그러는 사이 불안은 점점 일상이 되어버리고, 우리는 경쟁력을 잃거나 생계 수단을 위협받을까 끊임없이 두려워하게 된다.

몇 가지 이완법으로는 이 모든 문제에 맞설 수 없다. 삶에 접근하는 방식 자체를 바꾸는, 문화 전반의 근본적인 변혁이 필요하다.

세 번째 중요한 사실:
불안을 없애는 것만으로는 부족하다. 반드시 뭔가로 '대체해야' 한다.

자연은 진공 상태를 혐오한다. 설령 고도로 발달한 불안 회로를 가라앉힐 수 있다 해도, 불안이 있던 자리를 다른 무언가로 채우지 않으면 뇌 안팎에서 그 회로를 다시 깨우려는 온갖 힘들과 맞닥뜨리게 된다.

꼬리에 꼬리를 무는 걱정을 멈추고 더 낙관적인 태도로 즐겁게 살아가고 싶다면, 단지 눈앞의 문제를 없애는 데 그치지 않고 뇌를 다른 방식으로 쓸 줄도 알아야 한다. 새로운 습관을 쌓고, 세상을 바라보는 틀과 타인과 관계 맺는 방식을 바꾸는 연습이 필요하다. 이 원리를 정확히 설명하는 심리학자와 신경학자도 더러 있긴 하지만, 현대의 서구 문화는 불안의 에너지를 더 평화로운 사고로 전환하는 데 꼭 필요한 핵심 기술을 제대로 가르쳐주지 않는다. 반면, 그런 기술을 전해주는 문화권도 있다(예를 들면 티베트 수도원).

불안을 가라앉히는 법을 일찍부터 익힌 사람들은, 인간의 마음이 본래 끊임없이 무언가를 만들어내도록 설계되어 있다는 사실을 이미 간파하고 있었다. 마음은 언제나 작동하며, 쉬지 않고 무언가를 빚어낸다. 우리가 주로 사용해온 뇌의 특정 영역은 개념, 이야기, 이론, 경쟁 전략, 결핍감 같은 것들을 쉼 없이 산출해 낸다. 물론, 그 안에는 불안도 포함된다.

이 흐름을 멈추는 방법이 있다. 우리의 신경 활동을 색다른 뇌 구조와 기능으로 교체하면 된다. 호기심, 놀라움, 연결감, 연민, 경외감을 촉진하는 구조로 말이다. 이러한 방식으로 뇌를 활용하려면 과학적 이해도 필요하지만, 앞서 말했듯 결국 이것은 연습을 통해 익힐 수 있는 기술이다. 내가 이 책에서 소개할 전략은 단순히 여러분을 덜 불안한 사람으로 만드는 데 그치지 않는다. 여러분을 평온을 창조해내는 예술가이자, 창의적 삶을 살아가는 존재로 나아가도록 도울 것이다.

그렇다고 해서 여러분이 초상화를 그리고 교향곡을 작곡하게 된다는 말은 아니다(물론 그럴 수도 있겠지만). 그보다는 인간 정신이 지닌 무한한 상상력과 지략을 발휘해 원하는 일을 현실로 구현하는 능력을 의미한다.

모든 사람은 각자 자신만의 창의적 표현 방식을 갖고 있다. 요리, 시 짓기, 공학, 축산 등 어떤 것이든 될 수 있다. 관심사가 무엇이든, 우리는 누구나 삶의 경험을 창조적으로 표현하는 방식을 지니고 있으며, 우리가 실행하는 모든 일은 그런 표현의 매개가 될 수 있다. 불안을 뒤로하고 내면의 창의성에 날개를 달아줄 때, 여러분은 상상할 수 있는 가장 흥미진진하고 보람 있는 삶이라는 대작을 써 내려갈 수 있다.

불안을 넘어서는 삶의 방식은 넘치는 해방감을 선사한다. 그 결과 우리는 생각보다 훨씬 다양한 자유를 누릴 수 있다. 지금 내면에서 경험하는 평화와 자기 연민을 지속할 자유, 불안과 긴장 대신 자신감과 지혜를 발휘해 타인과 관계 맺을 자유, 무력한 방랑자가 아닌 힘 있는 항해자이자 길을 여는 사람으로서 사회의 갖가지 압박을 감당할 자유가 생긴다.

또한 두려움으로 가득한 미래가 아니라, 나에게 유익한 기적이 펼쳐지는 미래를 향해 나아갈 자유도 얻을 수 있다. 이 모든 자유는 여러분이 태어날 때부터 내면에 지니고 있었던 타고난 권리다. 불안을 넘어서는 순간, 여러분은 이 사실을 분명히 알게 될 것이다.

우리의 목적: 불안을 들여다보기,
창의적인 태도 기르기, 창조적으로 살아가기

다른 모든 기술이 그렇듯, 불안을 넘어서는 삶을 살아가기 위해서도 꾸준한 연습이 필요하다. 단번에 이루어지는 변화가 아니라, 여러 번의 시도와 경험을 거쳐 몸과 마음이 새로운 방식에 익숙해져야 한다. 그래서 나는 이 책을 세 개의 큰 부분으로 나누어, 불안을 넘어 창의성으로 향하는 과정을 단계적으로 안내하고자 했다.

우선 1부에서는 불안이 우리 안에서 어떻게 작동하는지를 살펴본다. 뇌와 신경계가 불안을 만들어내는 생물학적 메커니즘과, 그 불안을 강화하는 심리적 경향을 함께 이해하는 것이다. 그리고 그 불안을 잠재우고 안정 상태로 돌아가기 위한 구체적인 방법들을 익힌다. 나는 이 과정을 '불안 생명체 가라앉히기'라고 부른다. 마치 놀란 동물이 서서히 호흡을 고르고 안정을 되찾듯, 우리의 뇌와 몸도 안전 신호를 되풀이 학습함으로써 점차 고요함을 회복하게 된다.

2부에서는 한 걸음 더 나아가, 불안의 굴레를 벗어나 호기심·흥미·창의성으로 발걸음을 옮기는 방법을 다룬다. 이 과정은 우리를 가장 창의적인 자아로 이끌기 때문에, 나는 이를 '창의적 자아' 또는 '창조자 자아 활성화하기'라고 부른다. 여기서 말하는 창의적 자아란, 꼭 음악이나 그림, 시와 같은 예술 활동에만 국한되지 않는다. 물론 예술 분야에서 영감을 얻을 수도 있지만, 더 중요한 점은 삶의 모든 영역에 창의적인 시선을 적용해 새로운 해결책을 찾는 것이다. 여러분의 창의적 자아는 삶의 문제를 불안을 유발하는 위협으로 보지 않는다. 오히려 어떤 상황이든 독창적인 방식으로 반응할 수 있는 기회로 받아들이며, 예상치 못한 상황에도 유연하게 대응할 수 있도록 우리를 이끈다.

3부에 들어서면, 불안에서 한층 멀리 벗어나 창의성에 이르게 된다. 그러면 여러분은 내가 '창조와 한데 어울리기'라고 부르는 상태를 경험하게 될 것이다. 이 표현은 전통적인 서구 문화권에서는 다소 낯설고, 어색하거나 심지어 비현실적으로 들릴 수도 있다. 실제로 이 경험은 말로 온전히 설명하기 어려운 면이 있다. 최대한 쉽게 설명하자면, '창조와 일치를 이룬다'는 것은 불안을 완전히 잊고, 심지어 불안을 느꼈던 자기 자신마저 잊어버리는, 일종의 '몰입'에 가까운 상태를 가리킨다. 그 순간에는 '나'라는 감각이 사라지는 듯한 느낌이 들 수 있다. 하지만 이러한 종류의 분리—모든 불안이 녹아내리는 경험—야말로 우리 안에 잠들어 있던 잠재력을 온전히 발현시켜, 깊은 충만함을 안겨준다. 마치 땅속에 붙박여 있던 잠자리 유충이 자신을 완전히 분해한 뒤, 마침내 날개를 펴고 날아오르는 것과도 같다.

불안을 넘어 창의적 천재성으로 나아가는 이 길은 결코 한 번으로 끝나는 여정이 아니다. 보통의 뇌를 가진 사람이라면 불안으로 다시 미끄러지기도 하겠지만, 이 책에서 소개할 개념과 요령들을 익히고 실천한다면, 여러분 뇌 속에 있는 겁먹은 생명체를 가라앉히고 창의적인 면모를 더욱 수월하게 펼쳐 보일 수 있을 것이다. 이 요령을 실천할 때마다 여러분은 더 높은 수준의 창의력, 모험심, 활력을 얻게 될 것이다.

이 모든 것이 생성하는 '이상한 기분'은 여러분이 가는 곳마다 따라다닐 것이다. 혼란과 파괴, 분노와 위협으로 가득한 세상을 맞닥뜨리더라도 여러분은 평온함이 피어나는 것을 느낄 것이며, 그 평온함은 창의성, 연결감, 기쁨으로 물결치듯 퍼져 나갈 것이다. 조각가가 진흙을 다루듯, 음악가가 곡을 짓듯, 여러분은 자신의 정신과 마음을 다루는 법을 배우게 될 것이다. 결국 여러분이 손수 빚어내는 가장 중요한 예술 작품은 바로 '자신의 삶'이며, 그 삶을 최고로 가꿔갈 때, 여러분의 존재는 세상에도 변화를 불러올 수 있다.

불안을 넘어서기 위한 준비

이 책에서 제안하는 아이디어와 실천 단계들을 따라 불안을 즐거운 창의성으로 바꾸다 보면, 주변 사람들이 여러분을 이상하게 여길 수도 있다. 누군가는 얼굴을 찡그리며 바라볼 것이고, 누군가는 멍한 시선을 보내거나, 콕콕 찌르는 말을 건넬지도 모른다. 불안을 넘어서는 삶은 자신은 물론 사랑하는 사람들, 나아가 세상에 일어날 수 있는 최고의 일이지만, 그렇다고 해서 그 길이 쉽다는 뜻은 아니다.

 다음은 여러분이 바로 지금 이 순간, 생각해 봤으면 하는 질문들이다. 어떤 항목에서든 망설임 없이 '아니오'라고 답해도 괜찮다. 본문을 읽어 나가다가, 혹은 밤에 누워 있다가 불안이 조금 가라앉은 뒤에 다시 떠올려보며, 여러분의 대답이 바뀌는지 살펴보면 된다. 불안이라는 감정이 정말 지긋지긋하다고 느껴진다면, 이 여정이 도전할 만한 가치가 있다고 느끼게 될 것이다.

- 우리 문화가 지닌 전통적인 지혜에 깊은 의문을 던짐으로써, 여러분의 머릿속 회색 물질에 실질적인 변화를 일으킬 준비가 되었는가? 다시 말해, 우리 사회에 썩 어울리지 않는 뇌를 스스로 가꾸려는 의지가 있는가?
- 불안을 내려놓으면 연민과 창의성을 바탕으로 생각하고 행동할 수 있게 되겠지만, 그로 인해 주변 사람들의 이해를 얻지 못할 수도 있다는 점을 받아들일 수 있는가?
- 이제껏 배워온 그 어떤 것과도 다른, 여러분만의 독창성에서 우러나오는 방식대로 자신의 모든 행동을 조율할 의지와 용기를 지니고 있는가?

위 질문들을 하나씩 곱씹어보자. 불안을 넘어서 살아간다는 것은 그저 우아해 보이는 표정이나 태도를 말하는 것이 아니다. 그것은 내면 깊숙이 자리한 강인함에서 비롯된, 일종의 '점잖은 기술'이다. 실제로, 점잖음이 매우 강력한 힘이라는 이 역설적인 진실을 여러분은 곧 직접 체감하게 될 것이다.

그렇지만 이 세상에서 점잖은 사람으로 살아가기란 결코 만만한 일이 아니다. 눈에 보이지 않는 강물 속을 거슬러 올라가는 것처럼, 거기에는 어마어마한 근성이 필요하다. 겁을 주고 싶어서 하는 말이 아니다. 우리는 이미 겁에 사로잡혀, 그 불필요한 무게를 짊어진 채 살아온 시간이 너무도 길었다.

다만 모든 급진적인 예술이 그렇듯, 불안을 넘어서는 삶 역시 이 사회의 일반적인 문화와는 잘 어울리지 않는다는 점을 미리 일러두고 싶다. 이 기술은 분명 기존의 전통적인 지혜를 넘어서는 지점까지 여러분을 데려갈 것이다. 그리고 그곳에서 여러분이 무엇을 하게 될지는 누구도 예측할 수 없다. 그것이 '정상적으로' 보일 거라고도 장담할 수 없다. 그러나 한 가지는 분명히 말할 수 있다. 이 길을 끝까지 걸어가다 보면, 결국 상상할 수 없을 만큼 큰 기쁨과 함께, 가장 깊고 본질적인 목적지에 도달하게 될 것이다.

자, 이 여정을 시작하겠는가? 그렇다면 함께 시작해보자.

◯ 차례

들어가며 … 008

PART 1

불안을 들여다보기
불안의 본질과 생존 전략으로서의 불안 이해

1 우리는 왜 자주 불안해지는가 … 033
2 불안을 키우는 사회, 불안에 갇힌 우리 … 073
3 불안이 제자리를 맴돌 때 … 106
4 불안한 자아들과의 대화 … 141

PART 2

창의적인 태도 기르기

창의성의 회복, 삶을 새롭게 바라보는 감각

5 내 안의 창의성을 깨우는 방법 ⋯ 183
6 호기심: 비밀의 문을 여는 열쇠 ⋯ 219
7 삶을 새롭게 짜맞추는 기술, 온전한 퀼트처럼 ⋯ 249
8 숙달: 내 안의 마법사를 움직이는 힘 ⋯ 289

PART 3

창조적으로 살아가기

창의적 삶의 실천, 역할 전환, 공동체와 지구적 시선까지

9   정해진 역할을 넘어, 진짜 나를 찾는 여정 ⋯ 327
10 함께 만드는 창의성의 생태계 ⋯ 369
11 무지의 마음에 머물기 ⋯ 407
12 지금 여기서 시작하는 나와 지구의 전환 ⋯ 440

BEYOND ANXIETY

PART 1

불안을 들여다보기

불안의 본질과 생존 전략으로서의 불안 이해

우리는 왜
자주 불안해지는가

1

나는 지금 지붕에 볏짚을 이은 오두막에서 이 글을 쓰고 있다. 이 별장은 내가 매우 좋아하는 장소 가운데 하나로, 남아프리카공화국의 론돌로지Londolozi라는 동물 보호 구역 내에 있다. 몇 분 전, 여기 앉아 타이핑을 하고 있는데, 뭔가 날카롭게 긁는 듯한 소리가 저녁나절의 고요한 분위기를 깨뜨렸다. 나는 그 소리가 표범이 동료를 부르는 소리임을 단번에 알아챘다. 전에도 여러 번 들어본 적이 있었다. 그렇지만 이런 밤중에, 그것도 그 소리가 나는 곳으로부터 고작 2미터 떨어진 거리에서, 잠옷 차림으로 혼자 있을 때 들은 적은 없었다.

순간, 그 표범이 혹시 나와 같은 방 안에—정확히는 내 바로 아래에—있는 건 아닐까 하는 생각이 스쳤다. 그러자 온몸에 아드레날린이 솟구쳤고, 나는 마치 로켓처럼 벌떡 일어나 침대 위 모기장 안으로 뛰어들었다.

물론 그건 내 머릿속 생각일 뿐이었다.

실제 벌어진 일은 훨씬 덜 극적이었다. 밖을 내다보니, 희미하게 보이는 동물 형체가 안전문 옆으로 미끄러지듯 지나가는 모습이 눈에 들어왔다. '표범'이라는 단어가 떠오르기도 전에, 나는 내가 더없이 안전하다는 사실을 알아차렸다. 그 손님은 높게 자란 풀밭 쪽으로 성큼성큼 걸어가며, 전기톱 같은 소리를 내어 자신의 존재감을 드러냈다. 나는 여전히 자리에 앉아 있었지만, 온몸을 도는 피가 마치 고급 샴페인의 기포처럼 한꺼번에 치솟으며, 내 안의 모든 감각을 깨웠다.

이것은 폭력 예방 분야의 전문가 개빈 드 베커 Gavin de Becker가 말한 '두려움이 주는 선물'의 한 사례다. 방금 내가 표범 소리를 들었을 때 느낀 기분은 평온도, 불안도 아니었다. 본격적으로 '불안'이 무엇인지 이야기하기에 앞서, 먼저 '불안이 아닌 것'부터 분명히 짚고 넘어갈 필요가 있다.

세 어절로 말하자면, **불안은 두려움이 아니다.**

방금 들은 표범 소리는 내게 투쟁-도피 반응 fight-or-flight response을 일으켰다. 대부분의 동물은 이 반응을 생존 도구로 갖고 있다. 투쟁-도피 반응은 실제 두려움을 기반으로 작동해, 우리가 위협에 즉각적으로 반응하도록 만들고, 그 후 빠르게 사라진다. 진짜 두려움은, 마치 비번인 소방관이 한가롭게 소셜미디어를 훑다가도 연기가 나는 걸 감지하는 순간 곧장 몸을 일으키는 것과 비슷하다. 실제로 위험한 상황이 닥쳤을 때만 작동하며, 그 덕분에 우리는 위협에 대응하기 위한 또렷한 정신과 빠른 행동력을 갖게 된다. 위협이 사라지고 다시 안전이 확보되면(불이 꺼지고, 표범이 다른 데로 가버리면), 그 반응도 자연스럽게 가라앉는다.

이 모든 과정은 놀라울 만큼 순식간에 일어난다. 조금 전만 해도 나는 평화로운 만족감 속에 있다가, 1초도 안 되는 사이에 화재 경보에 견줄 만한 경고 상태에 접어들었고, 곧 다시 안정을 되찾았다. 감정적으로 큰 충격을 받은 것은 아니었다. 단지 순간적으로 집중력이 예리해지고 온몸에 에너지가 흘러넘쳤을 뿐이다. 진짜 두려움은 우리가 어떤 행동을 해야 하는지 알려줄 뿐 아니라, 그 일을 해낼 힘과 속도도 함께 준다. 마치 대포에서 발사된 탄환처럼 말이다.

반면, 불안은 훨씬 어둡고 무력한 상태다. 무언가의 그늘에 휩싸인 듯 주의를 내면으로 끌어당기고 우리를 걱정과 공상의 수렁에 빠뜨린다. 눈앞의 현실에는 집중하지 못하게 하며, 어떤 건설적인 행동도 이끌어내지 못한 채 까마득한 파멸감으로 우리를 짓누른다. 게다가 건강한 두려움과 달리 불안은 쉽게 누그러지지도 않는다. 끈질기게 지속될 뿐 아니라, 때로는 더없이 안전한 상황에서 오히려 더 심해지기도 한다. 그렇게 불안은 우리의 건강과 인간관계를 해치고, 나아가 삶의 목표와 꿈을 실현할 능력까지 망가뜨린다.

그렇다면, 생존을 위해 꼭 필요한 이 귀중한 선물인 두려움은 왜 고문처럼 고통스러운 '불안'으로 변질되는 것일까?

훌륭한 질문이다! 이 질문을 꺼내게 되어 매우 기쁘다.

이 장에서는 여러분의 건강한 두려움이 '작동' 상태에 갇히게 되는 양상을 설명하려 한다. 이 상태가 되면 주어진 상황에 재빨리 반응하려는 충동이 끝없이 증폭되며, 결국 '불안의 소용돌이'로 변하고 만다. 이에 나는 우리의 생물학적 특성과 문화적 환경이 어떻게 함께 작용해 우리가 알아차릴 새도 없이 불안 속으로 휘말리게 만드는지를 살펴보려 한다. 그리고 어떻게 하면 이런 상황에서 벗어날 수 있는지도 함께 이야기할 것이다.

이 장에는 기본적인 과학 지식도 담겨 있다. 최신 기술과 연구를 통해 우리는 이제 자신과 자신의 사고, 행동에 관해 훨씬 더 많이 알게 되었고, 그로 인해 새로운 통찰과 실천의 기회도 열리고 있다. 이 과학적 사실은 매혹적일 뿐 아니라 우리를 가두는 불안에서 벗어날 수 있는 깊은 해방감까지 선사한다. 불안의 기본 요소를 이해하는 것이야말로 불안에서 벗어나는 열쇠다.

두려움이 불안으로 바뀌는 과정

이상하게 생긴 벌레부터 최신 유행 머리 모양까지, 낯선 무언가를 접할 때 그 장면은 여러분 뇌 중앙에 있는 태곳적 구조의 관심을 사로잡는다. 이 뇌 부위는 수억 년에 걸쳐 생물체에서 생물체로 전해져 온 부분이다. 이 영역을 가리키는 '**편도체**amygdala'라는 단어는 그리스어로 '아몬드'를 의미한다. 이렇게 부르는 이유는―교과서마다 꼭 강조하는 바와 같이―편도체의 크기와 모양이 아몬드를 닮았기 때문이다. 척추동물을 비롯한 대부분의 생물은 편도체 또는 그와 비슷한 기능을 하는 것을 지니고 있다.

사실 '편도체 하나'를 가지고 있다는 것은 썩 정확한 표현이 아니다. 실제로는 좌반구에 하나, 우반구에 하나, 이렇게 총 두 개를 지니고 있으니 말이다. 이것이 어떤 의미인지는 뒤에서 더 자세히 이야기하자. 지금은 이 두 개의 아몬드 모양 구조가 위협적이거나 낯선 감각 인상을 포착한다는 사실만 기억해두자. 이를테면, 날 향해 날아오는 물체의 모습, 씩씩거리는 표범의 울음소리, 혹은 시어머니의 헤어스프레이에서 풍기는 은은한 향기 같은 것들 말이다. 이런 자극이 들어오는 순간, 뇌 속의 아몬드(편도체)는 경보를 울리며 작게 외친다. "아악!"

이 경보는 순식간에 뇌의 여러 부위로 전달된다. 우리와 다른 포유동물이 공유하는 감정 생성 영역, 그리고 인간에게만 있는 논리와 언어를 담당하는 영역도 이 신호를 받는다. 심각한 위험 순간에는 이런 두려움 반응이 우리를 거의 슈퍼맨처럼 만들기도 한다. 이때 우리는 본능적으로 방울뱀처럼 펄쩍 튀어 오르고, 구명보트처럼 전력 질주하며, 자동차를 번쩍 들어 그 밑에 깔린 사랑하는 사람을 구해내기도 한다(물론 이 세 가지 일이 동시에 일어나지는 않기를 바란다).

대다수 생물체의 경우, 즉각적인 위험이 사라지면 두려움도 함께 사라진다. 앞서 이야기한 표범 손님이 슬그머니 물러난 후 내 뇌에서 벌어진 일처럼 말이다. 나는 위험 상황에서 벗어난 뒤—그러니까 탈출 직후—다시 느긋해지는 다른 동물들의 모습을 여러 차례 목격했다. 한번은 영양 한 마리를 거의 다 먹어 치운 사자가 또 다른 영양을 공격하려는 장면을 본 적이 있다. 그 영양은 총알처럼 달아났다. 하지만 배를 가득 채운 사자는 한두 걸음 떼다가 그 자리에 멈춰서 숨을 헐떡였다. 그러자 영양은 자신을 죽일지도 모를 상대가 버젓이 눈앞에 있음에도 다시 아무렇지 않게 풀을 뜯기 시작했다.

만약 인간이 그토록 '똑똑하지' 않았다면, 우리도 영양과 똑같이 반응했을 것이다(물론 영양은 숟가락 하나만 놓고도 인간과의 지능 싸움에서 질 것이다). 하지만 인간은 다르다. 우리 뇌는 정보를 '이야기'라는 형태로 저장하고, 상상력을 발휘해 그 이야기를 정교하게 만들어낼 줄 안다. 우리는 멋진 논리를 펼치는 셜록 홈스처럼 스스로를 '합리적인' 존재라 믿고 싶어 한다. 그렇지만 실제로 우리의 생각과 결정 대부분은 감정 수준에서 벌어지는 뇌의 활동에 좌우된다.

달리 말해, 여러분의 뛰어난 인간적 사고 능력은 실제 상황보다 머릿속 아몬드(편도체)의 "악!"이라는 신호와 두려움이라는 감정의 불빛에 더 민감하게 반응한다. 우리는 등 뒤의 발소리, 상사의 찡그린 얼굴, 뉴스 속 장면에 쉽게 놀란다. 그것은 우리 뇌가 그 순간 '위험이 실제로 존재한다'고 믿기 때문이다. 그렇게 되면 뇌 전체가 즉각적으로 행동에 나선다. 설령 그 위협이 실재하지 않는다 해도, 등 뒤의 발소리가 사랑하는 사람의 것이라는 걸 알고 있어도, 상사가 단순히 통풍 때문에 얼굴을 찡그린 것이라는 걸 알아도, 뉴스 내용을 온전히 이해하려면 당장 까무러칠 게 아니라 다년간의 삶의 지혜가 필요하다는 것을 안다 해도, 뇌의 좌반구는 모든 위험 신호를 다음의 두 가지 방식으로 해석해 반응한다.

1 지금 내가 느끼는 두려움을 정당화할 그럴듯한 **설명**을 떠올린다.
2 현재 상황을 내가 **통제**할 수 있다고 느낄 수 있는 방법을 찾아낸다.

설명과 통제: 불안이 뿌리내리는 방식

우리 뇌가 두려움을 정당화하기 위해 지어내는 무서운 이야기들은, 당사자에게는 더없이 합리적으로 들리기 마련이다. '상황을 완벽히 통제하고 있다'는 느낌을 얻기 위해 우리가 동원하는 전략들도 마찬가지다. 코치인 나는 사람들이 갖가지 상황을 통제하려고 어마어마한 시간과 에너지를 쏟아붓는 모습을 많이 봐왔다. 어떤 사람들은 휴대전화에 앱을 설치해 배우자의 일거수일투족을 매일, 매 순간 추적한다. 끊임없이 감시해야 사랑을 지킬 수 있다고 믿는 것이다. 어떤 부모들은 자녀가 다니는 학교 안까지 따라 들어가기도 했다. 학교에서 배우는 모든 것을 촘촘히 챙겨주면, 눈에 넣어도 아프지 않을 우리 아이의 행복한 미래가 보장된다고 생각해서다. 직원들의 업무를 살살이 통제하다 결국 회사를 망친 상사들도 있었다. 물론 그런 상사 밑에 있던 직원들은 기회를 틈타 속박을 풀고 멀리 달아나 버렸다.

 통제하려는 충동은 그만큼 깊고, 강력하다. 그래서 때로는 내 통제 전략이 아무리 터무니없어도, 내 행동이 충분히 논리적이라고 믿게 된다. 이를 보여주는 사례가 있다.

 몇 년 전, 내 친구 제니퍼가 지금 내가 이 글을 쓰고 있는 바로 이 론돌로지 오두막에 머문 적이 있다. 이곳에 머문 첫째 날, 한밤중에 잠에서 깬 제니퍼는—여러분의 추측대로—표범 한 마리가 안전문 바로 앞에 서 있는 것을 보았다. 어쩌면, 조금 전 내 숙소 앞을 지나간 바로 그 녀석이었을지도 모른다. 그런데 제니퍼를 찾아온 그 녀석은 놀랍게도 '간식'을 가지고 왔다. 뼈와 연골을 노련하게 발라내는 자극적인 엄니 소리에 번뜩 잠이 깬 제니퍼는, 거대한 육식동물이 피투성이 임팔라 사체를 뜯고 있는 장면을 코앞에 목격하게 되었다.

물론, 제니퍼의 편도체는 만능 비명을 내질렀다. 그러나 시차 적응이 덜 된 그녀의 신피질은 그보다 한발 더 나아갔다. '지금 저건 네가 반드시 두려워해야 할 존재야!'라는 경고와 함께, '안전하려면 반드시 이렇게 해야 해!'라는 나름의 통제 전략까지 세운 것이다. 제니퍼는 자신이 입고 있던 보풀 가득한 표범 무늬 잠옷 때문에, 녀석이 자신을 영역 다툼하는 경쟁자로 착각할 수도 있다고 생각했다. 그래서 몸을 곧게 세우고 베이지색 담요를 뒤집어쓴 채, 흰개미 집처럼 뾰족하게 솟은 자세를 취하기로 했다. 그리고 머뭇거림 없이, 놀라울 만큼 재빠르고 단호하게 그 전략을 실행에 옮겼다.

다음 날 아침 식사 자리에서 제니퍼는 이 이야기를 하며 숨이 넘어가도록 웃었다. 표범의 방문이 끝난 뒤, 제니퍼의 신경 체계도 내 신경 체계처럼 다시 '안전' 모드로 전환된 것이다. 그렇지만 모든 경우가 이런 식으로 마무리되는 것은 아니다. 대부분 초조함에 빠진 인간의 뇌는 위험 요소가 사라진 뒤에도 느긋한 상태로 돌아가지 않는다. 오히려 불안을 키우며 '이번엔 또 무슨 일이 벌어질까' 하고 더 많은 새로운 시나리오를 만들어낸다.

여기서 중요한 점이 하나 있다. 신피질이 기억하거나 상상해낸 생각들이, 마치 **실제로 일어나는 상황인 것처럼** 뇌의 좌반구에 있는 편도체로 신호를 되돌려 보낸다는 점이다.

끝없이 되먹임하는 불안의 소용돌이

지금 이 순간, 아프리카에 머물며 사방에서 울려 퍼지는 동물들의 신호를 듣고 있는 나는, 원한다면 언제든 스스로를 불안 속으로 풍덩 빠뜨릴 수 있다. 그러면 내 뇌는 밤새 나를 잠 못 들게 할 온갖 생각과 이야기를 만들어낼지도 모른다. 그 시작은 다음과 같은 조용한 내면의 속삭임일 수 있다.

- 이곳은 표범들로 들끓고 있어. 녀석들이 사방에 도사리고 있다고!
- 저 동물은 내가 잠들기만 기다리는 거야. 그러다 안전문을 부수고 들어와 공격하겠지.
- 표범은 보통 목을 물어 질식시킨다던데… 그건 대체 어떤 느낌일까?
- 아니, 잠깐만… 혹시 창자를 먼저 할퀴려나? 그건 더 끔찍한데, 그래도 목숨은 붙어 있겠지?
- 어쩌면 그냥 나를 꼼짝 못 하게 만들어 놓고, 산 채로 뜯어 먹을지도 몰라. 오, 안 돼! 어디서부터 먹으려 들까?

이런 두려운 이야기들이 차례차례 펼쳐지면, 내 왼쪽 편도체는 마치 그 끔찍한 장면들이 실제로 벌어지기라도 한 듯 반응하기 시작한다. 그 각각의 상상이 새로운 경보를 일으키고, 좌반구는 더 큰 비명을 지른다. 좌반구는 그 반응에 다시 이렇게 생각한다. '오 하느님, 이건 내가 상상한 것보다 더 최악이에요!' 그러고는 상상력이 강화한 새로운 두려움을 정당화하려 또 다른, 더 끔찍한 이야기를 떠올린다. 결국 왼쪽 편도체는 전보다 더 크게 소리를 지르고, 신피질은 더 강한 공포를 지어낸다. 이 악순환은 좀처럼 멈추지 않는다.

공학자들은 이를 '규제되지 않은 피드백 순환unregulated feedback cycle'이라고 부른다. 이 순환은 자체적인 에너지로 작동하기 때문에 강화되기만 할 뿐, 절대 누그러들지 않는다. 이처럼 공포를 생성하는 뇌 부위 안에서 반복되며 더욱 커지는 악순환, 나는 이것을 '불안의 소용돌이'라 부른다.

안팎에서 휘몰아치는 불안의 소용돌이

실제로는 걱정할 일이 전혀 없는데도 '뭔가 일어날 것 같다'는 생각에 점점 더 두려움에 휩싸일 때가 있다. 걱정이 많은 사람이라면 이 기분을 잘 알 것이다. (한 작가는 이렇게 말했다. "이렇게 늙은이가 되도록 온갖 걱정을 상상하며 살아왔지만, 그중 대부분은 실제로 일어나지 않았다.") 아마 여러분도 남다른 절제심으로 마음을 가라앉히고, 밤을 새워 더 나은 하루를 만들어보겠다고 결심했을 것이다. 그러나 이내 꽉 막힌 도로에 갇힌다거나, 예상치 못한 청구서를 받게 된다거나, 스트레스에 휩싸인 동료의 반응에 상처를 입고, 별안간 다시 불안의 소용돌이에 빠져들었을지도 모른다.

불안은 계속 빨라지며 원심력을 높여가는 회전목마처럼 구역질 나는 회전을 일으킨다. 내게는 이 과정이 하나의 흐릿한 덩어리처럼 느껴질 때가 많았다. 경계심이 치솟고, 일어날 법한 재앙에 관한 무서운 생각에 사로잡히고, 곧바로 더 강렬한 경계심이 밀려들곤 했다. 처음에는 이 불안의 소용돌이를 멈출 수 없을 것처럼 느껴진다. 그렇지만 이 감정을 '바꾸려는 시도' 대신 '그저 관찰하겠다는 의도'를 가진다면, 날카로운 두려움이 어떻게 무시무시한 상상을 만들어내는지 비로소 알아차릴 수 있다.

일례로, 한 클라이언트―그녀를 '카일라'라고 부르자―는 어느날 방에 들어섰다가 남편이 휴대전화로 문자를 보내고 있는 모습을 보았다. 그는 보던 화면을 잽싸게 닫더니 지나치게 상기된 얼굴로 그녀를 돌아보았다.

카일라는 내게 이렇게 말했다. "갑자기 무서운 기분이 들더군요. '어? 뭔가 숨기는 게 있네? 도박? 포르노? 설마 불륜?' 이런 생각들이 꼬리를 물고 이어졌어요." 그녀의 생각 하나하나가 공포심을 키웠고, 상상이 길어질수록 무서운 감정도 점점 커져갔다. "어찌나 배신감이 들던지, 결국 제가 먼저 따지기 시작했어요. 그랬더니 남편이 제 생일 파티를 계획하고 있었대요. 하지만 저는 이미 제 결혼 생활이 끝났다는 걸 반쯤 확신한 상태였어요."

또 다른 사례 속 시몬은 직장에서 비슷한 패턴을 겪고 있었다. 그는 나이가 지긋한 세 명의 직원을 팀으로 두고 있는 중간관리자였다. 노련한 기술자였던 그는 실제로 팀원들보다 뛰어난 기술을 갖추고 있었지만, 누군가 자신을 무능하게 볼지도 모른다는 불안에 시달렸다. 그래서 자신의 월등한 지식을 자랑하며 더욱 '권위 있어 보이려' 애썼다. 그 결과, 그는 동료들 눈에 비판적이고 거만한 사람으로 비쳤고, 얼마 지나지 않아 동료들 역시 시몬과 함께 있을 때 불안을 느끼기 시작했다. 마치 시몬 자신이 그들 곁에서 느끼던 것처럼 말이다.

또 다른 부부, 재레드와 소피는 딸 루비가 태어났을 때 불안의 소용돌이에 사로잡혔다. 그 조그만 아이가 기침이나 재채기를 할 때마다, 두 사람은 겁에 질린 채 인터넷을 뒤져 아기 건강에 생길 법한 모든 문제를 파악(하고 통제)하려 했다. '호흡기 세포융합 바이러스'니 '위식도 역류'니 하는 단어들이 화면에 뜨면, 이들의 상상은 폭주했고 걱정도 함께 불어났다. 결국 두 사람의 불안은 루비에게도 전해졌고, 아기는 울음을 터뜨렸다. 그러면 두 사람은 더 큰 불안에 휩싸였고, 온 가족이 불필요하게 몇 번씩 병원을 들락거려야 했다.

카일라와 그녀의 남편, 시몬과 그의 동료들, 루비의 가족 이야기는 결코 드문 경우가 아니다. 불안의 소용돌이는 개인 차원에서 시작되지만, 거의 모든 사회적 상황으로 번져 간다. 불안이 전염된다는 사실을 잊지 말자. 누군가와 상호작용할 때마다, 그 사람이 품고 있는 불안이 내 불안에 불을 지필 수 있다. 우리는 뇌 속에 있는 불안 기제의 대형 버전을 사회 전반에 심어두었다. 오늘날의 문화는 그 자체로 하나의 거대한 불안의 소용돌이다. 그 속에서 수많은 똑똑한 두뇌들이 바삐 움직이며, 공포의 이야기와 통제 전략을 쉬지 않고 뽑아낸다. 수백만의 사람들과 실시간으로 연결된 네트워크는 그런 불행한 이야기들을 과거 어느 때보다 더 빠르고 널리 퍼뜨린다.

거대한 '집단 불안의 소용돌이'를 보여주는 예를 하나 살펴보자. 얼마 전 남아프리카공화국으로 향하는 비행기에 탑승했을 때, 내 짐에는—고백하건대—뷰러가 들어 있었다. 공항 보안 요원은 그것을 보고 험악한 표정을 짓더니 위험한 물건이라며 압수했다. 나는 '설마 내가 뷰러를 무기로 사용하겠느냐'며 따져볼까 잠시 고민했지만, 그냥 넘어가기로 했다. (혹시 내가 내 속눈썹을 너무 돋보이게 집어 승무원들이 집중력을 잃고 비행 중에 문이라도 열까 봐? 조종사의 속눈썹을 집어 그가 자신을 알아보지 못하게 만든 뒤, 실존적 혼란에 빠지게 할까 봐? 눈썹이 쳐진 다른 승객에게 치명적인 수치심을 안겨줄까 봐?)

이 상황에 관한 내 농담이 언짢았다면 사과하겠다. 물론 나도 충분히 이해한다. 2001년의 테러는 매우 현실적이고, 몹시 소름 끼치는 사건이었다. 9/11 이후로 비행기를 타는 사람들의 불안은 훨씬 더 증폭되었고, 이는 곧 '집단 불안의 소용돌이'로 이어졌다. 그날의 기억과 뒤이은 테러 시도들에 대응해 다양한 통제 전략을 만들어냈는데, 그중에는 논리적인 것도 있고 그렇지 않은 것도 있다. 예컨대 이런 생각들이다. "술을 작은 병에 담으면 안전할 것이다", "탑승 전에 신발을 벗으면 안전할 것이다", "뷰러를 압수하면 안전할 것이다", "낯선 사람이나 물건을 의심하면 안전할 것이다". 그리고 그중 가장 비논리적인 전략은 바로 이것이다. "계속 걱정하고 있으면 안전할 것이다".

불안은 이러한 자기 패배적인 논리를 품고 있다. 절대 경계를 풀어서는 안 된다고, 그래야만 안심할 수 있다고 믿게 만든다. 우리 안에 있는 통제되지 않는 피드백 체계는, 사회 전반에 퍼져 있는 이런 순환 논리에 우리가 쉽게 사로잡히게 만든다.

'집단 불안'이라는 판타지는 가족, 제도, 종교 등 우리 사회의 모든 구조와 활동에 대해 우리가 어떤 방식으로 관계 맺을지를 좌우한다.

불안을 토대로 움직이는 가족은 모든 것을 하나부터 열까지 모든 것을 통제하려 들고, 음모론에 빠진 사람들은 음울한 추측을 온라인에 퍼뜨리며 사람들을 점점 더 깊은 망상으로 끌어들인다. 정치적으로는 불안이 깊어질수록 반대편 사람들을 미친 듯이 통제하려 들고, 목소리를 높이며, 상대를 더 모욕하고, 점점 더 극단적으로 변해 간다.

어떤 소문이나 상상 속 위험은 토네이도처럼 거대하고 파괴적인 '집단 불안의 소용돌이'를 불러일으킨다. 마치 수십억 명이 들어찬 극장에서 누군가 "불이야!" 하고 외치는 상황과 같다. 온 나라가 '위협'이라는 공동의 판타지 속으로 빨려 들어가고, 사람들은 의심이 깊어진 나머지, 머릿속에서 울부짖는 공포의 이야기를 뚫고 서로를 바라보기가 거의 불가능해진다. 이런 집단적인 불안의 소용돌이는 지금껏 수많은 전쟁과 학살, 고통과 차별, 불의와 폭력을 야기해왔다.

이것이야말로 정말 **두려워해야 할 일**이다. 이런 문제는 진짜 **통제해야** 한다. 그렇지 않은가?

이제 '불안의 소용돌이'가 어떻게 작동하는지 보이는가?

안타깝게도, 우리가 두려움에 휘말려 아무리 타인과 상황을 통제하려 해도, 불안을 바탕으로 한 행동들은 결국 더 큰 불안을 낳는다. 그리고 그 불안은 다시 더 큰 폭력과 파괴의 소용돌이를 불러온다.

하지만 반가운 소식도 있다.

우리에게 다른 선택지가 있다는 것이다.

하나의 뇌, 두 개의 관점

지금까지 우리는 위협적인 대상을 인식했을 때 뇌의 **좌반구**에서 벌어지는 일을 이야기했다. 이제는 우반구로 시선을 돌려보자. 불안에서 벗어나고자 한다면, 반드시 거기까지 가야 한다. 우반구는 개인 차원에서든 종種 전체의 차원에서든, 우리가 실제로 부딪히는 어려움을 효과적으로 해결하는 데 가장 유용한 영역이기도 하다.

좌반구와 우반구의 차이는 이 책 전반에서 여러 각도로 두루 다룰 예정이다. 생각해보면, 단순히 '차이점'이라는 말로만 설명하기에는 부족할지도 모르겠다. 어느 순간에든 여러분 뇌의 양쪽 반구는 함께 작동하면서 정보를 주고받고, 이 복잡다단한 상호작용이 여러분의 행동을 만들어낸다. 과학자들은 비과학자들이 '좌뇌형 인간' 혹은 '우뇌형 인간'이라는 식으로 일반화하는 것을 좋아하지 않는다. 한편, 옥스퍼드대학교의 심리학자 이언 맥길크리스트Iain McGilchrist는 이렇게 말한다. "좌우 반구의 중요한 차이점이 전혀 없다는 주장 역시 똑같이 어리석다고 할 수 있다. 실상 둘 사이에는 엄청나게 중요한 본질적인 차이가 있으며, 이것이야말로 인간됨의 핵심이다."

오랫동안 신경학자들은 좌반구가 분석적이고 논리적이며 언어 중심적인 사고를 담당하는 반면, 우반구는 인식, 감정, 직관 같은 비언어적 경험에 더 적합하다고 여겨 왔다. 이런 구분은 뇌의 특정 부위가 손상된 사람들의 사례를 보면 분명히 알 수 있다. 어떤 사고나 질병 이후 특정 기능이 사라졌을 때, 신경학자들은 손상 이전에 해당 부위가 어떤 역할을 했는지를 역추적할 수 있다.

이 주제를 누구보다 잘 아는 사람이 바로 내 친구 질 볼트 테일러다. 고도로 훈련받은 신경해부학자인 그녀는 하버드대학교에서 뇌과학자로 활동하던 중 심각한 뇌졸중을 겪었고, 그로 인해 좌반구의 대다수 기능이 한동안 작동하지 않았다. 질은 '편도체'나 '신피질'을 단일 구조로 보는 사고방식은 오해의 소지가 있다고 내게—논문과 대화를 통해—처음 말해준 사람이었다. 양쪽 반구의 차이점을 직접 연구했을 뿐 아니라, 실제로 경험하기까지 한 그녀는 두 반구가 완전히 다른 방식으로 작동하며, 그 기능 또한 매우 다르다는 점을 정확히 알고 있다.

우반구의 시선

어느 날 아침, 하버드대학교에서 평소처럼 하루를 준비하던 질의 뇌혈관 한 곳이 파열되었다.

그 순간부터 그녀의 좌반구로 심장이 박동할 때마다 피가 뿜어져 들어갔고, 얼마 지나지 않아 피에 잠긴 일부 뇌 영역이 기능을 잃기 시작했다. 좌반구는 깜빡이다가 꺼지듯 하나씩 작동을 멈췄고, 불과 몇 시간 만에 질은 언어를 사용하거나, 순차적으로 추론하거나, 선형적인 시간을 추적하는 능력을 잃게 되었다.

그리고 동시에, 불안도 자취를 감췄다.

좌반구가 조용해진 뒤, 질은 자신을 마치 우주만큼이나 거대한 에너지장으로 느꼈다. 우반구의 의식 속에서는 무한한 '현재'만 존재할 뿐, 시간이란 것이 없었다. 사람들의 이름은 고사하고 평범한 사물의 이름조차 떠올릴 수 없었지만, 육체적·감정적 에너지에는 놀랍도록 초점이 맞춰져 있었다. 훗날 질은 자신의 의식이 "고요한 행복의 바다를 누비는 거대한 고래처럼" 느껴졌다고 적었다. 그 순간 그녀는 형언할 수 없는 연민과 감사로 가득 차 있었고, 놀라울 만큼 또렷한 의식 속에 있었다.

다행히도 질은 뇌과학자들에 둘러싸여 있었고, 그들은 질이 회복될 것이라고 믿고 있었다. 우리 뇌는 스스로를 바꿀 수 있는 능력―즉, 생각을 바꾸는 것만으로도 뇌의 구조를 변화시킬 수 있는 힘―을 지녔기 때문이다. 질은 이후 약 8년에 걸쳐 좌반구 기능을 거의 기적적으로 회복했고, 언어와 논리, 시간 감각도 되찾았다. 그렇지만 이전처럼 좌뇌 중심의 삶으로 돌아가진 않았다. 질은 이제, 그녀의 표현을 빌리자면 '우반구의 의식에 발을 담그는 법'을 알게 된 것이다.

처음 나는 질이 우반구에서의 충만한 행복을 묘사했을 때 다소 혼란스러웠다. 이는 그녀가 이전에 했던 "숱한 신경학 연구가 뒷받침하듯 행복의 근원은 좌뇌에 있다"라는 말과 충돌했기 때문이다. 그렇지만 질은 자신의 저서 『나를 알고 싶을 때 뇌과학을 공부합니다』에서 다음과 같이 설명했다. "행복은 기쁨과 동의어가 아니다. 행복과 기쁨 모두 긍정적인 감정이지만, 둘은 심리적·신경해부학적으로 매우 다르다."

다시 말해, 좌반구가 만들어내는 행복은 외부 조건과 상황에 달려 있고, 우반구의 기쁨은 내면에서 솟아난다. 이런 차이는 여러 심리학 서적에서도 반복해 언급된다. 일례로 심리학자 존 B. 아덴John B. Arden은 이렇게 조언한다.

최근 슬픈 일이 있어서 친구들로부터 조금 거리를 두었다고 합시다. 아마 자신에게 이렇게 말했겠지요. '행복한 척하고 싶지 않아.' 하지만 내키지 않더라도 친구에게 연락해 밖으로 나가 같이 점심을 먹어야 합니다.

아덴이 이렇게 조언한 이유는, 좌반구에 완벽한 통제권이 주어지면 우뇌가 일으키는 우울하고 언짢은 기분을 완벽히 차단할 수 있다고 확신했기 때문이다. 아덴은 좌반구에 뇌졸중을 겪은 사람들은 우울감을 겪지만, 우반구 손상 환자에게서는 그런 증상이 나타나지 않는다고 말한다. 이는 질 볼트 테일러의 경험과는 정확히 반대되는 주장이다.

그래서 나는 직접 질에게 이 점을 물어보았다. 그녀는 만약 의사가 환자의 행복을 언어로 확인하려 든다면, 좌반구가 차단된 환자들에게서 행복하다는 말을 들을 수 없는 것은 당연하다고 했다. 그들은 언어를 사용할 수 없기 때문이다. 뇌졸중 이후에 찾아오는 우울과 관련해 질은 이렇게 설명했다. "사람들은 내가 자주 울었기 때문에 내가 우울한 줄 알았겠지만, 사실 난 우울하지 않았어. 경이로움에 젖어 있었던 거야."

나는 사회과학자로서 관찰자의 해석도 중요하다고 생각하지만, 어떤 일을 실제로 겪은 사람의 증언이야말로 가장 신뢰할 수 있는 정보라고 배워왔다. 그런 이유에서 나는 다른 누구보다 질의 관점을 신뢰한다.

우리 뇌가 왼쪽으로 기우는 이유

우리는 모두 질이 우반구에서 발견한 경이로움과 충만한 행복의 상태를 경험할 수 있다. 그래서 많은 이들이 가능한 한 자주 그 상태에 들어가 그 안에 머무를 수 있으리라 기대할지도 모른다. 하지만 인류는 진화를 거치며 정반대의 경향을 갖게 되었다. 우리는 어떤 상황에서든 더 나쁜 기분 혹은 더 불편한 감정을 일으키는 대상에 초점을 맞추곤 한다. 이런 경향은 뇌에 자리한 두 가지 작동 원리에서 비롯된다. 하나는 '부정성 편향negativity bias' 그리고 다른 하나는 내가 '거울의 집hall of mirrors'이라 이름 붙인 기제에 있다. 이 신경학적 변덕들을 알아차리고 제대로 이해하게 되면, 거기에 휘둘리지 않고 조금씩 자유로워질 수 있다.

부정성 편향

어느 휴일, 우리 가족은 뮤지컬 〈해밀턴〉을 만든 천재 린 마누엘 미란다Lin Manuel Miranda의 실물 크기 모형을 선물로 받았다. 크기, 실루엣, 사랑스러운 보조개까지 놀랄 만큼 실제 그와 닮아 있었다. 우리는 포장지를 벗기고 린 마누엘의 건강을 기원하며 축배를 들었고, 그와 어깨동무를 하고 사진도 몇 장 찍었다.

 그런데 문제는, 우리 집 강아지인 빌보가 이 유쾌한 몸짓 개그를 전혀 이해하지 못했다는 점이다. 코카 스패니얼과 푸들의 믹스견인 골목쟁이네 빌보(J. R. R. 톨킨의 소설 『호빗』의 주인공이자 〈반지의 제왕〉의 등장인물로서 모험을 좋아하는 기질을 가지고 있다-옮긴이)가 아는 거라곤, 이상하게도 몸을 뻣뻣하게 굳힌 채 사악한 미소를 짓는 무언가가 우리 집에 침입했다는 사실뿐이었다. 사실 빌보는 쉽게 동요하는 편이 아니지만, 한번 동요하면 셰익스피어급 드라마가 펼쳐진다. 린 마누엘 모형을 본 빌보는 '뭐야 이거!'라고 외치듯 짖기 시작했고, 이내 대담하게 모형에 달려들며 소리쳤다. '썩 꺼져, 이 끔찍한 마귀야! 우릴 그만 괴롭히고, 혐오스러운 네 굴로 돌아가!'

우리는 빌보가 린 마누엘 미란다로부터 우리를 구하겠다고 덤벼드는 걸 말리느라 거의 한 시간을 씨름했다. 하지만 아무 소용이 없었다. 결국 우리가 포기하고 그 모형을 벽장으로 치울 때까지, 빌보는 당당하게 싸움을 이어갔다. 그런데 진짜 문제는 그다음부터였다.

벽장 안에 무엇이 들어 있는지 이제 온 식구가 안다. 다들 그 모형을 여러 번 꺼내보기도 했다. 그럼에도 우리는 여전히, 예상치 못한 순간마다 긴장감 넘치는 공포 속으로 다시 빨려들어가곤 한다. 우선, 누군가 그 문을 열면 '끼익…' 하는 경첩 소리가 울린다. 곧이어 등골이 오싹해지는 비명이 터지고, 폭풍처럼 뛰어오는 발소리가 들려온다. 그리고 마침내, 어둠 속에 숨어 있던 린 마누엘 미란다를 향해 또 한 번 놀라 달려든 빌보를 피해 비틀대며 웃는 누군가의 소리가 이어진다.

이 널빤지 모형이 우리 가족을 계속 공포에 몰아넣은 이유는, 모든 상황에 있을 법한 위험 요소를 감지하려는 빌보의 본능을 우리(그리고 모든 인간) 역시 어느 정도 공유하고 있기 때문이다. 우리가 또 하나 이상하게 느끼는 것은, 투쟁-도피 반응이 거의 반사적으로, 순식간에 행동으로 나타난다는 점이다. 이 반응이 얼마나 빠르고 강력하게 일어나는지 확인하고 싶다면, 구글에서 '보이지 않는 위험 장난invisible danger prank'을 검색해 영상 몇 개를 봐도 좋다. (힌트를 주자면, 이 장난에는 누군가 일부러 겁먹은 척하는 장면이 나온다. 그런데 그 연기에 주변 사람이 순식간에 투쟁-도피 반응을 보인다. 이런 영상을 보면, 위험이 실제 존재하지 않아도 우리가 얼마나 재빨리 공황 상태에 빠지는지를 여실히 알 수 있다.)

이처럼 '부정성 편향'은 사방에서 위험을 포착하려는 우리 뇌의 민감한 반응을 가리킨다. 이는 진화적으로 매우 유리한 기능이다. 온갖 것을 두려워하다 보면, 그중 정말 위험한 몇 가지를 피할 수 있을 테니 말이다. 예를 들어 길에서 뱀을 마주쳤다고 하자. 그게 독이 없는 종류인지, 아니면 독이 있는 위험한 뱀인지 당장은 알 수 없다. 설령 무해하더라도, 일단 위험하다고 가정해보는 편이 낫다. 인간 친화적인 뱀과 좋은 관계를 맺을 기회를 놓칠 수는 있지만, 반대로 정말 위험한 뱀을 가볍게 넘겼다가는 목숨이 위태로워지는 큰일을 당할 수도 있다. 그래서 뇌는 언제나 '조심하는 쪽'을 택한다.

부정성 편향은 물리적 위험뿐 아니라 사회적, 감정적인 위험에도 민감하게 반응한다. 누군가 여러분을 세 번 칭찬하고 한 번 비난했다고 하면, 뇌는 그 비난 한마디에 꽂혀 잊지 못한다. 여러분의 인스타그램에 '좋아요'가 천 개 달렸어도, "별로네요"라는 짧은 댓글 하나에 마음이 흔들린다. '푸짐한 수프'라는 표현을 대부분 오해 없이 받아들였다고 해도, 이름 모를 누군가가 이 말을 듣고 질식할 듯한 공포를 느꼈다며 사전에 주의를 줬어야 한다고 항의하면, 그 한마디에 여러분 마음이 크게 다칠 수 있다.

부정성 편향은 이렇게 불안의 소용돌이를 구체적인 행동으로 몰고 간다. 불안이 시작되면, 우리 생각은 재빨리 망상 쪽으로 기운다. 한번 불안한 상태에 접어들면 '사실은 두려워할 필요 없어' 같은 신호는 귀에 들어오지 않는다. 좌반구는 우리 지각을 벗어난 것은 모조리 실재하지 않는다고 믿는 까닭에, 내가 느끼는 불안한 세계관이 전부라고 여기게 된다. 그 결과, 우리는 종종 현실보다 왜곡된 정보와 인식이 서로를 비추고 부풀리는 '신경학적 거울의 집'에 갇히고 만다.

거울의 집

내가 처음으로 거울의 집에 들어간 건 다섯 살 무렵이었다. 놀이공원에 있던 그곳은 내게 전혀 즐겁지 않았다. 내 눈에 그 '집'(실은 작은 방에 불과했다)은 무시무시한 외계 우주처럼 느껴졌다. 벽과 천장, 바닥이 온통 거울로 덮여 있었고, 그 거울은 기이하게 왜곡된 형상을 반사하고 있었다. 모든 거울이 또 다른 거울을 비추고 있는 탓에 그 방은 끝없이 이어지는 공간처럼 보였다. 온갖 괴상한 형상들이 사방에서 쏟아졌고, 나는 겁에 질린 나머지 출구를 찾지 못할 정도로 방향 감각을 잃어버렸다.

다행히 친구 한 명이 그 끔찍한 작은 방에서 나를 끌어내주었다. 그렇지만 이후로도 나는 다양한 상황에서 '거울의 집'과 같은 상태에 빠져들곤 했다. 그런 상태에서는 내 좌반구가 만들어내는 불안한 이미지들이 실재처럼 느껴졌다.

여러분도 비슷한 경험이 있을 것이다. 불안의 소용돌이는 마치 거울의 집처럼, 왜곡된 이미지와 혼란 속에서 출구를 찾기 어렵게 만든다. 불안을 만들어내는 뇌 부위는 왜곡된 생각은 과장해서 보여주고, 그에 반하는 실체는 철저히 무시해버린다. 이 현상이 실제로 얼마나 극단적으로 나타날 수 있는지는 놀라울 정도다. 이를 보여주는 유명한 사례로, 신경학자이자 작가였던 올리버 색스^{Oliver Sacks}의 정신과 인턴 시절에 겪은 일화가 있다.

어느 날 병원에 갔더니 담당 환자 중 한 사람이 이상한 행동을 하고 있었다. 낮잠에서 깨어난 이 청년은 누군가 자기 침대 속에 절단된 다리를 넣어놨다며 소리 지르기 시작했다. 그는 계속 자기 왼쪽 다리를 가리키면서 간호사들이 그것을 거기 넣어 두는 끔찍한 장난을 쳤다고 흥분하며 항의했다.

색스는 그 낯선 다리에 관해 호통치는 환자의 말을 가만히 듣고 나서 이렇게 물었다. "만약 이것이, 그러니까 이 물체가 환자분의 왼쪽 다리가 아니라면, 진짜 왼쪽 다리는 지금 어디 있나요?"

청년은 주위를 둘러보더니 겁에 질려 입을 떡 벌리고는 이렇게 말했다. "정말 모르겠네요. 사라졌어요. 없어졌어요." 그러고는 자신의 왼쪽 다리―그 잔악하고 혐오스러운 물체―를 쥐고 바닥으로 내던졌다. 물론 몸 전체가 함께 바닥으로 쓰러졌다. 그제야 그는 그 '낯선 다리'가 자신의 몸에 붙어 있다는 사실을 알아차렸고, 바닥에 누운 채 점점 더 큰 두려움에 휩싸였다.

'편측 무시^{hemispatial neglect}'라 불리는 이 기괴한 상태는, 현실 감각이 완전히 왜곡되는 증상으로, 오직 우반구에 손상을 입은 사람들에게서만 나타난다(질 볼트 테일러가 뇌졸중을 앓았던 부위와 반대다). 이런 환자들은 면도나 화장을 할 때 자기 얼굴의 오른쪽만 손질하고, 왼쪽은 완전히 무시한다. 그림을 그릴 때도 한쪽 절반은 아예 비워둔다. 시력 자체에는 전혀 문제가 없지만, 자기 몸의 절반을 포함해 좌반구가 지각하고 통제하지 않는 대상에는 주의를 기울이지 못하는 것이다. 다시 말해, 보이지만 인식하지 못하고, 인식하더라도 그것을 현실의 일부로 받아들이지 못한다.

이러한 이상한 주의력 왜곡은 단지 시각뿐 아니라 사고방식 전반에 영향을 끼친다. 불안을 바탕으로 만들어진 이야기에 집착하게 되면, 우리 뇌는 그것을 '유일한 현실'이라 믿고 단단히 붙든 채, 다른 어떤 관점도 받아들이려 하지 않는다. 불안한 사람 한 무리를 모아보라. 극단적인 정치적 견해를 가진 사람들, 혹은 자신들의 지도자 랄프(실은 전직 카펫 영업사원)를 위대한 마법사라고 철석같이 믿는 광신도 집단을 떠올려보라. 이들에게 자신들의 믿음이 사실상 틀렸음을 보여주는 명확한 증거를 제시하면 어떤 일이 벌어질까? 연구에 따르면, 그 믿음은 놀랍게도 오히려 더 강해진다.

새로운 정보가 눈앞에 와도, 좌반구는 열린 자세를 취하지 않는다. 그 정보는 사실의 근거가 아니라 자신의 현재 상태, 자신이 신봉하는 진리를 위협하는 공격으로 간주된다. '진리를 건드리면 안 돼!' 이런 태도 탓에, 논리적인 반박은 오히려 불안의 소용돌이에 기름을 끼얹을 뿐이다. 그럴수록 좌반구는 더 무시무시한 이야기를 덧붙이고 부풀리며 공포를 키워간다.

이처럼 좌반구가 만든 '거울의 집'—다시 말하자면 우리의 불안—속에 갇히게 되면, 모든 것이 괴이해보인다. 사심 없는 친절도 뭔가

꿍꿍이가 있는 속셈처럼 보이고, 휴식과 이완은 나약한 것처럼 느껴진다. 낙관주의는 철없는 태도로 여겨진다. 세상은 나를 해치려는 것으로 가득 차 있고, 내가 원하는 것들은 도무지 손에 닿지 않는다. 이런 시각에서는 세상에 좋은 것이란 늘 부족해보인다. 돈, 지위, 권력, 사랑, 심지어 아침 식사용 시리얼조차 뭐 하나 충분한 게 없다. 삶이 늘 결핍된 상태로 보이는 것이다. 이런 관점은 세상을 음울하고 재미없는 곳으로 만들지만, 동시에 무엇보다도 '진짜처럼' 느껴진다.

부정성 편향과 거울의 집은 우리가 진실을 인식하는 방식 자체에 영향을 끼친다. 그래서 불안에 사로잡힌 상태에서는, 내 생각의 오류나 모순을 까맣게 놓칠 수 있다. 그렇다면, 이 함정에서 벗어나는 방법은 무엇일까? 해답은 감정에 있다. 고통스러운 감각을 포착하면 된다. 불안의 소용돌이 속에서 세상을 바라볼 때 끔찍한 감정이 밀려온다면, 그 감정을 하나의 신호로 삼을 수 있다. '이봐! 넌 지금 너만의 부정성 편향에 휘둘리고 있다고! 거울의 집에서 길을 잃은 거야!' 이 사실을 깨닫고 나면 우리는 더 나은 사고의 방향으로 첫발을 내디딜 수 있다.

나만의 '뷰티풀 마인드'로 불안의 소용돌이 벗어나기

실화를 바탕으로 한 영화 〈뷰티풀 마인드 A Beautiful Mind〉에서 수학자 존 내쉬는 놀라울 만큼 합리적인 자기 뇌를 활용해 정신병적 망상을 반박하며 조현병에 맞서 싸운다. 그는 수십 년간 자신과 함께해온 인물들이 '전혀 나이 들지 않는다'는 사실을 알아차리고, 그것을 단서로 망상임을 인식해낸다. 실존 인물인 내쉬는 자신의 경험을 이렇게 묘사했다. "나는 망상에 물든 생각들을 점점 지적인 차원에서 거부하기 시작했다."

물론 자기 신념의 비논리적인 면까지 포착할 정도로 빈틈없는 논리력을 발휘하는 사람은 드물다. 그렇지만 평화로운 삶을 누리고 싶다면, 우리 역시 이런 기술을 배워야 한다. 불안—안전한 상황에서조차 늘 두려움과 위험을 느끼는 감정—은 존 내쉬가 겪은 조현병 수준의 정신질환은 아니지만, 그 역시 왜곡된 믿음과 관련되어 있다. 불안은 좌뇌가 인식한 것을 지나치게 확대하고 강조하면서 사고의 균형이 무너진 상태인 것이다.

이 사실을 깨달았다면, 이제 우리는 우반구를 더 적극적으로 작동시켜 균형 잡힌 세계관으로 되돌아올 수 있다. 그리고 실제로, 지금 당장 그 연습을 해볼 수 있다. 다음 활동을 시도해보자.

새로운 기술

불안의 소용돌이 벗어나기

1 먼저, 나에게 은근한 불안을 일으키는 무언가를 떠올려보자. 정말 끔찍하거나 극단적인 장면 말고, 이를테면 친척에게 줄 선물을 사야 한다거나 세금 신고 마감일이 다가오는 상황처럼, 가볍지만 약간의 초조함을 불러일

으키는 상황 말이다. 그런 상황을 떠올릴 때 내 몸과 감정에는 어떤 반응이 나타나는지 살펴보고, 떠오르는 감각을 아래에 적어보자.

2 이제 그 생각을 1분 정도 잠깐 내려놓는다. 대신 내가 좋아하는 세 가지 '맛'을 떠올려보자. 그리고 그 맛을 생생하게 상상해본다. 떠오른 맛을 아래에 적어보자.

3 이번에는 내가 좋아하는 세 가지 '소리'를 떠올려본다. 머릿속에 그 소리를 상상해보고, 아래에 적어보자.

4 내가 좋아하는 세 가지 '광경'을 떠올린다. 그 장면을 마음속에 그려보고, 아래에 적어보자.

5 이번에는 내가 좋아하는 세 가지 '향'을 떠올린다. 그 향을 상상하며, 그 느낌을 적어보자.

6 내가 좋아하는 세 가지 '감촉'을 떠올려본다. 그 촉감을 상상해보고, 아래에 적어보자.

7 이제 앞서 떠올린 모든 요소(혹은 그중 일부)가 함께 존재할 수 있는 장면이나 시나리오를 상상해보자. 사람의 뇌는 저마다 달라서 어떤 사람은 실제 경험을 떠올리는 게 더 쉬운 반면, 어떤 사람은 머릿속에서 감각을 조합해 상상하는 편이 더 쉽다. 상상도 기억도 어렵게 느껴진다면, 감각 하나하나를 적용해 내가 좋아하는 무언가를 조합할 수 있는 공간을 만들어도 좋다. 그런 다음, 오감을 총동원해 그 장면에 초점을 맞추면서 그곳에 잠시 머물러본다.

지금 이 순간(또는 마음속에 이런 감각을 떠올릴 수 있는 언제든), 내가 좋아하는 감각들을 조합해 짧은 시나리오를 현재 시제로 적어보자. 오감 각각과 연결된 이미지가 최소 하나 이상은 들어가야 한다. 예를 들면 이렇다.

"나는 지금 내가 좋아하는 푹신한 의자에 앉아, 샴페인을 마시며 벨기에산 초콜릿을 베어 먹고 있다. 다른 한 손으로는 내 무릎 위에서 가르랑거리는 고양이의 부드러운 털을 어루만지고 있다. 창밖으로는 아름다운 숲을 배경으로 내 아이들이 뛰노는 모습이 보인다. 그 아이들의 웃음소리, 나무 사이를 스쳐 지나가는 바람 소리, 지저귀는 새 소리가 들린다. 시원한 바람이 열린 창문으로 들어와 소나무 향과 바다 냄새를 전해준다. 게다가 지금 나는 내 인생 최고의 발 마사지까지 받고 있다."

8 이처럼 가상의 장면을 떠올리는 동안 내 몸과 감정에는 어떤 변화가 일어났는지 간단히 적어보자.

9 이야기를 상상하고, 감각을 느끼고, 그 장면을 글로 옮기는 동안 처음 떠올렸던 나의 불안은 어떻게 달라졌는지 살펴보자.

방금 벌어진 일

만약 여러분이 위의 연습을 실제로 해봤다면—그러니까 정말로 그 사랑스러운 감각들을 상상하고 기억하고 직접 경험하며 잠시 시간을 보냈다면—잠시나마 불안에서 벗어나는 즐거운 경험이 되었길 바란다!

이렇게 말하긴 했지만, 아마 실제로는 그냥 글을 읽고 '그래, 그럼 그렇지. 무슨 말인지 알겠어' 하고 넘어갔을 가능성이 크다. 실상 이것이 지금껏 여러분이 받아온 훈련이다. 우리 문화는 좌반구의 언어적이고 추상적인 사고방식을 중심으로 작동하기 때문에, 여러분은 어떤 경험을 실제로 '느끼는 것'보다 그것을 글로 읽거나 머릿속으로 떠올리며 '이해하는 것'에 더 익숙하다. 심지어는 생각이 경험보다 더 '우월하다'고 믿도록 사회화되어 왔다.

그래서 방금 했던 활동을 어딘가 유치하거나 보잘것없다고 느꼈을 수도 있다. 어쩌면 빈칸을 채우며 몇 초간 불안이 잦아드는 것을 느꼈음에도 '뭐 그래, 좋네. 그런데 그건 그저 내가 상상으로 만든 거잖아. 진짜는 아니지.' 하며 마음속에서 그 경험을 통째로 무시했을지도 모른다.

물론 어떤 기억, 인식, 공상에 선택적으로 집중함으로써 차분해지는 장면을 만들어낸 것은 사실이다. 그렇지만 이것은 세상이 두렵고 위험하다고 여길 때, 즉 불안에 빠졌을 때 여러분이 하는 행동과 정확히 똑같다. 불안에 사로잡힐 때도 우리는 특정한 생각과 감각에 집중한다. 좌반구가 우리를 몰아세우며 '부정성 편향'과 '거울의 집'에 빠뜨릴 때, 우리는 자신이 지각한 것이 사실이라고 굳게 믿는다. 이와 반대로 우반구를 사용해 내면의 경험을 조합할 때는, 그것이 하나의 선택일 뿐이라는 사실을 안다. 따라서 불안의 소용돌이에서 충분히 멀어질 수 있다면, 우리의 두려움 역시 긍정적인 상상처럼 선택된 정보의 조각들로 구성된 것임을 알아차릴 수 있다. 그리고 바로 그 깨달음을 바탕으로, 우리는 전혀 새로운 삶의 방식과 사고의 전환을 향해 나아갈 수 있다.

균형 잡힌 뇌가 이끄는 삶

내가 질 볼트 테일러를 처음 알게 된 건, 질이 줌 회의 일정을 잡으려고 내게 이메일을 보냈을 때였다. 컴퓨터 화면 속 질의 얼굴 뒤로는 푸르른 숲이 짙게 드리워져 있었고, 그 사이로 아침 안개가 자욱하게 내려앉아 있었다. 단번에 집이 아니라는 걸 알 수 있었다. 그녀는 여름 별장—아메리카 중서부 어딘가의 호수 위에 떠 있는 배 안—에 있었다. 그곳에 있으면, 좌반구가 꺼졌을 때 처음 느꼈던 경이감과 평온함을 다시금 온전히 느낄 수 있다고 했다.

질은 자기 뇌 전체에서 가장 건강하고 창조적인 부분에 닿기 위해, 삶의 모든 것을 조정했다고 내게 말해주었다. (당시는 그녀가 『나를 알고 싶을 때 뇌과학을 공부합니다』를 막 출간했을 때였는데, 이 훌륭한 책을 나도 적극 추천한다.) 그녀는 단순히 좌반구를 연구하고 활용하는 데서 멈추지 않고, 자기 뇌의 오른쪽 부분인 우반구에도 불을 밝히기 위해 일상의 흐름을 세심하게 조율했다.

자연과 교감하지 않는 시간에는 식료품, 보트 부품, 미술도구 같은 물건을 사러 제트 스키를 타고 육지로 나갔다. 여전히 과학자로서의 날카로운 통찰이 묻어나지만, 한편으로는 그림, 스테인드글라스 유리창, 석회암 조각품 등 온갖 아름다운 것들을 만드는 예술가이기도 하다. 그녀는 균형 잡힌 뇌가 얼마나 무궁무진한 창조를 가능하게 하는지, 그 자체로 증명하는 살아있는 예다. 그녀의 삶은 마치 한 편의 끝없는 창작 과정처럼, 끊임없이 무언가를 만들고 또 만들어간다.

창의성의 소용돌이

자신의 불안에서 한 걸음 물러나 좌뇌와 우뇌를 모두 활용해 생각과 인식을 조율하기 시작하면, 우리는 내가 '**창의성의 소용돌이**creativity spiral'라고 부르는 상태를 만나게 된다. 흥미롭게도, 우반구 역시 좌반구처럼 고유한 피드백 체계를 갖춘 소용돌이를 만들어내는데, 그 구조가 뇌 안쪽의 아몬드 모양 편도체에서 시작해 가장 바깥층까지 이어진다는 점에서, 불안의 소용돌이와 거의 거울처럼 대칭을 이룬다. 단지, 그 영향은 정반대다. 좌뇌에서 소용돌이가 일어나면 공포심이 불꽃처럼 피어올라 어떻게든 상황을 통제하고픈 마음이 든다. 반면, 우뇌에서 소용돌이가 일어나면 '**호기심**'이 불꽃처럼 일어 무언가를 '**창조하고픈**' 마음이 든다.

낯선 대상을 마주했을 때, 오른쪽 편도체 역시 왼쪽의 불안한 쌍둥이(왼쪽 편도체)와 함께 자기 나름대로 반응한다. 그렇지만 우반구는 시간을 추적하지 않는 까닭에 오직 '지금 이 순간'만을 인식한다. 예를 들어, 표범이 느릿느릿 멀어지고 있거나 뱀이라고 생각했던 것이 단순한 끈이라는 사실을 알게 되면, 우반구는 즉시 공포를 내려놓고 다시 호기심을 회복한다. 질 볼트 테일러는 우반구의 저 깊은 곳에 있는 이 부분은 마치 새로운 것에 눈을 반짝이며 다가가는 어린아이와 같다고 설명한다. 그저 탐색하고, 느끼고, 경험하기를 열렬히 바랄 뿐 과거나 미래에는 신경 쓰지 않는다는 것이다.

우반구의 가장 바깥층은 좌반구처럼 분석하거나 예측하거나 통제하려 들지 않는다. 대신 수많은 아이디어와 행동, 사람과 사람 사이의 연결을 새롭게 만들어낸다. 좌뇌가 무언가를 분석한다면('분석한다'는 말은 본래 대상을 '쪼개어 나눈다'라는 뜻이다), 우뇌는 그것을 통합하고 연결한다. 우뇌는 무엇이든 현재 순간에 인식된 다양한 감각 정보(원재료)를 조화롭게 섞고 결합하며 관계를 만드는 데 탁월하다. 이때의 방식은 종종 아주 독창적이고, 예기치 못한 새로운 연결을 만들어낸다.

불안의 소용돌이는 이런 창의적 정보의 흐름을 가로막는다. 이와 대조적으로 '창의성의 소용돌이'는 눈앞에 들어오는 모든 것을, 심지어 좌반구를 통해 들어온 정보까지도, 열린 마음으로 기꺼이 받아들인다. 우반구는 좌반구가 제공하는 통찰을 재료 삼아, 유용하고(일을 덜어주는 기계처럼), 만족스럽고(미스터리의 해답처럼), 흥미진진하고(새 친구 만들기처럼), 마음을 아낌없이 표현하는(사랑 노래 부르기처럼) 창조물을 만들어낸다. 이렇게 만들어진 경험은 흥미와 '몰입flow'이라는 긍정적인 피드백을 만들어낸다. 이는 더 큰 호기심으로 이어지며, 더 많은 경험과 정보 수집으로 연결된다. 그렇게 꼬리를 무는 과정 속에서 우리는 점점 더 창의적인 연결을 만들어가게 된다.

창의성 연구에 따르면, 불안과 창의성은 번갈아 켜졌다 꺼지는 경향이 있다. 하나가 커지면 다른 하나는 꺼지는 식이다. 불안은 창의성을 완전히 꺼트리는 탓에, 예를 들어 퍼즐을 푸는 상황에서 상금이 걸려 있다는 아주 작은 스트레스만 주어져도 창의적 사고는 급격히 줄어든다. 하지만 같은 원리를 창의성에 적용하면 이야기는 달라진다. 의도적으로 '창의성의 소용돌이'에 발을 들이고, 거기에 더 깊숙이 들어갈수록 우리는 불안의 소용돌이에서 점점 멀어진다.

앞에서 연습했던 활동처럼, 오감을 동원해 좋아하는 장면, 향기, 맛, 소리, 촉감 등을 떠올리고 그 기억을 세세히 구성해보았다면, 여러분은 이미 '창의성의 소용돌이'를 경험한 셈이다. 이제 한 걸음 더 나아가 다음 활동으로 넘어가보자.

먼저 방 한구석도 좋으니, 자신이 '안식처'라고 느끼는 장소를 찾아 실제로 가서 잠시 머물 수 있는 시간을 확보하자. 우리가 사는 세상에는, 진화한 우리 몸과 뇌가 감당하기 어려울 만큼 많은 감각 자극이 존재한다. 너무 밝은 조명, 귀를 자극하는 큰 소리, 빈틈없이 이어지는 모임, 끊임없이 산만해지는 주변 환경까지. 겉보기에 '정상적인' 일상처럼 보여도, 그 속에는 생각보다 많은 스트레스 요인이 숨어 있을 수 있다. 이런 사실을 인식하고 있다면─설령 모르고 있더라도─조용하고, 자연광이 드는 공간에서 잠시라도 평온한 시간을 가져보자.

그 공간에 편안히 자리 잡았다면, 나만의 온전한 '뷰티풀 마인드'를 떠올리고, 손으로 쥘 수 있는 물리적인 대상을 활용해 나의 신경체계를 '지금, 여기'로 고정시킨다. 왼손으로 가볍게 쥐고 움직일 수 있는 무언가에 감각을 집중하면, 이른바 '고유감각proprioception'이 활성화된다. 이 감각이 활성화되면, 마치 카메라의 초점이 흐릿한 배경을 지우고 한 대상을 또렷하게 잡아내듯, 뇌 전체가 '지금, 여기'에만 집중한다. 그 순간, 내 마음은 과거의 후회나 미래의 불안에서 잠시 비켜나, 현재의 감각과 경험 속으로 부드럽게 스며든다. 그렇게 현재 순간의 무언가를 온몸으로 깊이 경험하는 것만으로도, 불안의 소용돌이는 더 이상 그 비참한 흐름을 이어가지 못하고 조용히 잦아든다.

새로운 기술
물체 감상

1 임박한 위험이 없고, 몇 분 동안 누구와도 소통하지 않아도 되는 장소에서 잠시 시간을 갖는다.

2 두 눈을 감는다. 끝없이 펼쳐진 아름다운 경치를 보고 있다고 상상하거나, 실제로 본 기억을 떠올린다. 마치 그 탁 트인 경치를 감상하고 있는 것처럼 두 눈이 편안한지 살펴본다. 호흡을 더 깊게 하면서 눈의 긴장이 풀리는지도 느껴본다. 그렇지 않아도 괜찮다.

3 계속 심호흡하면서 눈을 뜬 다음, 주변에서 긍정적인 느낌이 드는 작은 물체를 찾아본다. 마음속에 즐거움의 불꽃을 일으키는 것이면 된다. 예를 들어 평소에 좋아하던 커피잔이나 책, 오래 입은 티셔츠가 눈에 띌지도 모른다. 쉽게 들 수 있고 긍정적인 감정을 불러일으키면 충분하다.

4 그 물체를 집어 든다. 손에 쥐고 무게, 촉감, 온도를 느껴본다. 눈으로 자세히 살펴보고, 귓가에 대고 표면을 긁어 소리를 들어본다. 냄새를 맡아도 좋고, 위생상 문제가 없다면 맛을 봐도 괜찮다.

5 이제 그 물체가 만들어지고 내 삶에 다다르기까지 일어난 모든 일을 생각해본다. 그것은 자연이 만들었을까, 인간이 만들었을까, 아니면 둘 다 손

을 보탰을까, 상상해본다. 이 물체가 과거에 내게 어떤 도움을 주었고, 지금도 어떻게 나를 편안하게 해주는지를 생각해본다.

6 　불안 속으로 마음이 미끄러져 들어가는 느낌이 든다면, 호흡을 천천히 하면서 다시 그 물체에 집중한다. 긍정적인 기억을 되살린다. 예를 들면 이런 식이다.

- 이 잔으로 아침마다 커피를 마셨지. 불평 한마디 없이 늘 내 곁에 있었고, 쌀쌀한 날 이 잔을 손에 쥐고 커피를 마실 때의 기분이 정말 좋았어. 지금 내 앞에 있는 건 진짜 환상적인 커피 머그야!
- 할인 매대에서 이 책을 집었을 때가 생각나. 내 평생 최고로 잘 쓴 3달러였지. 이 책은 수시로 내게 위안을 주었고, 내가 꼭 알아야 할 것들을 알려주고, 모든 걸 잃었다고 느낄 때 날 다시 일으켜 세웠어. 『쉽게 따라 하는 배관 작업』이 이렇게까지 내 삶을 바꿔놓을 줄 누가 생각이라도 했겠어?
- 이 티셔츠는 천 번도 넘게 빨아 입었는데 아직도 입을 만해. 부드럽고 너무너무 편안해. 앞면에 적힌 '숨 쉬어 BREATHE'라는 문구도 너무 좋아. 이 위에 재킷을 걸쳐 입으면 가운데 '먹어 EAT'라는 글자만 보이는 것도 좋아. 얼마나 훌륭한 조언이야!

7 　원한다면 그 물체에 대해 떠오른 긍정적인 생각 다섯 가지를 아래에 적어보자.

8 적극적으로 그 물체를 감상하는 동안, 불안감이 조금이라도 잦아들었는지 스스로 느껴보자.

9 마음이 초조해질 때마다 다시 감상할 만한 물체를 찾아본다. 불안 멈춤 신호가 되어주는 나뭇잎, 단비를 부르는 구름, 손에 쥐면 기분 좋아지는 조약돌 등 어떤 것이든 괜찮다. 그리고 나를 판단하지 않고, 아무것도 요구하지 않으며, 그저 나를 도와주고자 여기에 존재하는 수많은 물체에 대해 생각해본다.

10 혹시 친구들이 이상하게 본다면, 오히려 잘하고 있다는 뜻이라고 여긴다.

더 평온한 공간으로 나아가기

우리가 전형적인 뇌를 지닌 이상, 언제든 머리카락이 쭈뼛 서는 위험 경보, 부정성 편향, 좌반구가 만들어내는 '거울의 집'에 휘말릴 가능성은 늘 존재한다. 타인과 함께, 특히 현대사회에서 살아가는 한 우리는 언제든 자기만의 거울의 집에 갇힌 걱정 많은 사람들, 그리고 끊임없이 들려오는 위협적인 정보들과 마주치게 된다.

안전문 근처에서 어슬렁거리는 표범을 보거나, 벽장 속 납작한 판자에 그려진 사람의 형상을 발견하거나, 누군가가 갑작스럽게 불안한 반응을 보일 때마다, 태곳적에 생성된 우리 안의 생물학적 특성이 틀림없이 비상경보 체계를 발동시킬 것이다. 그렇지만 우리는 이 경보를 멈추고 뇌 전체를 가동하는 방법 또한 배울 수 있다. 그렇게 하면 자연스럽고 건전한 수준의 공포가 방향을 잃고 걷잡을 수 없이 커지는 불안의 소용돌이로 치닫는 일을 막을 수 있다.

한번 상상해보자. 어렸을 때 학교와 집에서 속도를 늦추고, 심호흡하고, 걱정을 흘려보내는 법을 알려주었다면 내 유년기는 얼마나 달라졌을까? 만약 질처럼 의도적으로 뇌 전체를 활용해 불안 너머의 공간을 찾을 줄 아는 사람에게 가르침을 받았더라면 어땠을까? 주변의 모든 어른들이, 불안한 인식에서 한 걸음 물러서고, 자신의 창의성을 끌어내며, 지금 이 순간을 안전하게 느끼고, 자신이 사랑하는 것들과 연결되는 능력이야말로 성공적인 삶을 살아가는 데 가장 필요한 기술이라고 생각했더라면 어땠을까? 그랬다면 여러분은 아마 어떤 일이든 해낼 수 있었을지도 모른다. 지금과는 완전히 다른 사람이 되었을지도 모르고.

그렇지만 그런 일은 일어나지 않았다. 안 그런가?

누구의 잘못도 아니지만, 그럼에도 우리는 아주 많은 순간, 우리가 꽤 안전한 상태에 놓여있다는 사실을 알아차리지 못한다. 대신 불안에 휩싸여 괴로워하며 속으로 소리를 지르고, 마음속 벽장을 가득 채운 다양한 버전의 '린 마누엘 미란다'로부터 도망치듯 살아간다.

그리고 이런 끝없는 불안이 오히려 논리적이고 신중한 태도라고 배운다. 우리는 사회 전체가 불안의 소용돌이로 향하며, 우리를 그 속으로 끌어들이고, 우리 뇌마저 더 불안하게 재구성하고 있다는 사실을 알고 있다.

다음 장에서는 이처럼 불안을 더욱 증폭시키는 사회적 압력의 실체를 더 자세히 들여다보려고 한다. 이 기제가 어떻게 작동하는지 이해하게 되면, 우리는 우리 머릿속에 주입된 이야기들로부터 한 발 물러나 현실 감각을 되찾을 수 있다. 그러고 나면 마침내, 우리 뇌를 놀라움과 기쁨을 향하도록 재조정할 수 있다.

심리학자 제임스 홀리스^{James Hollis}의 말처럼, 불안은 "가능성이라는 광활한 저택 안에서 당신을 한없이 좁은 복도 한 구석으로 몰아넣는다." 만약 여러분이 자기 마음과 삶에 스며든 불안의 소용돌이를 추적하고, 단 1~2초라도 거기서 한 발 물러날 수 있다면, 이미 그 비좁고 뒤틀린 세계에서 벗어나기 시작한 것이다. 이제, 그 저택을 탐색할 시간이다.

불안을 키우는 사회, 불안에 갇힌 우리

2

노트북 화면을 켜면 약속 시간에 맞춰 니키가 잽싸게 모습을 드러낸다. 요즘은 이렇게 코칭 상담 대부분을 온라인으로 진행한다. 화면만 놓고 보면, 니키에 관해 세 가지를 알 수 있다. 세련된 감각으로 꾸며진 맨해튼의 아파트, 니키가 입은 베르사체 정장, 몹시 불안해보이는 모습.

명문 로펌의 촉망받는 인재라는 니키가 그토록 비참한 표정을 하고 있으리라고는 예상하지 못했다. 인사를 나눈 니키는 마치 세상을 어깨에 짊어진 아틀라스처럼 몸을 앞으로 웅크린 채, 두 손을 가슴에 꼭 쥐고 끝내 참던 눈물을 터뜨린다.

나는 잠시 기다렸다가, 가만히 무슨 일인지 물었다.

"아, 아무것도 아니에요." 니키가 대답했다. "아니, 어쩌면 전부 잘못됐을지도요." 그러더니 흠잡을 데 없이 매끈하게 매니큐어를 바른

손끝으로 관자놀이를 문지른다. "요즘 상태가 정말 안 좋아요. 항상 초조해요. 잠도 못 자고요. 막다른 길에 몰린 기분이에요. 너무 불안해요!"

"그렇군요." 내가 조심스럽게 물었다. "무엇이 가장 불안한가요?"

"전부 다요." 니키가 헛웃음을 내뱉는다. "실패할까 봐 불안해요. 제 경력이 산산조각날까 두렵고요. 상사, 팀원, 가족을 실망시킬까 봐 겁이 나요. 평생 가정을 못 꾸리면 어떡하나 싶어서 두려워요. 자투리 시간에 데이트라도 하게 되면 그 탓에 커리어가 와르르 무너질 것만 같거든요."

뒤이어 니키가 개인사를 조금 들려준다. 푸에르토리코에서 태어난 니키는 더 나은 삶을 꿈꾸며 열 살 때 부모님과 함께 뉴욕으로 이주했다. 니키는 집안에서 대학은 물론이고 로스쿨까지 졸업한 첫 번째 사람이었기에, 그녀의 성취는 곧 가족 모두의 자랑이었다. 학교에서도 직장에서도 항상 '뭐든 척척 해내는 천재'로 통했기에 가장 힘든 일조차도 밝은 미소로 감당하곤 했다. 로펌 동료 중 그녀가 얼마나 지쳐있는지, 또 인종차별과 성차별이 만연한 경쟁적인 환경에서 매일 얼마나 힘겹게 싸우고 있는지를 아는 사람은 아무도 없었다.

몇 달 전, 니키는 수면제를 좀 처방받을 생각에 주치의를 찾아갔다. 주치의는 니키에게 정신과 전문의를 소개해 주었고, 그를 통해 불안장애 진단을 받고 약물과 치료를 시작하게 되었다. 덕분에 약간의 효과를 보긴 했지만 잠시뿐이었다. 시간이 갈수록 불안은 점점 더 깊어졌다. 니키의 말에 따르면 지금 그녀는 그 어느 때보다 상태가 나빴다.

이쯤에서 니키의 이야기를 잠시 접어두고, 이 이야기가 여러분에게 얼마나 익숙하게 느껴지는지 생각해보자. 혹시 여러분도 미친 듯이 열심히 일해 많은 것을 이뤘지만, 정작 그 수고의 결실을 누릴 틈도 없이 불안에 사로잡혀 있지는 않은가? 가정과 육아에 헌신했지만, 별다른 인정은 받지 못한 채 끝없이 반복되는 일상에 지쳐있지는 않은가? 혹은 기존의 권력과 관습에 맞서 예술가, 음악가, 배우, 작가가 되기로 마음먹었지만, 이상하게도 번뜩이는 아이디는 말라버리고, 그저 돈 걱정에 시달리고 있지는 않은가? 아니면 날마다 쏟아지는 수많은 의무에 짓눌려, 뭐 하나 제대로 해보지도 못할 만큼 불안에 잠식되어 있지는 않은가?

하나 분명히 해둘 것은, 이런 감정은 결코 여러분만의 일이 아니라는 점이다.

이 모든 이야기 뒤에는 한 가지 공통 요인이 있는데, 대부분의 사람들은 이를 알아차리지 못하도록 훈련받아 왔다. 니키가 조언을 구했던 가족, 친구, 의사, 치료사 등은 모두 그녀의 '불안'에 초점을 맞추긴 했지만, 그건 어디까지나 핑크빛 다이어리 같은 문제로만 다뤘을 뿐이다. 니키가 살아가는 방식 자체를 고려한다면, 그녀의 불안은 지극히 건강하고 정상적인 반응이다. 오히려 '비정상적인 것'은 그녀의 삶이었다.

내가 이렇게 말하자 니키는 "뭐라고요?"라고 되물었다. 눈물을 멈춘 그녀는 내가 뭘 잘못 말하기라도 한 듯, 믿을 수 없다는 표정으로 나를 쳐다보았다.

"제 삶은 지극히 정상이에요! 아니, 정상보다 더 낫죠. 저는 지금

아메리칸드림을 몸소 실현하고 있단 말이에요!"

"음…" 내가 말했다. "그런데 그 꿈이 지금 당신을 악몽처럼 잠식하고 있는 것처럼 보이네요."

이후 상담을 이어가며, 니키와 나는 이번 장에서 여러분이 꼭 배웠으면 하는 세 가지 주제를 정리했다.

첫째, 우리는 좌반구가 선호하는 특정한 방식의 사고와 행동으로 심하게 치우친 문화 속에서 살아가고 있다. 이 강력한 편향에 관해 정신의학자이자 옥스퍼드 대학교의 학자인 이언 맥길크리스트는 이렇게 말했다. "우리 모두 우반구가 손상된 사람처럼 행동한다." 좌반구는 불안의 소용돌이를 일으키는 중심 부위이기에, 자연스럽게 우리는 불안의 쉬운 표적이 되고 만다.

둘째, 우리가 불안을 해결하려고 시도하는 방식 역시 좌뇌 중심적이다. 사람들은 심리 분석에 몰두하고(분석은 곧 사태를 쪼갠다는 뜻임을 잊지 말자), 마치 수색 소탕 작전에 나선 전사처럼 불안과 맞서 싸우려 한다. 그러나 앞으로 보게 되겠지만, 이런 태도는 불안을 줄이기보다 오히려 불안을 더 키우는 결과를 불러온다.

셋째, 우리는 불안을 다룰 수 있는 더 나은 방법을 갖고 있다. 이 방식은 좌뇌 중심적인 문화에서 벗어나, 본래 우리 안에 있는 깊은 지혜를 활용해 뇌의 균형을 되찾는 삶의 방식으로 나아가게 한다. 이러한 접근 방식은 나 자신뿐만 아니라, 주변 사람들까지도 보다 평온한 상태로 유도한다. 몹시 까다롭거나 위태로운 상황에서도 마찬가지다. 이번 장을 마칠 즈음이면, 여러분은 이 방법을 실천하는 데 필요한 지식과 요령을 갖추게 될 것이다.

자연과 어긋나는 우리 사회의 방식들

몇천 년 전(진화의 관점에서 보자면 눈 깜빡할 사이)에 태어났다면, 니키의 삶은 자연의 리듬과 순환을 그대로 따랐을 것이다. 인류 역사 대부분의 시간 동안 사람들은 어두워지면 잠자리에 들었고, 지금의 현대인보다 훨씬 더 긴 시간을 잠으로 보냈다. 바람과 물소리, 새와 동물의 울음, 그리고 서로의 목소리를 들으며 잠에서 깼고, 직선이나 직각이 거의 없는 자연 환경 속에서 살았다. 하루 일과는 사냥, 채집, 밭일, 낚시, 도기 만들기, 직물 짜기, 요리하기 등의 일들로 채워졌다. 이 모든 일은 분명 수고롭지만, 오늘날에도 여전히 많은 사람들이 이런 활동을 재미로 '취미 삼아' 즐긴다는 사실은 우리가 애초부터 이와 같은 삶의 방식에 맞게 진화해왔음을 시사한다.

니키의 몸도, 여러분과 나의 몸도 마찬가지다. 니키를 숲으로 데려가 몇 시간만 두어도 스트레스 호르몬 수치, 근육 긴장도, 혈압이 눈에 띄게 감소할 것이다. 감염 저항력도 증가할 테고, 암세포를 공격하는 면역세포 수치도 덩달아 늘어날 것이다. 문제해결 능력이 향상되고, 우울증에 걸릴 위험은 줄고, 잠도 훨씬 잘 자게 될 것이다. 실제로 과학자들은 자연환경에 잠깐만 노출되어도 이런 신체 반응이 측정된다는 사실을 객관적으로 밝혀냈다. 우리는 원래 그런 환경에서 살도록 진화한 존재인 것이다.

그렇지만 니키는 이와 정반대의 환경에서 살고 있다. 그녀의 삶은 직선과 직각은 물론이고 가공식품, 인공 섬유, 인공 조명에 이르기까지 온갖 인공적인 것으로 가득 차 있다. 맥길크리스트의 말처럼, "좌반구는 인간이 만든 것들을 좋아한다. 우리가 그것들을 '조립했기' 때문이다. 인공물은 생물처럼 끊임없이 변화하거나 움직이지 않기 때문에 통제하기 쉽다." 인공물은 힘, 논리, 통제력처럼 좌반구가 선호하는 도구로 더 쉽게 다룰 수 있다.

우리는 우리 손으로 구축한 인공 세계에서 살아남기 위해, 계절의 흐름이나 건강 상태, 배고픔, 갈증, 피로 같은 신체 감각이 아니라 시계가 알려주는 시간에 맞춰 억지로 몸을 움직이며 살아간다. 아이들 역시 체격에 따라 무리를 지어 몇 시간씩 앉혀 놓고, 자연에서는 결코 마주치지 않았을 사물들에 몇 시간씩 집중하게 만든다. 그러나 과학자들에 따르면, 아이들은 바깥에서 자유롭게 몸을 움직이며, 넓은 주의 집중 상태에서 감각을 총 동원해 자기 앞의 문제를 해결할 때 가장 효과적으로 배운다.

물론, 애초에 우리의 교육 시스템은 아이들이 원하는 것을 마음껏 배우도록 설계되지 않았다. 이 시스템은 산업혁명 직후 고안된 것으로, 형광등 아래 책상이나 조립 라인에 앉아 기계적인 업무를 수행하고, 그 일을 마치 즐기는 듯 행동해야 했던 직업군을 위한 예비 훈련소였다.

니키처럼 명성이 따르는 탐나는 직업을 얻은 사람들 대부분은 좌반구만이 이해할 수 있는 것들—마감 일정, 문서 작업, 스프레드시트, 지루해서 보는 사람마다 머릿속이 뒤엉킬 듯한 프레젠테이션—에 몰두하며 보낸다. 이런 직업을 가진 대다수(정말 대다수)는 사랑하는 사람들과 떨어져, 깨어 있는 시간 대부분을 유사한 업무를 부여받은 낯선 동료들과 보내야만 한다.

프린스턴대학교의 심리학자 레스 페미 Les Fehmi는 이런 심각한 불균형을 "좌반구가 낳은 문화"라고 말했다. 지난 몇 세기 동안 우리 문화는 점점 더 좌반구 중심의 사고로 기울었고, 공감이나 삶의 의미보다 생산성을 중시하는 이들에게 보상을 해왔다. 이 문화가 초점을 맞추고 집착하는 목적은 단 하나, 물질적 부를 극대화하는 것이다. 맥길크리스트의 표현대로라면 "물건을 거머쥐는 데" 집중하는 것이다. 좌반구는 그것만이 유일하게 가치 있는 과업이라고 여기는 듯하다. 맥길크리스트는 이렇게 말했다. "그것의 목적은 유용성이며, 이 진화적 적응의 본질은 '사물'을 쥐고 쌓아두는 데 있다."

이런 삶의 방식은 우리를 인공적인 환경 속에 몰아넣었고, 수많은 자연 생태계를 파괴했으며, 수백만 명이 서로 살육하도록 부추기고, 지구의 기후를 재앙적인 수준으로 치닫게 했다. 그리고 마침내 니키를 포함한 우리 모두를 피로와 우울, 극심한 불안 속으로 내몰았다.

어쩌다 이렇게 이상해졌을까

이 모든 결과로 인해 우리 몸과 마음은 본래 설계된 작동 방식에서 급격히 멀어졌다. 그리고 우리 뇌는 여기에 보조를 맞추느라 고군분투하고 있다.

2000년도에 생물 인류학자 조지프 헨릭 Joseph Henrich은 서구의 Western, 교육 수준이 높으며 Educated, 산업화되고 Industrialized, 부유하고 Rich, 민주적인 Democratic 국가들을 가리켜 '위어드 WEIRD'(영어 단어

weird는 '기묘한'이라는 뜻 – 옮긴이)라는 약어를 만들어냈다. 헨릭은 이러한 '위어드' 국가에 속한 우리가, 선조들과는 전혀 다른 영혼을 지니게 되었다고 말한다. 즉, 우리는 사물에 더 집착하고, 더 의욕적이며, (그리고 여러분의 추측대로) 더 불안한 존재라는 것이다.

이런 '위어드'한 사고방식의 틀은 수백 년 전 서유럽에서 만들어졌다. 당시 종교적 규범을 거부한 사상가들은 사물을 측정하고, 분석하고, 계산하고, 꼬리표를 붙이는 식의 엄격하고 물질적인 관점으로 세상을 이해하려 했다. 달리 말하면, 그들은 좌뇌 중심의 인식 속에서 깨어나, 그 안에 머물게 된 것이다.

잊지 말자. 좌반구는 '거울의 집' 효과에 따라, 자신이 인식한 것만이 절대적으로 옳고, 다른 어떤 방식의 사고도 옳을 수 없다고 굳게 믿는다. 이러한 태도는 유럽의 계몽주의 사상가들에게 영감을 불어넣었고, 그로 인해 전 세계에 새로운 사고방식이 퍼지게 되었다.

좌반구의 기준에서 보자면, 이러한 노력은 칭송할 만한 성공을 불러왔다. 유럽의 탐험가들은 자신들과 전혀 다른 가치관과 생활양식을 지닌 이들을 만나면 가능한 한 많은 사람을 노예로 삼고, 착취하고, 잔혹하게 살해한 뒤, 그들의 신체와 자녀 등 그들이 가진 것을 몽땅 손에 넣었다. 정복당한 문화권 출신으로서 목숨을 부지한 사람들은 서양의 가치관을 받아들여 그 기반 위에서 살아남아야 했다. 좌반구 입장에서 보면, 이 모든 일은 더없이 합리적이었다. 그런 것들이 다 진보요, 신성한 권리요, 운명의 실현 아니겠는가!

그리고 이런 움직임은 지금 이 순간에도 여전히, 계속되고 있다.

우리 경제는 어떻게
공포를 찍어내는 공장이 되었나

좌반구 중심의 문화는 우리를 자연 리듬에서 멀어지게 만들었고, 신경가소성을 지닌 우리 뇌는 주어진 상황에 적응해 갔다. 달리 말해, 각 개인은 점점 더 좌반구가 주도하는 방식으로 사회화되었고, 이는 곧 불안의 소용돌이를 만들어내는 뇌 부위를 중심으로 사고하고 행동하게 되었음을 의미한다. 이런 점을 생각하면, 니키처럼 상자 같은 사무실에 앉아 정보 처리에 몰두하고, 잘 알지도 못하는 동료들과 치열하게 경쟁하는 이들이 불안에 시달리는 것은 어쩌면 당연한 일이다.

사실 우리 문화에서 불안은 생산성을 북돋는 수단으로 권장되기도 한다. 차분한 상태일 때 사람이 가장 창의적이고 독창적이라는 사실을 입증하는 증거가 산더미처럼 쌓여 있어도, 우리는 여전히 성취를 이루기 위해선 공포가 필요하다고, 스스로에게(그리고 서로에게) 되뇌며 살아간다. 생산성을 지키려면 불안을 고수해야 한다고 믿는 것이다.

이런 인식은 세계 최대 기업 중 하나인 아마존 Amazon의 창립자이자 역사상 가장 부유한 인물 중 한 명인 제프 베이조스 Jeff Bezos의 발언에서도 드러난다. 그는 주주들에게 이렇게 말했다. "저는 두려움을 가지라고, 아침마다 두려움 속에서 눈 뜨라고 우리 직원들에게 끊임없이 주지시킵니다."

그는 두려움 속에 사는 것이 선두를 지키는 비결이라고 주장한다.

분명 이 철학은 베이조스가 어마어마한 재산을 축적하는 데 도움이 되었을 것이다. 그런데 백만 명도 넘는 아마존 직원이 매일 아침 두려움 속에서 눈을 뜨게 만든 대가로, 소수의 억만장자가 더 많은 부를 거머쥐는 것이 과연 '정상'이라고 할 수 있을까?

"당연하지!" 좌반구는 이렇게 소리친다.

우리 문화의 통념을 따른다면, 인간이 누릴 수 있는 최고의 삶은 제프 베이조스가 되는 데 있다. 그처럼 사회적·금전적 피라미드의 맨 꼭대기에 서는 것이다. 우리는 어릴 때부터 그렇게 되기를 꿈꾸라고 배우며, 그 과정에서 평범한 다수를 억누르고, 그런 억압적인 체계를 유지하고 확장하는 데 일조해왔다. 그런데 실상 대다수 사람은 근근이 살아가고, 극소수만이 그 체계 안에서 막대한 부를 쌓는다. 피라미드 꼭대기로 올라갈수록 더 큰 부가 집중되는 이 구조를 유지하기 위해, 사람들은 저마다 삶의 즐거움을 맛보기는커녕 끝없는 두려움 속에 살아간다. 더 역설적인 사실은, 피라미드 꼭대기에 있는 사람들조차 대개 불안 속에서 살아간다는 점이다. 셰익스피어가 말했듯이 "왕관을 쓴 머리는 편안히 쉴 수 없다."[*]

내가 아는 대다수 사람은 이 불안의 피라미드를 '원래 그런 것'이라며, 마치 중력이나 날씨처럼 어쩔 수 없는 현실로 받아들인다. 그렇지만 거의 모든 사람을 불안하게 만들어 소수에게 극도의 부를 몰아주는 이 체계는 자연의 법칙이 아니다. 그것은 좌반구의 물질주의적 성향, 두려움에 기반한 사고방식, 통제하려는 집착에 따라 우리가

* 셰익스피어의 희곡 『헨리 4세』 2부에 나오는 유명한 구절 - 옮긴이.

'만들어낸' 산물일 뿐이다.

다시, 멋들어진 자기 아파트에서 몸을 웅크린 채 눈물을 흘리던 니키 이야기로 돌아가보자. 니키는 '위어드' 문화에 완벽하게 적응하며 살아왔지만, 정작 그녀의 불안을 덜어주려던 사람 중, 그녀의 삶이 수십만 년간 인간을 지탱해온 모든 것―그녀의 몸, 사랑하는 사람들, 자연환경, 니키의 정신적·영적 자원 등―으로부터 그녀를 얼마나 단절시켜 놓았는지를 알아챈 사람은 없었다.

숲속 호숫가에 살면서 과학을 연구하고 예술 작품을 만들던 질 볼트 테일러를 기억하는가? 많은 이들이 그녀의 생활방식이 이상하거나 심지어 별나다고 여길지도 모른다. 그렇지만 생물학적으로나 심리학적으로나 질의 삶은 니키의 삶보다 훨씬 더 '정상'에 가깝다. 좌반구의 기능을 상실한 채 '고요의 천국'과 같은 시간을 경험한 후, 질은 양쪽 반구의 기능을 균형 있게 유지하는 삶을 의식적으로 선택했다. 그녀는 이른바 '하버드의 사다리 오르기'라는 명망 있는 경력을 내려놓고 몸과 마음, 영혼이 진정으로 꽃피울 수 있는, 살아 숨 쉬는 삶을 일궈냈다.

그렇다면, 우리 문화를 지배하고 우리를 불안의 쳇바퀴 속에 끊임없이 밀어 넣는 이 '정상적인' 사고방식에서 벗어나려면 어떻게 해야 할까? 내가 만나는 클라이언트 대다수는 맞서 싸우는 것이 최고의 전략이라고 여기고, 온 힘을 다해 불안과 전쟁을 벌이겠다는 각오를 다진다. 그 용기는 존중받을 만하지만, 안타깝게도 이 방법은 효과가 없다.

더 나은 삶을 위해 맞서 싸울수록
더 불안해지는 이유

좌반구는 싸움을 사랑한다. 경쟁과 정복은 좌반구가 번성하는 힘이다. 좌반구 중심의 문화는 '전사의 방식'을 이상적으로 여기는 경향이 있다. 물론 대다수 사람은 물리적으로 싸우는 데 많은 시간을 쓰진 않는다. 하지만 실제로 우리는 무엇이든 가치 있는 것을 얻으려면 싸워야 한다고 배우고, 그렇게 자신과 타인을 부추긴다.

건강을 유지하기 위해 싸워라! 진정한 사랑을 쟁취하기 위해 싸워라! 자존감을 지키기 위해 싸워라! 평화를 위해서도 싸워야 한다. 이쯤 되면 모순 같지만, 좌반구는 전혀 개의치 않는다. 싸우고, 또 싸우고, 계속 싸워라!

심지어 많은 심리치료 방식도 정신 질환과 '맞서 싸우는' 접근을 명시적으로 택한다. 초창기 심리치료사들은 '분석가' 즉, 정신을 분해하고 쪼개어 들여다보는 사람이라는 이름으로 활동을 시작했다. 프로이트 이후 정신 건강 전문가들은 마음의 문제를 하나하나 떼어내 살펴보려 애썼다. 마치 병리학자가 종양 조직을 얇게 잘라내거나 시계 기술자가 시계를 분해해 고장 원인을 찾듯 접근했다.

니키의 치료사도 촘촘한 분석을 중시했다. 상담이 진행될수록, 니키는 자신의 불안장애에 영향을 주었을 법한 유년기의 트라우마를 점점 더 선명하게 말할 수 있었다. 그렇게 1년쯤 지났을 무렵, 니키는 이렇게 말했다. "제 불안에 대해서는 전보다 훨씬 더 잘 알겠어요. 그런데 왜 이 감정은 여전히 사라지지 않는 걸까요?"

니키와 치료사가 그녀의 마음속에서 고장 난 부품을 찾지 못한 이유는 간단하다. 니키의 마음은 기계가 아니기 때문이다. 불안한 인간은 고장 난 기계가 아니라, '겁에 질린 생명체'다.

불안을 느낄 때, 우리 뇌 깊은 곳에 자리한 원시적 본능은 정확히 자연이 설계한 대로 움직인다. 자신에게 맞는 환경과 행동 방식을 찾으려 애쓰고, 찾지 못하면 불안해진다. 그런데 이런 생물학적 작동 원리를 분석하거나 공격으로 해결하려 든다면 나아질 리 없다. 나는 사람들에게 이런 말을 자주 듣는다.

- "이 바보 같은 불안을 꼭 이겨내고 말 거예요!"
- "정신차리고 이 불안을 끝내야 해요."
- "불안을 극복하겠다고 결심했어요."
- "온 힘을 다해 싸우고 있는데, 결국엔 늘 지게 돼요."

전투 중인 전사들이 할 법한 씩씩한 이 말들은 우리 문화 속에서는 전혀 이상하게 들리지 않는다. 그렇다면 이제는 내가 클라이언트들에게 단 한 번도 들어본 적 없는 말을 몇 가지 살펴보자.

- "제 불안이 맘껏 나래를 펼치도록 넉넉한 공간을 주려고 해요."
- "불안이 제 안에서 자라날 수 있도록 얼마든지 도울 거예요."
- "불안과 더 친해지고 싶어요. 그게 제 솔직한 심정이에요."
- "저는 제 불안이 매우 가치 있다고 생각해요."

이 말들은 기존 우리 문화가 가르쳐온 사고방식과 모순되는 탓에, 처음엔 좀 이상하게 들릴 수도 있다. 그렇지만 이렇게 사뭇 다른 접근 방식에 자신이 어떻게 반응하는지를 한번 생각해보자. 가령 여러분이 '인생을 바꾸는 법'이라는 주제로 내게 코칭을 받기로 했다고 가정해보자. 그러면 나는 씩씩하게 걸어 들어와 여러분의 눈을 똑바로 바라보며, 불안에 대해 사람들이 흔히 하는 '정상적인' 말을 줄줄이 읊은 뒤, 이렇게 선언한다.

- "당신을 어떻게든 꼭 이겨내고 말 거예요."
- "당신을 끝내버리고 싶어요."
- "당신을 극복하겠다고 완전히 결심했어요."
- "제가 이길 때까지 당신과 맞서 싸울 겁니다."

어떤 느낌이 드는가? 마음이 느긋해지고 협조적인 기분이 드는가? 감명 받고 의욕이 솟는가? 아니면, 뭔가 매우 불편하고 위협적으로 느껴지는가? 내 지침을 따르고 싶어졌는가, 아니면 나에게 고춧가루를 뿌리고 싶은가?

여러분 안에서 '불안'을 느끼는 그 부분도 바로 이렇게 반응한다. 여러분이 불안을 '이기려' 하거나, '끝내려' 하거나, 심지어 '분석하려' 할 때마다 그 부분은 더 위협을 느끼고, 더 두려움에 빠진다. 당연한 일이다. 그래서 더 크게 몸집을 부풀리고, 단단히 자리를 잡고, 확실히 무장해 전면적인 공격 앞에서 살아남으려 안간힘을 쓴다. 결국, 여러분의 총체적인 불안은 오히려 더 커진다.

자, 이번에는 여러분이 코칭을 받으러 왔는데, 내가 사람들이 불안에 대해 절대 말하지 않는 '별난' 말부터 꺼낸다고 상상해보자.

- "당신이 맘껏 나래를 펼치도록 넉넉한 공간을 주려고 해요."
- "당신이 자라날 수 있도록 얼마든지 도울 거예요."
- "당신과 더 친해지고 싶어요. 그게 제 솔직한 심정이에요."
- "저는 당신이 매우 가치 있다고 생각해요."

이런 말을 들으면 이게 무슨 말인가 싶어 갸우뚱하게 될지도 모른다. 아직 서로에 관해 아는 것이 거의 없는 상태인데, 이건 누가 봐도 세 번째 데이트에나 나올 법한 말들이니 말이다. 그렇지만 이런 말을 들었다고 해서 황급히 자리를 박차고 나가고 싶지는 않을 것이다. 오히려 '이 다음엔 어떤 이야기가 나올까?' 하고 궁금해질 수도 있다.

지금 우리가 다루는 주제는 로켓을 논하는 수준의 복잡한 심리학이 아니다. 지금까지 존재했던 어떤 생명체도, 우리 안의 어떤 부분도 공격 당하거나, 통제되거나, 조각조각 분석되는 것을 원치 않는다. 그리고 우리 모두 그 사실을 알고 있다. 존중받고 이해받을 때 마음이 오히려 느긋해진다는 것도 이미 알고 있다. 이제 이번 장의 남은 부분(어쩌면 여러분의 남은 생애 동안)에서는 불안을 대하는 새로운 방식을 함께 그려볼 것이다. 그것은 우리가 진화해온 사고방식과 행동방식을 존중하는 데서 출발한다.

불안을 달래는 방법

불안을 달랜다는 것은, 말을 '잘 달래는 법'을 배우는 것과 비슷하다. 말의 '기를 꺾는' 전통적인 방식과는 전혀 다르다. 수 세기 동안 사람들은 전사의 방식으로 말을 굴복시켜 왔다. 공격하고, 압도하고, 다치게 한 뒤 복종시키는 방식이다. 지금도 일부 말 훈련사들은 그런 방식을 쓴다. 널리 알려진 기법으로는 말이 달아나지 못하게 다리를 묶은 뒤, 때리고, 차고, 채찍질하고, 온갖 공포와 고통을 가해 말이 '기를 꺾고' 저항을 멈출 때까지 몰아붙이는 것이 있다.

다행히 현대의 훈련사들은 '말에게 속삭이기'라는 이름으로 알려진 새로운 훈련 기법을 쓴다. 이 방식을 쓰는 전문가들은 먼저 말들이 서로 어떻게 상호작용하는지부터 관찰한다. 그런 다음 그들의 '언어'를 모방하는데, 이 언어는 주로 움직임, 몸짓, 에너지로 이루어져 있다. (예를 들어, 눈의 초점을 부드럽게 풀고 구불구불한 길을 따라 느릿하게 걷는 것은 말의 언어로 '난 너를 사냥하거나 해치려고 온 게 아니야. 그저 너의 무리에 속하고 싶을 뿐이야'라는 뜻이다.)

한번은 이 새로운 방식의 훈련사들이 공유지 밖으로 이주된 야생 마들을 훈련하는 장면을 본 적이 있다. 이 말들은 사슴처럼 야생에서 지냈던 까닭에 사람을 만나본 적도, 사람 손을 타본 적은 더더욱 없었다. 그저 무리를 지어 살아왔을 뿐이다. 그러니 수송 트럭에 오르는 일은 당연히 겁이 나는 일이었을 것이다. 훈련사들은 목초지로 들어가기 전에 모두 헬멧을 쓰고, 말에 치여 죽을 수 있다는 내용의 동의서에 서명까지 했다. 나는 뭔가 엄청난 드라마가 펼쳐질 거라는 기대감을 안고 그들을 따라 들어갔다.

　하지만 실제로 펼쳐진 장면은 다소 싱거웠다. 훈련사들은 장장 4일간 말들 가까이에 머무르며, 때로는 슬그머니 다가갔다가 다시 느릿느릿 물러나는 식으로 몇 시간씩 시간을 보냈다. 몸의 무게중심을 이리저리 옮기거나, 말들의 '언어로' 안전하다는 메시지를 전하기 위해 눈의 초점을 편안하게 풀기도 했다. 모든 동작은 너무나 미세해서, 나로서는 알아차리지 못할 정도였다. 하지만 말의 '기를 꺾는' 데 몇 주가 걸리는 전통적인 방식과는 달리, 며칠이 지나자 이 야생마들은 기꺼이 훈련사들이 자신을 어루만지고 빗겨주는 것을 허락했다. 그 모든 과정은 폭력이나 억압이 아니라, 조용하고 우아한 접근이었다.

　말과 인간 그리고 사실상 대다수의 생명체는 매우 유사한 편도체를 가지고 있다. 그러므로 여러분 자신(그리고 타인)을 달랠 때도, 말을 대하듯 점잖고 미묘한 방식을 취하는 것이 가장 효과적이다. 설령 격한 대응이 필요할 것처럼 보이는 순간에도 마찬가지다. 겉보기에 어리석어 보일지라도, 점잖고 부드러운 방식이야말로 진정한 변화를 만든다.

위태로운 상황에서 불안을 달래는 요령

2000년 여름, 스물네 살의 미국인 제프리 쉴링Jeffrey Schilling이 필리핀 반란군에게 납치당했다. 반란군 수장은 아부 사바야Abu Sabaya라는 악명 높은 테러리스트였다. 그는 쉴링의 부모에게 1천만 달러의 몸값을 요구했고, 쉴링의 부모는 재정 상황을 검토한 뒤 미국 정부에 도움을 요청했다. 이에 FBI는 관내 최고의 인질 협상가 크리스 보스$^{Chris\ Voss}$가 이끄는 팀을 현장으로 보냈다.

인질극 상황이 극도로 불안정하다는 점은 말할 필요가 없을 것이다. 모든 사람이 적대적이고, 무장 상태이며, 언제라도 방아쇠를 당길 수 있는 분위기였다. 그런데 필리핀에 도착한 보스는 어떤 위협도 가하지 않았다. 수류탄을 던지지도, 얼굴도 걷어차지도 않았다. 그는 필리핀 출신 동료 벤지^{Benjie}와 협력했는데, 벤지는 훈장을 받은 군인이자, 사바야와 전화로 소통할 수 있을 만큼 능숙하게 타갈로그어를 구사하는 인물이었다. 보스는 인질범과의 후속 대화에서 다음과 같은 요청 사항을 벤지에게 전달했다.

- 부드럽고 점잖은 저음의 목소리
- 사려 깊은 침묵
- 호기심 어린 질문
- 세심한 경청
- 사바야의 입장을 명확하게 요약할 것
- 공감을 표현할 것

벤지는 이 요청들이 '전혀' 마음에 들지 않았다. 그는 사바야를 극도로 혐오했다. 사바야가 벤지의 수하 한 명을 살해했고, 일말의 죄책감도 없이 무고한 사람들을 강간하고 살해했기 때문이었다. 그런 자의 말을 경청하라고? 더구나 공감을 표현하라고? 보스의 요청에 벤지는 격노할 수밖에 없었다. 그는 소리를 지르며 저주를 퍼부었다.

그때 보스는 어떻게 반응했을까? 그는 이렇게 했다.

- 부드럽고 점잖은 저음의 목소리
- 사려 깊은 침묵
- 호기심 어린 질문
- 세심한 경청
- 벤지의 입장을 명확하게 요약
- 공감을 표현함

이 기묘하리만큼 침착한 반응을 마주한 벤지는 한동안 소리를 질러대다가 조금씩 열기를 가라앉혔다. 그리고 이내 보스에게 협조하기 시작했다. 이후 몇 주에 걸친 긴장된 협상 기간 동안, 벤지는 협상가들이 사용하는 반직관적인 기술들을 연습하며 점점 노련한 협상가로 성장해갔다.

많은 대화가 이어진 후, 사바야는 벤지의 사려 깊고 조용한 말투에 점점 싫증을 느끼는 듯했다. 나아가 인질에게도 흥미를 잃은 모양이었다. 결국 그는 경계를 풀고, 쉴링이 정글로 탈출할 수 있도록 허용했다. 쉴링은 이후 정글에서 특공대에게 구조되었다.

마지막 통화에서 사바야는 벤지가 승진해야 한다고까지 말했다. "나는 제프리를 해칠 생각이었다." 사바야가 말했다. "그런데 당신이 뭘 했는지 몰라도, 나는 그러지 못했다. 그게 뭐였든, 효과가 있었어."

이 사건을 영화로 만든다면, 아마 흥행은 어려울 것이다. 협상꾼은 남성들이 나긋나긋한 목소리로 서로 공감하는 장면을 보면서 팝콘을 먹을 수는 없으니 말이다. 그럼에도 내게는, 이 벤지와 사바야의 이야기가 영화 〈람보〉 시리즈를 다 합친 것보다 훨씬 더 흥미진진했다. 여기에는 한 가지 단순하지만 강력한 진실이 담겨있기 때문이다. 즉, 집에서 벌어지는 말다툼이든, 인질극 같은 비상 상황이든, 우리가 마주하는 모든 불안 상황의 '상대'는 결국 단 하나, 바로 '자극받은 인간의 편도체'라는 점이다.

모든 생명체가 지닌 편도체는 비슷한 방식으로 작동한다. 위험하거나 낯선 자극이 주어지면 경보를 울리고, 조용하고 안전한 공간이 주어지면 경계를 푼다. 이는 곧, 훈련사들이 말을 진정시킬 때 쓰는 전략을 우리 자신 그리고 서로 간에 사용할 수 있다는 뜻이다. 보스가 벤지에게 가르친 기술은, 우리가 모든 갈등을 전쟁으로 몰고 가는 습관을 대체할 수 있는 방법이다. 그 기술을 배우려면 먼저, 우리 내면에 존재하는 '불안 생명체'부터 가라앉혀야 한다. 그러고 나면 놀랍게도, 주변 사람들까지 차분해진다는 것을 깨닫게 될 것이다. 심지어 가장 두려운 상황에서도, 우리 문화가 정당화해 온 불안의 소용돌이로부터 스스로를, 그리고 때로는 타인까지도 끄집어낼 수 있다.

기본 요령들

사실, 보스가 벤지에게 '가르쳐준' 접근법은 이미 벤지의 본능에 담겨 있었다. 우리는 겁에 질린 생명체를 마주할 때, 자연스럽게 이와 비슷한 전술을 사용한다. 아기, 강아지, 새끼 고양이 또는 다른 유약한 존재를 돌본 적이 있다면 여러분도 편도체를 달래는 기술을 이미 사용해 봤을지도 모른다. 점잖게 움직이고, 깊게 호흡하고, 부드러운 목소리를 내며, 눈앞의 생명체를 놀라게 하지 않기 위해 온몸으로 신중함을 발휘하는 것이다. 이처럼 조심스러운 접근이 효과적이라는 사실을 우리는 본능적으로 알고 있다.

벤지는 무력의 위협이나 날카로운 논쟁 대신, 이와 같은 방식을 사용했다. 그 덕분에 인질범은 자신도 모르는 사이에 점점 차분해졌다. 벤지의 대응은 마치 적대적인 에너지를 하나씩 빼내는 마법처럼 보였다. (이언 맥길크리스트는 "좌반구는 자기가 통제할 수 없는 힘을 만나면 그것을 마법이라 여긴다"고 말했다.)

여러분의 몸과 마음에 존재하는 불안과 스트레스도, 이처럼 편도체를 달래는 몇몇 요령을 기꺼이 적용해 쫓아낼 수 있다. 아래의 연습 활동이 그 출발점이 될 것이다. 이런 방식으로 자신의 불안을 대하는 것이 처음에는 이상하고 반직관적이라고 느껴질 수도 있다. (벤지 역시 보스의 방식을 받아들이기까지 시간이 걸렸음을 기억하자.) 하지만 이 과정을 반복하다 보면, 점점 더 능숙하게 자신의 '불안한 뇌'를 진정시킬 수 있게 된다.

먼저, 몇 분간 다른 사람과 소통하지 않아도 되는 시간을 확보하자. 그리고 내 몸 어딘가에서 경직되거나 불안한 감각이 느껴지는 부분이 있는지 살펴보자. 그 불안한 느낌에 조용히 집중해본다. 그 느낌을 새끼 돼지, 어린 양, 새끼 오리 등 어린 동물이라고 상상하자. 이것이 바로 여러분 안에 있는 '**불안 생명체**'다. 여러분이 품고 있는 그 생명체가 어떤 모습일지, 그 생명체를 뭐라고 부를지 아래에 적어보자. 원한다면 조그맣게 그림을 그려봐도 좋다.

나의 불안 생명체

이제 눈을 감고, 여러분 안에 있는 그 불안 생명체가 경계심과 걱정 속에 잔뜩 움츠린 채 웅크리고 있는 모습을 떠올려보자. 모습이 그려지지 않는다면, 그냥 그 감정을 '느껴'보자. 불안을 느낄 때, 내 안에서 긴장을 일으키는 유약하고 겁 많은 그 부분을 조용히 찾아보자. 그 생명체에게 너를 안전하게 지켜줄 준비가 되어있다는 약속을 마음속으로 건네자. 억지로 이완시키려 하지 말고, 아래 방법들을 따라 점잖게, 조심스럽게 편도체를 달래보자.

편도체를 달래는 첫 번째 요령: 크게 숨쉬기

숨을 내쉴 때마다 심장 박동이 조금 느려진다. 날숨은 투쟁-도피 반응에 제동을 걸어, 심박률이 위험 수위까지 올라가지 않도록 도와준다. 이런 까닭에 수많은 인간 문화는 물론이고 동물들 역시, 스트레스를 줄이는 첫 단계로 대개 길고 느린 숨을 내쉬는 방식을 택한다.

바로 지금, 숨을 깊게 들이마신 뒤 긴 한숨으로 내뱉어보자. 입술을 오므려 입을 살짝만 벌린 채 천천히 공기를 밀어내며, 평소보다 횡격막을 조금 더 활용해 날숨이 조금 더 오래 이어지게 하자. 이 동작은 원할 때 언제든 반복해도 좋다. (만약 약간 어지럽다면, 한숨과 한숨 사이에 평소와 같은 정상적인 호흡을 섞어도 괜찮다.)

편도체를 달래는 두 번째 요령: 눈의 초점 풀기

어릴 때 "집중하세요!" "잘 들으세요!" "저를 보세요!" "주목하세요!" 같은 말을 들어본 적 있을 것이다. 이런 지시의 진짜 의미는, 말하는 사람이 중요하다고 강조하는 내용에 좌반구를 기울여 집중하라는 것이다. 이처럼 높은 집중력은 우리 문화에서 칭찬받지만, 사실 이는 투쟁-도피 반응의 일종이기도 하다. 집중은 상황에 따라 건설적인 것을 실행하려는 나를 도리어 방해하거나 마비시킬 수 있다.

이럴 때는 한껏 집중했던 초점을 누그러뜨리는 것(특히 눈의 초점을 푸는 것)만으로도, 불안 생명체에게 "이제 괜찮다"는 강력한 메시지를 전달할 수 있다.

지금 당장 이렇게 해보자.

종이나 화면으로 이 책을 읽고 있다면, 잠시 멈추고 글자와 자신 사이의 빈 공간을 바라보자. 오디오북을 듣고 있다면 일시 정지 버튼을 누른 뒤, 귀에 들려오는 주변 소리 밑에 흐르는 침묵에 귀를 기울여보자.

나는 수십, 수백 명의 참가자와 줌으로 회의할 때 사람들에게 이 동작을 권하곤 한다. 먼저 각자 자신의 불안을 1~10점으로 매기고, 그 점수를 채팅창에 적도록 한다. 대다수 사람이 5점 이상이다. 그다음엔 자신과 컴퓨터 사이의 빈 곳을 응시하도록 하고, 귓가에 들리는 소리 아래에 흐르는 침묵에 집중하라고 한다. 그리고 몇 초 후, 다시 자신의 점수를 적게 한다. 그러면 거의 모두가 '불안이 줄었다'고 말한다. 많은 이가 자신 있게 채팅창에 '0'을 적는다.

이제 여러분도 직접 시도해보자. 그다음엔, 진짜로 '이동'을 해보자.

편도체를 달래는 세 번째 요령: 불안 생명체 움직이기

종종 겁먹은 아이를 달랠 때 아이를 한 곳에 두고, 껴안아 주고, 가만히 있게 한다. 하지만 불안 생명체에게 이는 강제 속박처럼 느껴질 수 있다. 보스는 고함치고 발을 쿵쿵 구르는 벤지를 억지로 진정시키지 않았다. 다만 그가 아드레날린을 모두 쏟아낼 때까지 기다려주었다. 이후 벤지는 같은 전략을 사바야에게 사용했다.

불안할 때 움직이는 몸을 멈추려는 것은, 전속력으로 달리는 차에서 브레이크를 밟는 것과 비슷하다. 여러분 내면의 불안 생명체는 이리저리 움직이거나, 베개를 주먹으로 치거나, 아니면 그저 몸을 부르르 떨고 싶다는 충동을 느낄 수 있다. 그렇게 하도록 놔두자. 움직임, 특히 몸을 떠는 행위는 현재 느끼는 스트레스나 외상 후 스트레스에 대처하는 매우 효과적인 방법이다. 우리는 흔히 몸의 떨림을 나약함의 표시로 보지만, 사실은 신경 체계가 조절을 거쳐 평화로운 상태로 들어가는 강력한 방법이다. 그러니 여건이 허락하는 내에서 내면의 불안 생명체가 원하는 대로 몸을 움직이도록 해주자.

**편도체를 달래는 네 번째 요령: 내 불안 생명체 받아들이기.
도저히 그럴 수 없다면, 받아들이길 거부하는 나의 일부까지
받아들이기**

겁에 질린 불안 생명체는 그칠 줄 모르고 우는 아기와 같다. 악의가 전혀 없더라도, 이처럼 끊임없는 태도는 주변 사람을 몹시 지치게 만든다. 그런 상태를 억지로 멈추게 하려 하면, 불안은 오히려 더 커진다. 불안 생명체가 느끼는 불안을 '받아들일' 때, 그 열기는 점차 사그라들기 시작한다.

다시 한번 내 안의 조그마한 불안 생명체를 떠올려보자. 다람쥐, 작은 토끼, 혹은 무엇이 되었든 감정에 압도되어 잔뜩 웅크린 채 떨고 있는 그 생명체가 내 정신 한가운데 있는 모습을 머릿속에 그려보자. 그리고 그 생명체에게 이렇게 말해보자. "저기 있잖아. 원한다면 계속 그렇게 겁먹어도 돼. 너를 바꾸려고 하지 않을 거야. 너를 있는 모습 그대로 인정해."

이런 내 제안에 많은 이들이 당혹스러워하며 말한다. "순 가짜군요. 난 내 불안 생명체가 싫다구요! 그저 그 녀석이 흥분을 가라앉히고 입을 다물었으면 좋겠어요!"

만약 그렇다면, 불안 생명체에게서 시선을 옮겨 자신의 분노를 들여다보자. 그리고 그 분노에게 이렇게 말해보자. "그래, 그렇게 원하는 대로 계속 씩씩거리고 있어도 괜찮아. 너를 바꾸려고 하지 않을

거야. 너를 있는 모습 그대로 인정해."

여기서 초조해지는 사람도 있을 것이다. "하지만 분노는 위험하고 나쁜 거라고 교회에서 배웠단 말이에요! 이건 없애야 해요!"(특히 전통적인 여성상에 따라 양육된 사람이라면 이 말이 더 설득력 있게 느껴질 수도 있다. 반대로 전통적인 남성상에 따라 양육된 사람에게는 "겁쟁이처럼 굴지마!"라는 말이 가슴 깊이 와닿는 것과 같다.) 그럴 땐, 그런 식으로 항의하는 '내 안의 부분'을 잘 알아차리고 이렇게 말해보자. "그래, 그렇게 계속 당황스러워해도 괜찮아. 널 바꾸려고 하지 않을게. 지금 있는 모습 그대로 인정해."

지금 내가 무엇을 제안하고 있는지 알겠는가? 여러분의 느낌을 받아들이려 하지 않는 그 부분까지 포함해서, 지금 느끼는 것을 전부 받아들이자는 이야기다. 이 연습을 충분히 반복하다 보면, 우리는 점차 '진짜 수용의 능력'과 연결되기 시작할 것이다. 그리고 그 지점에서 불안 생명체(말은 이해하지 못해도 내면의 에너지에는 극도로 예민한 존재)는 차분해지기 시작할 것이다.

내 정신이 아무리 강하게 항의하더라도, 그 느낌을 억지로 바꾸지 않고 있는 그대로 받아들이면 결국은 친절하게 압도할 수 있다. 보스가 벤지에게 사바야의 말을 경청하고 입장을 요약하라고 한 이유도 여기에 있다. 이것은 마치 누군가가 나를 공격하려 할 때, 힘을 쓰지 않고 가만히 자리에서 한발 물러나는 것과 같다. 그러면 상대는 맞설 상대를 찾지 못해 스스로 균형을 잃고 제풀에 넘어지고 만다.

이 모든 과정은 상상 속에서 조용히 진행할 수 있다. 이제는 목소리를 써볼 차례다. '말'이 아니라, '소리' 자체를 말이다.

편도체를 달래는 다섯 번째 요령: 중얼거리기, 콧노래를 부르기, 노래하기, 같은 문구 반복해서 읊기

불안할 때는 목이 조여온다. 목소리가 커질 뿐 아니라 음의 높이도 올라간다. 이럴 때 저음으로 느리게 말함으로써 호흡에 관여하는 근육을 이완하면, 긴장이 풀어지고 마음이 차분해지는 효과가 있다. 차분한 사람의 목소리가 전하는 물리적인 진동이 신경 체계 조절에 도움이 되기 때문이다.

보스는 인질 협상가들에게 이른바 '심야 DJ 목소리'를 훈련시킨다. 이 목소리는 새벽 3시쯤 라디오에서 흘러나올 법한, 차분하고 감미로운 어조를 띤다. 보스는 오프라 윈프리가 TV 쇼에서 출연자들에게 질문할 때 사용했던, 깊고 정돈된, 사려 깊은 목소리를 본보기로 삼으라고 조언한다. 오프라 윈프리의 인터뷰를 본 적이 없다면 구글에서 검색해보자. 그리고 몇 분간 시간을 들여 나만의 '낮고 느린 목소리'를 찾아보자.

편도체는 항상 사람 목소리에서 어조와 진동을 감지한다. 누군가 소리를 지르거나 "쉿!" 하고 날카롭게 말하면 편도체는 더 불안해지고 반대로, 부드러운 콧노래와 입으로 부르는 노래 또는 같은 문구를 되풀이해서 읊으면 진정된다. 실제 연구에 따르면, 같은 문구를 되풀이해서 읊는 것은 놀란 신경 체계를 안정시키는 데 가장 효과적인 방법 중 하나다.

내 친구 보이드 바티는, 한 번은 악어에게 다리를 거의 뜯길 뻔한 적이 있었다. 그는 우선 스스로를 진정시킨 뒤, 병원으로 장시간 이송되는 동안 요가에서 읊는 문구인 "아마람 흠 마두람 흠 Amaram hum madhuram hum"(나는 영원하다. 나는 행복이 넘친다.)을 되풀이해서 읊었다. 편도체는 말의 의미보다 그 소리와 진동에서 더 큰 안정을 느낀다.

편도체를 달래는 여섯 번째 요령: 친절한 내면 대화 KIST

머리말에서 언급했던 티베트 승려를 기억하는가? 어린 시절 심각한 불안장애를 겪었지만, 훗날 연구자들이 뇌 스캔 장비가 고장났다고 여길 만큼 깊은 평온과 행복감을 얻은 주인공 말이다. 사실 그 승려가 그 정도로 자기 뇌를 변화시킨 비결은 '자애 명상loving-kindness meditation'이라는 수행법에 있었다. 이 용어를 접하기 몇 년 전에 나도 비슷한 경험을 한 적이 있다.

나는 이 과정을 'KIST'라고 부르는데, 이는 '친절한 내면 대화kind internal self-talk'의 줄임말이다. 나는 몇 년간 이 방법을 혼자 실천하다가 나중에서야 다른 사람들에게 이야기를 꺼냈다. 솔직히 처음엔 꽤 쑥스러웠다. 각자 자기 편도체에 입맞춤해야 한다고 제안하면, 똑똑한 내 지인들은 콧방귀를 뀔 게 분명하다고 생각했기 때문이다. 그러던 중 지독한 불안에 시달리는 클라이언트를 만났고, 이 비법을 전해주었다. 놀랍게도 몇 분 안에 상대의 기분이 눈에 띄게 나아지는 것을 목격했다. 그 일을 계기로 지금은 이 요령을 거리낌 없이 말한다. 더이상 '똑똑한 사람들'의 시선이 중요하지 않게 되었기 때문이다.

다음은 친절한 내면 대화KIST를 실천하는 방법이다.

- 조용히 또는 차분하고 부드러운 '심야 DJ의 목소리'로 내 안의 불

안 생명체에게 말을 건넨다. "나는 네가 여기에 있다는 걸 알아." 이 생명체는 말의 뜻은 이해하지 못해도, 그 말의 의도는 느낄 수 있다. 친절함에 집중하면, 연민을 관장하는 뇌 부위가 활성화되면서 불안에 압도되지 않고 오히려 진정된다. 이때 효과를 얻으려면 '내가 나에게 말하는 것'이 아니라 마치 다른 존재에게 말하듯 문장을 구성해야 한다. 겁먹은 그 생명체를 '나'라고 생각하지 말고, '그것'에게 말을 건넨다고 생각하자. 예를 들어, 이렇게 하면 된다.

— "괜찮아."
— "내가 널 보고 있어."
— "내가 여기, 너와 함께 있어."
— "너 정말 많이 놀랐구나."
— "다 괜찮아."
— "지금 이 순간은 안전해."

이런 말들이 지적인 차원에서는 그다지 의미 없어 보일 수도 있다. 그래도 반복해서 말하며, 어떤 문장이 내 안의 불안 생명체를 조금이라도 진정시키는지 살펴보자. 가장 효과적인 문장을 찾아 반복하자.

- 조금이나마 불안이 잦아들었다고 느껴지면, 이제 조용히 나 자신을 위해 친절한 소원을 빌어주자. 티베트의 자애 명상에서 사용하는 문구를 예로 들면 다음과 같다.

    — "네가 안전하길."
    — "네가 평화롭길."

- "네가 모든 해로부터 보호받길."
- "네가 행복하길."
- "네가 자유롭길."

- "네가 ~ 하길"이라는 형식의 소원은 무엇이든 괜찮다. 자신이 바라는 내용을 마음껏 담아도 좋다. 이런 소원들을 불안 생명체에게 오래 건넬수록, 내면의 균형을 되찾을 가능성도 높아진다.
- 일상으로 돌아가기 전, 다음의 장면을 머릿속에 그려보자. 불안 생명체를 포근한 쿠션 상자에 조심히 잘 담은 다음, 그 상자를 조그만 상상의 가방에 담아 어깨에 메고 가지고 다니는 모습이다. 그 생명체가 다시 불안에 휩싸이면 알아봐 주고, 내 관심이 필요할 때마다 차분하게 돌봐주겠다고 약속하자.
- 그리고 그 약속을 꼭 지키자.

이상해 보여도 기분은 맑음

편도체를 달래는 일이 복잡한 과정처럼 느껴질 수도 있지만, 사실 이건 아주 본능적인 과정이다. 어릴 때 겪었던 온갖 나쁜 일을 하나하나 들춰보거나, 서약해놓고 지키지 못한 모든 종교적 맹세를 줄줄이 되새기는 것보다 훨씬 더 '정상적인' 반응이라고 할 수 있다.

앞에서 소개한 전체 과정을 요약하면 다음과 같다.

- 내 안의 불안 생명체를 알아차린다.
- 깊게 숨을 쉰다.
- 눈의 초점을 푼다.
- 몸을 살짝 움직인다.
- 지금 느끼는 감정을 그대로 받아들인다.
- 진정시키는 소리를 낸다.
- 자신에게 친절한 소원을 건넨다.

나와의 첫 상담에서 니키가 이 과정을 익히는 데는 5분 정도가 걸렸다. 각 단계를 몇 번 반복했더니 금세 자연스럽게 해낼 수 있었다. 여러분도 마찬가지일 것이다. 이 루틴은 앞으로 자주 쓰이게 될 것이다. 우리의 뇌와 문화는 언제나 부정적인 쪽으로 기울어 있기 때문에, 불안 생명체를 달래는 일이 습관이 되려면 여러 번 연습이 필요하다. 나는 니키에게 매일 아침 눈을 뜨자마자 이 루틴을 실천하고, 불안감이 느껴질 때마다 다시 시도하라고 권했다. 그렇게 첫 상담을 마쳤다.

뒤이어 일어난 일은 니키의 본성을 생각하면 더없이 자연스러운 일이었지만, 우리 문화의 기준으로는 다소 엉뚱하게 보일 수도 있는 일이었다. 니키는 식물을 키우기 시작한 것이다.

"처음부터 계획했던 건 아니었어요." 다음 상담에서 니키가 말했다. "어쩌다 보니 그렇게 된 거죠." 어느 날 퇴근길, 자신의 불안 생명체를 가라앉힌 니키는 문득 꽃집 앞에 발걸음을 멈췄다. 거기서 나무로 된 작은 화분 진열대, 화분용 흙, 체리 토마토 모종, 허브 씨앗 몇

종을 샀다. 니키는 그 순간 이상하면서도 기분 좋은 감정이 들었다고 했다. 마치 자기 안의 불안 생명체에게 선물을 주는 기분이었다고. 10층 아파트로 돌아온 그녀는 부엌 창문 옆에 작은 정원을 꾸몄다.

"제가 이걸 왜 하는지 솔직히 잘 모르겠어요." 니키는 새로 심은 식물들을 노트북 화면으로 보여주면서 말했다. "이게 지금 정상인가요?"

문화적으로 보자면 그리 흔한 모습은 아닐지도 모른다. 맨해튼의 고급 아파트에 살면서 부엌에 채소를 기르는 사람은 거의 없기 때문이다. 하지만 생리학적으로나 심리학적으로 원예는 니키가 할 수 있는 가장 건강한 활동 중 하나였다. 그녀가 간직한 가장 행복한 기억 중에는 할머니를 도와 채소와 허브를 길렀던 장면이 있었다. 작은 정원을 돌보고, 손수 기른 '작물'로 요리하면서 니키는 자연, 할머니, 고향 푸에르토리코의 문화, 그리고 자신의 몸과 깊이 연결되었다. 식물의 향, 촉감, 맛, 그리고 단순한 동작들이 니키의 신경 체계 전체를 차분히 진정시켰다.

니키는 직장에서는 이 정원 이야기를 꺼내지 않았다. 다른 변호사들, 특히 그녀의 상사들이 알면 전혀 생산적이지 않은 시간 낭비로 볼 것이 뻔했기 때문이다. 그렇지만 불안이 줄고 내면이 평온해지자, 니키는 삶의 새로운 균형점을 찾기 시작했다. 불안을 달래는 요령을 실천하고 마음껏 정원 가꾸기를 즐기자 직장에서도 좀 더 차분하게 경계를 설정하고, 업무량을 줄이고, 현실적인 마감 기한을 잡을 수 있었다. 그 결과 업무의 질도 향상되었고, 나아가 전반적인 삶의 질 역시 눈에 띄게 좋아졌다.

여러분도 불안 생명체를 달래는 법을 배운다면, 문화적 관점에서는 다소 이상해 보여도 자신에게는 치유를 가져다주는 일들을 자연스레 시작하게 될지도 모른다. 내가 사랑하는 한 사람은 이를 가리켜 '이상해 보여도, 기분은 맑음'이라고 표현했다.

나를 둘러싼 사회의 기준과 약간의 거리를 둘 수 있다면, 가장 상처받기 쉬운 내면의 깊은 지점에서도 불안 생명체를 차분히 진정시킬 수 있을 것이다. 다음 장에서는 이 강렬한 생명체를 더 효과적으로 진정시키는 방법을 살펴보자.

불안이
제자리를 맴돌 때

3

오래전 학문의 전당을 배회하던 시절, 나는 깐깐하고 불경스럽고 공격적인 교수(그를 '에르빌 폰드워터'라고 부르겠다) 밑에서 일한 적이 있다. 폰드워터 교수를 좋아하는 사람은 아무도 없었고, 나도 예외는 아니었다. 다만 그는 나를 좋아했다. 내가 순하디 순한 골든레트리버처럼 그에게 굽실거렸으니까.

폰드워터 교수는 느닷없이 지루한 일을 시키곤 했다. 나는 그 지시에 아니오, 또는 적어도 "지금은 안 돼요"라고 말하고 싶었지만, 그 순간 온몸이 얼어붙어 제자리에서 우두커니 서 있었다. 거절하고 싶은 마음은 분명했지만, 어떤 무서운 소용돌이에 휘말려 억지로 순종하게 되는 기분이었다. "뭐, 물론이죠." "버그가 넘쳐나는 오류투성이인 데이터에 설문지 4천 개를 기꺼이 욱여넣을게요! 물론 주말 중에 끝낼 수 있죠!" 이런 말이 나왔다.

속으로는 긴 스탠드로 그를 후려치고 싶었으면서도, 겉으로는 미친 사람처럼 미소를 지었다. 이만 가보라는 말을 듣자마자 부리나케 아파트로 돌아와서는 '도망쳐! 당장 도망치라고!'라고 속삭였다. 이게 과장이었으면 좋았겠지만 실제 상황이었다. 그러다 새 임무가 생기면 서둘러 완수하려고 안간힘을 썼지만, 결국엔 몸과 마음이 불어 터진 스파게티처럼 축 늘어지고 말았다. 나는 나 자신을, 그리고 폰드워터 교수를 혐오하면서 일을 꾸역꾸역 해냈다. 도대체 왜, 왜 늘 이런 상황에 빠지는지 의아해 스스로에게 물었다.

그 이유는 한 단어로 설명되었다. **불안** 때문이었다.

내가 폰드워터 교수와, 또 비슷한 다른 사람들과 맺었던 관계는 '**방어의 폭포** defense cascade'라 불리는 일련의 반응들에 지배당하고 있었다. 원시적인 생존 본능에 따라 작동하는 내 신경 체계의 일부가 어느새 내 생각, 인식, 행동을 장악하고 있던 것이다. 그 반응은 인지 이전의 자동 반사처럼 작동했기에, 당시의 나는 무슨 일이 벌어지는지 제대로 인식하지 못했다. 아무리 스스로를 다잡으려 해도, 그 반복되는 패턴에서 벗어날 수 없었다. 내면의 '불안 생명체'를 마주할 기회를 얻기 전까지 내 의식은 늘 그 감정에 짓눌려 제대로 기를 펴지 못했다.

이번 장에서는 불안 생명체가 여러분의 생각, 감정, 행동을 어떻게 장악하는지를 살펴볼 것이다. 그런 다음, '불안한 자아'를 다스릴 수 있는 몇 가지 단계를 권하려 한다. 통제할 수 없는 반응에 수시로 압도당하던 나는 마치 겁 많은 원숭이가 된 기분이었다. 그 겁 많은 원숭이는 지금도 내 안에 있지만, 이제는 그 녀석을 반려동물로 데리고 있는 기분이다. 한때 강하게 반응하곤 했던 상황에서도, 이제는 훨씬 더 평온하고 느긋하게 대응할 수 있게 되었다.

방어의 폭포

불안의 패턴에는 난감한 특성이 하나 있다. 그 패턴이 일으키는 반응 양상이 하도 다양해서 마치 원인도 제각각인 듯한 착각을 불러일으킨다는 것이다. 실상 그 모든 반응의 뿌리는 불안인데도 말이다. 아마 여러분도 이 '방어의 폭포'가 어떤 식으로 작동하는지 경험해봤을 것이다. 그중 하나의 반응 유형에 유독 익숙하거나 반복적으로 빠질지도 모른다. 아래 이야기 중 여러분에게 친숙하게 느껴지는 상황이 있는지 살펴보자.

- 짐은 친구 레너드와 함께 평소 즐겨 찾던 바에서 술을 마시다가 별안간 울화가 솟구치는 것을 느꼈다. 이유는 알 수 없었다. 그저 레너드의 얼굴을 한 대 갈겨주고 싶었다. 그는 맥주잔을 마저 비운 뒤, 당황해하는 친구를 남겨두고 말없이 나와버렸다.
- 두 번째 데이트 중인 프레드와 브리타는 근사한 시간을 보내고 있었다. 프레드는 브리타가 활기차고, 똑똑하고, 재미있는 사람이라고 느꼈고, 참 괜찮은 상대라고 생각했다. 하지만 어느 순간부터 그녀에게 평가받고 있다는 느낌이 스멀스멀 들기 시작했다. 왜 그런지 콕 집어 말할 수는 없지만, 문득 그녀도 결국은 다른 여자들과

마찬가지로 비판적일 거라는 생각이 들었다. 그 뒤로 세 번째 데이트는 없었다.

- 린제이는 저녁 파티에서 외향적이고 자기주장이 강한 남자 크리스 옆에 앉았다. 그녀는 크리스 쪽으로 몸을 기울인 채 질문도 하고, 고개를 끄덕여 동의를 표하고, 그의 농담에 웃기도 했다. 그러면서도 점점 불쾌해졌다. 처음에는 크리스가 역겨웠고, 나중에는 그런 크리스에게 비위를 맞추고 있는 자신이 더 역겨워졌다. 그럼에도 그 행동을 도무지 멈출 수가 없었다.

- 엠마는 대학을 막 졸업하고 인기 있는 뉴스 방송국 인턴으로 일하게 되었다. 유명 여성 앵커를 보조하는 역할이었다. 엠마는 좋은 인상을 남기고 싶어 애썼지만, 앵커가 질문할 때마다 머릿속이 새하얘졌다. 말문이 막혀 조용히 숨만 내쉴 뿐이었다. 이러다 취업은커녕 아무 일도 못하게 될 것 같았다.

- 커비는 생활용품 매장에 일자리를 얻어 즐겁게 일해왔다. 게다가 이제 막 매장 지배인으로 승진하기도 했다. 그런데 새로 얻은 직책에 날아갈 듯 기뻐하기는커녕 일주일 꼬박 병가를 내고 말았다. 집에 있는 내내 소파에 누워 TV 시리즈를 40편 넘게 몰아봤다.

이 사례들이 일회성이었거나 매우 드문 일이었다면 대수롭지 않았을 것이다. 하지만 실상은 달랐다. 짐은 자주 설명할 수 없는 분노에 휩싸였고, 프레드는 데이트 상대들을 계속 유령 취급했다. 린제이는 허풍쟁이들 앞에서 끊임없이 거짓 웃음을 지었고, 엠마는 조금만 긴장돼도 수시로 얼어붙었다. 커비는 몇 달에 한 번씩 소파라는 고독의 요새로 숨어들길 반복했다.

이들은 모두 각자의 방식으로 '방어의 폭포'에 사로잡혀 살아가고 있다. 겉보기에는 제각기 다른 행동처럼 보이지만, 실상은 모두 본능적인 위협 감지 시스템이 작동한 결과다. 나는 앞서 월터 브래드포드 캐넌 Walter Bradford Cannon 이 1915년에 명명해 널리 알려진 '투쟁-도피 반응'을 언급했었다. 그는 위험에 처한 많은 동물이 동일한 종류의 고강도 스트레스 호르몬을 분비한다는 사실을 발견했다. 이후 과학자들은 여기에 '비위 맞추기 fawn', '경직 freeze', '주저앉기 flop' 등 'f'로 시작하는 반응들을 덧붙이며 공포 반응 체계를 더욱 복잡하고 정교하게 확장해왔다.

예를 들어, 짐은 사전 경고 없이 '투쟁' 모드로 돌입하는 만성적 분노 반응을 가지고 있었다. 프레드가 브리타를 유령 취급했을 때는 무의식적으로 '도피' 반응이 작동하고 있었다. 린제이가 크리스를 향해 끊임없이 비위를 맞추려 했던 것도 '비위 맞추기' 본능에서 비롯된 것으로, 이는 사회적 천적(즉, 서로를 죽일 수도 있지만 공존해야 하는 생물들) 앞에서 흔히 나타나는 자기 보호 반응이다. 인간도, 개도 그런 종에 속한다. (구글에서 '죄책감을 느끼는 강아지들 guilty dogs'을 검색하면 주인의 비위를 맞추려는 사랑스러운 녀석들을 볼 수 있다.)

엠마의 '경직' 반응은 천적으로부터 자신을 숨기기 위해 진화한 전략으로, 존재감을 감추는 것이 핵심이다. 이 반응은 실제로 꽤 효과적이어서, 눈에 띄고 싶을 때조차 무의식적으로 발현되곤 한다. 커비의 소파행은 얼핏 보기엔 자기 방어 같지 않지만, 사실은 자기를 보호하는 행동에 속한다. '주저앉기'는 불가피한 위험 상황에서 신경 체계가 최후의 수단으로 택하는 생존 전략이다. 이때 신체는 당면한 위기 상황에서 살아남고, 혹시나 생겼을 부상에서 회복되길 바라며 모든 기능을 일시적으로 꺼버린다. 별안간 모든 의지, 동기, 에너지를 상실한 적이 있다면, 그 순간 여러분 역시 '주저앉기' 상태에 있었을 확률이 높다.

이 반응들은 적절한 상황에서는 우리를 보호하는 탁월한 생존 전략이 된다. 분노는 불의나 부당한 상황에 맞서게 해주고, 도피는 목숨을 지켜 다시 싸울 기회를 준다. 칭찬이나 도움을 건네는 비위 맞추기 반응은 다양한 사회적 교류에서 윤활유가 되어준다. 뭘 해야 할지 모를 때 몸이 얼어붙으면 치명적인 실수를 피할 수 있다. 아프거나 덫에 걸렸을 땐 주저앉기를 통해 에너지를 보존하고 회복할 수 있다.

문제는, 이런 반응들이 필요 없는 상황에서도 나도 모르게 자동으로 튀어나올 수 있다는 점이다. 설상가상으로, '방어의 폭포'가 지닌 모든 부분은 불안의 소용돌이로 변할 수 있다. 우리는 투쟁, 도피, 비위 맞추기, 경직, 주저앉기 반응을 보인 뒤, 그 행동을 정당화하는 이야기를 스스로 만들어내고 되뇐다. 그렇게 반복하다 보면, 다음번에 위협을 느꼈을 때 이 과정을 더 쉽게 되풀이하게 된다.

예를 들어 내가 폰드워터 교수와 맺은 관계에는 '방어의 폭포'가 지닌 모든 측면이 그대로 드러나 있었다. 나는 그 상황에 반응하며 투쟁, 도피, 비위 맞추기, 경직, 주저앉기라는 다섯 가지 행동을 모두 경험했다. 물론 폰드워터 교수는 지독한 사람이었지만, 나는 일이 필요했기에 그를 만족시키는 것이 정치적으로 현명한 선택이라고 여겼다. 이런 식의 설명과 통제는 결국 겁먹은 내 왼쪽 편도체로 되먹임되어 내가 그렇게 행동할 수밖에 없다는 믿음을 더욱 굳히게 했다. 불안의 소용돌이에 갇힌 사람은 누구나 그렇듯, 나도 내 안에서 만들어낸 선전 문구를 아무런 의심 없이 그대로 받아들였다.

이런 식의 자기 정당화는 반복되는 불안 패턴을 키우는 전형적인 방식이다. 짐은 세상 사람들은 다 멍청하고, 다들 수시로 누군가를 한 대쯤 때리고 싶어 한다고 믿으며, 자신의 분노와 폭발을 정당화한다. 프레드는 여자들이란 천성이 비판적이라고 굳게 믿은 채, 자신은 그런 평가 없이 받아줄 여성을 찾아 나서는 외로운 기사라고 생각한다. 린제이는 공손히 상대의 비위를 맞추는 것이 몸에 밴, 맘씨 좋은 남부 출신 소녀라고 자신을 소개할 것이다. 엠마는 직장에서 얼어붙는 자신을 탓하며, 더 많이 배우고 더 철저히 준비해야겠다고 마음속으로 다짐한다. 커비는 자신은 본래 히피 기질이라, 어떤 일을 하더라도 결국엔 흐름을 끊고 빠져나오는 게 자연스러운 성향이라고 말한다.

이런 설명들은 언뜻 들으면 그럴듯하고 논리적 근거가 있는 것처럼 보인다. 그러나 실제로는 사태의 핵심을 짚지 못한 채, 오히려 역기능적인 반응 패턴을 강화하고 상황을 더 나쁜 쪽으로 몰고 간다. 각 사례에서 진짜 벌어진 일은, 불안 생명체가 위험 신호를 알아차리고 신체의 제어권을 완전히 장악한 뒤 '방어의 폭포'를 작동시킨 것이다. 이처럼 우리의 반응을 이끄는 진짜 유발 요인을 정확히 알아차릴 수 있을 때, 비로소 사태의 흐름이 선명하게 보이기 시작한다.

나를 쓰러뜨리는 촉발 요인들

최근 들어 '촉발 요인trigger'이라는 심리학 개념이 널리 알려졌다. 이렇게 된 데는 온라인 토론 문화가 크게 기여했지만, 때로는 그 개념이 모호하게 사용되곤 한다. 내가 아는 한 여성은 동료 몇 명과 줌 회의를 시작할 때 '음소거' 버튼을 누르고, 다른 회의 참석자들을 헐뜯었다. 같은 방에 있던 몇몇 친구들은 그 상황을 재미있어했지만, 문제는 그녀가 실수로 음소거를 하지 않아 모든 말이 그대로 전해졌다는 것이다. 회의에 참석한 사람들의 얼굴이 일제히 굳자, 그녀는 자신이 '촉발되었을' 뿐이라며 재빨리 변명을 늘어놓았다. 나아가 모욕적인 말이었을지언정 사실을 유쾌하게 풀어낸 것이니 오히려 자신에게 경의를 표해야 한다고까지 주장했다. 하지만 실제 심리학에서 말하는 '촉발 요인'은 이런 경우와는 다르다.

심리학자들이 이 개념을 사용하는 맥락은, 의식적으로 반응을 제어할 수 없을 만큼 강렬하고 갑작스러운 정서적·신체적 반응이 일어날 때다. 일례로 심리학자 캐서린 피트먼Catherine Pittman은 베트남 전쟁에서 돌아와 십수 년이 지난 뒤, 샤워 도중 공황 발작이 시작된 한 퇴역 군인에 관해 설명했다. 결국, 그는 참전 당시 자신이 사용한 것과 같은 브랜드의 비누를 아내가 구입하기 시작했다는 것을 알게 되었다. 그 비누 향이 트라우마 반응을 일으켰지만, 그의 의식은 그 이유조차 알아내지 못하고 있었던 것이다.

촉발 요인 해제하기

사람의 뇌는 '촉발 요인'을 만들어내는 데 타고난 능력을 지녔다. 고통스러운 경험을 특정한 감각 기억과 연결해두기 때문이다. 여러분 뇌 속의 태곳적 경고 체계는 충격 직전의 모든 요소를 문제의 원인으로 '표시'한다. 예를 들어 교통사고―비록 가벼운 추돌 사고일지라도―를 겪었을 때 빨간 셔츠를 입고 어떤 노래를 듣고 있었다면, 훗날 그 붉은 색조나 그 노래만으로도 아무 이유 없이 '방어의 폭포'가 작동할 수 있다.

특히 오랫동안 위험에 노출된 사람들은, 트라우마를 의식하지 않기 위해 날마다, 해마다 자신을 억누르며 버텨낸다. 인종, 성 정체성, 신경 발달 특성 등의 이유로 소외 집단에 속해 있다면, 자신이 지속적인 위협에 노출되어 있다는 사실을 누구보다 잘 알고 있을 것이다. 일상에서 크고 작은 상처가 끊임없이 반복되는 환경에서는, 본능적 자기 보호 반응을 억누를 수밖에 없지만, 장기화되면 오히려 불안 반응을 유발하는 촉발 요인이 더 쉽게 만들어지고, 결국 극심한 불안과 정서적 탈진으로 이어질 수 있다.

상황이 어떻든, 잠시 속도를 늦추고 내가 언제 불안해지는지 말로 풀어내는 것만으로도, 의식이 심리적 촉발 요인을 '해제'하는 데 도움이 된다. 이 작업은 대개 안전한 사람, 안전한 공간에서 가능하다.

내 클라이언트 안젤라는 주민 대다수가 백인인 몬태나의 한 지역 사회에서 소수의 흑인 중 한 사람으로 자랐지만, 자신이 왜 그렇게 자주 화가 나고 겁을 먹었는지 이해하지 못했다고 했다. 알고 보니,

그 감정은 자신과 다른 흑인들이 왜 그런 대우를 받아야 했는지 단 한 번도 묻지 않았던 데서 비롯된 것이었다. 게다가 그녀는 수면 장애, 소화 불량, 피부 염증, 이따금 찾아오는 우울증 등 그간 앓던 여러 증상이 모두 별개의 문제라고 여겨왔다.

그러다 코로나19가 확산되던 시기, 흑인 조지 플로이드가 미네아폴리스 경찰에 의해 살해당한 사건을 계기로, 안젤라는 자신이 매일 겪고 있었던 인종 차별 문제에 대해 처음으로 입을 열기 시작했다. 그리고 마침내 깨달았다. 자신이 그토록 억눌러왔던 감정은 건강한 신경 체계가 위협에 반응하고자 했던 자연스러운 신호였고, 그간 아무 상관없다고 여겨졌던 증상들은 사실 그런 건강한 반응의 결과였다는 사실을 알아차렸다.

코치로서 나는 사람들이 자신이 통제력을 잃었던 순간들을 솔직하게 말로 꺼내는 것만으로도, 불안의 촉발 요인이 풀리는 모습을 자주 목격해왔다. 앞서 소개한 클라이언트들 역시, 각자 그런 경험을 하게 되었다.

- 짐은 친구 레너드를 때리고 싶다는 충동을 느끼기 직전에, 레너드가 스카치 잔을 들어 빙글빙글 돌렸다는 것을 떠올렸다. 그것은 짐의 양아버지가 취해서 폭력적인 모습을 드러내기 시작할 때 자주 하던 행동이었다.

- 프레드는 청교도 가정에서 자랐다. 그리 독실한 신자가 되지는 않았지만, 청교도 문화권에서 자란 탓에 성적인 느낌에 관해 무의식적으로 수치심을 느꼈다. 브리타와의 데이트를 떠올리던 프레드는,

그녀에게 강한 끌림을 느꼈던 바로 그 순간 자신이 평가받고 있다고 느꼈음을 깨달았다.

- 린제이는 자신을 추앙할 때만 그녀를 받아주는 자기애적인 부모 손에 자랐다. 그녀는 내게 이렇게 말했다. "두 분이 제게 듣고 싶어 했던 건 그저 '오!', '우와!' 같은 감탄뿐이었어요." 이 때문에 누군가가 린제이 앞에서 자기애적인 행동을 보이면, 그녀의 신경 체계가 발동해 비위 맞추기 반응을 보인 것이다.

- 엠마는 어렸을 때 바이올린 신동이라는 소리를 들으며 자랐다. 그러던 중 부모님이 유명한 교사를 붙여주었는데, 그는 작은 실수에도 매정하게 꾸짖곤 했다. 그때부터 엠마는 음악 수업마다 얼어붙기 시작했고, 나중에는 자신이 철저히 평가받는 느낌이 드는 모든 상황에서 얼어붙었다.

- 커비는 진단받지 못한 난독증으로 힘든 시기를 겪었다. 학교 수업을 따라가려고 무던히 애썼지만, 아무리 열심히 노력해도 간신히 버텨내는 수준에 그쳤다. 결국 과제가 주어질 때마다 그의 뇌는 점점 더 지쳐갔고, 무언가 해내야겠다는 마음이 들수록 오히려 주저앉는 반응을 보이게 되었다. 그래서 어떤 도전을 마주할 때마다 자신도 모르게 무너지는 일이 반복되었다.

이들은 자신의 촉발 요인을 깨닫는 것만으로도 어느 정도 중심을 되찾고, 자신이 가진 '방어의 폭포'를 덜 두려워하게 되었다. 각자의 고통스러운 경험에 비추어 보면, 이들의 반응은 충분히 이해할 만했다. 그러나 불안의 소용돌이는 매우 끈질기고, 좌반구는 자기만의 신념 체계에 쉽게 갇힌다. 따라서 불안의 패턴이 생겨난 첫 사건을 알아차리는 것만으로는, 이를 해결하기에 부족하다.

사실 때때로 우리 안의 촉발 요인 중 일부는 스스로 인식할 수 있는 영역에서 작동하는데도 우리는 여전히 자신의 불안을 멈추지 못한다. 그렇게 불안은 내 안의 더 현명한 판단을 무시한 채, 나를 제멋대로 휘두른다. 이런 반응을 일으키는 신경 체계 일부는 논리에는 반응하지 않으며, 단지 부끄럽다는 감정만으로는 이 습관적인 반응 패턴을 포기하지 않는다. 불안 생명체는 겁먹은 아기가 아니다. 오히려 그것은 흉포한 야생동물에 더 가까워, 우리가 아무리 선의로 진정시키려 해도, 단숨에 우리를 압도하고 무너뜨릴 수 있다.

예를 하나 들자. 내 친구 캐시는 대담한 성격을 지녔지만 비행 공포증이 있었다. 이 조합은 캐시가 여행할 때 늘 문제를 일으켰다. 수많은 공항에서 비행기에서 내릴 때마다 그녀는 내게 전화를 걸어 침울하게 말했다. "나 또 그랬어."

'그랬다'라는 말은 비행기가 이륙하기도 전에 와인 한 잔과 자낙스(신경 안정제의 일종)를 함께 마신 뒤, 옆자리에 앉은 누군가의 팔을 꽉 잡았다는 의미였다. 그러다 마침내 자낙스조차 소용없을 정도로 불안이 치솟아 그 모습을 드러낼 때면, 캐시는 좌석 벨트를 찢고 통로에 서서 이렇게 소리쳤다. "비행기를 당장 착륙시켜요! 곧 추락한단 말이에요!"

승무원들은 그녀를 다시 자리에 앉히느라 다소 애를 먹었지만, 몸싸움까지는 벌어지지 않았다. 또한 일부 승객을 제외하고는 캐시처럼 공황 상태에 빠진 이들도 없었다. 참고로 캐시는 자기 행동이 비이성적임을 잘 알고 있었고, 여행을 떠날 때마다 이번에는 소란을 피우지 않겠다고 다짐하곤 했다. 그렇지만 촉발 요인이 작동하면 불안 생명체는 막무가내로 날뛰었다.

사실 나 역시 과거에 의과 검진에서 비슷한 문제를 겪곤 했다. 처음에는 배 속에 있던 아들이 다운증후군 진단을 받았을 때 그랬고, 이후 자가면역 질환을 앓으며 병원 검진에 대한 두려움이 심해졌다. 나는 수없이 많은 검진을 받아야 했는데, 대부분 신체적으로 불편했고 검진 결과도 만족스럽지 않았다. 아무리 '괜찮아, 걱정하지 마'라고 스스로를 달래도, 검진에 대한 불안은 사라지지 않고 여전히 나를 짓눌렀다.

그 공포는 늘 마음 한편에 숨어 있다가도, 유방 X선 검사 같은 정기 검진이 다가오면 어둠 속에서 비틀거리며 튀어나왔다. 유방 X선 촬영을 받아본 사람이라면 공감할 것이다. 옷을 거의 다 벗고, 큰 금속 기계를 끌어안은 채 특정 신체 부위를 짓이기는 과정을 겪는다. 말 그대로 '압박'이라는 단어에 새로운 의미가 부여된다. 게다가 검사가 끝나고 나면 암 판정을 받을 수도 있다!

수년간 나는 유방 X선 촬영을 어마어마하게 큰일로 만들었다. 누군가가 병원까지 나를 데려다줘야 했고, 창밖의 무엇에도 쉽게 놀라 비명을 질렀다. 간호사들이 '가운'이라고 부르는 작은 냅킨으로 갈아입는 일도 고역이었다. 게다가 유방 촬영 기계와 밀착된 채 춤을 추듯 가까워지면, 내 몸은 가누지 못할 정도로 떨리기 시작했다. 죠스 오브 라이프Jaws of Life(사고 차량에 갇힌 사람을 구출할 때 쓰는 공구 - 옮긴이)가 내 몸을 눌러대는 느낌이었다. 나는 19세기 소설의 등장인물처럼 까무러치기 일보 직전이 되었다. 유일한 위안이라면 실제로 바닥에 쓰러질 일은 없다는 점이었다. 대신, 극심한 고통을 느끼는 젖가슴 한쪽이 기계에 눌린 채 공중에 대롱대롱 매달려 있게 되는 일이 반복되곤 했다.

나는 이 악순환을 어떻게든 멈추고 싶었다. 그리고 마침내 방법을 찾아냈다. 하지만 먼저, 내 신경 체계가 이토록 격렬한 '방어의 폭포'를 어떻게 만들어내는지부터 이해해야 했다.

촉발 반응이 주도권을 잡는 과정

어떤 형태의 불안을 마주하든 우리의 임무는 신경 체계에 맞서 싸우는 것이 아니다. 우리가 할 일은 오히려 그것이 긴장을 풀고, 내 의식적인 의도와 기꺼이 협력하도록 돕는 것이다. 예민한 동물이 친절한 인간을 신뢰하는 법을 배우듯 말이다. 불안 패턴이 덮쳐올 때, 우리가 상대하는 것은 말 그대로 야생의 존재다. 그것은 인지적 사고가 생기기 훨씬 이전부터 진화해온 신경 체계의 일부다. 이 신경 체계가 어떤 방식으로 다양한 방어 반응을 작동시키는지를 이해하게 되면, 우리 안의 가장 불안한 부분조차 길들일 수 있는 단서를 얻게 된다.

일부 심리학자는 '다미주신경 회로*polyvagal circuit*'가 바로 이 방어의 폭포를 통제한다고 본다. 다미주신경 회로는 뇌를 신체 다른 부위와 연결하는 커다란 신경 다발이다. (poly는 '여럿'을, vagal은 '배회'를 의미한다. 쉽게 말해, 다미주신경 회로는 훌륭한 자아의 구석구석을 배회하는 신경 묶음이라고 할 수 있다.) 이 회로의 일부는 머나먼 과거에 존재했던 유기체 안에서부터 진화해왔다. 오늘날 우리 가족 모임에 함께 앉아 있기엔 다소 상상하기 어려운 그런 존재들 말이다. 회로의 또 다른 일부는 초기 포유류에게서 처음 나타났으며, 일부는 오직 인간에게서만 발견된다.

특히 최근에 진화한 이 신경 다발은, 우리가 위험과 안전의 신호를 주고받는 데 핵심적인 역할을 한다. 이 신경들은 우리 뇌를 얼굴과 머리 근육과 연결해 표정과 머리 움직임을 만들어낸다. 덕분에 우리는 복잡한 인지 과정을 거치지 않고도 감정을 주고받을 수 있다. 이런 이유로 전 문화권의 아기들은 만족스러울 때 미소 짓고, 대다수 성인은 이에 자동으로 미소로 답한다.

즐겁지 않은 상황에서는 아무리 기쁜 척하려 해도, 약 0.2초간은 내 진짜 감정을 드러내는 비자발적인 '순간 표정'이 툭 튀어나온다. 우리 의식은 누군가의 얼굴에 반짝 나타난 분노나 공포를 읽어내지 못할 수도 있지만, 무의식은 이 신호를 놓치지 않는다. 그래서 말로는 설명하기 어려운 불편한 감정이 이유 없이 불쑥 밀려올 때가 있는 것이다.

머리에서 더 아래로 내려가면, 우리 뇌를 폐, 심장, 횡격막과 연결하는 신경계 부위에 이른다. 이 부위는 위험을 감지하면 심박수와 호흡 속도를 높인다. 인류 이전의 포유류 시절부터 진화해온 이 신경은 앞서 언급한 투쟁, 도피, 비위 맞추기 반응을 촉발한다. 이 반응이 활성화되었을 때는 홍조 띤 얼굴, 아첨하는 미소, 분노 또는 공포의 홍수, 타인과 연결되고 인정받고 싶다는 강렬한 욕구 등의 여러 신체 반응이 나타난다.

위험 상황이 너무 오래 지속되거나, 이 재앙에서 결코 빠져나갈 수 없다고 느껴질 때, 다미주신경 회로 중 가장 오래된 부분이 사태의 주도권을 쥘 수 있다. 이 부위는 하복부와 내장을 관장하며, 평상시에는 휴식과 소화를 도와 생명 유지에 필수적인 기능을 한다. 반대로 긴급한 상황에서는 엠마를 멍하게 만들고, 커비를 소파에 쓰러뜨린 '경직'과 '주저앉기' 반응을 일으킨다. 이 상태는 이른바 '등쪽 미주신경 붕괴 dorsal vagal collapse'로, 급소를 맞은 듯한 충격, 위가 신발에 밟히는 듯한 압박감, 유방 X선 기계에 짓눌린 채 공중에 매달린 것 같은 감각을 동반하기도 한다.

이 모든 경보 체계는 단지 내면의 반응을 유발하는 데 그치지 않고, 동시에 끊임없이 외부 환경을 살피며 안전 여부를 판별한다. 이런 인식은 워낙 미묘해서 스스로 자각하지 못할 때도 많다. 다미주신경 이론가들은 이를 '신경지각 neuroception'이라고 부르는데, 나는 이를 가리켜 '스파이더맨 감각 spidey senses'이라고 부른다. 이 예민한 감각 시스템은 위험을 알리는 신호를 어떤 형태로든 포착하면(실제로 위험한 것이 전혀 없을 때조차) 방어의 폭포를 작동시킨다. 그리고 다시 안전이 확보되면 방어를 늦추고 평화로운 상태로 돌아가게 한다.

이 복귀 과정에서 핵심 역할을 하는 것이 바로 '미주신경 브레이크 vagal brake'다. 이 체계는 자동차의 브레이크처럼 작동해 심박수와 공포 반응을 낮추며 불안을 진정시킨다. 이 기능은 뇌의 우반구에 의존하는데, 우반구는 다미주신경 회로의 오른쪽 가지를 통해 경보 해제 신호를 보내고, 이 신호는 심장에까지 전달된다. 그러나 불안의 소용돌이에 갇혀 좌반구가 만들어내는 '거울의 집' 주변을 빙빙 돌고 있다면, 이 평온함의 회로를 활성화할 수 없다. 말 그대로 불안 브레이크가 고장 난 셈이어서, 우리는 자기 파괴적인 반응 패턴에 계속 부딪히게 된다.

파란불, 노란불, 빨간불

일부 다미주신경 전문가들은 우리 신경 체계의 반응을 '파란불', '노란불', '빨간불' 세 가지 상황에 비유한다. 신경 체계가 안전하다고 느낄 때는 차분하고 협조적으로 움직여도 된다는 '**파란불**'을 켠다. 반면 잠재의식 수준에서라도 위험을 감지했을 때는 '**노란불**'이 들어와 "조심해! 싸우고, 도망가고, 비위를 맞춰!"라고 요란하게 경고한다. 하지만 때로는 피할 수 없는 위협 앞에 놓였다고 느끼기도 한다. 혹은 실제로 그렇지 않더라도, 상황을 그렇게 인식하는 경우도 있다. (예를 들어 어떤 사람은 단지 회계팀의 에드와 회의하는 것만으로도 마치 탄광 사고로 굴속에 갇힌 듯 옴짝달싹 못한다고 느낄 수 있다. 이렇게 우리의 뇌와 몸은 실제 상황보다 '우리가 믿는 것'에 더 크게 반응한다.) 나쁜 상황에서 빠져나올 방법이 없다고 느껴지면, 신경 체계는 '**빨간불**'을 켠다. 이때 우리는 마치 유리문에 얼굴을 들이받은 것처럼 어안이 벙벙해지고, 아무것도 신경 쓸 수 없을 만큼 완전히 기운이 빠진다.

물론 모든 사람의 신경 체계는 저마다 고유한 환경에 맞게 조건화되어 있다. 따라서 무엇이 빨간불, 노란불, 파란불을 유발하는지는 사람마다 다를 수 있다.

 이 세 가지 상태는 나의 감정과 행동뿐만 아니라 세상을 바라보는 방식까지 결정한다. 파란불 상태일 때 세상은 오즈의 에메랄드 시티(오즈의 마법사가 사는 도시로, 모든 소원이 이루어질 수 있는 이상향으로 여겨진다-옮긴이)처럼 모든 것이 친근하고 근사해 보인다. 반면 노란불 상태에 들어서면 같은 세상이 갑자기 위협적으로 보인다. 모든 개가 달려들어 물 준비를 하고, 모든 일이 나를 갈기갈기 찢어놓으려 하고, 격려차 등을 토닥이는 손길조차 학대처럼 받아들여진다. 그리고 빨간불 영역에 진입하면, 세상의 온기가 단번에 꺼져버린다. 전쟁이나 기후변화와 같은 거대한 문제에 강박적으로 집착하면서도, 몸은 축 처져 쓰레기를 내다버리는 일조차 에베레스트산을 오르는 것처럼 힘겹게 느껴진다. 꽃을 선물 받아도 알레르기 유발 물질에 억지로 노출된 기분이 든다. 사랑스러운 새끼 고양이 영상은 어떨까? 모든 생명체가 결국 죽는다는 사실만을 상기시킬 뿐이다. 빨간불 상태에서는 내 삶도, 나 자신도 도무지 감당할 수 없게 된다.

 때때로 이렇게 불안이 모습을 드러낼 때, 우리는 하나의 신경 체계 반응으로 다른 반응을 덮으려는 초보적인 통제력을 발휘한다.

 커스틴은 엄마가 암으로 투병하던 시기에, 병원의 모든 의사와 간호사에게 분노를 퍼붓는 방식으로 자신의 절망을 회피했다. 마커스는 갈등 자체를 내심 두려워했기에, 아내가 기분이 언짢다고 털어놓았을 때 차분히 상황을 풀어나가기보다, 자신이 통제할 수 있는 과업들에만 몰두하며 마감 기한에 대한 걱정으로 회피했다. 대니얼은 자신의 분노가 수치스럽게 느껴졌던 까닭에, 조금이라도 기분이 언짢아지면 대마초를 피우고 무력한 상태인 빨간불 모드로 빠져들었다. 그 상태에서는 자기가 얌전히 잘 있을 것 같았기 때문이다.

내가 노란불이나 빨간불 상태에 갇힐 수도 있고, 하나의 반응을 통해 다른 감정을 회피할 수도 있다는 사실을 깨닫게 되면, 내가 두려워하는 현실이나 아무 희망 없는 상황이 제아무리 그럴듯해 보여도, 실제로는 그렇지 않을 수 있다는 점 역시 보이기 시작한다. 이런 그럴듯한 현실은 내 안의 불안 생명체가 발동한 결과로 만들어진 것이므로, 우리는 거기에 대해 무언가 조치를 취할 수 있다.

우리 신경 체계 중에서도 가장 오래되고 강력한 부위에 압도당하는 대신, 오히려 그 부위와 파트너가 될 수 있다. 실제로 진짜 위험이 있을 때 나를 안전하게 지켜주는 그 본능적인 반응에 의지하되, 해로운 상황이 지나가면 곧장 나를 안정되고 즐거운 존재로 되돌릴 수 있는 확실한 회복 전략을 마련해야 한다. 이번 장의 남은 부분에서는, 여러분이 이 귀중한 파트너십을 구축할 수 있도록 도울 것이다.

제멋대로인 불안과 파트너가 되려면: 아무 일도 일어나지 않을 때까지 기다리기

나는 동물원에 근무하는 한 수의사로부터, 동물 훈련사들이 사용하는 4단계 훈련법에 대해 들은 적이 있다. 그는 어떤 동물이든, 방어의 폭포를 촉발하는 대상 근처에 있을 때에도 느긋해지는 법을 가르칠 때 이 방법을 쓴다고 했다. 이 전략은 내 불안을 가라앉히는 데도 효과가 있었기에, 이후 나는 클라이언트들에게 가르쳐주기 시작했다. 나는 이를 적용한 나만의 방법을 가리켜 '아무 일도 일어나지 않을 때까지 기다리기'라고 부른다. 구체적인 방법은 다음과 같다.

1. (동물이든, 내면의 불안 생명체든) 그 생명체가 스스로 안전하다고 느낄 만한 상황을 조성한다.
2. 불안을 일으키는 대상에 그 생명체를 아주 천천히 노출시킨다. 살짝 긴장한 상태이되 아직 방어의 폭포가 발동되기 전, 그 상태에서 멈추고 그 자리에 가만히 머물게 한다.
3. 그 생명체가 안전하다고 느끼는 경계선 가장자리에 머물며, 그 존재가 지루해하고 느긋해질 때까지 아무것도 하지 않는다. 이후 아주 조금만 경계 바깥으로 나아가 본다.
4. 이 과정을 필요한 만큼 반복한다.

나는 다양한 상황에서 이 전략을 활용해 내 불안 반응을 진정시킬 수 있었다. 예를 들어 의과 검진을 즐긴다고 할 수 없지만, '아무 일도 일어나지 않을 때까지 기다리기'를 실천해보니 마음을 가라앉히는 데 꽤 도움이 되었다. 처음에는 집에 앉아 곧 있을 유방 X선 촬영을 떠올리며 '지금은 괜찮다'고 스스로 말해보았다. 그리고 불안이 살짝 물러나는 순간까지 가만히 기다렸다. 그다음에는 일부러 병원에 일찍 도착해, 차 안에서 불안이 잦아들고 지루함이 밀려올 때까지 가만히 앉아 있었다. 이후에는 일찍 도착한 김에 병원 대기실에서 천천히 기다리면서 내 신경 체계가 느긋해지기를 바라며 시간을 보냈다.

요즘은 유방 X선 촬영이 있는 병원까지 스스로 운전해가고, 간호사들과 친근하게 수다도 떨고, 기계 앞에 설 때까지도 거의 떨지 않는다. 여전히 약간 긴장되지만(아직 재훈련이 완전히 끝난 건 아니니까) 참지 못할 정도는 아니다. 물론 숨을 고르며 호흡에 집중해야 하고, 때때로 입술 안쪽을 씹기도 한다. 그래도 기계가 작동을 멈췄을 때, 나는 내게 매우 큰 의미를 지니는 세 마디 말을 내뱉을 수 있다. "의식이 깨어 있었어."

자, 이제 여러분도 아주아주 천천히, 자신 안에서 가장 강렬한 불안을 터뜨리는 신경 체계의 일부와 연결될 차례다. 이 방법은, 여러분을 원치 않는 방어의 폭포로 몰고 가는 트라우마의 촉발 요인을 신경 체계가 스스로 해제하고 벗어날 수 있도록 돕는다.

이제부터 소개할 지침을 따라가는 동안에는 절대로 서두르지 말자. 불안 촉발 요인을 해제하려면 여러 번의 반복이 필요할 수도 있다. 그래도 괜찮다. 이 훈련에서 진정한 성공의 열쇠는 속도가 아니라 '지속'이다. 겁먹은 동물을 훈련시킬 때도, 천천히 나아가는 것이 가장 빠른 길이 된다. 그러니 분명하게 약속할 수 있다. 지금 기울이는 이 노력은, 충분히 그만한 가치가 있다.

1단계: 안식처 정하기

이 훈련은, 불안한 자아가 이미 편안하다고 느끼는 구체적인 장소를 찾아보는 것에서 시작한다. 침실, 사무실, 구석진 창가에 놓인 편안한 의자 같은 곳이 그 예다. 지금부터 이곳을 여러분의 안식처라 부르자. 만약 어느 곳에서도 평온하다는 느낌이 전혀 들지 않는다면, 몇 분간 누구에게도 방해받지 않을 수 있는 장소를 하나 골라보자. 이제 매일 적어도 10분씩, 그 안식처에 앉거나 누워보자. 앞의 두 장에서 소개한 평온해지는 요령을 실천하며, 억지로 조절하려 하지 말고 호흡이 자연스럽게 흐르도록 두는 것이 좋다.

2단계: 내 안식처에 은은한 불빛 채우기

안전한 장소를 마련했다면, 그 공간 안을 여러분의 신경 체계를 부드럽게 가라앉히고 마음을 느슨하게 풀어주는 물건들로 채워, 아늑한 분위기를 만들어보자. 작가이자 임상 사회사업가, 다미주신경 이론 전문가인 뎁 데이나는 이런 물건들을 '은은한 불빛'이라고 부른다.

'은은한 불빛'은 촉발 요인과는 정반대의 성질을 가지고 있다. 그것은 억지스럽지 않은 편안함이나 기분 좋은 느낌을 만들어내는 물건이나 경험을 말한다. 흥미롭게도, 이 은은한 불빛도 부정적인 촉발 요인처럼 신경 체계 전체에 영향을 미친다. 마치 '스파이더맨 감각'처럼, 몸이 불빛을 감지하면 신경 체계 전체가 주의를 기울이게 된다. 이때, 경보가 울리는 대신 파란불이 켜진다. 은은한 불빛이 품은 장면, 소리, 냄새, 맛, 촉감, 기억은 감사와 따뜻한 감정을 몽글몽글 피어나게 한다.

우리가 본능적으로 '편안하다', '기쁘다'고 느끼는 모든 것이 은은한 불빛이 될 수 있다. 이를테면 꽃향기, 나뭇잎 사이로 스며드는 햇

살, 누군가의 포옹 같은 것들이다. 혹시 크리스 보스가 언급했던 '심야 DJ 목소리'를 기억하는가? 그 목소리가 특별한 이유는, 차분한 음색이 인간의 다미주신경 회로에 직접 작용해 '이건 안전하다'라는 신호를 강하게 보내기 때문이다. 그런 목소리는 까닭 없이 우리를 진정시킬 수 있다. 이처럼 우리가 '안전하다'고 학습한 모든 것은 같은 효과를 낼 수 있다.

내 친구의 사례가 있다. 그 친구의 부모는 스트레스를 가라앉히기 위해 늘 담배를 피웠다. 친구는 담배가 해롭다는 걸 알고 있어서 직접 피운 적은 없다. 하지만 지금도 담배 냄새를 맡으면 본능적으로 어딘가 조금 더 안정되는 기분이 든다고 했다. 어린 시절부터 몸에 각인된 '안전 신호'가 그렇게 남아 있는 것이다.

문제는 우리의 신경 체계가 부정적인 것에 더 민감하도록 설계되어 있다는 점이다. 신경 체계는 '은은한 불빛'은 스쳐 지나치는 반면, 촉발 요인에는 날카롭게 반응한다. 특히 노란불이나 빨간불 상태에 갇혀 있을 때 이 경향은 더욱 심해진다. 그럴 땐 세상 전체가 은은한 불빛이라곤 하나도 없는, 빨갛고 노란 촉발 요인의 바다처럼 느껴지기도 한다. 하지만 그건 착각이다.

이 착각에서 벗어나려면, 은은한 불빛을 '의도적으로' 찾아 나서야 한다. 적극적이고 끈질기게 찾아보자. 처음에는 아무것도 보이지 않을 수도 있다. 그래도 괜찮다. 한 번 그 불빛을 발견하면, 그 다음부터는 훨씬 더 자주, 더 쉽게 눈에 띌 것이다. 다미주신경의 상태가 파란불 쪽으로 기울기 시작할 때, 여러분은 그 불빛들이 말 그대로 사방에 있다는 사실을 깨달을 것이다.

지금, 주변을 천천히 둘러보며 나를 '은은하게 비추는 것' 열 가지를 찾아보자. 은은한 불빛이 어떤 식으로 작동하는지 느껴보기 위해, 이 글을 쓰는 지금 내 주변에 있는 것 몇 가지를 소개해본다. 이 물건들은 하나하나 내게 조용한 기쁨을 주고, 내가 안전하다고 느끼는 상태를 되찾도록 도와준다. (물론 여러분에게는 다른 것들이 더 와닿을 수 있다. 촉발 요인과 마찬가지로 은은한 불빛도 사람마다 다르기 때문이다.)

- 포옹받는 듯한 느낌을 주는, 따뜻하고 곱슬곱슬한 담요
- 레몬을 띄운 따뜻한 차 한 잔
- 방금 두통을 가라앉혀준 이부프로펜 시럽 한 병
- 친구 집에서 처음 보고 한참을 바라보다가, 결국 친구가 선물해 준 아름다운 자수정 원석
- 또 다른 친구가 보내준 틱톡 영상(투덜거리며 이상한 소리를 내는 불도그, 그리고 그 모습을 겁먹은 표정으로 바라보는 비글 한 마리)

이것들을 떠올리다 보니, 세상에, 갑자기 기분이 너무너무 좋아지기 시작한다! 이제 열린 창 너머로 스며드는 낙엽 냄새, 속으로 흥얼거리는 멜로디, 놀라운 '종이 친구들'(오랫동안 내게 위안과 영감을 안겨준 책들)까지 줄줄이 생각난다. 이 모든 것이 은은한 불빛이 되어, 지금 이 순간 나를 비춘다.

자, 이제 여러분 차례다!

바로 지금, 내 주변에서 반짝이고 있는 은은한 불빛 10가지:

1 ....
2 ....
3 ....
4 ....
5 ....
6 ....
7 ....
8 ....
9 ....
10 ....

은은한 불빛들을 식별할 줄 알게 되면, 그것들을 수집해 나만의 안식처를 채울 수 있다. 손으로 만질 수 없거나 너무 커서 휴대할 수 없는 물건이라면, 그걸 떠올릴 수 있는 작은 상징물이나 사진을 대신 두어도 좋다. (나는 남아프리카공화국에 갈 때면 작은 규암 조약돌을 즐겨 찾는다. 그 돌을 보면 야생 사바나 전체가 머릿속에 떠오른다.)

내가 찾은 은은한 불빛들―꽃이 핀 나무, 친구의 미소, 좋아하는 식당 등―을 사진으로 찍어 인화해 안식처의 벽에 붙여도 좋다. 은은한 불빛들을 무한히 더해나가자.

3단계: 파란불 상태에서 일광욕하기

이제 나의 안식처에 도착했으니, 주변에 있는 은은한 불빛들에 집중해보자. 각각의 물건이 떠올리게 하는 긍정적인 감각을 가득 쬐자. 만약 불안한 느낌이 밀려온다면, 앞에서 소개한 '친절한 내면 대화^{KIST}'를 활용하자. 내 안의 불안 생명체에게 이렇게 부드럽게 말해주는 것이다. "지금 무엇을 느끼든 괜찮아. 이 순간은 안전해. 모든 게 괜찮아."

몇 분이라도 비교적 차분한 기분이 든다면, 이 상태(파란불 상태)가 어떤 감각으로 다가오는지를 유심히 관찰해보자. 우선 몸 구석구석을 천천히 훑어본다. 팔다리에서 약간의 기운이 느껴질 수도 있고, 가슴이 살짝 들어 올려지는 느낌, 복부에서 퍼지는 따뜻함, 기분 좋은 나른함에 눈을 반쯤 감고 싶어질 수도 있다. 이 감각들이 미묘하더라도 그냥 지나치지 말고, 그 감각에 주의를 기울이자. 그 느낌들이 조금 더 또렷해지도록 맡겨보자. 감각이 점점 내 주의를 끌어당기고 있다면, 그것이 바로 내 신경 체계가 회복되고 있다는 신호다.

지금, 여러분이 파란불 상태에서 느끼는 감각을 아래에 적어보자.

파란불 상태에서 느껴지는 것들:

4단계: 나를 노란불 영역으로 이동시키는 것을 떠올리기

이제 나의 신경 체계 중에서도 방어의 폭포와 연결을 시도할 차례다. 우선, 노란불 상태가 시작되었다는 느낌이 들게 하는 무언가를 생각해보자. 지금 우리는 최대한 천천히, 점진적으로 진행하고 있으니, 갑자기 머릿속에서 공포 영화의 한 장면처럼 거대한 호러 쇼가 펼쳐지는 일이 없게 하자. 따라서 일상 속에서 마주할 수 있는 작고 소소한 스트레스 요인이나 자잘한 걱정거리를 떠올려보자. 예를 들어 낚시 허가증을 갱신해야 한다거나, 싱크대를 청소해야 한다거나, 구레나룻을 손질해야 한다거나 하는 일들. 그런 작은 일들이면 충분하다.

이 단계의 목적은, 노란불 상태를 유도하는 감각들을 살펴보되, 여전히 파란불 상태에 굳건히 머무는 것이다. (참고로 뎁 데이나는 그의 훌륭한 책 『닻 내리기: 다미주신경 이론을 활용해 나의 신경계와 친해지기 Anchored: How to Befriend Your Nervous System Using Polyvagal Theory』에서 이 작업을 도와줄 다양한 방법들을 소개한다.)

자, 이제 스트레스 반응이 시작될 때 내 몸에서 어떤 일이 일어나는지 천천히 관찰해보자. 심장 박동이 조금 더 강해지고 빨라지는가? 어느 근육이 긴장되는가? 얼굴 표정을 억지로 통제하려 하지 말고, 자연스럽게 드러나는 표정을 그대로 알아차리자. 기분도 잘 살펴봐야 한다. 공격하거나, 탈출하거나, 해명하거나, 사라지고 싶은 기분인가? 아니면 이런 기분이 한꺼번에 느껴지는가? 앞에서와 같이 이번에 느낀 것도 글로 적어보자.

노란불 상태에서 느껴지는/보이는 것들:

....
....
....
....

　이 연습 활동을 하다가 큰 불안이 일어나도 괜찮다. 여러분은 아직 미주신경 브레이크를 밟는 데 익숙하지 않으므로, 처음 시도할 때는 속도를 늦추는 과정이 서툴거나 심지어 두렵게 느껴질 수도 있다. 어쩌면 불안의 소용돌이에 휩쓸려 두려움에 사로잡히게 될 수도 있다. 다시 말하지만, 그래도 괜찮다. 불안을 달래는 요령을 활용하면 다시 돌아올 수 있다. 불안을 낮은 수준으로 유지하든, 통제력을 잃고 불안이 솟구치는 것을 목격하든, 의식적으로 행동하고 있다는 느낌이 든다면 다음 단계로 넘어가도 좋다.

5단계: 다시 파란불 상태로 돌아오기

　한번 노란불 영역에 들어가면, 신경 체계가 익숙하게 반응하는 패턴 — 투쟁(짜증 내기, 적수를 떠올리기), 도피(갑자기 발 마사지기를 사러 나가야겠다고 생각하기), 비위 맞추기(누군가 원하는 걸 무조건 들어주려 하기) — 을 따르지 않기란 쉽지 않다. 이런 반응은 지극히 자연스럽지만, 지금 우리는 재훈련을 통해 그 반응에 휘말리지 않고 자신을 차분하게 다스리는 법에 집중해야 한다.

　노란불 경계 상태에서 파란불 상태로 돌아올 수 있도록, 자신의 안식처에 머문 상태에서 다음 단계들을 차례로 활용하자. 나는 이 과정을 '스페이스SPACE로 나아가기'라고 부른다. '스페이스SPACE'란, 항복Surrender, 평화Peace, 음미Appreciation, 연결Connection, 기쁨Enjoyment'의 줄임말이다. 그 단계들은 아래와 같다.

항복

지금 기분이 어떻든지 간에, 그 감각이 존재한다는 사실을 인정(항복)한다. 억지로 밀어내거나 싸우지 말자. 대신 이 순간의 노란불 자아를 있는 그대로 받아들이며, '친절한 내면 대화KIST'를 꺼내자. ('그래, 지금 느껴지는 그대로 느껴도 괜찮아. 이해해. 네가 편안해지길. 네가 잘 있길 바랄게.')

평화

계속 친절한 시선을 유지하며 내면 상태를 관찰하다 보면, 내 일부가 서서히 긴장을 푸는 것이 느껴질 것이다. 평화가 피어나는 감각에 초점을 맞추고, 호흡과 함께 조금 더 깊이 들어가자.

음미

그 평화의 감각이 아무리 작더라도 놓치지 말고 천천히 음미하자. 안식처 주변을 둘러보며 은은한 불빛들을 눈에 담고, 사랑하는 물건을 만져보고, 책이나 꽃 또는 커피의 향을 맡아보자. 그 안에 담긴 작고 사랑스러운 감각들을 음미하고 조용히 감사 인사를 전하자.

연결

이제, 다른 존재와의 연결을 떠올리게 하는 불빛 하나를 고르자. 사람일 수도 있고, 반려동물이나 식물일 수도 있다. 중요한 것은 내가 그 존재를 기뻐하고, 그 존재도 나를 기뻐한다는 그 느낌이다.

기쁨

그 물체를 손에 들거나, 떠올리며 10초간 오롯이 그 아름다움에만 집중하자. 그리고 그 기쁨이 내 몸 전체에 스며드는지 느껴보자.

6단계: 파란불과 노란불 상태 사이에서 움직이기

이 생명체를 훈련할 때 중요한 것은 나의 자기 보호 반응을 제거하는 것이 아니다. 실질적인 위험이 없을 때 방어의 폭포로 빠져드는 촉발 요인을 피하고, 힘든 일을 겪고 난 후에도 노란불이나 빨간불 상태에 갇히지 않는 것이 중요하다. 그러므로 파란불에서 노란불로, 다시 파란불로 돌아오는 데 성공했다면 이 과정을 반복하자. 다시 머릿속에서 걱정스러운 주제를 떠올리고, 노란불 경보 상태에 들어섰을 때 일어나는 감각을 자세히 관찰한다. 그런 다음 '스페이스SPACE'(항복-평화-음미-연결-기쁨)로 나아가거나, 그냥 은은한 불빛들을 즐기면서 다시 파란불로 돌아오면 된다.

얼마 지나지 않아, 투쟁, 도피, 비위 맞추기 반응이 불편할 수는 있어도 그리 치명적인 것은 아니라는 사실을 깨달을 것이다. 다시 말해, 그런 감각을 두려워할 필요는 없다. 걱정이나 화가 솟구친다고 해서 악마에 사로잡혔다거나, 당장 결혼 생활을 접고 현관 밑에 금을 묻어야 한다는 뜻은 아니다. 노란불 상태에서 나오는 반응들이 썩 유쾌하지는 않아도, 도저히 감당하지 못할 정도는 아니다. 그 상태에서 도망치려 하지 말고, 노란불 상태에 머물면서 지루해질 때까지 자세히 관찰하자.

아무 일도 일어나지 않을 때까지 기다리자.

그리고 차분해졌다는 느낌이 들면, 은은한 불빛 하나를 집어 들고 다시 평화와 감사가 흐르는 파란불 상태로 깊숙이 들어가자.

7단계: 빨간불 지대에 발 담그기

파란불과 노란불 사이를 오가는 요령을 어느 정도 익혔다면, 이제 안식처 훈련 시간을 활용해 진짜 나를 두렵게 하는 것들을 떠올려보자. 우선은 삶에 직접적으로 영향을 끼치지 않는, 즉 주저앉기 상태를 유발하되 덜 위협적인 주제를 가지고 시작해보자. 예를 들어 뉴스만 봐도 빨간불 상태에 들어갈 수 있다. 전쟁터에서 죽거나 다치는 아이들, 녹아내리는 극지방의 만년설 같은 장면들이 대표적이다. 이것들을 보면 누구나 빨간불 상태에 들어갈 수 있다.

빨간불 상태는 때로 '긴장성 붕괴tonic collapse'라고 불리기도 한다. 멀리 있지만 끔찍한 무언가를 떠올릴 때 이 붕괴 상태가 어떻게 느껴지는지 살펴보자. 온몸에 힘이 빠지고 바닥으로 가라앉는 느낌이 들 수도 있다. 혈압이 떨어져서 머리가 빙 도는 것 같거나, 구역질이 날 수도 있다. 감정적으로는 절망, 무감각, 무관심 같은 반응이 나타날 수 있다. 지금, 내게 이 상태는 어떻게 느껴지는가? 직접 적어보자.

빨간불 상태에서 느껴지는 것들:

....

....

....

....

....

방금 적은 감정을 전부 느끼면서도 무너지지 않는다는 사실에 주목하자. 우리는 투쟁, 도피, 비위 맞추기 반응처럼 신체적·정서적 붕괴도 감당할 수 있다. 정말 감당할 수 없는 순간은, 그 상태와 맞서 싸우려 들 때뿐이다.

실제로 빨간불 상태에 있으면서 '이런 식으로 느껴서는 안 돼.' 하며 자신을 억누르면, 그 감정을 없애기 위해 강박적 행동이나 특정 물질에 의존하게 되기 쉽다. 나 역시 아드레날린을 끌어올릴 요량으로 대중 강연이나 밤샘 긴급 업무에 의존하곤 했다. 내가 알고 있는 빨간불 상태에서 벗어나는 유일한 방법은 노란불 경보 체계를 작동시키는 것뿐이었다. (한 가지 불안을 차단하려고 또 다른 불안을 사용하는 것은 흔한 일이다. 앞서 언급한 커스틴은 병환 중인 어머니에 대한 슬픔을 분노로 덮었고, 마커스는 갈등을 회피하고자 업무 마감 기한에 집착했다. 대니얼은 분노에 휩싸이지 않기 위해 마리화나에 의지하며 주저앉기 상태에 머물렀다.)

나는 위와 같이 행동한 탓에 앞서 말한 온갖 자가면역 질환을 겪게 되었다고 믿는다(그 증상이 사라진 것도 내가 다시 파란불 상태로 돌아오는 법을 배웠기 때문이라고 생각한다). 단기간에 붕괴를 막으려고 미친 듯이 저항하면 오히려 그 상태에 더 오래 갇히게 된다.

반대로, 실신하거나 주저앉는 반응을 보이는 이 태곳적 신경 체계의 일부를 따뜻하게 받아들이면, 그런 반응이 반드시 내 삶을 망치는 것은 아니라는 사실을 알게 된다. 내 안의 빨간불 생명체에게 약간의 '스페이스SPACE'(항복-평화-음미-연결-기쁨)를 건네고, 어서 빨리 변하라고 다그치지 말자. 아무 일도 일어나지 않을 때까지 그저 그곳에 머물자.

8단계: 어떤 상황에서든 파란불 지대로 돌아오기

세계 곳곳에서 끔찍한 재앙이 벌어지는 상황에서, 평화를 누리는 것이 옳지 않다고 생각하는 사람들도 있다. 그들의 좌반구는 '우울하고 화나고 두려워하는 상태'에 머무는 것이 오히려 긍정적인 행동을 북돋는다는 논리를 내세운다. 그렇지만 인간이 저지르는 온갖 끔찍한 일들은 대부분 공황이나 분노에 사로잡힌 사람들이 권력, 지위, 물질을 움켜쥐려는 욕망에서 비롯된다. 그들 곁에 있는 사람들 역시 두려움과 공포 속에서 붕괴된 나머지, 제대로 된 해법을 찾지 못한 경우가 많다.

이와 반대로, 파란불 상태에 있을 때 우리의 신경 체계는 저절로 긍정적인 연결과 독창적인 문제 해결을 향해 움직인다. 내면의 평화란, 아무것도 하지 않는 수동적인 상태가 아니다. 그것은 상처나 해로움 앞에서 차분하고 현명하게 반응함으로써 얻어지는 매우 능동적인 자질이다. 그리고 불안한 인간이 만들어낸 문제들에서 빠져나올 수 있는 유일한 길은 결국, 애정 어린 행동뿐이다.

　이 사실을 마음에 새기며 크게 숨을 내쉬자. 빨간불 지대에서 손과 발에 퍼졌던 얼어붙은 감각을 털어버리고 지금 이 순간으로 돌아오자. 바로 지금, 나만의 안식처에 들어가 휴식하자. 그리고 나 자신에게 약간의 '스페이스 SPACE'(항복-평화-음미-연결-기쁨)를 선물하자. 작고 완벽한 것들을 바라보며 감탄하고, 기쁨과 아름다움을 경험하는 이 순간을 축하하자. 그리고 앞으로도 언제든 파란불 지대로 돌아올 수 있는 나만의 방법을 계속 발견해 가자.

야생의 자리에 안식처 만들기

어떤 야생동물과 내가 서로 신뢰하는 법을 배운다면, 그 야생 환경은 나와 그 동물 모두에게 더 안전한 곳이 된다. 이처럼 내 신경 체계 속 가장 오래된 야생의 부분에게 기습 공격을 당하는 대신, 그것들이 보낸 경고에 '스파이더맨 감각'을 발휘해 스스로를 보호하는 법을 배울 수 있다.

　비교적 안전하게 살아갈 수 있는 특권을 지닌 사람이라면, 실제 위협이 전혀 없는 상황에서 과잉 반응을 멈추는 훈련이 가능하다. 반면, 소외 집단의 일원이거나 위험한 지역에 거주해 날마다 실질적인 위협에 노출되는 이들은 '방어의 폭포'를 좀 더 의도적이고 현명하게 활용해야 한다. 이제 여러분은 어떤 사람과 상황이 실제로 위험한지, 어떤 촉발 요인이 신경 체계에 경고 신호를 보내는지, 무엇이 진짜 안전하고 그렇지 않은지를 더 잘 분별할 수 있게 된다. 그렇게 자신의 신경 체계를 파란불 상태로 이끌어 휴식하고, 연결하며, 치유할 수 있게 된다.

나는 수많은 사람이 자기 내면의 야생적인 불안 생명체와 파트너가 되어가는 모습을 지켜봐왔다. 짐은 심리치료를 통해 학대받았던 기억을 마주하고 나서, 본래의 느긋하고 친근한 성격을 되찾았다. 프레드는 성적 수치심 때문에 데이트 상대를 비난하던 습관을 멈추게 되었고, 린제이는 자기애적인 사람을 만날 때 비위를 맞추려 했던 자신의 반응을 자각한 뒤, 더는 무조건 상대에게 맞출 필요가 없다는 사실을 받아들였다. 엠마는 경직 반응이 서서히 누그러들면서 점차 적극적이고 자신감 있는 사람이 되어가고 있다. 커비는 난독증으로 인해 자기 신경 체계가 자신을 공격해왔음을 깨달았고, 비슷한 경험을 가진 사람들과 소통하면서 진정한 자존감을 느끼기 시작했다.

나의 야생적인 측면, 도무지 추적할 수 없을 것 같은 분노 반응을 다룰 수 있게 되면, 마침내 속박에서 벗어날 수 있다. 그 결과, 한때 감정의 지뢰밭이던 삶의 영역에서도 평온함과 자신감을 경험하게 된다. 신경 체계 안에 있는 야생 생물체를 가라앉히는 방법을 배운 여러분은, 가장 다루기 까다로운 또 하나의 존재를 마주할 준비가 되었다. 그 존재는 바로, 우리 각자의 인간적인 정신을 이루고 있는 분열된 측면들이다. 이 또한 불안의 소용돌이에 갇힐 수 있다.

불안한
자아들과의 대화

4

나는 문자에 집착한다. 읽거나 쓰고 있지 않으면 뇌가 갈증에 시달리다 못해 말라 죽을 것만 같다. 그런가 하면 말로 된 생각은 까맣게 잊은 채 종일, 그림만 그렸으면 좋겠다 싶기도 하다. 세계 곳곳의 낯선 장소를 탐험한다고 상상하면 가슴이 뛰지만, 동시에 여행을 끔찍이 싫어해서 피하려고 애쓰기도 한다. 내 삶의 모든 순간을 인류에 봉사하는 데 바치고 싶지만, 솔직히 말하자면 나는 사람 자체를 그리 좋아하지 않는다.

위에 적은 내용은 전부 사실이다. 나는 정말이지 걸어 다니는 모순덩어리다. 나의 이런 양면성은 한때 불안을 다스리려는 내 모든 시도를 어렵게 만들기도 했다. 외로움은 두렵지만, 사람들을 마주해야 한다고 생각하면 겁이 났다. 일하기 위해 아이들과 떨어져 있으려니 걱정이 앞섰고, 막상 아이들을 돌보겠다며 일할 시간을 포기하자니 그것도 걱정이었다. 잠이 부족할까 봐 걱정하면서도, 밤새워 일해야 한다는 조바심에 시달렸다.

시인 월트 휘트먼^{Walt Whitman}은 이렇게 썼다.

"내가 나 자신과 모순되는 것일까? 좋다, 그러면 나 자신과 모순되겠다. / 나는 크니까, 수많은 것을 품을 수 있으니까."*

고맙습니다, 월트 씨. 내면의 모순을 있는 그대로 드러내도 괜찮다고, 우리도 그렇게 해도 된다고 조용히 허락해주셔서요.

내가 마침내 이를 실천하게 된 것은 이른바 '부분 심리학^{parts psychology}'이라는 것을 접하고 나서였다. 부분 심리학은 모든 개인이 여러 개의 자아로 이루어져 있다고 전제하고, 그 각각의 자아는 나름의 의견, 역사, 관심사를 지닌 '온전한 인격체'로 볼 수 있다는 것을 골자로 한다. 이 개념에 기반한 심리치료는 나를 포함해, 높은 불안을 안고 있는 사람들에게 매우 효과적인 것으로 입증되었다. 이번 장에서는 그런 관점이 여러분에게도 도움이 될 수 있도록, 몇 가지 유용한 실마리를 건네고자 한다.

나를 구성하는 불안한 자아들

여러분은 서로 어긋나면서도 정신의 일부를 이루는 다양한 자아들을 알아차릴 수 있을 것이다. 이를테면 일자리를 지키기 위해서라면

---

* 월트 휘트먼의 시 〈나 자신의 노래^{Song of Myself}〉의 한 구절 – 옮긴이.

무엇이든 해낼 각오가 되어 있는 야망에 찬 자아가 있는가 하면, 일하는 데 신물이 나서 공상에 빠진 자아도 있을 것이다. 할머니를 지혜의 보고로 여기는 자아가 있는가 하면, 할머니의 한물간 이야기라면 모조리 반대하는 자아도 있을 수 있다. 아이들을 눈에 넣어도 아프지 않을 만큼 사랑하는 부모 자아가 있는가 하면, 지적인 대화에 목말라 아이들과 한 시간이라도 더 있다간 정말 뇌가 망가질 것 같은 성인 자아도 있을 것이다.

지금 이 책을 읽고 있는 자아가 여러분의 어떤 자아인지 알 수는 없지만, 분명한 건 그 외에도 여러분 안에 다른 자아들이 함께 존재한다는 점이다.

지금 이 글을 읽고 있는 자아여, 안녕하세요! 그 외에는 또 누가 계신가요? 자기계발서, 아니 책이라면 모조리 싫어하는 자아도 있겠죠? 어쩌면 '라이프 코치'라는 말을 듣기만 해도 의심의 눈초리를 보내는 자아도 있지 않나요?

물론 지금 내가 말하는 대상은 소중한 독자인 '여러분'이 아니다. 여러분은 지금까지 이 글을 쭉 따라왔음을 알고 있다. 심지어 여러분은 앞 장들에 나왔던 연습 활동을 실제로 해보면서 불안이 잦아드는 것을 느꼈을지도 모르겠다. 아니면, 이제 전혀 불안을 느끼지 않을 수도 있다.

물론 그 와중에도 여전히 불안을 느끼는 다른 자아들이 남아 있을 수 있다. 내가 말하는 건 바로 그 '다른 여러분'이다. 그들 모두가 곧 여러분이다. 하나하나 빠짐없이.

내가 전하고 싶은 핵심은 이것이다. 여러 자아 가운데 일부는 더

없이 차분하다고 해도 다른 부분들은 여전히 불안해 할 수 있다는 사실이다. 내면 공동체를 이루는 모든 자아가 안락과 평화를 누리기 전까지는, 진정으로 편안해지기는 어렵다. 그 상태에 도달할 수 있도록 이번 장에서는 여러분이 자신 안에 있는 다양한 자아들과 소통하고, 그 자아들이 서로 협력할 수 있도록 돕고자 한다. 여러분의 내면 공동체를 이루고 있는 자아들이 모두 같은 속도와 음정으로 노래하게 만들자는 뜻은 아니다. 그렇게 되면 여러분을 이루는 아름다운 복잡성이 사라지고 말 것이다. 우리가 바라는 것은 각 자아가 서로 어우러져 아름다운 조화를 이루는 것이다. 이것이야말로 통합된 인간 정신에서만 일어나는 일이다.

부분으로 나누어 생각하기

우리 내면에 서로 다른 부분이 존재한다는 점은 거의 모든 치료 학파가 인정한다. 프로이트는 우리 정신이 원초아[id], 자아[ego], 초자아[superego]로 구성되어 있다고 설명했다. 융은 인간을 다양한 원형의 집합체로 묘사했다. 내가 좋아하는 '부분 심리학'은 1980년대에 리처드 슈워츠[Richard Schwartz] 박사가 창시한 것이다. 내가 슈워츠를 처음 만난 것은 2021년이었는데, 당시 상담계에서는 'IFS[Internal Family Systems]'(내면가족체계) 치료로 알려진 그의 접근법이 돌풍을 일으키고 있었다. 원래 그룹을 대상으로 활동하던 가족 치료사였던 슈워츠는, 개별 내담자에게서도 서로 다른 자아들이 가족 구성원처럼 작동하는 모습을 자주 목격했다. 그는 일종의 체계 이론을 바탕으로 이 '**부분들**'이 서로 소통하고 협력하도록 도왔다.

슈워츠는 내게 이렇게 말했다. "각기 다른 부분들을 대화의 장으로 불러낼 수 있었습니다. 서로에게 귀 기울이면, 그들 사이의 논쟁이 잦아들었죠. 내담자들은 연민과 수용의 자세로 자기 안의 다양한 부분을 바라보기 시작했고, 이것이 치유의 효과를 불러올 때가 많았습니다."

슈워츠를 만날 즈음, 무수히 많은 치료사와 환자들이 그의 접근법에 열광한다는 이야기를 전해 듣고, 나도 IFS 치료사 과정에 등록했다. 여러분에게도 이 과정을 진심으로 권한다. 슈워츠를 비롯한 IFS 치료사들이 자신들의 방법을 매우 관대하게 공유한다는 점도 참 마음에 들었다. 그들은 모든 사람이 부분 접근법의 원리를 배우고 활용하길 적극 권장한다. 그러니 여러분도 치료사, 온라인 자료, 관련 도서 등 가능한 모든 자원을 활용해 부분 심리학의 풍부한 내용을 익혀보길 바란다. 우선 여기서는 여러분 안의 불안한 자아들과 소통하고 치유하는 데 도움이 될 몇 가지 기본 정보를 살펴보자.

어떻게 내 안에 여러 부분이 있는 걸까

만약 아무 일도 어긋나지 않는 완벽한 환경에서 자라났다면―온전한 자존감을 갖추고, 서로를 깊이 신뢰하며 세상을 기쁘게 받아들이는 보호자에게 사랑받으며―여러분은 자신에게 여러 부분이 있다는 사실을 알아차리지 못했을 것이다. 마음속 각 부분이 물 흐르듯 자연스럽고 조화롭게 작동했을 테니 말이다. 걱정거리라곤 거의 없었을 테고, 신경 체계는 필요할 때만 집중적으로 방어 태세를 갖췄다가, 안전한 순간이 되면 즉시 균형 잡힌 만족스러운 '파란불' 상태로 돌아왔을 것이다.

다시 말해, 여러분은 말하자면… 현실엔 존재하지 않는 사람에 가까웠을 것이다.

우리 정신이 분리되기 시작하는 건 감당하기 어려운 상황을 접했을 때다. 그리고 그런 상황은 특히 우리가 작고 힘이 없을 때, 정말 다양한 방식으로 찾아올 수 있다. 어쩌면 여러분은 다치거나, 성적인 침해를 겪거나, 언어 폭력에 노출되었거나, 괴롭힘을 당하고, 사랑하는 사람을 잃고, 익숙한 환경에서 뿌리 뽑히고, 조롱과 비판과 무시를 당하고, 버림받고, 따돌림을 당한 적이 있을지도 모른다. 인종, 민족, 종교, 사회경제적 계급, 신경다양성, 성적 지향, 성 정체성, 체형, 장애로 인해 반복적으로 공격받았을지도 모른다. 혹은 옷차림, 걸음걸이, 웃거나 우는 방식, 춤추거나 춤추기를 거부하는 것이 이유였을 수도 있다. 아빠가 없거나, 아빠가 두 분이라서, 엄마가 세 분이라서, 심술 궂은 형제자매가 있어서, 무릎뼈가 이상해서… 그 외에도 수많은 이유가 있을 수 있다.

이런 식으로 이야기를 써나간다면 천 페이지를 써도 부족할 것이다. 여러분에게 어떤 일이 있었든, 그것은 분명히 아프고 상처였을 것이다. 그것만큼은 의심의 여지가 없다.

그런 고통스러운 상황에 맞닥뜨렸을 때, 아마 여러분은 지극히 정상적인 반응을 보였을 것이다. '노란불'이나 '빨간불' 상태에 들어가 싸우고, 도망치고, 상대를 달래고, 얼어붙거나, 주저앉았을 것이다. 만약 이때 누군가 곁에서 여러분의 감정을 진심으로 이해하고, 표현하고, 통합할 수 있도록 애정 어린 도움을 건넨 사람이 있었다면, 신경 체계는 빠르게 안정된 '파란불' 상태로 돌아올 수 있었을 것이다. 충격적인 일을 겪은 다음 재빨리 안정적인 상태로 되돌아오는 이 패턴은 회복탄력성을 키우는 데 큰 도움이 된다.

그렇지만 여러분이 느끼는 그런 감정을 알아주고 보살펴 줄 사람이 아무도 없었다면, 여러분의 정신은 자신을 보호하기 위해 아직 치유되지 않은 여러 '부분'으로 분리되려 했을 것이다. 장기적인 불안은 바로 이때 생겨나는 경우가 많다.

분리된 부분을 구성하는 3요소: 추방자, 매니저, 소방관

인간의 정신은 놀라운 임기응변을 발휘한다. 예민한 데다 상처도 잘 받지만, 동시에 극심한 심리적 고통을 감당하기 위해 자기 일부를 떼어내 숨기는 방식으로 트라우마에 대처할 줄도 안다. 이렇게 떼어낸 부분은 의식 위로 떠오르지 못하게 감춰두며, 우리는 그 상태에서도 일상을 유지한다. IFS(내면가족체계)에서는 이처럼 내면 깊숙이 쫓겨난 고통의 조각들을 '**추방자**'라고 부른다.

자기 일부를 추방하는 능력은 우리에게 주어진 귀중한 선물이지만 여기에는 큰 대가가 따른다. 우리는 겉으로는 평온하게 일상을 살아가지만, 내면 깊은 곳의 추방자들은 꽁꽁 얼어붙은 과거의 순간에 갇혀, 그 고통을 끊임없이 되풀이한다. 그들이 도움을 받고 치유되어 다시 통합되려면, 언젠가는 수면 위로 떠올라야 한다. 그전까지는 우리 안에서 조용히 달그락거리며, 고통의 잔해들을 흘려보낸다. 그 파편들은 이유 없이 우리를 깊은 불안 속에 몰아넣고, 우리는 마치 판도라의 상자를 품고 있는 듯한 기분에 사로잡힌다. 그 상자가 삐걱… 하고 조금이라도 열리기만 해도 세상이 무너질 것 같은 두려움이 엄습한다.

그 상자가 열리는 걸 막기 위해, 우리의 정신은 또 다른 부분들을 떼어내 추방자들이 의식 위로 떠오르지 못하도록 끊임없이 지키게 한다. 이 부분들은 크게 두 가지 종류로 나뉜다. 슈워츠는 이들을 가리켜 **'매니저'**와 **'소방관'**이라고 부른다. 사람마다 여러 추방자를 품고 있으며, 그 수가 많을수록 이를 억제하고 관리하려는 매니저와 소방관 부대를 더 많이, 더 빈틈없이 갖추고 있을 가능성이 크다.

각 유형을 살펴보기에 앞서, **추방자·매니저·소방관** 이 세 가지는 IFS(내면가족체계)에서 여러분이 꼭 기억해두어야 할 핵심 개념의 전부라고 할 수 있다. 이 이름들을 익혀두면, 여러분의 심리 체계를 차분히 들여다보고 이해하는 데 큰 도움이 될 것이다.

먼저, 매니저부터 살펴보자. 매니저는 도덕적인 면모를 발휘해 여러분의 삶이 계속 돌아가게 하려는 부분이다. 이들은 문화적 규칙을 준수하면서, 여러분이 착한 아이, 성실한 노동자, 좋은 사람, 숙련된 운동선수 등 사회가 선호하는 자질을 갖춘 사람이 되도록 유도한다.

건강을 챙기고 재정을 관리하라고 상기시키기도 한다. 매니저는 좌반구 중심으로 생각하는 사람들처럼 계획을 세우고 목록화하길 좋아한다. 의도는 좋을지 몰라도, 때로는 무자비하게 몰아세우기도 한다. 끊임없이 완벽을 요구하고, 자신이 설정한 높은 기준을 충족하지 못하면 우리를 비판하거나 수치심을 느끼게 만든다.

반면에 소방관은 필사적으로 추방자들의 고통을 멈추려 한다. 이를 위해서라면 수단과 방법을 가리지 않는다. 추방자의 고통을 억누르기 위해 과소비, 중독, 짜증 폭발, 불륜 등 주의를 흩뜨리는 강렬한 자극에 우리를 빠뜨리기도 한다. 이들은 추방자들을 구출해 줄 존재를 끊임없이 찾아 나선다. 이에 광신적 집단에 들어간다거나 특정 철학에 광적으로 집착하기도 한다. 어떻게든 추방자들이 보내는 신호를 외면하고, 원치 않는 기분(고통스러운 감정)을 느끼지 않도록 하려고 한다.

매니저들은 때때로 소방관에게 신랄한 비판과 가혹한 판단을 퍼붓고 분노를 터뜨린다. 매니저인 부분들은, 다른 사람에게는 차마 하지 못할 말을 여러분에게 쏟아내며 모욕감을 줄 수도 있다. 담배 한 갑을 피우거나, 9시간 내내 TV를 멍하니 보며 불안을 가라앉히고 나면, 매니저가 속으로 이렇게 소리칠지도 모른다. '도대체 넌 뭐가 문제야? 넌 왜 그렇게 의지가 약한 [돼지/찌질이/멍청이/겁쟁이/패배자]인 거야?'

이런 채찍 같은 말에 상처받은 소방관들은 잠시 행동을 멈추고 지독한 자기혐오에 빠질 수도 있다. 그러나 머지않아 매니저들은 녹초가 되고, 심리적 압박은 감당할 수 없을 만큼 커진다. 그러면 소방관들은 곧바로 다시 나서서 잠시라도 고통을 잊게 해줄 무언가를 찾는다. 문구류를 훔치거나 약품 수납장을 뒤지는 식으로 말이다.

소방관들은 에너지가 고갈될 때마다 갑자기 행동을 개시하기 때문에(이렇게 해서 저 깊은 곳에 있는 추방자들을 계속 의식 아래에 묻어둔다), 매니저들은 자기가 원하는 완벽한 기준을 절대로 달성할 수 없다. 매니저들과 소방관들은 내면에서 끊임없이 충돌하고 내전을 벌인다. 그 사이 추방자들은 홀로 고통스러워하며 은신처에 머무른다.

별로 흥미롭지 않다고?

여러분 생각이 맞다. 이것은 전혀 흥미롭지 않다.

이 내적 체계가 만들어내는 긴장과 역동은 불안을 한층 더 치솟게 한다. 추방자들은 고립된 고통 속에 갇혀 있어 불안하고, 매니저들은 통제력을 잃을까 봐 끊임없이 불안해한다. 소방관들은 자신이 맡은 일(이를테면 소를 넘어뜨리거나, 자신의 신념에 반하는 이방인에게 고함을 지르는 등)을 수행하는 데 필요한 도구를 매니저가 빼앗을까 봐 두려워한다. 우리는 모두 다양한 존재들을 품고 있으며, 이들이 하나로 통합되지 못할 때 극심한 불안에 시달리게 된다.

내 안에 존재하는 극과 극

IFS 치료사들의 목표 중 하나는 매니저와 소방관이 긴장을 풀 수 있도록 도와서, 그들이 억누르고 있는 추방자들을 의식 수준까지 떠오르게 해 위안과 통합을 이루도록 하는 것이다. 그렇지만 매니저들과 소방관들은 이를 마뜩잖게 여긴다. 왜일까? 이들 역시 불안의 소용돌이에 갇혀 있기 때문이다. 이들은 통제를 위한 자신들의 노력을 정당화하고 강화하려는 본능에 따라, 온갖 주장을 지어낸다. 엄청난 고통을 감춰둔 매니저와 소방관들은 저마다 불안의 소용돌이를 따라 빙빙 돌면서 자신들의 행위를 정당화할 이야기를 만들어낸다. 그리고 균형을 유지하려는 듯, 반대되는 양극으로 치닫는다. 그 결과, 어떤 사람들(그리고 우리 문화의 일부)은 도무지 이해할 수 없는 큰 혼란에 빠지기도 한다.

여든 살의 작은 체구를 지닌 사랑스러운 메리 여사는 한때 수녀가 되기를 꿈꾸었던, 내가 아는 이들 중 가장 이상주의적인 인물이다. 그녀는 말 그대로 빈틈없는 완벽을 추구하는 사람이다. 그런데 때때로 일부 정치인의 언행에 울화가 치밀면 그녀의 마음속에서는 통제를 벗어난 듯한 장면이 떠오른다. 그들을 어떻게 죽일 수 있을지에 대한 생생한 이미지가 불쑥 떠오르는 것이다. 물론 메리는 그런 생각을 실제로 실행에 옮긴 적이 없고, 그런 생각을 했다는 것조차 좀처럼 인정하지 않으려 한다. 그렇지만 그 이미지가 너무도 생생하고 끈질기게 떠오르는 탓에, 밤에 잠들지 못하고 머릿속으로 허구의 암살 계획을 하나하나 구체적으로 세워보기도 했다. 그녀의 내면에 있는 매니저가 이런 살벌한 공상들을 억누르기 위해 얼마나 많은 주의력을 쏟고 있는지는 아무도 모를 것이다.

롤란드는 훨씬 덜 폭력적인 방식으로 내면의 불안을 다룬다. 그는 부유하고 유명한 사람이 되는 꿈을 꾼다. 누구나 한 번쯤 그런 꿈을 꾸지만, 롤란드는 그 공상에 얼마나 깊이 빠져드는지 때로는 주변 현실과 완전히 단절되기도 한다. 그는 직장을 오래 유지하지 못했고, 자신에게 영광을 안겨줄 거라 믿었던 수많은 프로젝트(웹사이트, 영화 각본, 동기부여 앱 등)도 끝맺지 못했다. 실제로 무언가를 시작할 때마다, 내면의 매니저들이 "넌 어리석고 배운 것도 없는 바보라서 어차피 실패할 거야"라며 고함을 질러 그를 주저앉혔다. 결국 롤란드는 도전을 멈추고, 중독적인 자기만의 공상 속으로 다시 빠져들었다.

끔찍한 상처를 입은 추방자를 여럿 품고 있을 때, 매니저들과 소방관들 사이의 극단적인 대비는 때론 감당하기 어려운 문제로 이어질 수 있다. 잭의 사례가 이를 잘 보여준다.

잭은 분노와 신체적 폭력이 난무하는 가정에서 자랐다. 그의 어머니, 아버지 그리고 함께 살던 할머니까지 모두 그를 학대했고, 서로 싸우다 큰 부상으로 이어지는 일도 부지기수였다. 이 지옥에서 가까스로 벗어난 잭은, 희망의 등불이 되기 위해 필사적으로 애썼다. 그는 비행기를 타고 도시를 오가며 요가를 가르치고, 동기부여 강연을 통해 사람들이 차크라_chakra_('원형'이라는 뜻의 산스크리트어로, 인간의 신체 기능과 감정 및 감각을 지배하는 에너지의 중심 – 옮긴이)를 정돈하고 내면의 평화를 얻도록 도왔다. 늘 유기농 식품을 먹었고, 물 한 방울을 마실 때도 고가의 정수 필터를 사용했다. 하지만 동시에 그는 엄청난 양의 코카인을 흡입했다. 그렇게 초순도 식사와 정제된 물, 그리고 코카인은 잦은 여행과 운동, 강연을 소화하는 데 필요한 에너지를 끌어올리는 데 쓰였다.

불행히도 잭의 이런 이중생활은 결국 큰 대가를 요구했다. 그는 버는 돈 대부분을 약물에 쏟아붓고, 그에 따른 카드빚은 돌려막기로 간신히 감당했다. 그의 내면에서 오가던 자아들의 논쟁은 점점 통제력을 잃어갔다. 그러던 어느 날, 잭은 인터넷을 스크롤하다가 우연히 종말론을 설파하는 한 종교 집단을 보게 되었다. 그들은 인류 문명이 곧 파괴될 것이라 말하면서도, 그것이 나쁜 소식인 동시에 좋은 소식이라고 주장했다. 수십억 명이 죽는 것은 끔찍한 일이지만, 그와 함께 모든 부채가 사라지고 그 교파에 속한 구성원들은 다가올 종말 속에서도 살아남아 사실상 원하는 모든 것을 얻게 될 것이라고 했다.

잭은 이 집단과 어울린 지 얼마 지나지 않아 사라졌다. 장거리 연애 중이었던 여자친구가 그가 사는 도시로 날아가 그의 흔적을 찾았지만, 아파트는 텅 비어 있었다. 남아 있던 것이라곤 오프로드 차량 한 대, 공격용 소총, 탄약 구입 내역이 찍힌 카드 고지서와 버려진 종잇조각뿐이었다.

나는 이런 식의 극단화가 어떻게 일어나는지 잘 알고 있었다. 그러나 요가로 사람들을 치유하던, 평정심 넘치던 잭이 총기를 들고 종말을 기다리는 음모론자였다는 사실은 좀처럼 믿기 어려웠다. 그렇지만 소방관과 매니저가 모두 불안의 소용돌이에 빠진 채 뇌를 서로 정반대 방향으로 몰아세우기 시작하면, 이런 일이 충분히 일어날 수 있다. 그들이 만들어내는 이야기는 논리나 일관성과는 아무 상관이 없다. '불안'이라는 토대 위에서 짜인 이야기이기 때문이다. 이런 상태에서 좌반구가 아무리 괴상하고 모순되고 심지어 무시무시한 이야기를 만들어내도, 그 이야기를 짜내는 뇌에는 그것이 완벽한 진실처럼 들린다.

말로 꺼내놓기

지금까지 이 책에서는 불안의 해법으로 '말하기'를 그리 추천하지 않았다. 분석과 논증은 좌반구가 선호하는 도구지만, 불안을 가라앉히기보다 오히려 키우는 경향이 있기 때문이다. 그러나 이제 우리의 행동을 좌우하는 내면의 매니저와 소방관을 파악했다면, 이제는 '말'이라는 도구로 이들과 소통해보는 것도 도움이 될 수 있다.

추방자들은 앞 장에서 살펴본 것처럼 야생에 가까운 존재다. 고통스러운 상황과 감각 속에 갇혀 있기 때문에, 지금은 더 이상 위험하지 않다는 사실을 그들에게 보여줄 필요가 있다. 그 방법은 이미 앞에서 다뤘다. 하지만 방금 보았듯이, 매니저들과 소방관들은 감각에 갇혀 있는 것이 아니다. 그들은 '이야기' 속에 갇혀 있다.

메리는 자신이 싫어하는 정치인들에 관한 내면의 이야기에 사로잡혀 갈등이 심화되었다. 롤란드는 명성에 대한 공상에 빠져 있었지만, 그것은 물리적인 실체가 아니라 그의 '이야기하는 마음'이 만들어낸 투사에 불과하다. 잭은 이중적인 삶과 음모론을 지탱하기 위해 온갖 이상한 이야기들을 늘어놓았다. 이처럼 내면의 부분들이 포위 상태에서 벗어나기 위해서는 더 정확한 이야기, 즉 우리 존재의 가장 깊은 차원에서 진실이라고 느껴지는 현실을 새롭게 배워야 한다. 진실을 말하는 것, 그것이야말로 내면 공동체가 다시 통합되고 치유되게 만드는 열쇠다.

달리 말하자면, 우리는 마침내 '보여주고-말하기' 중에서 '말하기'의 장에 이르렀다.

진실 말해주기

앞서 살펴보았듯, 내면의 불안한 부분들은 지금 이 순간에 발딛지 못한다. 언제나 과거의 나쁜 일이나 미래의 공포스러운 가능성에 초점을 맞춘다. 그들이 들려주는 이야기가 특히 더 고통스러운 이유는, 그 이야기들이 대부분 '거짓말 덩어리'이기 때문이다. 우리는 마음속 어딘가에서 이미 그 사실을 알고 있다. 무섭고, 수치스럽고, 절망적인 생각들은 애초에 우리를 보호하려는 좋은 의도에서 비롯된 실수이지만, 그것이 거짓이라는 사실은 변하지 않는다.

인간은 자연에 존재하는 최고의 거짓말쟁이지만 이 정도 설명으로는 부족하다. 누군가 거짓말을 하면 신경 체계 전체가 혼란에 빠지고, 곧바로 노란불 상태에 들어서면서, 심박수와 눈 깜빡임, 발한이 늘고 면역 기능이 약해진다. 거짓말 탐지기를 속일 수 있는 사이코패스라 해도, 거짓을 유지하는 데는 막대한 신경 에너지가 들기 때문에 어마어마한 스트레스에 짓눌린다. 뇌는 현실에 기반한 상태로 있을 때 훨씬 편하다.

이를 고려하면, 내면 부분들이 거짓 이야기를 꺼내놓고 이를 진실이라고 착각하는 이유를 쉽게 이해할 수 있다. 트라우마로 겁에 질린 추방자들은 '그때 일어난 끔찍한 일은 언제나 일어나고 있고, 난 여전히 그 속에 살고 있다'는 순진한 거짓말 속에 머문다. 매니저와 소방관들은 반대로 '여긴 전혀 문제 없어. 다만 내가 원하는 대로 인간을 조종할 수 없다는 게 문제야. 절대적인 통제가 필요해'라는 거짓 주장을 펼친다.

좀 더 노골적으로 말하면 이렇다. '여긴 아무 일도 없어! 난 완전 멀쩡해! 그러니까 거기 성경책이랑 코카인 파이프나 좀 건네줘!'

내면 부분 사이의 대화

IFS 이론이 지닌 기발한 특성이 하나 있다. 고군분투하는 인간의 내면에 존재하는 온갖 모순된 부분들이 서로 소통하고 협력하도록 유도할 수 있다는 것이다. 어떻게 그럴 수 있을까? 방법은 놀랄 만큼 간단하다. 각각의 부분을 좋은 의도를 가진 하나의 온전하고 선의 있는 존재로 대하며, 그들의 이야기를 들어주고, 다른 부분들도 그 이야기에 귀 기울이도록 이끌면 된다. 이 방법을 처음 들었을 때만 해도 너무 단순한 게 아닌가 싶었다. 이에 나는 IFS 치료에 처음 접어들면서 이렇게 생각했다. '절대 효과가 있을 리 없어.'

그런데 정말 효과가 있었다.

나를 담당한 IFS 치료사와 상담을 시작하고 리처드 슈워츠를 만난 뒤에야 비로소, 그가 이 놀랍도록 단순한 기술을 어떻게 발견했는지 알게 되었다. 가족 치료사로 일하던 슈워츠는 어떤 가족 구성원에게 잠시 방을 비워 달라고 요청하고, 남은 가족이 더 자유롭게 말할 수 있도록 하곤 했다. 이때 그는 자신이 마주한 가족들에게 나타났던 역기능 패턴이, 개인의 내면에서도 그대로 나타나곤 한다는 것을 알아차렸다.

슈워츠는 내게 이렇게 말했다. "어떤 사람의 내면에서는 사람의 정신에 속한 한 부분—이를테면 매우 비판적인 부분—이 매우 지배적일 수도 있습니다. 그래서 이렇게 생각했죠. '어쩌면 이 지배적인 부분에게 잠시 물러나 있어 달라고 부탁하면, 그 사람의 내면에 있는 다른 부분과도 대화를 나눌 수 있지 않을까?'"

그렇게 시도했을 때, 슈워츠는 놀라운 결과를 마주했다. 지배적이었던 부분이 대개는 몇 분간 잠시 물러나 있는 데 동의한 것이다. 그는 내담자에게 그 부분이 머릿속에서 몇 발짝 옆으로 물러나는 장면을 상상해보라고 했다. 그런 다음 정신을 구성하는 다른 부분들에 말을 걸기 시작했다. 이때 그 부분들은 자기 관점을 더 자유롭게 표현할 수 있었다.

나도 이 방식을 내 치료와 개인 실천에 적용해본 뒤 깜짝 놀랐다. 놀라울 만큼 빠르게, 더 자유롭고 행복해졌으며, 특히 불안이 훨씬 줄어들었다. 그중에서도 가장 강력한 효과를 느낀 건 내면의 부분들과 글로 대화할 때였다.

불안한 부분들과 글로 대화하기

이쯤에서 실과 바늘처럼 IFS와 나란히 살펴봐야 할 또 하나의 중요한 연구 분야를 소개하는 것이 좋겠다. 1986년 심리학자 제임스 페니베이커James Pennebaker는 대학생들을 두 그룹으로 나눈 실험을 진행했다. 한 그룹에는 피상적인 주제에 관해 15분간 글을 쓰게 했고, 다른 한 그룹에는 같은 시간 동안 자신의 삶에서 가장 고통스러웠던 경험에 초점을 맞춰 글을 쓰게 했다. 단, 분석적인 글이 아니라 '자기를 표현하는 방식'으로 글을 쓰도록 구체적인 지시를 내렸다.

페니베이커는 이렇게 보고했다. "글쓰기 실험을 마치고 나온 학생들 가운데 많은 이가 눈물을 보였지만, 그들은 계속 이 활동을 하고 싶다며 찾아왔다." 힘든 문제들을 글에 담아낸 학생 그룹은 이후 엄청난 변화를 경험했다. 수백 건에 달하는 후속 연구 결과, 자기 표현적 글쓰기를 활용해 고통을 소화한 사람들은 불안, 혈압, 우울, 근육긴장, 통증, 스트레스가 전반적으로 감소했다는 사실이 밝혀졌다. 반대로, 강화된 항목도 있었다. 폐와 면역 기능이 향상되었고, 기억력은 더 또렷해졌으며, 전보다 더 깊이 숙면했고, 사람들과의 관계도 즐거워졌으며, 직장이나 학교에서의 수행 능력 또한 높아졌다.

오늘날이라면 페니베이커의 연구에는 '장기적으로는 유익하지만, 단기적으로는 정서적 고통이 일어날 수 있음'을 알리는 사전 경고문이 붙었을지도 모른다. 실험에 참여한 학생들이 실제로 그런 경험을 했기 때문이다. 이 점을 고려해, 여기서 나도 한 가지 경고를 덧붙이고자 한다. 곧 여러분에게 한 가지 연습 활동을 제안할 텐데, 이 활동은 여러분의 내면 체계를 휘저어 일시적으로 정서적 고통을 일으킬 수도 있다. 사실 여러분은 이미 그 고통을 내면의 추방자들과 함께 품고 다니고 있을지도 모른다. 그렇더라도 그 고통을 성급히 꺼내 쏟아내기보다는 거기에 나름의 이유가 있었음을 인식하고 그 사실을 존중해야 한다.

그러니 다음 연습을 시작하기에 앞서, 지금까지 여러 장을 통해 익힌 기술들을 떠올려보자. 그리고 나의 신경 체계가 아직 노란불이

나 빨간불 상태에 머물러 있다면, 그것에서 벗어나 파란불 상태로 돌아오도록 만들자. 더불어, 매우 불편한 기분이 들 때 나를 안정시키고 지지해줄 수 있는 믿을 만한 사람을 적어도 한 사람쯤 미리 찾아두길 권한다. 그 사람이 심리치료사라면 더욱 좋다.

이렇게 유의 사항을 짚어두긴 했지만, 사실 이 연습 활동에는 자체적인 안전장치가 마련되어 있다. 만약 부정적인 감정을 소화할 시간이나, 감정을 다룰 수 있도록 도와줄 사람이 없다면, 여러분 안의 모든 내면 부분들에게 감정적으로 나를 압도하지 말아 달라고 요청하면 된다. 놀랍게도, 우리 안의 대부분의 부분들은 매우 협조적이며, 그들의 반응 또한 아주 분명하게 느껴진다.

이제 연습 활동을 간단히 설명하면 이렇다. 여러분은 내면 체계를 이루는 서로 다른 부분들에게 글을 써서 그들이 왜 그런 방식으로 행동하는지 물을 것이다. 그러면 매니저와 소방관은 자기 행동을 정당화하는 이야기들을 들려줄 것이다. 어쩌면 자신의 고통을 전하고 싶어 하는 추방자도 모습을 드러낼 수 있다. 이렇게 각 부분과 대화하면서, 여러분은 지금 자신이 처한 상황에 관한 진실을 그들에게 알려줄 것이다.

추방자들은 저마다 하나의 끔찍한 경험 속에 갇혀 있고, 매니저들과 소방관들은 불안의 소용돌이에 갇혀 있다. 그들은 모두 '존재, 힘, 사람들'에 관한 진실에서 단절된 채 살아가고 있다. 즉 지금 이 순간 여러분이 처한 상황, 자신의 행동을 선택할 수 있는 자유와 능력, 내면을 다스리고 통합하도록 곁에서 도와줄 사람들의 존재를 모르고 있다.

새로운 기술
모든 내면 부분을 진실 앞으로 데려오기

내가 만든 안식처 또는 안전하다고 느껴지는 장소로 가서 20분간 머문다. 이때 노트와 펜 또는 연필을 함께 가져간다. 내 경험상, 컴퓨터로 타자를 치는 것보다 손으로 직접 글을 쓰는 편이 훨씬 강력한 힘을 발휘한다.

지금까지 익힌 마음 가라앉히기 기술을 모두 동원해 느긋한 상태에 이르자. 차분한 상태가 되었다면, 다음 연습지를 따라 글을 써 내려간다.

이제부터 여러분은 내면의 부분들에게 질문을 던지고, 그에 대한 답변을 자유롭게 적을 것이다. 머릿속에 떠오르는 대로 적고, 맞춤법이나 문장부호는 신경 쓰지 말자. 내용을 다듬을 필요도 없다. 말이 되지 않는 듯해도 우선 모두 적어두자. 이 글의 독자는 나뿐이다.

다음과 같은 문장으로 시작해보자.

"내 모든 부분들아, 안녕. 너희들과 이야기하려고 왔어. 시작하기 전에 내면의 고통을 조금 풀어놓을 수 있도록 도와주길 부탁할게. 다만 내가 너무 압도되거나 휩쓸리는 기분이 들 정도로 감정이 지나치게 넘쳐흐르지는 않게 해줘. 그렇게 해줄 수 있니?"

그리고 떠오르는 모든 답변을 적어보자.

내면 체계가 기꺼이 나를 안전하게 지켜줄 거라는 대답을 들었다면, 이제 매니저 부분을 찾아보자.

눈을 감고 내면에 집중한 다음, 내가 품은 온갖 이상을 이루기 위해 끊임없이 애쓰는 완벽주의적인 자아 부분을 떠올려보자. 이 부분은 몸의 어디쯤에 있다고 느껴지는가? 이 부분을 떠올릴 때 어떤 느낌이 드는가?

....

....

....

이번엔 매니저 부분에게 다음 질문을 던져보자.

"너는 날 위해 어떤 걸 해주고 싶은 거야? 그렇게 애쓰는 이유가 뭘까?"

이 질문에 대해 그 부분이 들려주는 말들, 느껴지는 메시지들을 적어보자.

....

....

....

이제 매니저 부분에게 다음 질문을 던져보자.

"네가 지금 하는 모든 일을 그만두면, 어떤 일이 벌어질까 봐 두려운 거니?"

....

....

....

잠시 멈춰, 다시 파란불 상태로 돌아가자.

매니저 부분과 소통하면서 혹시 몸과 마음이 긴장되거나, 노란불 또는 빨간불 상태의 미주신경 반응으로 끌려갔다면, 잠시 멈추고 깊게 호흡한 뒤, 지금까지 익힌 모든 기술을 동원해 차분한 상태로 돌아오자. 필요하다면 3장에 적어둔 지침을 다시 참고해도 좋다.

매니저에게 이야기해줘서 고맙다는 말을 전하자.

여러분은 자아의 이 부분을 사랑하지 않을지도 모르지만, 사실 이 매니저는 여러분이 무너지지 않도록 돕기 위해 애쓰고 있다. 그 좋은 의도를 인정해 주자. "고마워"라고 말해주자. 내면의 부분들은 존중받는 것을 좋아한다.

이제 소방관 부분을 만나보자.

눈을 감고, 매니저의 통제를 따르지 않으려는 또 다른 자아 부분과 연결해보자. 이 부분은 여러분이 생각하기에 나쁘거나 잘못된 일들을 할 수도 있지만, 지금은 판단하는 시간이 아니다. 여러분은 여기에 이야기를 들으러 왔다. 소방관 부분이 내 몸의 어디쯤에 있는 것처럼 느껴지는가? 이 부분이 주도권을 쥐었을 때, 여러분은 어떤 행동을 하게 되는가?

....

....

....

이제 이 소방관 부분에게도 앞서 매니저에게 했던 질문을 조금 바꿔서 물어보자.

"너는 날 위해 어떤 걸 하려는 거야? 왜 가끔은 규칙을 어기는 방식으로 행동하는 걸까?"

그리고 다음과 같이 물어보자.

"소방관, 만약 네 뜻대로 되지 않거나, 네가 하던 일을 전부 멈춰야 한다면 무슨 일이 일어날까 봐 두려운 거야?"

다시 파란불 상태로 돌아가자.

소방관과 소통하다가 노란불 또는 빨간불의 미주신경 상태로 끌려갔다면, 잠시 멈추고 숨을 고르자. 지금까지 배운 모든 기술을 동원해 다시 파란불 상태로 돌아오자. 필요하면 3장의 지침을 다시 참고해도 좋다.

소방관에게 이야기해줘서 고맙다는 말을 전하자.

믿기 어려울 수도 있지만, 이 소방관 또한 여러분을 위한 좋은 의도를 품고 있다. 감정을 무디게 하거나 주의를 다른 데로 돌림으로써 감당하지 못할 고통으로부터 나를 지켜준 시간에 감사를 표하자. 고맙다고 말해주자.

이제 매니저 또는 소방관에게, 여러분 내면에 갇혀 있는 추방자에 대해 알려줄 수 있는지 물어보자.

"너희가 통제권을 쉽게 놓지 못한다는 것을 알아. 그건 아마도 과거에 큰 고통을 겪은 내 안의 어떤 부분들을 보호하고 있기 때문일 거야. 지금 이 순간 내가 감당할 수 있는 것보다 더 많은 정보나 감정을 내게 쏟아내지는 말아줘. 대신, 그 추방자들에 관해 조금만 알려줄 수 있을까?"

떠오르는 것을 모두 적어보자.

....
....
....
....

이쯤 오면 추방된 자아를 보여주는 '시각적' 또는 다른 감각적인 단서를 얻을 수도 있다.

그 추방자는 말로 표현되지 않을 수도 있다. 하지만 그 존재를 감지할 수 있고, 마음 안에서 '보는' 듯한 느낌이 들 수도 있다. 추방자는 어린아이, 동물, 심지어 바위 같은 무생물처럼 보일 수 있다.

감지되는 것이 무엇이든, 그 모습을 그대로 묘사해 글로 적어보자.

....
....
....

만약 추방자가 자신의 고통을 표현하거나, 자신이 겪은 일을 보여주려 한다면 그렇게 하도록 허락해주자. (단, 다시 한번 감정을 쏟아내지는 말아 달라고 부드럽게 부탁한 뒤에 진행하자.)

그때 떠오르는 것을 적어보자.

....

....

....

....

불안을 달래는 데 익힌 도구를 모두 동원해 추방자를 안심시키자.

다음을 다시 한번 기억해두자.

- 숨을 내쉬고, 몸을 가볍게 흔들고, 이리저리 이동한다.
- 시선을 부드럽게 풀어준다.
- 낮고 느리고 부드러운 목소리로 친절한 내면 대화KIST를 건넨다.
- 침묵이 머물 시간을 허용한다.
- 추방자가 느끼는 감정을 말로 표현해준다.
- 나만의 '은은한 불빛들'과 연결되는 시간을 갖는다.
- 마음이 차분해진 파란불 자아가 추방자를 따뜻한 에너지로 감싸안을 수 있도록, 내면의 안전하고 평화로운 공간으로 자신을 이끌어가자.

만약 매니저와 소방관이 다시 불안해져 추방자를 보호하려 든다면, 그렇게 하도록 두자.

추방자가 의식 위로 떠오를수록, 이를 지켜온 보호자 역할의 부분들은 몹시 불안해질 수 있다. 이들은 단번에 모든 보호 행동을 멈추기 어렵다. 그럴 땐 이들이 본래의 역할로 돌아가는 것을 허락하되, 감춰져 있던 고통이 어느 정도 드러난 만큼, 이제는 갇혀 있던 에너지가 예전보다 줄었을 수 있다는 점을 알려주자. 그래서 예전만큼 그렇게 애쓰지 않아도 된다는 사실을 전해주자.

이제, 모든 내면의 부분에게 나의 '존재, 힘, 사람들'에 관한 진실을 알려주자. 즉, 지금 이 순간 나의 삶은 어떤지, 내가 어떤 선택을 할 수 있는지, 나를 도와줄 수 있는 사람들이 얼마나 가까이 있는지를 알려주는 것이다.

다음과 같이 적어보자.

"지금 이 순간, 나의 현재 상황에 관한 진실을 알려줄게. 내 나이는 지금 ___이고, _____에 살고 있어. 나는 예전처럼 작지도, 무방비하지도, 혼란스럽지도 않아. 지금 내 주변엔 은은한 불빛들이 있어. 그걸 너희에게 말해주고 싶어."

지금 여러분이 만든 안식처, 주변에 보이는 은은한 불빛들, 그리고 현재 삶에서 느껴지는 긍정적인 요소들을 자유롭게 적어보자.

....
....
....

"내가 선택할 수 있는 힘에 관한 진실을 말해줄게. 지금의 나는 예전보다 훨씬 많은 것을 알고 있어. 내 안의 추방된 부분들을 외면할 필요 없어. 이제 나는 그들의 이야기를 들 수 있고, 사랑을 베풀 수도 있어. 그들이 겪은 고통을 인정하고, 마땅히 치유받아야 할 존재라는 것도 분명히 말해줄 수 있어."

지금 이 순간 마음에 와닿는 진실이나 도움이 될 만한 말이 있다면, 마음껏 덧붙여보자.

....

....

....

....

"나를 도울 수 있는 사람들에 관한 진실을 말해줄게." (참고로, 여기에 포함되는 이들은 당신이 실제로 아는 사람일 수도 있고, 지난 세기의 작가들이나, 온라인에서 알게 된 전문가들, 혹은 여러분이 깊이 공감하는 노래의 작사가일 수도 있다. 신적 존재를 믿는다면 그 존재를 포함해도 좋다. 물론 반려동물도 해당된다.)

떠오르는 누구든, 마음껏 적어보자.

....

....

....

....

....

파란불 상태로 돌아가자.

지금이야말로 파란불 상태를 조절하는 기술을 제대로 활용할 때다. 지금까지 이 책에서 배운 모든 것을 동원해, 여러분의 신경 체계가 안식처에서 경험한 그 평온한 순간으로 되돌아가도록 해보자.

감사를 전하고, 이 활동을 마무리하자.

여러분 안의 모든 내면 부분에게, 이렇게 대화를 나눌 수 있게 해줘서 고맙다고 전하자. 그리고 다음 문장을 적어보자. "너희 모두가 안전하고 지지받는다고 느끼도록 내가 도울 만한 일이 있을까?" (이 질문에 대한 답은 상상 속 행동일 수도 있고, 실제 자기 돌봄의 행동일 수도 있다. 이를테면 추방자가 내 마음속에 머물 수 있게 해주거나, 따뜻한 담요로 몸을 감싸거나, 혹은 늘 위안을 주는 팟캐스트를 듣는 것 등이 여기에 해당된다.)

이제, 내면의 부분들이 들려주는 대답을 받아 적어보자.

....

....

....

그 부분들에게 돌봄이나 친절을 보이겠다고 약속했다면, 꼭 지키자.

이 활동을 마친 뒤에는 자신에게 더욱 넉넉한 친절을 베풀길 바란다. 마음이 동요된다고 느껴진다면, 믿을 만한 사람에게 연락하자.

그리고 흙탕물이 저절로 가라앉듯, 여러분의 마음도 시간이 지나면 한결 나아지고 불안도 많이 잦아들 것이다. 이 점을 기억하자.

부조화에서 조화로

나는 이 과정을 계속해서 나 자신에게 적용해왔다. 부분 심리학의 내용은 거의 다루지 않았지만, 그간 시도한 다른 대다수 방법보다 빠르고 훨씬 극적으로 차분함에 도달할 수 있었다. 나아가 다른 사람들에게도 같은 효과가 나타나는 것을 직접 목격했다.

한 예로, 칠십 대의 성공적인 기업가 페넬로페는 똑똑하고 의욕적이며, 뱀처럼 명민한 자세로 엄청난 재산을 쌓았다. 그러나 나와 만났을 당시에 페넬로페는 좀처럼 가라앉지 않는 노란불 상태로 한껏 날이 서 있었고, 분노처럼 느껴지는 불안에 휩싸여 있었다. 그녀는 직원들을 겁에 질리게 했고, 오랫동안 친밀한 관계를 유지한 적도 없었다. 나이가 들수록 죽음이 멀지 않았다는 생각에 두려움을 느낀 페넬로페는, 이제 와 삶을 돌아보니 무척 공허하고 무의미하다고 털어놓았다.

줌으로 나와 처음 대화했을 때 그녀는 이렇게 말했다. "그저 좀 평화로웠으면 해요. 그렇게만 된다면 뭐든 다 하겠어요. 가장 센 방법을 시도해도 좋아요. 저는 보기보다 강인한 노인네랍니다. 힘든 것도 해낼 수 있어요."

그녀의 일부분은 정말로 그렇게 믿는 것처럼 보였다. 그렇지만 페넬로페에게는 취약하고 상처 입은 또 다른 자아들이 숨어 있었다. 나는 앞서 소개한 협상가 크리스 보스가 제시한 최고의 전술을 써서 위의 연습 활동으로 그녀를 안내했다. 페넬로페가 불러낸 매니저는, 야망에 찬 여성 사업가의 모습으로 자신의 감정을 철저히 절제하며 살아온 자아였다. 반면 그녀의 소방관은 사람들에게 쏘아붙이고 그들을 주눅 들게 하며 상황을 통제하려는 자아였다.

페넬로페는 이 두 부분 모두에게 말을 걸어 왜 그렇게 행동하는지, 그리고 그들이 보호하려는 또 다른 부분은 무엇인지 물었다. 그러자 머릿속에 생생한 장면 하나가 떠올랐다. 그녀가 본 것은, 침대 옆에 앉아 술에 취해 잠든 엄마를 깨우려 애쓰는 어린 시절의 자기 모습이었다. 그 이야기를 들으며 나 또한 마음이 아팠다. 그리고 페넬로페는 참기 어려운 듯 울음을 터뜨렸다. 나는 그녀에게, 그 어린 자아가 어떤 기분일지 물었다.

페넬로페는 퉁명스럽게 말했다. "글쎄요. 솔직히 말하면, 그 아이를 달래주고 싶네요. 어떤 아이도 그런 일을 겪어서는 안 되니까요."

"그럼 그렇게 해주세요." 내가 말했다. "그 아이를 달래주고, 더 필요한 게 있는지 물어보세요."

그녀는 잠시 눈을 감은 채 침묵에 잠겼고, 두 눈에서는 연신 눈물이 흘러내렸다. 몇 분 뒤, 페넬로페는 놀란 표정으로 조용히 말했다. "그 아이는 그저 나와 함께 있고 싶은 것 같아요."

"그 아이를 곁에 둘 방법이 떠오르시나요?" 내가 물었다. "상상으로라도 괜찮아요."

페넬로페는 고개를 끄덕이더니, 다시 조용히 자신의 어린 자아와 대화를 이어갔다. 그리고 천천히 상담을 마무리했다.

몇 주 뒤, 다시 화면으로 만난 그녀는 완전히 다른 사람이 되어 있었다. 열 살은 젊어 보였고, 날카로웠던 표정도 사라졌으며, 훨씬 느긋해진 모습이었다. 앞서 말한 대로 그녀는 매일 내면의 어린 자아에게 관심을 기울였고, 나와의 대화 이후 모습을 드러낸 '내면 아이들'

을 정성껏 돌봤다. 고통스러웠던 유년기 이후 지금 그녀의 삶이 얼마나 많이 달라졌는지를 그들에게 보여주고 말해준 것이다.

그 결과, 페넬로페는 사람들에게 자연스럽게 인사를 건넬 수 있었고, 심지어 칭찬도 할 수 있게 되었다. 그녀가 이전에는 한 번도 해보지 않았던 일들이었다. 덕분에 직원들은 전보다 더 안전하다고 느끼기 시작했고, 회사 운영도 더 원활해졌다.

"제 안의 그런 부분들을 알아보셨다는 것이 놀라울 따름이에요." 페넬로페가 말했다. "그들을 위해 무엇을 해야 할지 아셨다는 것도요."

사실 나는 페넬로페의 내면 자아들을 직접 본 적도, 그들을 돌보는 방법을 제시한 적도 없다. 모든 것은 그녀의 내면에서 일어난 일이었다. 나는 그저 살짝 유도했을 뿐이다. 이후에도 페넬로페는 자신의 자아들을 꾸준히 돌보았고, 그 덕분에 놀라울 만큼 빠르고 지속적인 변화를 겪을 수 있었다. 그녀가 말한 '공허하고 무의미한 삶'은 이제 소통과 친절로 가득한 삶으로 풍성하게 채워졌다.

부분 심리학을 접하고 난 뒤, 나는 코칭에 들이는 에너지를 점점 줄일 수 있었다. 치유와 번영을 이끄는 데에는 개인의 내면 체계를 이길 전문가가 없기 때문이다. 다양한 이론에 능숙한 내 IFS 치료사는 내가 만난 상담가 중 가장 말수가 적었다. 그녀의 질문은 이런 식이다. "그 부분은 어떤 모습인가요? 그가 당신에게 무엇을 이해받고 싶어 하는지 물어보세요." 그런 다음 이렇게 덧붙였다. "당신 생각에 그건 이치에 맞나요?" 그러고 나서 내 자아들이 스스로의 일을 해나가도록 내버려두었다.

나 역시 페넬로페처럼 이 대화가 삶을 근본적으로 바꿀 수 있다는 사실을 깨달았다. 지금도 불안이 다시 고개를 들 때마다, 나는 위에서 소개한 과정을 그대로 따른다. 우선 이렇게 묻는다. "내 안에서 지금 무슨 일이 벌어지고 있지?" 그런 다음, 매니저들이나 소방관들과 소통하며 불안한 추방자들을 살펴본다. 이 지점에서 때로는 자기 표현적인 글쓰기를 활용해 추방자의 경험을 글로 옮기며, 좌반구의 힘을 빌려 그 인상과 감정에 목소리를 부여한다. 그리고 내 현재의 생활, 선택할 수 있는 나의 능력, 그리고 나를 도와줄 수 있는 사람들에 관한 몇 가지 진실을 적어본다.

이런 식으로 자아들과 대화할 때마다 나는 위로를 받는다. 그리고 그 과정에서 다른 어떤 자아보다도 더 지혜롭고 평온한 내면 자아를 만나게 된다. 여러분도 여러분 안의 자아들을 꾸준히 다독여 준다면, 분명 그런 에너지를 만나게 될 것이다. IFS 치료사들은 이 에너지를 '참나^{Self}'*라고 부른다.

참나 만나기

지금까지 나는 이 책에서, 치유를 위해 시도해 볼 수 있는 여러 가지 행동을 끊임없이 요청해왔다. 이를테면 불안한 자아들을 상상해보고, 가장 좋았던 기억을 떠올리고, 차분한 목소리로 친절한 내면 대

---

* IFS(내면가족체계) 모델의 주요 내용을 설명하는 『나쁜 마음은 없다』라는 책에서 이 번역어를 사용하고 있기에 일관성을 맞추고자 본 서에서도 같은 용어를 사용했다 - 옮긴이.

화를 건네고, 은은한 불빛들을 하나씩 모으며, 불안한 자아에게 다정한 약속을 하고, 그것을 지켜보는 일이었다. 이 중 몇 가지라도 실천했다면, 이제 여러분에게 서로 긴밀하게 연결된 두 가지 질문을 던져보고자 한다. 이 모든 일을 해온 '주체'는 누구인가? 그리고 본질적으로, 여러분은 '진짜' 누구인가?

만약 여러분이 불안한 내면 부분들을 시각화하고, 돌보고, 안심시킬 수 있었다면, 여러분은 그 부분들에 완전히 갇혀 있는 존재가 아니다. 오히려 그 모든 심리적 파편들을 품고 있으면서도, 동시에 그것을 넘어서는 무언가다. IFS 이론에서는 이 핵심적인 존재를 '**참나**Self'라고 부른다.

리처드 슈워츠는 자신이 만난 많은 환자에게서 거의 동일한 '참나'가 나타나는 것을 보고 깜짝 놀랐다. 그가 사람들이 자신 안의 다양한 자아를 드러내도록 돕는 동안, 슈워츠가 표현한 대로 "느닷없이" 같은 일이 반복되기 시작했다. 환자 한 사람 한 사람은 서로는 물론 자신 안의 다른 어떤 부분과도 전혀 다른, 현명하고 평화로운 핵심 정체성과 연결되었다. 그는 자신의 책 『나쁜 마음은 없다』에서 이렇게 말했다.

내담자들이 그 상태에 있을 때, 나는 이렇게 묻곤 했다. "자, 지금 이건 당신 안의 어떤 부분인가요?" 그러면 그들은 이렇게 답했다. "이건 다른 부분들과는 달라요. 이건 좀 더 저 자신에 가까워요"라든가, "이건 제 핵심과 연결되어 있어요"라든가, "이게 진짜 저예요"라고 했다.

시간이 지나면서 슈워츠는 자신이 치료한 모든 사람 안에서 결국 이 '참나'가 드러나는 것을 보게 되었다.

수천 시간에 걸쳐 이 작업을 해온 사람으로서, 참나는 모든 사람 안에 있다고 자신 있게 말할 수 있다. 더불어 참나는 훼손되지 않고, 참나는 발달할 필요가 없으며, 참나는 외부 관계뿐만 아니라 내면을 치료하는 방법에 관해서도 나름의 지혜를 가지고 있다.

슈워츠가 내게 전한 바에 따르면, IFS 치료의 목적은 전문가가 나서서 환자를 '고치는' 데 있지 않다. 치료사는 다만 환자가 자신의 핵심 자아인 '참나'와 연결되도록 돕고, 그 '참나'가 가장 깊은 수준에서, 근본적인 회복을 이끌도록 하는 것이 진정한 목표다. 여러분 역시 언제든지 여러분만의 '참나'를 만날 수 있다. 그리고 그 '참나'는 여러분의 불안을 가라앉히고 즐겁고 평화로운 삶을 누리게 할 방법을 지구상의 다른 어떤 누구보다도 잘 알고 있다.

참나 에너지 안으로 들어가기

방금도 언급했듯이, 이 책의 모든 연습은 여러분이 본질적인 참나^{Self}와 연결되도록 설계되었다. 내가 참나를 찾고 소통하는 법을 배우고 난 뒤, IFS 치료사는 전보다 훨씬 말수가 줄었다. 나는 이제 개인적인 고민과는 거의 무관한 뉴스 이야기를 들고 나타나곤 했다. 이를테면

"호주에 큰불이 났대요!", "팬데믹이에요, 너무 무서워요!", "이 고질적인 인종차별은 어떻게 뿌리 뽑아야 할까요?" 같은 말들이었다. 그럴 때마다 치료사는 길게 설명하기보다, 마치 핵심을 콕 집듯 간단하게 이렇게 말했다. "좋아요. 이제 내면으로 들어가 참나 에너지와 소통해보세요."

하지만 이런 접근은 내 안의 불안한 매니저와 소방관들이 원하던 게 아니었다. 그들은 뭔가 대대적인 행동, 강력한 주장, 딱 부러지는 통제를 원했다! 그럴 때마다 내 치료사는 슈워츠가 '모든 인간의 참나가 공유하는 특성이라 부른 '8c'를 내게 상기시켜주었다. 이 여덟 단어는 모두 영어 알파벳 'c'로 시작한다. 앞 글자가 같아 축약어처럼 외우기 쉬워 기억하는 데 도움이 된다. 마음속으로 또는 소리내어 이 가치들을 하나씩 떠올리다 보면 다시 참나와 연결될 수 있다. 그 여덟 단어는 다음과 같다.

- 평온함 calmness
- 명료함 clarity
- 자신감 confidence
- 호기심 curiosity
- 용기 courage
- 연민 compassion
- 연결감 connectedness
- 창조성 creativity

이 목록을 따라 읽되, 한 단어씩 말할 때마다 잠시 멈추고 그 특성이 내 안에 있는지 찾아보는 것만으로도 나만의 참나 에너지를 느낄 수 있다.

내 클라이언트들이 큰 효과를 본 또 다른 방법도 있다. 이 방법은 아주 간단하다. 각각의 'c' 특성을 자신이 실제로 발휘했던 상황을 떠올리고, 그것을 글로 옮기기만 하면 된다. 그 장면을 기억하거나 상상하는 것만으로도 참나 에너지와 더 깊이 연결될 수 있다. 그다음에는, 그때의 기분 상태가 따뜻한 빛의 웅덩이처럼 점점 커지며 자신을 감싸고 몸 전체에 퍼져 나간다고 상상해보자. 이때부터 여러분은 자기 내면의 모든 부분들에게 다가가 사랑을 건네고, 그들을 불안으로부터 해방시켜 줄 수 있다.

이 기술을 연습할 때, 여덟 가지 모두를 완벽하게 떠올려야 하는 것은 아니라는 점을 기억하자. 실제로 몇 가지는 잘 떠오르지 않을 수도 있다. 괜찮다. 마음을 진정시키고 파란불 상태에 더 깊이 연결되기 위해서는, 참나 에너지의 '상당량'만 접촉하면 된다.

새로운 기술

참나 안으로 들어가기

1 자신이 **평온함**을 느꼈던 순간이나 그런 감정을 자주 느끼는 상황을 떠올려본다. (예: 자연 속에 있을 때, 뜨개질할 때 등)

2 **명료함**을 느꼈던 순간이나 그런 상태가 자주 찾아오는 상황을 떠올려본다. (예: 첫 직장을 그만두었을 때, 반려견을 훈련할 때 등)

3 **자신감**을 느꼈던 경험이나 스스로 당당해지는 상황을 떠올려본다. (예: 운전할 때, 신발끈을 묶을 때 등)

4 **호기심**이 자연스럽게 일어났던 순간이나 그런 상태에 자주 머물게 되는 상황을 떠올려본다. (예: 별을 올려다볼 때, 던전 앤 드래곤 게임을 할 때 등)

5 **용기**를 냈던 경험이나 스스로 용감하다고 느꼈던 순간을 떠올려본다. (예: 평등한 권리를 외치는 행진에 참여했을 때, 친구 편을 들어줬을 때 등)

6 **연민**이 일어났던 순간이나 그런 감정을 자주 느끼는 상황을 떠올려본다. (예: 반려묘가 불안해 할 때, 친구가 슬퍼할 때 등)

7 누군가에게 깊이 **공감**했던 기억이나 자연스럽게 공감이 일어났던 상황을 떠올려본다. (예: 내 감정을 정확히 표현한 이별 노래를 들었을 때, 중독 치료 모임에서 새로 온 사람의 이야기를 들었을 때 등)

8 **창조성**이 발휘되었던 순간이나 창의적인 상태에 몰입했던 경험을 떠올려본다. (예: 조각 퍼즐을 맞출 때, 아들의 생일 파티를 계획할 때 등)

모든 걱정을 내 자아에게 맡기기

아동 심리학자 베키 케네디Becky Kennedy에 따르면, 아이를 달래는 최고의 방법은 그들을 '고치려고' 애쓰는 것이 아니다. 그런 시도는 아이에게 강압적이거나 지나치게 간섭하는 듯한 느낌을 줄 수 있다. 대신 베키는 부모들에게 의자가 가득 놓인 들판을 상상해보라고 권한다. 의자 하나하나에는 불안, 슬픔, 분노, 절망, 희망과 같은 감정의 이름이 붙어 있다. 베키는 아이가 어디에 앉아 있든, 그 곁에 가서 함께 앉아 있으라고 말한다. 조용히 인내심을 가지고, 아이가 스스로 자신의 감정을 정당하다고 느낄 수 있도록 기다려 주라는 것이다.

여러분이 참나Self와 만났다면, 지금 갇혀 있다는 느낌이 드는 내면의 부분이 앉아 있는 벤치로 참나를 데려가 앉히자. 무언가 해답을 밀어붙이려 하지 말고, 그저 그 자리에 머물자. 그리고 내가 닿을 수 있는 평온함, 명료함, 자신감, 호기심, 용기, 연민, 창조성, 연결감의 에너지 가운데 어느 것에라도 연결될 수 있다면 그것과 소통하자. 그리고 그 내면 부분이 참나에게 자신의 이야기를 들려줄 수 있도록 허락하자. 그러면 참나는 상처 입은 내면이 품고 있는 가짜 이야기 대신, 더 진실한 이야기를 부드럽게 들려줄 것이다.

이 접근법은 빠른 효과를 낼 뿐 아니라, 닳거나 소모되지 않기에 지속적으로 활용할 수 있는 내면의 방식으로 자리 잡을 수 있다. 우리의 뇌는 불안에 쉽게 빠지지만, 동시에 참나에도 거의 자동으로 닿을 수 있다. 참나는 다정한 부모가 분주한 거리에서 걸음마 아기를 조심스레 이끌듯이, 부드럽게 우리를 불안에서 떼어놓는다. 이렇게 우리는 두려움에 휩싸이고 상황을 통제하려는 매니저와 소방관들을 차례로 진정시키는 한편, 우리 내면에 있는 각각의 추방자를 달래고 통합할 수 있다. 그 결과 한때 우리를 얽매고 절망과 혼란을 안겨주었던 양극성이 점차 해소되기 시작한다. 그리고 그와 동시에, 우리의 고유한 부분들은 나름의 관점과 아이디어를 제공해내면 공동체 전체에 도움을 주기 시작한다.

참나의 지침 아래 내면의 조화로 나아가는 이 변화는, 우리가 세상 속에서 '문제'가 아니라 '해법'의 일부로 살아가는 길이 된다. 점점 더 불안하고 양극화되는 사회에서 참나 에너지는, 긴 가뭄 끝에 마주한 맑은 샘물처럼 우리 안에서 솟아난다. 본질적으로 창의적인 이 에너지는 우리가 마주하는 문제들에 새로운 해법을 제시해 준다. 한 개인으로서 충만한 삶을 살고, 인류라는 종으로서 살아남기 위해서는 먼저 자신의 불안한 자아들을 달래야 한다. 동시에 불안을 넘어서는 영역으로 계속 나아가야 한다. 호기심과 연민을 품고, 인간 고유의 창의성을 펼쳐야 한다.

BEYOND ANXIETY

PART 2

창의적인 태도 기르기

창의성의 회복, 삶을 새롭게 바라보는 감각

내 안의 창의성을
깨우는 방법

5

팬데믹 봉쇄가 한창일 때, 나는 이 책의 소재로 쓸 자료를 조사하다가 뇌가 불안과 창의성에 반응하는 방식에 흠뻑 빠져서 나만의 작은 실험을 해보기로 했다. 봉쇄는 내게 절호의 기회를 안겨주었다. 사회 과학자라면 누구나 알겠지만 여러 요인이 일정하게 통제된 상황에서는, 주어진 시나리오에 작용하는 한 요인의 효과를 더 쉽게 판단할 수 있다.

가만 보니 내 삶은 실험에 적합한 조건을 갖추고 있었다. 나의 일상은 어느 때보다 규칙적이고 단조롭게 흘러가고 있었다. 나는 밖에 나가지도 않았고, 낯선 사람이 집에 찾아오는 일도 없었다. 매일 터틀넥 티셔츠에 요가 바지, 보송보송한 실내 가운을 '팬데믹 유니폼' 삼아 입고 지냈다. 나는 가족들과 함께 펜실베이니아의 숲이 우거진 언덕에 있는 집에 머물렀고, 그곳에서는 사슴과 여우는 종종 마주쳤지만 다른 사람은 좀처럼 볼 수 없었다.

이때야말로 내 뇌를 다뤄볼 기회였다.

당시 나는 이 책에서 지금까지 여러분에게 소개한 불안 완화법을 이미 스스로 고안해 활용해보던 중이었다. 돌이켜보면, 불안이 좌반구에서 비롯된다는 생각은 다소 단순하긴 해도 꽤 설득력 있는 면이 있었다. 그렇다면 이번에는 우반구를 활성화하는 행동에 전념하면 어떤 일이 벌어질까? 내가 느끼는 불안에는 어떤 변화가 생길까? 여러 자료를 읽고 궁리한 끝에, 나는 하나의 가설에 도달했다. 우뇌를 쓰는 활동에 집중하면, 좌뇌가 일으키는 불안의 소용돌이에서 벗어날 수 있을지도 모른다는 것이다.

그 가설을 검증해보고자, 나는 내 뇌의 오른쪽 측면을 가동하는 데 한 달을 꼬박 써보기로 했다. 식구들의 너그러운 지원 속에, 거의 전적으로 우반구 중심의 활동에만 몰두하며 30일을 보내기로 마음먹었다.

사실 나는 원래 그림 그리기를 매우 좋아했는데, 성인이 된 이후 양손에 극심한 통증이 생겨 붓을 완전히 내려놓아야 했다. 그런데 마침 그 증상이 사라졌기에, 실험 기간 동안은 매일 아침 무엇이든, 정말 무엇이든 그리는 일로 하루를 시작해보기로 했다. 그리고 그림을 그리며 다음에 어떤 활동을 하고 싶은지 생각해보기로 했다.

그런데 막상 해보니 그림 그리기 다음으로 하고 싶은 일이 전혀 없었다. 망설이며 첫 스케치를 마친 순간부터 약간 들뜨면서 마음속에서 조용한 기쁨이 몽글몽글 피어올랐다. 그림 그리는 것만으로도 너무 행복해진 나머지, 나는—아니면 적어도 내 논리적인 좌반구는—도리어 불안해졌다. 계산을 중시하는 내 이성이 행동에 대한 통제력을 잃고 있다는 느낌이 들었기 때문이다. 그럼에도 실험은 계속되어야 했다. (과학을 위해서!) 그래서 나는 기존에 익힌 불안 달래기 요령을 써서 걱정을 가라앉히고 계속 그림을 그렸다.

일주일도 채 지나지 않아, 나는 더 이상 통제력을 잃지 않았다. 아예 '통제력' 자체가 사라져 버렸기 때문이다. IFS 용어로 말하면, 지금 이 글을 쓰고 있는 내면 부분은 그때 완전히 자리를 떠났다고 할 수 있다. 심지어 나는 뭔가를 말로 표현하는 일도 거의 없어졌다.

평소에 나는 꽤 실용적인 사람이다. 매일 할 일 목록을 적고, (대개는) 그 목록을 실행하는 편이다. 하지만 그 한 달은 전혀 달랐다. 나는 아침에 일어나 커피를 내리고, 가족들과 인사를 나눈 뒤, 종이와 미술도구를 챙겨 책상 앞에 앉았다. 그러고는 도구를 손에 쥔 채 말없이 '그림을 그리는 나'라는 내면의 부분 속으로 사라졌다. 가족들은 내가 살아있는지 확인하려고 몇 시간마다 한 번씩 나를 들여다보곤 했다. 그럴 때면 나는 나만의 황홀경에서 잠시 빠져나와 가족들을 충분히 껴안아 주었는데, 그러고 나서야 내가 커피에는 손도 대지 않았다는 사실을 알아차리곤 했다. 시간이 좀 더 지나자 아예 커피를 내리는 수고조차 하지 않게 되었다. 하루 종일 그림을 그리는 일이 카페인보다 훨씬 더 큰 자극을 주었기 때문이다.

그 경험이 내면에서 어떻게 느껴졌는지를 설명하기 위해, 나는 케네스 그레이엄Kenneth Grahame이 지은 고전 동화 『버드나무에 부는 바람』의 한 장면을 소개하려고 한다. 이 장면은 우뇌 중심의 삶에 시간과 에너지를 쏟을 때, 우리 내면에서 벌어지는 일을 완벽하게 묘사한다. 이번 장과 다음 장에서 소개하는 연습 활동을 실천하고 나면, 여러분도 비슷한 감각을 경험하게 될지도 모른다.

그레이엄 이야기에는 다음의 결정적인 장면이 나온다. 이 장면에서 두꺼비는 세탁부로 변장해 감옥을 탈출한 직후다.* 그때 마침 차를 몰고 지나가던 두 신사가 그를 가엾게 여겨 차에 태워주었다. 두꺼비가 차를 운전해보고 싶다고 말하자 차 주인은 흔쾌히 허락한다. 두꺼비는 "신중하겠다고 작정했기에" 처음에는 조심조심 아주 느리게 운전했다. 그러다가 "조금 더 빨리 몰았고, 그 후에 더 빨라지고, 더 빨라져" 급기야 차 주인이 놀랄 지경에 이르렀다.

운전사가 제지하려 했지만, 두꺼비는 한쪽 팔꿈치로 그를 조수석에 꽉 눌러 고정시켜 놓고 전속력으로 차를 몰았다. 얼굴에 세차게 부딪히는 바람, 윙윙거리는 엔진 소리, 좌석 아래로 전해지는 차체의 가벼운 진동이 그의 연약한 뇌를 황홀하게 만들었다. "세탁부라니, 웃기시네!" 두꺼비는 외쳤다. "흥! 이봐! 나는 바로 그 두꺼비야. 차를 날치기하고 감옥을 빠져나온 자, 늘 탈출하는 두꺼비지! 가만히 앉아 계시란 말씀이야. 진짜 운전이 뭔지 똑똑히 보여줄 테니까! 당신들은 지금 악명 높고, 노련하며, 겁이라곤 전혀 없는 두꺼비 손안에 있으니까!"

---

* 『버드나무에 부는 바람』에는 두더지, 물쥐, 오소리, 두꺼비 등의 동물들이 주요 등장인물로 나온다.-옮긴이.

우뇌가 내 삶을 운전하도록 맡겼을 때 내가 느낀 것도 정확히 이와 같았다. 불안? 대체 그딴 게 뭔데? 시간의 흐름? 세상 소식? 타인의 요구? 그런 것들은 눈앞에 보이는 사물이나 상상 속 이미지를 화판 위에 옮기기 위해 몰입하는 황홀한 싸움 속에 흔적도 없이 사라졌다.

우반구 중심의 삶은 단지 불안을 누그러뜨리는 데서 끝나지 않는다. 그것은 우리를 자유롭고 짜릿한 기쁨의 질주로 이끈다. 그리하여 이제까지의 불안은 어느새 백미러 저 너머, 희미한 기억 너머로 사라진다.

두꺼비의 거친 드라이브 맛보기

여러분에게 미리 경고해둘 이야기가 있다. 지금까지 나는 불안 극복에 관한 수많은 책과 기사를 읽어 왔지만, 그것들은 하나같이 평온함에 도달하는 순간 끝을 맺는다. 그런데 그건 마치 가라앉는 배에서 계속 물을 퍼내면서 정작 물이 새는 구멍은 내버려두는 격이다. 물론 좋은 시작일 수는 있지만, 장기적으로 최선의 해법은 될 수 없다. 무엇보다, 훨씬 더 즐거운 삶의 방식이 바로 눈앞에 있는데 그 지점에서 멈춰버린다는 건 안타까운 일이다. 단순히 불안을 떨쳐내려 애쓰는 것은, 뇌의 부정성 편향이 끌어당기는 힘과 불안에 휩싸인 사회적 압력에 맞서 끊임없이 물을 퍼내는 일에 지나지 않는다. 이와 달리 우반구 쪽으로 더 깊숙이 이동한다는 것은 완전히 다른 차원의 여행이다. 그것은 긴장감 넘치는 모험으로 항해를 떠나는 것을 뜻한다.

　이번 장과 뒤이은 여러 장에서는 불안을 가라앉히는 것을 넘어서, 창의적인 자아를 일깨우는 데까지 나아가고자 한다. (물론 그러려면 먼저 평온함을 이루어야 한다. 창의성의 영역에 닿으려면 늘 자신을 차분하게 만들어야 한다는 점을 잊지 말자.) 구체적으로는, 여러분 뇌의 오른쪽 절반에 자리한 피드백 체계를 상세히 설명할 것이다. 이 체계는 좌반구에서 일어나는 불안의 소용돌이에 대응되는 '거울상'으로서, 1장에서 나는 이를 '창의성의 소용돌이'라 불렀다. 다음으로 우리는 불안을 벗어나 이 자비로운 소용돌이 위에 올라탔을 때 뇌, 신체, 삶에 어떤 변화가 일어나는지를 살펴볼 것이다.

　이 과정에서 여러분은 우리 문화가 흔히 '창의적'이라고 부르는 활동, 이를테면 그림 그리기, 춤추기, 문학 작품 쓰기 등을 하게 될 수도 있고 아닐 수도 있다. 창의성의 소용돌이는 자녀 양육, 자동차 수리, 과학 이론 실행, 팀 이끌기, 옷 입기, 대화하기, 샌드위치 만들기 등 우리가 하는 모든 일에 응용할 수 있다. 동시에 이 창의성은 21세기를 살아가는 우리 인류가 맞닥뜨린, 전례 없는 문제들을 해결할 '유일한 방법'이기도 하다.

　지금껏 겪어보지 못한 상황―혹은 인류 역사상 처음 나타난 상황―에서는 기존 규칙이나 해법이 무용지물이 된다. 이때는 규칙 자체를 새롭게 만들어내야 한다. 영화 속 화성에 고립된 주인공처럼, 또는 신종 바이러스에 맞서는 의사처럼, 해법을 '창조'해내야만 한다. 혹은 새로 지은 월드 트레이드 센터 건물에 쓰일, 여객기의 충격도 견딜 수 있을 만큼 튼튼한 유리를 개발하려는 공학자처럼 기지를 발휘해야 한다.

'전례 없다'는 표현은 이 시대를 가장 정확하게 설명하는 표현일지 모른다. 전례 없는 상황이 주변에 우후죽순처럼 일어나고 있고, 우리는 전례 없는 속도로 발전하는 기술을 접하고, 전례 없이 넘쳐나는 정보 속에 살고 있으며, 전례 없는 규모로 이 지구의 자연 생태계를 파괴하고 있다. 이 모든 현실 앞에서 우리가 할 수 있는 가장 현명한 선택은, 뇌의 오른쪽 우반구에게 운전대를 맡기는 일이다. 반드시 그렇게 해야 한다.

이 방법을 배우고 나면, 2장에서 만난 니키가 맨해튼 아파트 안에 채소 텃밭을 만든 것처럼, 여러분 역시 무언가를 창조하기 시작할 것이다. 그것이 무엇일지는 지금은 전혀 알 수 없다. 다만 분명한 것은, 그렇게 하면 여러분의 뇌는 불안에 휘둘리지 않고 훨씬 더 풍성한 창의력을 발휘하게 된다는 점이다.

그리고 여러분이 앞으로 맡게 될 창의적인 프로젝트 중 가장 중요한 일은, 바로 여러분 자신의 삶을 조성하는 일이다. 여러분은 이 일을 완수하기 위해 태어났다. 우리 사회가 요구하는 신중함의 기준을 넘어설 만큼 창의적인 사람이 될 때, 여러분은 자신에게 가장 큰 행복을 가져다줄 선택을 내릴 것이며, 세상에도 가장 바람직한 형태로 이바지할 것이다.

창의성에 굶주리다

앞서 나는 여러분에게 물은 적이 있다. 주변 사람들이 이해하지 못하는 방식으로 행동하거나, 문화적 규범에 어긋날 수도 있는 삶을 창조할 의향이 있는지를 말이다. 이제 그 약속을 상기해보자. 우리가 속한 문화에 순응하면서 동시에 불안을 줄이려 애쓰는 것은 하나의 방식이다. 그리고 대부분의 사람들은 바로 그 방식만을 목표 삼아 살아간다. 그러나 우반구에 모든 권한을 넘겨 창의적인 면을 자유롭게 놓아준다면, 우리는 스트레스로 가득한 '위어드WEIRD'한(서구화되고, 교육받고, 산업화되고, 부유하고, 민주적인) 사회의 경계를 벗어날 수 있다. 그런 자기 모습은 주변 사람은 물론이고, 스스로 보기에도 조금은 이상해 보일 수 있다.

내가 경험해보니 그랬다.

우뇌 중심의 삶을 실험한 지 며칠 만에, 내 안의 '화가 두꺼비'는 액셀러레이터를 밟듯 속도를 내며 수채화로 장르를 바꿨다. 지독하게도 어려운 기법인 수채화야말로 탐험과 예측 불가능성을 사랑하는 우반구를 한껏 만족시키는 선택이었다. 수채화는 잘못 그린 부분을 지울 수 없고, 재채기하거나, 누군가 지저분한 손으로 건드리기라도 하면 신의 가호를 빌어야 한다. 그럴 땐 그냥 그리던 것을 몽땅 버리고 처음부터 다시 시작해야한다. 이 난해한 화법을 시도하며 며칠을 보냈더니 정신이 온통 그쪽으로 쏠렸고, 작품에 몰두하며 밀고 나가다 보니 더없는 기쁨에 이르게 되었다.

나중에는 식구들이 잠든 뒤에도 그림 앞에 앉아 있었다. 자정 무렵 잠자리에 들더라도, 새벽 4시만 되면 그림을 그리고 싶은 마음에 견딜 수 없어 벌떡 일어났다. 그때 작업하던 그림이 무엇이든, 그것이 내게는 세상 유일한 것이었다. 그 뒤에는 그림을 망가뜨리고(대개 완성한 그림을 그렇게 했다) 던져버린 뒤 새로 시작했다. 그렇게 그리고 또 그렸다. 만족스러운 그림은 벽장에 잘 넣어 두었지만, 곧 그 존재를 잊었다. 몸에는 기운이 넘쳤고, 마음은 황홀했다. 마치 강력한 환각제를 복용한 듯한 느낌이었다.

물론, 많은 약물이 그렇듯, 문제는 금단 현상이었다. 한 달간의 실험이 끝나고 보통의 일상으로 돌아올 때가 되자, 화가 두꺼비는 완강하게 저항했다. 업무 캘린더나 이메일을 열어볼 때마다 그녀는 말없이 심술을 부렸다. '안 돼, 안 돼, 안 돼!' 그러고는 수채화지 위에 연필로 희미한 스케치를 하며 이렇게 주장했다. '다시 감옥으로 돌아가지 않을 거야! 나는 언제나 도망치는 두꺼비란 말이야!'

'그렇지만 나는 다른 일도 해야 해.' 내가 말했다. '평범한 일상 업무 말이야.'

'네가 원하는 그 생활방식이야말로 정상적이지 않아!' 화가 두꺼비는 젖은 종이에 물감을 튀기면서 고함쳤다. '내가 사는 방식이 정상이야! 썩 꺼져!'

한 주가 지나고, 또 다른 한 주가 지났다. 내 좌반구는 내가 다시는 저술, 코칭, 강연 같은 일상 활동으로 돌아가지 않을까 봐 점점 더 걱정하기 시작했다. 나는 보통 여러 팀과 협력해 내 강연 일정과 온라인 강의를 운영한다. 그들을 위해 회의나 인터뷰, 각종 모임에 얼굴을 비추는 건 당연한 일이었다. 내 안에는 '그림은 괜찮은 취미일지 몰라도 대부분의 시간에는 진짜 일을 해야 한다'는 좌반구식 규칙이 깊이 자리하고 있었다.

나는 치료사에게 좌반구 중심의 삶으로 다시 돌아갈 수 있도록 도와 달라고 사정했다.

"좋습니다." 치료사가 말했다. "지금 당신 안에서 갈등하는 부분들을 찾아보세요. 그들이 무슨 말을 하는지 들어보고, 그다음에는 참나^{Self} 에너지와 소통해 무엇을 해야 할지 물어보세요."

나는 치료사의 지침을 따랐다. 몇 분간 침묵이 흐른 뒤 나는 이렇게 말했다. "소용없어요. 저의 참나가 화가 두꺼비의 편에 서 있거든요. 스트레스와 불안을 껴안고 살 필요가 없다네요. 대신 더없는 기쁨을 선택해야 한다고 말하고 있어요."

"당신 생각에는 그 말이 이치에 맞나요?"

"아니요!" 내가 소리쳤다. "말도 안 돼요! 현실 세계에서는 수많은 사람이 제게 기대어 일하고 있는걸요."

"그래요?" 그녀가 말했다. "흥미롭네요."

흥미롭다고? 그게 무슨 소용이람. 솔직히 말하면, 치료사 안에도 화가 두꺼비가 고개를 들고 있는 게 아닌가 의심스러웠다. 그런데 곰곰이 생각해보면, 안 될 것도 없었다. 화가 두꺼비가 도덕적으로 뭘 잘못한 것도 아니지 않은가? 우리 모두 하던 일을 그만두고, 하루 종일 그림을 그리고, 노래하고, 글을 쓰고, 치터^{zither}(오스트리아, 독일 및 스위스 등지에서 널리 연주하는 현악기-옮긴이) 연주를 배우며 지내면 안 되는 걸까?

사실 이 질문은 내게 전혀 낯설지 않았다. 내가 만났던 클라이언트 중 같은 문제를 안고 씨름하는 사람들이 많았기 때문이다. 그들은 종종 이렇게 말했다. "제가 좋아하는 일만 할 수는 없어요. 임대료도 내야 하고, 식구들도 먹여 살려야 하잖아요."

생각해보자. '근대 이전의' 사람들은 사실상 거의 모든 시간을 뇌의 좌우 반구의 조화를 맞추는 데 썼다. 그들은 자연과 교감하고, 동물을 추적하고, 그림과 음악과 이야기를 짓는 등 우반구를 적극적으로 활용하며 지냈다. 그렇지만 지금의 문화는 우반구 중심의 활동 대부분을 좌반구가 선호하는 일들에 종속시켜 버렸다. 그 결과 우리는 창의적인 불꽃을 억누른 채, 스스로를 물질 생산 기계의 톱니바퀴로 만들어가고 있다.

내가 우반구 중심의 생활을 시작할 무렵, 나 역시 다른 사람들처럼 좌반구 위주의 방식으로 오랜 시간을 보낸 상태였다. 아마 대다수 사람보다 훨씬 심했을 것이다. 나는 지구상에서 가장 경쟁이 치열한 좌반구 중심의 환경 속에서 성인이 되었다. 열일곱에 하버드대학교에 들어가 서른 살까지 세 개의 학위를 마쳤고, 이후로도 아이를 돌보고, 가족을 부양하기 위해 돈을 버는 데 집중하면서 살았다.

그렇게 사는 동안 내 안의 화가 두꺼비는 철저히 갇혀 있다가, 이따금 한두 시간씩 풀려나 그림을 그린 뒤 다시 감옥에 갇혔다. 그러다 한 달을 통째로 허락하자, 그녀는 굶주린 사람이 폭식하듯 반응했다. 그림 외에는 아무것도 눈에 들어오지 않았다. 나는 한 달 동안 그림을 그리고 나면 다시 '예전의 일상'으로, 예술이 그저 부차적인 역할만 하는 삶으로 돌아가겠지 싶었다. 하지만 그 한 달은 내 불안을 줄이고 삶의 기쁨을 크게 끌어올렸으며, 내 인생의 전환점이 되었다.

요즘에는 아침에 일찍 일어나 화판 앞으로 간다. 오전 5시나 6시부터 11시까지는 화가 두꺼비가 주도권을 잡는다. 그러면 어렸을 때처럼 그림을 그린다. 시간이 어떻게 지나가는지 까맣게 잊어버린 채, 내 기술을 한껏 발휘하는 데 완전히 몰두하고, 색채와 형태가 빚어내는 세계에 감탄한다. 이제는 잠깐 폭식하듯 누리는 대신, 매일 정성껏 회화와 채색이라는 식사를 챙긴다. 그러는 사이 내 작품을 사겠다는 사람이 나타나기 시작했다. 앞으로 더 팔릴 수도 있지만 중요한 건 아니다. 진짜 중요한 것은 창의성에 가득 차, 불안으로부터 자유로운 삶을 산다는 것이다.

여러분이 나만큼 극단적일 거라 생각진 않는다. 각자에게 맞게 우반구를 한껏 활용하더라도 강박에 시달리거나, 자신을 소진하는 상태에 빠지지는 않을 것이다. 만약 지금 창의적인 활동을 '절박하게' 원한다면, 나처럼 창의성을 위한 시간을 더 확보해보거나, 지금 상황이 허락하는 만큼 실천하면 된다. 분명한 건, 이런 활동은 진정한 내면의 본성에 따라 살아가기 위해 여러분이 할 수 있는 가장 중요한 일 중 하나라는 점이다. 얼마나 많은 창의적인 활동을 하게 될지는 몰라도, 그 덕분에 어느 때보다 건강해질 것이다. 왜 그런 일이 벌어지는지, 어떻게 그런 효과가 나타나는지를 이제 함께 살펴보자.

불안의 반대편에 있는 창의성

지금쯤이면 여러분은 불안의 소용돌이를 구성하는 핵심 요소들을 이미 알고 있을 것이다. 즉, 낯선 사건이 왼쪽 편도체의 비명을 유발하고, 이에 따라 뇌의 다른 구조들이 통제 전략을 세우고, 무서운 이야기를 만들어낸다. 이 이야기들은 다시 왼쪽 편도체로 되돌아가 더 큰 공포를 유발하고, 이런 방식으로 불안의 소용돌이는 계속 강화된다.

창의성의 소용돌이도 마찬가지로, 낯선 것을 인식할 때 편도체에서 시작된다. 하지만 실제로 위험한 상황이 아니라면 우반구는 그것을 통제하려 들지 않는다. 뇌과학자 질 볼트 테일러에 따르면, 우뇌의 정서적인 영역은 "사안을 밀어내기보다, 아드레날린의 기운이 조금이라도 감지되는 매혹적인 경험 쪽으로 열정적으로 다가간다." 이런 호기심 어린 탐구 반응은 불안의 소용돌이와 전혀 다른 감정과 행동을 일으킨다. 흥미롭게도, 이러한 우뇌의 충동 역시 순환 구조를 이루며 스스로를 강화할 수 있다. 이것이 바로 '창의성의 소용돌이'다. 이 소용돌이는 현실을 통제하려고 애쓰는 대신, 탐구와 발견을 향해 우리를 움직이게 한다. 이제 둘 사이의 몇 가지 차이점을 살펴보자.

**불안의 소용돌이는 우리를 세상으로부터 멀어지게 하고,
창의성의 소용돌이는 우리를 세상 안으로 끌어당긴다.**

창의성의 소용돌이는 '호기심'이라는 감각에서 시작된다. 호기심은 인간을 비롯한 많은 어린 동물들이 새로운 경험에 도전하게 만드는 힘이다. 불안은 점점 더 많은 것들을 회피하게 만들지만, 호기심은

우리를 세상 앞으로 나아가게 하며, 미지의 환경과 낯선 경험에 익숙해지도록 돕는다. 불안은 움츠러들게 하고, 호기심은 확장하게 한다.

불안의 소용돌이는 학습을 억제하고, 창의성의 소용돌이는 학습을 북돋운다.

교육자들이 정립한 뇌에 대한 한 가지 관점에 따르면, 우리의 신경 체계는 늘 다음의 세 가지 질문을 던진다. 이를 순서대로 적으면 다음과 같다.

1. 나는 안전한가?
2. 나는 사랑받고 있는가?
3. 나는 무엇을 배울 수 있는가?

처음 두 질문에 '예'라고 답할 수 있어야만 우리는 학습과 기억을 담당하는 뇌 부위를 제대로 활용할 수 있다. 불안의 소용돌이는 투쟁, 도피, 비위 맞추기, 경직, 주저앉기 반응을 일으켜 우리의 학습 능력을 차단해 버린다. 불안은 또한 사랑을 느끼고 표현하는 능력을 약화시키며, 타인의 사랑에도 둔감하게 만든다. 그 결과, 우리의 생각을 넘어 감정도 어둡게 만든다.

반면, 창의성의 소용돌이는 '지금 이 순간'에 집중하게 만든다. 덕분에 우리는 현재의 상황을 더 정확히 판단하고, 유용한 행동에 나서거나 편안한 안전감을 느낄 수 있다. 또한 다양한 관점을 배우고, 나 자신을 다른 사람들에게 표현하고 싶어지게 만든다. 이것이 곧 '행동하는 사랑'이다. 안전과 공감에 든든히 뿌리내렸다는 느낌이 들면, 우리의 뇌는 자연스럽게 이렇게 묻는다. "나는 무엇을 배울 수 있을까?" 이 질문이야말로 우리를 더욱 창의적이고 지적인 존재로 이끄는 출발점이다.

불안의 소용돌이는 세상의 절반만 보여주고, 창의성의 소용돌이는 세상의 전부를 보여준다.

뇌의 좌반구는 자신이 지각한 것 외에는 어떤 것도 보거나 인정할 줄 모르는 기묘한 특성을 보인다는 점을 기억하는가? 그런데 우반구는 이 기묘한 유아적 태도가 없다. 우반구는 창의적인 생각뿐만 아니라 좌뇌에서 주로 이루어지는 논리적이고 분석적인 사고까지 포함해, 우리가 지각하는 '모든 것'을 자각할 수 있다.

이 말은 곧, 불안한 뇌는 정보를 수집하고 분류할 수는 있어도 그 정보를 의미, 목적, 상호 유익이라는 맥락 안에 넣지는 못한다는 뜻이다. 불안한 정신은 매우 강력한 엔진을 가졌으되 도표도 나침반도 목적지도 없는 배와 같다. 그저 계속 나아갈 뿐, 왜 가는지는 전혀 모른다.

한 번은 기업 리더들의 수익 증대를 돕는 컨설턴트를 만난 적이 있다. 그녀는 기업 인사들에게 맨 먼저 이렇게 묻는다고 했다. "왜 수익을 늘리고 싶은가요?" 그리고 그녀는 이렇게 말했다. "그러면 다들 저를 미친 사람 보듯 쳐다봅니다. 그러고는 이렇게 말하죠. '글쎄요.

그래야 더 많은 이익이 생기니까요.' 그럼 저는 다시 묻습니다. '네, 좋아요. 그런데 그토록 많은 돈을 가지는 목적은 무엇인가요? 그게 여러분에게 어떤 의미인가요?'"

그녀 말에 따르면, 이쯤에서 대다수 임원은 그녀와 협업을 중단하거나('이 사람은 말귀를 못 알아듣는군'이라고 판단하며), 잠시 침묵에 잠긴다. 그러곤 자기 내면을 돌아보기 시작한다. 그들은 우반구를 활성화해 의미와 맥락을 찾기 시작하는 것이다. 그녀는 내게 이렇게 말했다. "이 지점에서 그들은 비로소 자신의 인간성을 찾고, 자기 사업이 세상에 어떻게 도움이 될 수 있을지 고민하기 시작합니다."

이것이 바로 창의성의 소용돌이가 삐걱거리며 움직이기 시작하는 순간이다. 위험만을 눈에 담고, 물질적인 것만 원하는 관점으로부터 우리를 떼어내, 위험과 풍요를 '모두' 받아들일 수 있는 장소로 우리를 데려간다. 그리고 단순한 생존을 넘어, 삶의 의미를 추구하는 목적의식을 우리 안에 심어준다.

불안의 소용돌이는 우리의 삶을 축소하고, 창의성의 소용돌이는 삶을 확장한다.

불안의 소용돌이를 따라 비틀거릴 때, 우리 삶은 더욱 제한되고 감각적인 현실로부터 점점 더 멀어진다. 불안을 자주 느끼는 사람일수록 '안전하지 않다'고 느껴지는 모든 것을 피하려 하고, 그렇게 더 많은 경험에서 물러날수록 불안은 더욱 커진다.

광장공포증의 전형적인 진행이 바로 그렇다. 가령 한 사람(그를 '패트'라고 부르자)이 식당에서 공황 발작을 경험했다고 하자. 이후 패트는 그 식당을 피하게 된다. 하지만 발작은 환경이 낳은 것이 아니므로 패트는 머지않아, 또 다른 장소에서 공황 발작을 일으킨다. 예를 들어 공원 산책 중 또다시 불안이 엄습할 수 있다. 이제 패트는 공원도 발작과 연결 짓고 위험하다고 느끼며 피한다. 이런 식으로 불안을 피하려는 행동은 불안을 멈추게 하지 못한 채, 패트가 살아가는 세상을 점점 더 좁아지게 만든다.

반면, 창의성의 소용돌이는 정반대의 효과를 불러온다. 이 소용돌이를 따라 회전할 때마다 우리는 더 많은 탐험과 실험으로 이끌린다. 자신이 느끼는 '안전지대'를 살짝 벗어나 다양한 사람과 경험에 연결됨에 따라, 더 많은 상황에서 편안함을 느낄 수 있게 된다.

예를 들어, 광장공포증이 있는 패트는 우선 자신만의 안식처를 만들고, 내면의 불안 생명체를 가라앉히는 것부터 배울 수 있다. 그렇게 자기조절 능력이 생기면 패트는 불안에 대해 궁금해지고, 인터넷으로 정보를 찾거나 비슷한 경험을 한 사람들과 소통하며 연결되기 시작한다. 자신의 두려움을 극복한 사람들의 이야기를 들으며 패트는 용기를 얻고, 그들이 시도한 방법을 따라 해본다. 예컨대 반려견을 데리고 공원에 나가, 불안이 조금 가라앉을 때까지 자리에 머물러보는 식이다. 뿌듯함과 설렘을 느낀 패트는 자신의 이 용감한 행동을 사진에 담아 온라인 친구들과 나누고 싶은 마음으로 이어질 수도 있다.

나 역시 이런 불안과 창의성의 여정을 경험해보았다. 창의성의 소용돌이를 따라 처음으로 조심스럽게 여행을 시작했던 순간을 떠올려보면, 그 뒤로 내 삶이 얼마나 더 넓어졌는지 스스로도 놀랄 때가 많다. 불안의 소용돌이 대신 창의성의 소용돌이를 부드럽고 일관되게 선택해온 결과, 나는 이제 새로운 상황이 그다지 낯설거나 두렵지 않게 느껴진다. 나뿐만 아니라 내가 만난 많은 클라이언트에게도 이런 일이 일어났다. 자신의 창의성을 따라가다 보면, 점점 더 많은 낯선 경험과 만나게 되고, 내가 안전하다고 느낄 때까지 그것들을 탐험할 만큼 자신감을 기르는 데 도움이 된다. 좌반구는 이해하지 못하는 대상을 배제하고 이질적인 것으로 여기는 경향이 있지만, 우반구는 그런 것들을 포용할 수 있게 돕는다. 그 결과 우리는 점점 더 편안함과 안전함을 느끼게 되고, 그렇게 우리 삶뿐 아니라 세상도 조금 더 평화로워진다.

공포의 지대를 벗어나 즐거움의 지대로

만약 여러분이 야생에 홀로 고립되었다면, 잔뜩 겁을 집어먹고 예민하게 위험을 감지하는 것, 다시 말해 불안의 소용돌이 위에 올라타는 편이 생존에 유리하다. 그렇지만 이와 동시에 여러분은 주변 환경을 탐색하고 그 안에서 살아남는 법도 익혀야 한다. 그러려면 창의성의 소용돌이를 따라야 한다. 조심성과 더불어 창의성 역시 본능적인 생존 기술이기에, 자연은 우리가 무언가를 배우고 실험할 때 공포만큼 강렬한 또 다른 감정을 느끼게 만들어두었다. 그 감정의 이름은 바로 '즐거움'이다.

좌뇌가 보기에 즐거움이란 어리석고, 불필요하고, 하찮은 감정이다. 더 많이 갖기 위해 분투하는 사람일수록 '즐긴다'는 말만 들어도 날 선 평가를 던진다. 하지만 자연은 전혀 다른 생각을 갖고 있는 듯하다. 과학자들이 동물의 행동을 연구하면 할수록, 진화는 거의 모든 생명체에게 놀이와 즐거움을 선사해왔다는 사실이 드러나고 있다.

한 예로 개, 고양이, 염소, 돌고래 같은 포유류가 놀이를 좋아한다는 건 누구나 쉽게 알 수 있다. 스칸디나비아에서는 겨울 내내 헛간에 갇혀 지내던 소들을 봄이 되어 들판에 풀어놓을 때가 되면, 마을 사람이 전부 나와 신나게 마구 뛰어대는 소들을 구경한다. 구글에서 '봄에 소들이 뛰는 모습spring cows jumping'을 검색해보라! 보기만 해도 절로 기분이 좋아진다.

내친김에 검색창에 '놀이하는 새들birds playing'도 찾아보라. 그러면 까마귀들이 눈 쌓인 언덕 경사면에 등을 대고 미끄러져 내려오거나, 앵무새가 인간의 음악에 맞춰 신나게 춤을 추는 장면을 볼 수 있다. 나는 한때 파충류처럼 우리보다 훨씬 원시적인 뇌를 지닌 생물은 놀이나 즐거움을 전혀 모를 것이라 생각했지만, 그건 오산이었다! 거북이와 도마뱀은 물론이고 악어들도 놀 줄 안다. 악어는 꽃처럼 생긴 조그만 분홍빛 물체를 장난감처럼 모으고, 수달을 자기 등에 태우고 '뱃놀이'를 시켜주는 장면도 포착된 적이 있다. 꽃 이야기가 나와서 말인데, 일부 식물학자들은 식물도 놀이를 한다고 믿는다. 균류fungi가 장난기 없을 거라 생각한다면, 무속인들이 이끄는 '버섯 여행'을 해보지 않은 것이 틀림없다. 균류는 그야말로 재미있는 친구들이다.

이처럼 생명체에 내재된 장난기와 호기심은 우반구가 활성화될 때 더욱 힘을 발휘한다. 그러면 모든 것이 새롭게 보이고, 학습도 훨씬 수월해진다. 나 역시 의도적으로 불안의 소용돌이에서 벗어나 창의적인 소용돌이로 진입했던 한 달의 실험을 통해, 점점 더 많은 장소에 가보고 싶어 안달하는 두꺼비의 열정을 따르고 있는 나 자신을 발견하게 되었다. 앞으로 여러 장을 거치면서 창의성의 소용돌이에 올라타게 되면, 여러분도 나처럼 그 여정의 즐거움에 빠져들게 될 것이다.

즐거움에서 예술로, 예술에서 회복으로

물론 창의성의 소용돌이는 단지 놀이에서 끝나지 않는다. 우반구의 능력이 점점 강화되면 단순히 불안을 벗어나는 수준을 넘어서게 된다. 그저 빈둥거리기만 하는 것이 아니라 무언가를 '창조'하는 자신을 발견하게 된다. 그것도 아주 다양한 것을 말이다. 창의성은 문제해결을 사랑한다. 따라서 여러분이 우반구를 활성화하기 시작하면, 숫자 퍼즐에서 작곡, 모형 비행기 만들기에 이르기까지 온갖 활동에 몰두하는 자신을 발견할 수도 있다.

나 역시 한 달간 우뇌에 집중하며 창의성의 소용돌이를 깊이 들여다보던 중, 이런 의문이 떠올랐다. '생존에 아무 쓸모가 없는 수채화 기법을 연마하는 것이 왜 이렇게 근사하게 느껴지는 걸까?' 좌반구의 시선에서 볼 때, 그리고 우리 문화 대부분에서는 '예술 활동'이란 중요하지 않거나 적어도 좌뇌 중심의 활동보다는 훨씬 쓸모가 적다고 여겨진다. 그런데도 예술이 신체와 정신 건강에 긍정적인 영향을 미친다는 사실은 수많은 연구를 통해 증명되었다. 몇 가지 연구를 예로 들면 다음과 같다.

- 드렉셀대학교의 한 연구에서는 예술적 재능이나 경험 수준과 관계없이 단 45분간 그림을 그리는 활동만으로도 피실험자들의 스트레스 호르몬(코르티솔) 수치가 현저히 감소한 것으로 나타났다.
- 또 다른 연구에서는 단 20분간 색칠을 하는 것만으로도 사람들의 불안과 스트레스 수치가 감소했다. 특히 피험자들이 '만다라(지혜를 나타내는 여러 전승에서 숭배하는 원형의 도안)'라고 불리는 원형 도안을 색칠할 때, 불안 완화 효과가 더욱 컸다. (이 장 말미에 만다라 한 장을 실어 두었다. 색칠하기를 좋아한다면 직접 만들어보는 것도 추천한다. 정말 재미있다!)
- 뉴잉글랜드 의학저널에 실린 한 연구에서는 춤을 추는 활동이 노인의 치매 위험을 낮추는 효과가 있었다. 사이클, 골프, 수영, 테니스 등 다른 활동에서는 이런 효과가 나타나지 않았다.
- 앞서 언급했듯이, 트라우마 경험에 대해 솔직하게 글을 쓰는 활동을 단 15분만 진행해도 참가자들의 정신적, 신체적 건강에 장기적이고 뚜렷한 긍정 효과가 있다는 연구가 다수 존재한다.
- 트라우마 생존자들을 대상으로 한 연구에서는 이들이 예술 활동을 통해 자기 경험을 소화하고자 노력할 때, 외상 후 스트레스 장애 PTSD로 이어질 위험이 무려 80퍼센트나 감소한 것으로 나타났다.

분명 우리의 창의적 자아와 전반적인 안녕 사이에는 밀접한 관계가 있다. 내가 보기에 이 현상은, 늘 스트레스 호르몬으로 가득한 불안의 소용돌이에서 벗어날 수 있는 방식과 관련이 있는 듯하다. 마음을 호기심과 문제해결로 향하게 할 수만 있다면, 불안을 멈추고 완전히 현재에 머무는 정신의 공간으로 들어갈 수 있기 때문이다.

내가 "우반구도 불안을 느낄 수 있나요?"라고 묻자, 질 볼트 테일러는 이렇게 답했다.

"아니요. 불안은 늘 미래를 바라보니까요. 시간이 흐른다는 개념이나 미래에 대한 생각이 없다면, 불안도 없어요." 질은 여전히 과학자이자 교육자로 살아가지만, 동시에 조각가, 작곡가, 화가, 공연 예술가로도 활동하고 있다. 예술 활동을 추구하는 질의 태도는, 좌반구가 마비되었던 시절 온전히 우반구에만 의지해 살면서 익힌 삶의 관점을 지금까지 유지하도록 해준다. 실제로 좌뇌에 손상을 입은 다른 이들의 사례를 봐도, 예술 창작 활동이 회복과 변화에 놀라운 힘을 발휘하는 경우를 심심치 않게 목격할 수 있다.

창의성이 전속력으로 터져 나올 때

1994년 어느 날, 정형외과 의사 앤서니 키코리아Anthony Cicoria는 공중전화 부스 근처에 서 있다가 벼락에 맞았다. 키코리아는 심장이 멈춰 죽은 듯 보였지만, 마침 옆에 서 있던 여성이 집중치료실 간호사였던지라 곧바로 심폐소생술을 받을 수 있었다. 그는 거의 원래 상태로 돌아왔지만 딱 하나가 달라져 있었다. 나이 마흔둘에 별안간 음악가가 된 것이다.

벼락에 맞기 전까지 키코리아는 한 번도 음악을 공부해본 적이 없었다. 그런데 그날 이후로 그의 머릿속에 멜로디가 들리기 시작했다. 이에 그는 집에 피아노를 들여놓고 날마다 몇 시간씩 그 멜로디를 연주하기 시작했다. 2002년경, 그는 여전히 의사로 활동하는 동시에 쇼팽과 브람스의 어려운 연주곡들을 사람들 앞에서 연주했다. 2007년에는 자신의 첫 번째 피아노곡인 〈벼락 소나타 The Lightning Sonata〉를 발표했다.

한편, 청년 기업가로 성공 가도를 달리던 헤더 톰슨 Heather Thompson은 자동차 트렁크 문이 머리 위로 떨어져 두부 외상을 입었다. 회복 중이던 그는 친구로부터 그림을 그려보라는 제안을 받았다. 헤더는 지금껏 한 번도 미술에 관심을 두지 않았던 터라 회의적이었지만, 훗날 그는 이렇게 말했다. "처음 붓을 손에 쥐었을 때, 제 손이 뭘 해야 할지 이미 알고 있는 느낌이었어요. 숨 쉬는 것만큼 자연스러웠죠."

콜로라도에 사는 젊은 비행사 이반 쉴루츠 Ivan Schlutz는 비행기 프로펠러에 너무 가까이 다가가는 바람에 뇌의 거의 절반이 잘려 나갔다. 놀랍게도 쉴루츠는 오른쪽 몸에 일부 마비가 생기긴 했어도 살아남았다. 손의 힘을 회복하기 위해 작업치료사가 손가락 운동용으로 점토를 건넸고, 예술과는 무관했던 쉴루츠는 뜻밖에도 점토에 완전히 매료되었다. 그리고 머지않아 전 세계 수집가들이 작품을 찾을 만큼 성공적인 조각가로 자리매김했다.

위 사람들은 이른바 '후천성 서번트 증후군 acquired savant syndrome'이 생긴 사례다. 극히 드문 이 현상은 예술적 흥미나 훈련이 전혀 없는 사람이 뇌(대개 좌뇌) 손상을 입고 갑자기 천재적인 창의력을 보이기 시작하는 경우를 말한다. 그렇지만 전혀 부러워할 것은 못 된다.

이들 모두 어마어마한 고통을 겪었기 때문이다. 다만 이들의 경험은 예술적 흥미가 우리 뇌에 나중에 덧붙여지거나 '추가되는 것'이 아님을 보여준다. 그런 흥미는 이미 우리 안에 존재하며, 좌반구가 조금만 여유를 허락해도 자연스럽게 드러난다.

내면의 화가 두꺼비에게 주도권을 넘겨주는 실험을 하는 동안, 내 안의 창의적인 면이 얼마나 강력한 힘을 지니는지 실감했다. 그 힘은 지금도 종종 나를 강하게 휘감는다. 때로는 다른 일이 있어서 하루 종일 작품에 매달릴 수 없을 때, 나는 알코올 중독에서 벗어나려 애쓰는 사람이 술집을 외면하듯, 일부러 미술도구를 보지 않으려 한다. 지금 당장 회화나 채색을 시작해버린다면, 화가 두꺼비가 나를 조수석에 밀어넣고 한쪽 팔꿈치로 꽉 눌러놓은 채 다시 광란의 드라이브를 떠날 것이다. 그러면 이 책은 아마 영영 끝내지 못하게 될지도 모른다.

유감스럽게도 우리 중 몇몇은 실제로 밥도 굶고 잠도 잊어버릴 만큼 예술 활동에 집착하게 되기도 한다. 그렇지만 다행히도, 우리는 뇌졸중이나 두부 외상을 겪은 사람들처럼 극적인 계기 없이도, 창의적인 자아를 더 부드럽고 점진적으로 드러낼 수 있다. 불안을 가라앉히고 나면, 창의성이 지닌 전율과 매혹을 활용할 수 있게 된다. 불안하지 않을 때의 우리는 천성적으로 예술적이고, 원활히 소통하며, 지금 이 순간에 깊이 머문다.

하나 더 말하자면, 우리의 창의적 자아는 우리를 영원히 젊게 지켜줄 수도 있다.

평생 행복한 유년기를 보내는 비결

창의성을 향한 인간의 극단적인 욕구는 수달과 노는 것을 넘어서서 예술, 과학, 발명으로 우리를 이끈다. 그런데 이런 욕구는 '유형성숙 neoteny'이라는 유전적 우연에서 비롯했을 수도 있다. 유형성숙은 아주 오래전, 우리 조상들이 직립 보행을 시도하던 무렵에 생겨난 돌연변이다.

모든 생명체는 어릴 때 더 많이 논다. 놀이와 즐거움은 새끼 짐승들이 훗날 채집하고, 사냥하고, 경쟁자나 천적과 싸우고, 짝짓기하고, 자신의 새끼를 기르는 데 필요한 기술을 배우는 데 유익하다. 그렇지만 대다수 종은 성숙해지면서 놀이에 대한 욕구가 점점 줄어든다. 일례로 갓 태어난 침팬지는 인간 아기보다 더 많이 놀지만, 성숙해져 송곳니가 나고 사나워진 뒤에는 더 이상 그만큼 놀지 않는다. 물론 놀이를 완전히 멈추는 것은 아니다.

하지만 인간은 다르다. 우리에게서 '유형성숙'이란, 매우 어린 유인원과 같은 외모와 행동 특성이 성인까지 이어진다는 뜻이다. 우리는 부서지기 쉬운 골격, 납작한 얼굴, 작은 이빨 그리고—이것이 중요한데—새끼 유인원의 특징인 호기심, 탐구심, 창의적 욕구까지 간직한다. 이러한 욕구를 발전시키도록 진화는 우리에게 '끝나지 않는 정신의 아동기'라는 특별한 선물과 그에 따른 수많은 즐거움과 놀라움을 주었다.

그림 그리기를 시작하고 며칠 뒤, 내 안의 화가 두꺼비는 자기가 애호하는 피사체인 내 두 살배기 딸에 초점을 맞추기 시작했다. 어느 시점부터 릴라와 나는 거의 매일 파자마 위에 재킷과 고무장화를 신고 숲을 누비며 놀았다. 통나무 위로 기어오르고 웅덩이에서 물장구를 치는 동안, 나는 릴라의 모습을 휴대전화 사진첩에 담았다. 그다음 사진을 참고하며 몇 시간이고 앉아서 릴라를 화판에 그렸다.

화가 두꺼비가 릴라를 그리는 데 왜 그리 몰두하나 생각해보니 즉시 답이 떠올랐다. 화가 두꺼비는 사실 아장아장 걷는 아이였다. 그는 부모님 집 거실 카펫 위에서, 아버지의 문구 상자에서 꺼낸 작은 카드에 그림을 그리며 자연의 아름다움에 감탄하고, 경외감에 눈시울을 붉히던 내 안의 일부였다.

이렇게 흘러넘치는 지각과 감정에 더해 놀라운 신체적 활기도 더해졌다. 나는 예술 활동이 건강에 유익하다던 과학자들의 말을 생생히 실감했다. 그 시기 나는 더 자주 웃고 싶었고(걸음마를 익히는 아기들은 성인보다 약 27배 더 자주 웃는다), 다른 예술 분야에도 관심이 갔다. 그림을 그릴 때 음악이나 오디오북을 들었고, 모든 것이 생기 넘치고 서로 연결되어 있다는 느낌이 들었다.

우반구 중심으로 보내던 한 달간, 나는 창의성이 얼마나 강력한 명약인지 체험했기에 그것을 굳이 과학적 사실로 확인할 필요가 없었다. 여러분도 이를 경험해보기를 진심으로 바란다. 뒤이은 세 개의 장에서는, 우리를 불안에서 끌어내 창의성의 즐거움으로 이끄는 여정을 함께 시작하게 될 것이다. 다만 한 가지 기억해두면 좋겠다. 창의적 자아를 되살리는 과정은 어쩌면 여러분의 기대와 다르다고 느껴질지도 모른다. 여러분의 창의적인 뇌가 더 강력하고, 밀도 높고, 빠르게 작동하는 신경 회로를 만들어가기 위해서는, 우리가 살아온 문화 속에 깊이 뿌리내린 편향들을 하나씩 넘어서야 하기 때문이다.

창의성의 함정에서 벗어나기

이 책에 담긴 기술을 사람들에게 코칭할 때면, 몇 가지 흔한 미신이 창의성을 깨우는 과정을 방해하는 것을 보곤 한다. 더 많은 내용을 살펴보기 전에 그 미신들을 하나하나 짚어보려고 한다. 그래야 여러분이 최선의 경로에서 벗어나 방황하지 않을 테니 말이다.

첫 번째 미신: 창의적인 활동만 있다면, 불안을 가라앉히는 다른 기술은 필요 없을 거야

나는 수없이 많은 창의적인 사람들과 함께 일해왔고, 그중에는 불안이 심한 이들도 많았다. 그들에게 창작의 순간에도 불안을 느끼는지 물어보면, 대답은 늘 '아니요'였다. 하지만 창작 외에 자신을 진정시키는 방법이 없다면, 이들은 불안의 소용돌이에 갇혀 자신의 창의성을 '작동시키는 것' 자체가 어려워질 수 있다. 만약 여러분이 여기에 해당한다면 억지로 창작에 매달리지 말고, 우선 내면의 불안 생명체를 '가라앉히는 데' 집중하자.

창의적인 자아는 불안한 자아를 '가라앉힌 후'에야 만날 수 있음을 기억해야 한다. 사실 여러분은 언제나 자신의 불안한 생명체를 보살펴야 할 것이다. 불안을 직접 다루는 방법을 활용하면 평온한 지점까지 다다를 테고, 창의적인 생각으로 넘어간다면 그 이상에 도달할 것이다. 그러므로 창의성을 발휘하기 어렵게 느껴진다면, 이 책의 앞부분—1장에서 4장까지—을 다시 펼쳐보자. 그곳에서 찾은 기술들, 그 외 불안한 생명체를 가라앉히는 데 유익한 방법이라면 무엇이든 활용하기를 권한다. 참나^{Self}와 연결되면, 여러분의 창의성은 자연스레 모습을 드러낼 것이다. 그리고 그 창의성은 여러분의 고통 속에서도 의미를, 어쩌면 아름다움마저 만들어낼지 모른다.

정리하자면, 창의적인 사람들도 창작에 몰두하지 않을 때는 불안을 느낄 수 있다. 이 불안이 때로는 참나에 영감을 줄 수 있지만 불안 자체가 창조의 원천은 아니다.

두 번째 미신: 창의성이 있다면, 사람들과의 관계는 신경 쓰지 않아도 될 거야

사람들과 함께 있으면 불안해진다는 이유로 나를 찾아오는 일부 클라이언트들에게는 공통된 경향이 있다. 이들은 창의적인 활동만으로도 충분히 즐겁기 때문에, 타인과 소통하는 복잡하고 까다로운 일은 무시해도 된다는 '행복한 생각'에 머물러 있으려 한다.

하지만 이는 모든 예술 활동의 본질을 간과하는 태도다. 모름지기 예술이란 예술가의 사적인 진실을 주변 사람들이 이해할 수 있는 방식으로 표현하는 일이다. 달리 말하면, 창의성은 사랑을 표현하는 하나의 방식이다. 물론 이것이 유일한 방법은 아니다. 다양한 방식의 표현이 존재하며, 창의성은 그중 하나일 뿐이다. 우리는 본질적으로 사회적인 존재이기 때문에 창의성이 안전과의 연결을 완전히 대신할 수는 없다. 예술이나 과학, 혹은 세계 탐구에 깊이 몰두한 나머지 잠시 타인의 존재를 잊을 수는 있지만, 사람과 사람 사이의 연결은 여전히 우리에게 꼭 필요한 것이다.

창의적 천재성이 외로움을 해소해 주지 못한 대표적인 사례로 컴퓨터 과학의 선구자 앨런 튜링Alan Turing을 들 수 있다. 튜링은 제2차 세계대전 동안 나치의 암호를 해독하기 위해 세계 최초의 컴퓨터를 고안한 천재였다. 그는 자폐 성향이 있었던 것으로 추정되며, 동성애가 범죄 행위로 여겨지던 당시 영국에서 동성애자로 살아가야 했다. 가슴 아프게도 그가 만든 마지막 제품 중 하나는 자동으로 연애편지를 써주는 기계였다. 이것을 발명하고 머지않아 튜링은 그의 성적 지향이 '매우 외설스럽다'는 이유로 유죄 판결을 받았다. 그리고 2년 뒤 그는 스스로 생을 마감했다. 아무리 창의적 활동에 몰두한다고 해도, 우리는 결국 타인의 존재를 필요로 한다. 연결되고자 하는 갈망은 모든 인간의 내면에 공통적으로 존재한다. 모두가 그렇다.

세 번째 미신: 창의적인 활동도 결국 돈벌이가 최종 목표여야 해

이것은 중요한 문제다. 나 역시 사람들에게 은근히 그런 메시지를 건네는 잘못을 저질렀다. 친구에게 "와, 너 정말 재밌다! 스탠드업 코미디 해보지 그래?"라고 한 적도 있고, "세상에, 너무 멋진 그림이다! 팔아도 되겠는데"라고도 했다. "오카리나 연주를 그렇게 잘해? 그걸로 데뷔해도 되겠는걸!"이라고 말한 적도 있다.

물론 창작 활동만으로 경제적 성공을 이루는 사람들도 있다. 그렇다고 해서 모든 창의적 재능이 돈벌이 수단이 되어야 한다는 뜻은 아니다. 이미 언급했듯이, 퍼즐을 풀고 몇 달러를 받는 단순한 보상 조건만으로도 창의적 문제 해결 능력이 떨어진다는 연구 결과가 있다. 즐겁기만 했던 일이 갑작스레 불안의 대상이 되는 순간, 창의성은 순식간에 꺼져버린다.

그런데 나는 이 덕분에, 마침내 내 '화가 두꺼비'가 벌이던 첫 번째 광란의 폭주를 멈출 수 있었다. 이 실험에서 중요한 부분은 그림을 그려서 '무언가를 해내겠다'는 목표를 세우지 않았다는 점이다. 나는 단지 그림이 내 기분, 건강, 불안 수준에 어떤 영향을 미치는지 알고 싶었을 뿐이다.

그러던 어느 날, 그림에만 몰두한 지 3주쯤 되었을 때, 우리 팟캐스트를 즐겨 듣던 한 아동도서 출판사의 디자이너가 나의 파트너 로Ro와 나에게 이메일을 보냈다. 아동도서 집필을 생각해본 적이 있느냐는 내용이었다.

'바로 그거야!' 내 좌반구가 외쳤다. '이렇게 보상을 받는군! 나는 마냥 날뛰는 화가 두꺼비가 아니었어! 내 작품은 상품으로서의 잠재력이 있었던 거야! 돈도 벌 수 있고! 더 많은 것을 거머쥐는 데 도움이 될 거야!'

로와 나는 그녀와 점심 식사를 함께했고, 그녀는 내 작품을 책으로 내는 일을 돕겠다고 제안했다. 그런데 그 순간, 나는 곧바로 붓을 내려놓았다. 흥미가 몽땅 사라져버린 것이다. 마치 전속력으로 질주하던 두꺼비가 갑자기 '꽝' 하고 멈춰 선 것처럼... 최고 속도에서 정지까지, 한순간이었다.

전문 창작자란, 즉 좌뇌 중심의 세계에서 우뇌의 창작물로 돈을 번다는 뜻이다. 이는 아주 가느다란 바늘귀를 통과하는 일과 같다. 순수한 창작과 현실적인 실리 사이에서 균형을 잡으면서 절묘하게 저울질해야 하기 때문이다. 이 과정에 관해서는 뒤의 여러 장에서 다룰 예정이다.

여러분이 예술가가 되겠다면 기꺼이 환영하겠다. 다만 이 책은 여러분 자신을 고통으로부터 놓아주고, 더 넓은 세상으로 나아가며, 불안을 넘어 즐거운 삶을 누리는 방법을 배우는 데 초점을 맞춘다. 그것이 실현된 뒤에야 비로소, 진로에 대한 본격적인 이야기를 시작할 수 있을 것이다.

네 번째 미신: 창의성은 식은 죽 먹기야

우리 문화는 창의성을 종종 하찮게 여긴다. 우리는 그것을 아이들의 장난처럼 여기는가 하면, 피땀 어린 노력보다도 마치 타고난 재능에서 비롯된 마술 같은 무엇으로 생각한다.

1900년대 후반, 이러한 편견을 지녔던 심리학자들은 천재적인 재능이 어린아이의 뇌 어디에서 비롯되는지를 밝히려 했다. 하지만 그들은 결국, 천재적인 음악가나 운동선수들조차도 다른 아이들과 동일한 뇌 구조를 갖고 있다는 사실을 발견하고는 깜짝 놀랐다. 이들이 달랐던 점은 단 하나, 훨씬 더 많이 연습했다는 것이었다. 이에 관해서는 8장에서 더 깊게 논의할 것이다.

지금은 단지 이 점만 기억하자. 창의성은 불안을 넘어 즐거움으로 이끌 수 있다. 하지만 그것은 온천에서 빈둥거리듯 한가롭게 노는 일이 아니다. 오히려 여러분이 시도할 수 있는 일 중 가장 훌륭하면서도 어려운 도전일지도 모른다.

나만의 화가 두꺼비가 주도하던 한 달 동안, 가족들은 내가 좌절감에 발을 쿵쿵거리며 돌아다니거나, 이를 악물고 험한 말을 중얼거리는 것을 보고 종종 당황스러워했다.

"행복해지려고 이걸 시작한 거 아니었어?" 하고 식구들이 물었다.

실제로 덕분에 나는 행복했다. 물론 온천에서 하루를 보내는 행복과는 달랐다. 그림 그리기는 나의 창작 능력을 끝까지 밀어붙였고, 뇌는 원하는 결과를 얻기 위해 고군분투하며 도파민 같은 행복 호르몬을 분출했다. 이른바 '몰입flow'이라는 더없이 깊은 행복 상태에 도달하기 위해, 우리는 자기 능력을 한계까지 끌어올리는 과정을 반복한다. 말할 수 없는 좌절이 몰려오기도 하지만, 거기서 멈추지 않고 성장을 향해 나아간다.

사람들이 흔히 전하는 말에 따르면, 미켈란젤로는 "난 그저 대리석 한 덩어리를 앞에다 놓고 다비드가 아닌 부분을 전부 깎아냈을 뿐이야! 하하! 누워서 떡 먹기지!"라고 했다지만, 사실 그런 말을 한 적은 없다. 오히려 그는 시스티나 예배당의 천장 벽화를 그릴 때 허리가 얼마나 아팠는지를 토로하는 침울한 시를 여럿 남겼다. 그리고 이렇게 말했다. "내가 이 경지에 이르기까지 얼마나 많은 노력을 기울였는지를 안다면, 사람들은 내 탁월함을 전혀 놀랍게 여기지 않을 것이다."

새로운 기술
뇌 전체 사용하기

1. 출력 용지나 무선 스케치북처럼 깨끗한 종이 한 장을 준비한다. 펜이나 연필도 함께 챙긴다. 글을 쓸 수 있는 책상이나 탁자 앞에 앉는다.

2. 이제 약간의 불안감을 일으킬 만한 곤란한 주제를 머릿속에 떠올린다. 그 문제에 대해 생각하고, 떠오르는 불안을 충분히 느껴본다. 그런 다음 그 내용을 아래에 적는다.

....

....

....

....

3. 준비한 빈 종이 한 가운데에, 평소처럼 서명한다(자신의 이름을 적어도 좋다).

마사 벡

4. 서명한 글자의 왼쪽 끝에 펜을 대고, 방금 쓴 서명을 거울에 비친 것처럼 좌우 반대로 따라 써보자. 오른쪽에서 왼쪽으로 글자를 하나씩 거꾸로 옮긴다는 느낌이다. 선이 매끄럽지 않아도, 글자 형태를 알아볼 수 있으면 충분하다. 아래 예시처럼 해보자.

백사마서뜨

5 이번에는 펜이나 연필을 처음 쓴 서명 바로 아래에 대고, 그 서명을 상하로 뒤집은 모양으로 따라 써보자. 처음 쓴 서명을 주시하면서, 손이 새로운 방향으로 같은 경로를 따라가게 한다. 중간에 막히면 잠시 멈췄다가, 다시 시작해도 좋다. 결국 아래와 비슷한 형태가 완성될 것이다.

백사마서뜨
마사쩨

6 마지막으로, 위아래와 좌우가 모두 반전된 서명을 완성해본다.

백사마서뜨
쩨사마사레

7 이 작업이 조금 더 익숙해졌다고 느껴질 때까지 여러 번 반복한다.

8 이 새로운 기술을 시도하면서 집중하거나 약간의 좌절감을 느꼈을 수도 있다. 하지만 곧 아까 떠올렸던 곤란한 주제가 더 이상 생각나지 않는다는 사실을 알게 될 것이다. 이 점에 주목하자.

바로 이것이, 우반구를 인생의 운전석에 앉히는 한 가지 방법이다. 이건 위로나 사랑의 대체 수단이 아니며, 단순하거나 유치한 놀이도 아니다. 즉각적인 만족을 주는 일도 아니다. 어쩌면 여러분은 방금, 레고를 처음 만지는 걸음마 아기처럼 눈을 가늘게 뜨고 입술을 깨물며 집중하고 있는 자신을 발견했을지도 모른다. 그렇다면 축하한다. 지금 막 새로운 신경 연결에 불을 지폈고, 그 연결은 좌반구와 우반구 양쪽을 모두 필요로 했을 것이다. 아주 잠시나마, 여러분은 창의성의 작은 소용돌이를 따라 움직이며 불안을 내려놓았다.

이제 창의성 속으로 더 깊숙이 들어가보자. 여러분을 가장 강하게 끌어당기는 창작의 흐름, 진짜 흥미를 발견하는 그 순간까지. 그 출발점은 바로 '호기심'을 키우는 데 있다. 호기심은 창의성 소용돌이를 따라 움직이게 하는 첫 번째 원동력이기 때문이다. 그리고 이어지는 다음 단계는, 우반구가 형성하는 연결들을 향해 나아가는 일이다. 그 연결은, 우리가 우반구에 감탄할 만한 무언가를 건넬 때 비로소 생겨난다.

최종적으로 여러분은 자신이 '몰입'할 수 있는 창의적 활동에 숙달하는 법을 배우게 될 것이다. 그 상태에 다다르면 기분 좋은 달콤한 호르몬들이 뇌를 흠뻑 적시고, 여러분이 내놓는 가장 창의적인 아이디어들이 이 세상을 가득 채울 것이다.

그리고 어쩌면 그때쯤 여러분은 이렇게 외치고 있을지 모른다.

"세탁부라니, 웃기시네!"

"흥! 나는 언제나 빠져나오는 두꺼비라고!"

시간이 지날수록 여러분은 불안의 소용돌이로부터 점점 더 멀어지고, '불안한 자아'는 점점 '창의적인 자아'에 가까워질 것이다. 그러니 기억하자. 불안을 넘어 창의성으로 나아가는 길은, 여러분이 진정으로 살아가고자 하는 삶을 만드는 데 결정적인 힘이 될 것이다.

호기심
: 비밀의 문을 여는 열쇠

6

텔레비전 화면에는 매력적인 젊은 여성들이 차례로 등장한다. 모두 저마다의 방식으로 저녁 시간에 혼자 있게 된 기쁨을 표현한다. 남자 친구가 문을 닫고 나가자, 한 여성이 말한다. "드디어 갔어." 뒤이어 다른 여성들이 말을 얹는다. "이제 저녁 내내 느긋하게 쉬면서 나를 좀 돌볼 수 있겠네. 내가 아는 단 하나의 방법으로 말이지." 그리고 이들은 한목소리로 노래한다.

범죄 드라마, 범죄 드라마, 범죄 드라마를 볼 거야….

이들은 실화 기반의 범죄 이야기가 주는 짜릿한 즐거움을 노래하며, 흥미가 식지 않도록 피해자 수가 많았으면 좋겠다고 말한다. 미국 NBC 프로그램 〈새터데이 나이트 라이브 Saturday Night Live〉에서

2021년에 선보인 이 풍자극은 관객들의 큰 웃음을 자아냈다. 그 내용이 매우 역설적이면서도 너무나 현실적이었기 때문이다. 예컨대 "1987년의 어느 날, 모든 게 평소처럼 시작됐다"는 문장으로 시작하는, 교외 지역을 공포로 몰아넣은 참혹한 사건 이야기는 팝콘 한 그릇과 와인 한 잔을 준비해놓고 느긋하게 감상하기 딱 좋은 이야기처럼 들린다.

미국 소아청소년정신의학회에 따르면, 한 아이가 18세가 될 때까지 평균 1만 6천 건의 살인 이야기를 접한다고 한다. TV를 보지 않더라도 책, 영화, 팟캐스트, 심지어 캠프파이어 자리에서 듣는 오래된 괴담 이야기까지, 우리가 즐기는 이야기의 상당수가 결국은 '살인'을 다룬다.

이 주제는 왜 이렇게 흥미를 끄는 걸까?

살인이야말로 우리를 가장 두렵게 하는 주제에 속하기 때문이다.

공포와 호기심은 본디 긴밀히 연결되어 있다. 우리가 불안을 넘어서서 첫발을 내딛을 수 있는 순간은, 무언가 낯선 것을 마주할 때다. 이때 불안의 소용돌이에 휘말리지 않고 잠시 멈춰서 긴장을 풀고, 서서히 고개를 드는 호기심을 느낄 수 있다면, 우리는 그 순간을 창의성으로 나아가는 출입구로 바꿀 수 있다. 흥미에서 비롯된 강한 끌림은 우리를 창의적인 자아로 이끈다. 다시 말해, 호기심이 창의성을 깨운다.

공포와 호기심이 밀접하게 연결되어 있다는 사실은 다양한 생명체의 행동에서도 확인할 수 있다. 예를 들어 뱀과 마주친 원숭이들은 깜짝 놀라긴 해도 달아나지는 않는다. 오히려 눈앞의 뱀을 응시하며 멍하니 바라보고, 펄쩍펄쩍 뛰고, 소리를 지른다. 뱀을 계속 주시하는 것보다 더 위험한 일은, 그것을 놓쳐버리는 것이기 때문이다. 비슷한 예로, 한 번은 보브캣^{bobcat}(북아메리카에 서식하는 야생 고양이과 동물 – 옮긴이)이 땅다람쥐를 사냥해 나무 위로 가져가는 것을 보았다. 그러자 근처 숲에서 사슴 몇 마리가 뛰어나와 그 나무 앞에 멈춰 섰다. 그러고는 가만히 나무 위 보브캣을 올려다보았다. 그 숨죽인 정적 속에서, 사슴들의 눈에는 공포와 매혹이 동시에 깃들어 있었다.

이렇듯 공포와 매혹이 서로 연결된 까닭에, 기자들은 "피가 나오면 톱 기사감이다^{If it bleeds, it leads}"라고들 말한다. 그래서 사고 현장을 지나칠 때면 '아무도 다치지 않았으면 좋겠어' 하고 바라면서도, 혹시 누가 다쳤다면 그 흔적을 꼭 보고 싶다는 모순된 욕망을 품게 되는 것이다. 진화가 그런 상황에 호기심을 갖게 한 것은 범죄와 재앙을 알아야 이를 피하는 데 유익하기 때문이다. 그러니 똑같은 범죄 현장 사진을 계속 확대해서 보여주기만 하는 프로그램에서 눈을 떼지 못한다고 해도 당황할 필요 없다. 각본도 엉망이고 해설도 형편없고 화면 상태도 나쁜 장면이지만, 여러분이 그런 장면에서 눈을 떼지 못하는 건, 호기심에 따라 정직하게 행동하고 있을 뿐이니 말이다.

혹시 지금 크나큰 불안을 겪고 있다면, 의외로 창의성 가까이에 있는지도 모른다. '난 왜 이렇게 늘 불안에 휩싸여 있을까?'와 같은 질문을 하고 있다면, 그 안에서 작게 반짝이는 흥미의 조각을 알아차리는 것이 큰 도움이 된다. 엘리자베스 길버트^{Elizabeth Gilbert}는 그녀의 저서 『빅매직』에서 이렇게 말했다.

호기심은 창의적인 삶의 본질이며 방식이다. … 잠시 멈추고 무언가 안에서 아주 작게나마 반짝거리는 흥미 조각을 발견했을 때, 호기심은 여러분에게 고개를 살짝 돌려 그것을 조금 더 가까이에서 살펴보라고 권할 것이다. 그렇게 하라.

이는 여러분 뇌에서 두려워하는 쪽과 창의적인 쪽 사이에 있는 출입구를 찾는 것과 같다. 그 작은 문은 오랫동안 닫혀 있었을 수도 있다. 경첩들도 부식되어 잘 움직이지 않을 것이다. 그렇지만 그 문을 밀고 나아간다면, 여러분은 불안을 넘어서는 삶으로 들어서게 될 것이다. 이번 장에서 그 방법을 배워보자.

최적의 호기심

뭔가 이상한 것을 목격했을 때, 그것이 얼마나 위험에 보이느냐에 따라 거의 아무 반응도 일어나지 않을 수도 있고, 즉시 두려움에 휩싸일 수도 있다. 이 무관심과 공포 사이의 어딘가에 '최적의 호기심'이 놓여 있다.

예를 들어 한 블록 떨어진 곳에서 어떤 차가 계속 차선을 빗나가는 것을 목격했다면 별다른 두려움이나 호기심을 느끼지 않을지도 모른다. 차는 우리에게 워낙 익숙한 대상이기 때문에, 다른 데 주의를 기울이는 편이 나을 수도 있어서다. 반대로 그 차가 날 향해 거의 정면에 가까운 위치까지 다가오도록, 내가 미처 눈치채지 못했다고 해보자. 이때는 공포가 호기심을 훨씬 압도해 본능적으로 그곳을 얼른 벗어나려 할 것이다. 이와 달리 그 차가 천천히 가까워지면서 심지어 의도적으로 날 향해 다가오는 것처럼 보인다면 이야기는 달라진다. 그러면 나는 즉시 그 차를 예의주시하며 궤적을 계산하고, 운전자의 얼굴을 살피며 그 차가 어디로 향하는지 파악하려고 애쓸 것이다.

이처럼 우리가 지닌 '최적의 호기심'은 매우 강력해서 극심한 두려움과 거의 비슷한(그러나 완전히는 아닌) 상태를 만들어낸다. 공포 영화, 흉가 체험, 베이스 점핑(고층 건물이나 절벽 위에서 낙하산을 타고 내려오는 스포츠-옮긴이), 극한을 추구하는 스키 등은 돈은 물론이고 엄청난 관심도 끌어모은다. 우리는 무서운 질병에 걸렸거나 끔찍한 사고를 겪은 사람들의 이야기를 다룬 의학 드라마에 매혹된다. 또한 인간은 태어날 때부터 큰 소리와 낙하에 대한 본능적인 공포를 지니고 있지만, 사람들은 굉음을 내는 비행기를 의도적으로 만들어 수천 킬로미터 상공까지 올라가고, 거기서 뛰어내리기도 한다.

달리 말해 우리는 '너무 무서워서 죽을 것 같아'와 '아마 살아남겠지'가 만나는 그 최적의 지점을 경험하기 위해서라면 거의 무엇이든 기꺼이 하려 한다.

인간이 호기심을 잃어버리는 이유

여러분은 충분한 탐구심을 지니고 태어났다. 이 탐구심을 연료로 삼아 생애 초기에는 탐험, 창작, 그 외 온갖 배움에 이끌려 많은 행동을 했다. 이와 관련하여 노벨물리학상 수상자 리언 레더먼$^{\text{Leon Lederman}}$은 한때 이렇게 말했다.

> 어린이는 타고난 과학자다. … 그들은 과학자들이 하는 모든 일을 한다. 물체가 얼마나 튼튼한지 시험하고, 떨어지는 물체를 측정한다. … 그들은 주변 세상의 물리 법칙을 배우기 위해 온갖 실험을 한다. … 그리고 그들은 질문한다. 왜, 왜, 왜라고 물으며 부모를 미치게 만든다.

순수함과 지능이 결합된 아동은 세상에서 가장 뛰어난 호기심꾼들이다. 우리 뇌를 젊게 유지해 '영원한 유년기'를 가능하게 해주는 돌연변이인 '유형성숙'을 갖춘다면, 인간은 놀라울 만큼 오래도록 호기심을 유지할 수 있다. 어떤 사람들은 실제로 그렇게 살아간다. 끊임없이 찌르고, 자극하고, 재보고, 실험하기를 멈추지 않는다. 이로써 우주선을 먼 은하계로 보내고, 컴퓨터 프린터와 생체에 적합한 플라스틱을 활용해 실제 작동하는 인공 심장을 만들기도 한다.

이처럼 어떤 사람들은 호기심을 유지하며 살아간다.

그렇다면 나머지 사람들은 어떨까?

2000년대 초반, 제품 디자이너 피터 스킬먼$^{\text{Peter Skillman}}$은 팀의 창의성을 측정할 수 있는 실험을 고안했다. 그는 참가자들에게 마른 스파게티면 몇 가닥, 끈 1미터, 마스킹테이프 1미터, 그리고 마시멜로를 하나 제공하며 지지대 없이 서 있는 탑을 만들라고 했다. 스킬먼은 대학생, 공학자, 변호사, 그 외 다양한 그룹을 대상으로 실험했다. 가장 형편없는 결과를 낸 팀은 누구였을까? 경영학과 학생들이었다. 반면, 큰 격차로 승리를 거머쥔 팀은? 유치원생들이었다.

이 놀라운 결과는 불안이 호기심을 꺼트리는 방식과 깊은 관련이 있다. 경영학과 학생들은 매우 이성적이고 합리적인 태도로 문제에 접근했다. 팀 리더를 뽑고, 최선의 실행법을 지적으로 논의한 뒤 분업을 통해 탑을 쌓기 시작했지만, 진행 속도가 너무 느린 나머지 거의 0점에 가까운 점수를 받았다. 이와 대조적으로 다섯 살배기 유치원생들은 사회적 불안이나 성과 불안이 거의 없는 듯했고 그저 호기심만 가득했다. 그들은 주저 없이 스킬먼의 도전과제에 뛰어들었다. 우르르 몰려들어 재료를 손에 쥐고, 바삐 움직였으며 대화도 거의 없었다. "여기! 아니, 여기라고!" 같은 짧은 외침이 오갈 뿐이었다.

성인 그룹들이 스파게티 챌린지에 실패한 것은 실제 과제 자체보다 사회적 불안에 더 집중했기 때문이다. 그들은 서로 기분을 상하게 할까 걱정했고, 집단 내 서열을 정해야 한다는 압박을 느꼈으며, 자기 생각을 말해도 되는지조차 확신하지 못했다. 작가 대니얼 코일 Daniel Coyle 은 "그들의 대화는 무난해 보이지만, 실제 행동은 비효율, 망설임, 미묘한 경쟁으로 가득 차 있다"라고 말했다.

이처럼 고등교육을 받은 학생들은 우리 문화에 뿌리박힌 좌반구 중심의 편향을 온몸으로 배운 이들이다. 집단의 인정을 받아야 하고, 자기 생각을 논리적으로 설명해야 하며, 사회적 역학을 계산해야 한다는 식의 규칙들 말이다. 그들은 다섯 살배기처럼 행동한다는 이유로―너무 가까이 선다든가, 자기 생각을 말로 설명하지 못한다든가, 허락 없이 물건을 집어 든다든가—수십 년 동안 꾸지람을 듣고 제지 당해 왔다.

대다수 사람은 걸음마 시기와 완숙한 성인기 사이의 어느 지점에 다다르면, 낯선 상황 앞에서는 호기심보다 불안으로 대응하라는 메시지를 받는다. 그 결과 어떤 사람들은 호기심이 거의 사라졌나 싶을 정도로 축소되기도 한다. 불안이 심한 내 클라이언트 중 많은 이들이 '평생 호기심을 한 번도 느껴보지 못했다'고 말한다. 범죄 드라마를 보면서 테네시의 저 불쌍한 목사 부인을 누가 죽였나 궁금해하는 것만이 유일한 호기심일 것이다. (그리고 범인은 늘 그 목사다.) 우리는 살아가는 동안 사회의 온갖 규칙을 흡수하며, 자신의 호기심을 뿌리까지 몽땅 뽑아내 버리곤 한다.

호기심을 버리고 사회에 물들다

2005년, 심리학자 조던 리트먼 Jordan Litman 은 호기심에 두 가지 종류가 있다는 사실을 밝혀냈다. 첫째, 그가 '박탈형 호기심 deprivation curiosity'이라고 부르는 유형은 앎에 대한 욕구에 걱정이 섞인 것이다. 가령 식량이나 피난처를 어떻게 찾아야 할지 모르는 상황처럼, 생존에 대한 정보가 부족할 때 생기는 불안한 호기심이다. 둘째, '흥미형 호기심 interest curiosity'은 단순히 알고자 하는 감각에서 비롯되는데, 마치 아이들이 크레용을 토스터에 집어넣으면 어떻게 될까 궁금해하는 것과 같은, 장난기 어린 상상에서 비롯된 호기심이다.

아동기의 호기심은 대체로 흥미형이지만, 성장하면서 우리는 이 대부분을 박탈형 호기심과 교환한다. 학교에 가면 생전 처음 들어봤거나 별 관심을 두지 않는 온갖 것을 배워야 한다. 그 내용에 집중하지 않으면 벌을 받거나 창피를 당한다. 성인이 되면, 7년 치 재무 기록을 파일로 정리하는 법, 이상한 발진이 나서 의사에게 보여주려다 관료주의의 미궁을 헤매는 법, 인정은 받되 질투심을 일으키지는 않는 사람이 되는 법 등을 익혀야 한다. 그런 기술에 숙달하지 못하면, 사회적 추방에서부터 감옥행까지 별별 일을 겪게 될 수도 있다.

흥미형 호기심은 좋은 기분을 안겨준다. 어렸을 때 저 언덕 너머에 뭐가 있을지, 서프보드 없이 파도타기를 하면 기분이 어떨지, 토스터에 크레용을 집어넣는 실험에 이어 멘토스 한 팩을 다이어트 콜라 한 병에 몽땅 부으면 어떻게 될지(구글에서 검색해보라!) 궁금해했던 기억이 있을 것이다. 이런 호기심은 흡인력 있고, 매력적이며, 들뜬 기분을 안겨주곤 한다.

반면에 박탈형 호기심은—어떻게 표현하는 게 좋을까?—솔직히 말해 몹시도 기분이 나쁘다. 그나마 좋게 포장한다면, 긁지 못하는 가려움 같달까. '이 방에 뭘 가지러 왔는데 그게 뭐였더라?' 싶은, 뭔가 빠진 듯한 기분이다. 더 나쁘게 표현하면 견디기 어려울 만큼의 불안감이라고 할 수 있다. 마치 머릿속이 이런 생각으로 가득 차는 듯하다. '대체 무슨 일이지? 화재 경보인가? 내가 뭘 놓친 건가? 내가 뭘 잘못했나? 누가 나한테 화가 난 거지? 왜?'

좌뇌가 지배하는 우리 문화의 구조들은 우리를 박탈형 호기심으로 몰아붙이곤 한다. 그 결과 우리는 마치 훌륭한 아마존 직원들처럼, 겁에 질린 채 일어나 묻지도 따지지도 않고 기존의 사회적 위계를 그대로 떠받친다. 이로써 꼭대기에 있는 사람들이 더 많은 것을 거머쥐도록 도와준다. 그렇게 우리는 흥미형 호기심을 놓아버리고, 박탈형 호기심에 더 집중하도록 훈련받는다. 2000년대 초반, 나는 나만의 뇌 지도를 직접 살펴보게 되었을 때, 우리가 이 과정에 얼마나 깊이 길들여져 있는지 실감했다.

당시에는 꽤 새로운 기술이었는데, 피닉스의 한 클리닉에서 연구진이 내 머리 전체에 접착성 젤을 바르고 수많은 센서를 부착한 다음 그것들을 컴퓨터에 연결했다. 나는 몇 시간 동안 그 자리에 앉아 연구진이 제시한 다양한 과제를 수행했다. 과제가 끝난 뒤, 연구진은 내게 두 가지 진단 결과를 전했다. 하나는 높은 불안 수치였고, 다른 하나는 주의력 결핍 과잉행동 장애ADHD였다. 첫 번째 진단은 놀랄 것이 없었지만, 두 번째는 꽤 충격이었다. "정말요? 제가 주의력 결핍 과잉행동 장애ADHD라고요?" 내가 물었다.

"그렇습니다." 수석 연구원이 내게 말했다. "학교생활이 무척 힘드셨겠네요." 그는 몇천 달러를 지불하면 내 학습 장애를 극복하는 데 도움을 줄 수 있다고 덧붙였다. 나는 박사 과정을 마무리하는 대신, 그 돈을 여기에 쓰기로 했다. 다만 내 장애에 관해 더 자세히 알려달라고 분명히 요청했다.

"음, 당신은 비정상적으로 흥미에 기반한 신경 체계를 가지고 있습니다." 그가 설명했다.

"그게 무슨 뜻인가요?" 내가 물었다. "흥미에 기반해 있다니요?"

"흥미롭지 않은 것보다는 흥미로운 것에 훨씬 더 집중한다는 뜻이죠." 그는 말했다. "하지만 걱정 마세요. 말씀드렸듯이 치료할 수 있으니까요."

나는 크게 웃다가 그의 말이 농담이 아니라는 것을 깨달았다.

"잠깐만요." 내가 말했다. "그러니까 대다수 사람은 흥미가 있든 없듯 만사에 똑같은 주의를 기울인다는 말씀인가요? 세상에, 그러면 아침 식사로 뭘 먹을지는 어떻게 정하나요?"

"아뇨, 아뇨." 연구원이 대답했다. "제 말은 대다수 사람은 상황에 따라 적정 수준으로 자신의 주의력을 배분할 수 있다는 뜻이었습니다."

"그 '적절한 수준'이란 건 뭘 기준으로 정하죠?"

"아시다시피 학교, 일, 사회에서 잘 기능하기 위함이죠."

"아, 그렇군요." 내가 말했다.

나는 그를 곁눈질로 노려보며 머리카락에 붙은 센서 젤을 떼어냈다. 그러면서 속으론 단골 연설대에 올라가 한바탕 외치는 상상을 하고 있었다. 그러니까, 내 뇌는 본래 자본 생산이라는 물질 축적 기계의 톱니바퀴가 되어야 한다는 말이었다. '시스템을 위한 노동자'가 되고, 백인 우월주의적 가부장제를 떠받드는 역할을 해야 한다는 뜻이었다. '정상적인' 뇌라면 응당 시키는 대로 해야 했다. 출퇴근 카드를 찍고, 자신의 관심사는 저버리고, 가끔 특별식처럼 범죄 드라마나 즐기며 살아가는 것 말이다.

하지만 나는 내가 흥미 기반의 신경 체계를 타고난 것을 한순간도 후회하지 않았다. 내게 그것은 일종의 항해 도구 같았다. 인생에서 진정 중요한 갈림길마다, 인생의 마디마디에서 그 호기심이 나를 이끌어 주었으니까. 앞서 말했듯이 흥미형 호기심은 우리가 불안에서 벗어나 창의성으로 들어가는 출입구다. 나는 이 호기심 덕분에 수많은 현실적인 문제들을 실용적으로 해결해냈다.

지금까지 이 책은 '불안한 자아'를 진정시키는 데 집중해왔다. 이제부터는 자연이 의도한 대로, 여러분의 뇌 안에 살아있는 흥미형 호기심을 다시 깨우고자 한다. 그 호기심을 바탕으로 여러분의 에너지와 활기를 한껏 높이려고 한다. 주의력 결핍 과잉행동 장애 ADHD의 여부와 관계없이, 흥미형 호기심은 오랫동안 놀이를 기다려 온 아이처럼 여전히 여러분 안에 있다. 그 호기심 넘치는 아이를 다시 찾아가 창의성의 소용돌이로 들어가는 비밀의 문을 열 것이다. 그 안에서 여러분은 자신의 목적을 발견하고, 원했던 삶을 하나씩 쌓아 올리기 시작할 것이다.

흥미형 호기심을 되찾는 방법

내 관심사를 무시하라는 사회적 압박이 아무리 심해도, 불안과 관련된 회로 때문에 매혹과 연관된 신경 회로가 거의 묻혀 있어도, 일순간 흥미형 호기심을 되살릴 수 있다. 예일대학교에서 훈련받은 정신의학자 저드슨 브루어 Judson Brewer 박사는 한 가지 방법을 제시했다. 그는 『불안이라는 중독』이라는 훌륭한 베스트셀러에서 자음으로만 이루어진 짧은 단어 하나를 사용했던 예를 들려준다.

언젠가 브루어는 올림픽 수구 대표팀을 대상으로 워크숍을 진행했다. 그는 동료와 함께 수구팀을 이끌고 콜로라도 산악 지역으로 하이킹에 나섰다. 감탄을 자아낼 만큼 멋진 경관을 마주한 순간, 두 의

사는 미리 정한 신호에 맞춰 동시에 "흠… Hmm" 하는 소리를 냈다.*

그러자 놀랍게도, 모든 선수들이 즉각 강한 호기심을 보이며 생기가 돌기 시작했다. 두 의사가 특별히 무엇인가에 흥미를 느낀 것이 아니라, 그저 호기심이 생긴 척 연기했을 뿐이라는 사실을 들은 뒤에도, 선수들의 기분은 여전히 밝고 들떠 있었다. 그 이후로 선수들은 "흠…"소리를 기운을 북돋는 호기심 훈련의 일환으로 활용하기 시작했다. 브루어는 이 경험을 다음과 같이 기록했다.

답답하거나 꽉 막힌 느낌이 들 때, (상황을 고치거나 바꾸려 하기보다) '흠–' 하고 소리를 내는 것만으로도, 몸과 마음에서 어떤 반응이 일어나는지를 탐색하는 데 도움이 되었다. 걱정이나 자기비판 같은 습관적인 사고에 갇혔을 때도, 단순히 '흠–'이라고 소리를 내면 태도가 전환되고 … 그 반복의 고리에서 빠져나오는 데 유익했다.

공공장소에서 이상하게 행동하는 사람 혹은 이상한 기계처럼 뭔가 낯선 것을 보았을 때, 여러분의 관심이 평소의 걱정('공과금을 어떻게 내지?', '팔에 난 이 이상한 섬유종은 뭘까?')에서 완전히 벗어나 '잠깐, 저건 뭐지?'('이상하게 계속 맴도는 저 음악은 뭘까?', '저 맛있는 냄새는 뭐지?', '저 멋진 옷을 입은 사람은 누구지?')라는 질문으로 옮겨간 듯한 경험이 있을 것이다.

* 저자 저드슨 브루어는 이 책에서 "흠…"은 호기심이 생길 때 자연스럽게 나는 소리로서 전통적인 주문인 "옴Om"과 혼동하지 말 것을 당부한다.(『불안이라는 중독』 239쪽 참조) – 옮긴이.

모든 사람의 흥미형 호기심은 자신이 매혹을 느끼는 대상에 따라 각기 다른 패턴을 보인다. 물론 모두가 느끼는 공통의 관심사도 있지만, 결국 사람은 모두 고유한 존재다. 여러분도 행글라이딩, 비건 요리, 바구니 만들기처럼 스스로 즐겨 탐색하는 특별한 관심사가 있을 것이다. 어떤 활동이 자신의 흥미형 호기심을 활성화하는지 잘 모르겠다면, 인터넷을 훑어볼 때 어느 지점에서 "잠깐, 저건 뭐지?"라는 말이 나오는지 살펴보자. 흥미형 호기심이 자극될 때 주의가 현재에 머물고, 갑자기 기운이 솟는 느낌을 받을 수 있을 것이다.

뭔가를 만들어내는 일은 진화적으로도 유리한 능력이다. 이런 까닭에 뭔가를 '만드는 사람'을 지켜보는 데 유독 끌린다. 토기, 데쿠파주 decoupage(나무, 유리, 금속 등의 표면에 그림을 오려 붙이는 기법 – 옮긴이), 독특한 머리 모양 등 무엇이든 좋다. 뭔가 만드는 것을 좋아한다면 그 과정을 사람들 앞에서 한번 시도해보라. 그리고 얼마나 많은 사람이 걸음을 멈추고 가만히 바라보는지 살펴보라. TV 프로그램 〈제조의 비밀 How It's Made〉은 TV의 성공 공식을 따르지 않고도 큰 인기를 끌었다. 약간의 갈등조차 배제한 채, 그저 이름 모를 사람들이 주크박스에서부터 시가 전차에 이르기까지 다양한 물건을 만드는 모습을 시청자에게 보여주는 것만으로도 충분했다.

정리해보자. 흥미롭다고 느껴지는 것이 있다면 무엇이든 지켜보고, 배우고, 질문하면서 자기가 지닌 흥미형 호기심을 실험해보자. 그 과정에서 호기심이 깜빡거리며 작동할 때, 불안이 한 걸음 물러나는 것을 분명히 느낄 수 있을 것이다.

흥미형 호기심을 늘 자극하는 질문

이 접근은 당신이 이미 불안을 느끼고 있지 않을 때 가장 효과적이다. 앞서 살펴보았듯, 불안한 상태에서는 '거울의 집'에 갇혀 모든 것이 위험하다고 느끼는 탓에 호기심에 닿기조차 어렵다. 만약 매우 불안한 상태라면 "흠…" 하고 중얼거린다든가, 좋아하는 관심사를 떠올리는 등의 가벼운 시도만으로는 불안의 소용돌이에서 벗어나 호기심의 상태로 들어가기 어려울 수 있다. 장기적인 '빨간불' 혹은 '노란불' 상태의 긴장감에 빠졌을 때 가장 괴로운 점 중 하나는, 모든 것에 대한 흥미를 잃게 된다는 것이다. 세상은 더 위험하게 느껴지지만 동시에 훨씬 더 지루해진다.

다행히도, 깊은 불안 속에 빠졌을 때조차도 꾸준히 우리의 관심을 붙잡는 것이 하나 있다. 바로 이 질문이다. "어떻게 하면 기분이 나아질까?" 이 질문은 사실상 거의 언제나, 박탈형 호기심에서 벗어나 흥미형 호기심으로 옮겨가는 첫걸음이 되어준다.

어쩌면 여러분도 이 질문에 대한 답을 찾고 싶어서 이 책을 집어 들었을 것이다. 그렇다면 지금 그 호기심을 활용해, 당신의 불안한 상태를 탐정처럼 탐색해보자. 우리가 종종 빠져드는 범죄 스릴러물에 빗대어 보자면, 이 이야기는 이렇다.

"도무지 즐거운 게 없어, 즐거움이 모조리 사라진 건 아닌지 두려워. 어떻게 해야 그것을 다시 찾을 수 있을까?"

이 미스터리는 당신 내면의 다양한 자아들이 모인 공동체 안에서 벌어진 사건이다. 즐거움을 납치한 '범인'은 대부분 매니저나 소방관이고, 때로는 이 둘이 공모한 결과이기도 하다. 그리고 그 즐거움은 추방자가 감금에서 풀려나 통합될 때 되살아난다. 추방자들은 내면에서 억압되거나 고립된 상태로 지내지만, 이들이 참나^{Self}에 의해 온전히 받아들여지고 통합될 때, 매니저와 소방관의 경직된 긴장은 서서히 풀리고, 비로소 삶의 즐거움이 돌아오기 시작한다.

그렇다면 이 사건을 풀 수 있는 천재 탐정은 누구일까?

바로 여러분 안의 '참나^{Self}'다.

기억하겠지만 호기심은 리처드 슈워츠가 참나를 설명할 때 사용한 여덟 가지 'c'—평온함^{calmness}, 명료함^{clarity}, 자신감^{confidence}, 호기심^{curiosity}, 용기^{courage}, 연민^{compassion}, 연결감^{connectedness}, 창조성^{creativity}—중 하나다. 참나는 매우 뛰어난 탐정이지만, 여러분이 TV에서 보았던 탐정들과는 달리 몹시 친절하다. 참나의 목적은 제대로 기능하지 못하는 내면의 부분들을 단죄하거나 가두는 것이 아니다. 오히려 그들을 감옥에서 꺼내어 추방자, 매니저, 소방관 모두를 평온하고 조화로운 자유 상태로 이끌고자 한다. 그렇다면 이제, 그 친절한 탐정과 함께 다음의 단서들을 따라가보자.

이 연습 활동은 영적 스승 바이런 케이티^{Byron Katie}가 '작업^{The Work}'이라고 부르는 방법을 토대로 한다. 나는 이 연습 활동을 활용할 때마다 나의 불안한 부분들이 최선을 다하고, (그동안 들어온 이야기들과 겪은 일들 때문에) 무심코 거짓말하고, 결국 마음을 푹 놓고 멈추는 것을 발견한다.

새로운 기술

친절한 탐정 고용하기

탐정 기술은 고통을 느끼거나, 삶의 어떤 영역에서 해법을 찾지 못할 때마다 활용할 수 있다. 여러분의 마음속에는 무거운 고통에 짓눌려 자신을 진심으로 저버리거나 배신했던 장소, 또는 사소하지만 '평화가 방해받은' 장소들이 있을지도 모른다.

그런 작은 방해를 하나 골라 아래 빈칸에 적어보자. 예를 들어 "나는 돈이 너무 걱정된다." 혹은 "제시가 내게 단단히 화가 난 것 같아서 두렵다"라고 적으면 된다.

이러한 걱정이나 혼란이 깃든 장소(삶에서 평화롭지 않은 모든 부분)를 우리는 '범죄 현장'이라고 부를 것이다.

....

....

내가 말하는 '친절한 탐정'은 셜록 홈스처럼 예리한 관찰력을 지녔지만, 홈스가 자주 내뱉던 "아주 간단하네Elementary"라는 말 대신 "흠–" 하고 조용히 생각하는 것을 더 좋아한다. 모름지기 탐정이라면 반드시 범죄 현장에 가야 하고, 거기서 모든 주변 사람과 사물을 주의 깊게 관찰해야 한다는 것을 여러 TV 프로그램(또는 추리소설)에서 봤을 것이다.

지금 이 순간, 내 삶의 영역 중 평화롭지 않게 느껴지는 곳을 주의 깊게 들여다보자. 그것이 내 몸 어디에서 느껴지는지 찾아보고, 어떤 느낌이 드는지도 살펴보자. 그리고 관찰한 것을 아래에 적어보자.

....

....

....

그것의 위치와 하는 말에 귀를 기울였다면, 그것이 '이 정도로는 부족해!', '나는 부족한 사람이야!', '내가 가진 건 충분치 않아!' 등 불안한 생각들을 계속 늘어놓는 것을 듣게 될 것이다. 평화를 깨뜨리는 그 부분이 실제로 뭐라고 말하는지, 아래에 적어보자.

....

....

....

고통받고 있는 그 부분의 이야기에 연민을 담아 귀 기울여 들어주자. 그리고 아래에 제시된 몇 가지 질문을 던져보자. 이 불안한 자아를 몰아붙일 필요는 없다. 친절한 탐정은 절대로 '나쁜 경찰'처럼 굴지 않는다. 하지만 그 자아가 주장하는 바를 정중하게 심문할 필요는 있다. 이를 위해 여러분이 가진 도구는 두 가지다. 하나는 몸 안의 신체 감각이라는 물리적 증거이고, 다른 하나는 여러분의 신경 체계에 내장된 거짓말 탐지기다. 이중 첫 번째 도구를 쓰려면 지금 느껴지는 신체 감각을 추적해야 한다. 두 번째 도구를 쓰려면 지금 이 순간, 여러분이 처한 실제 상황의 사실에 주목해야 한다.

이제 아래 지침을 차례차례 따라가보자.

1단계: 평화의 방해자와 목격자들에게 질문하기

평화의 방해자가 내놓는 주장 하나(예를 들어, '내가 가진 건 충분치 않아!')를 골라 아래에 간략히 적어보자.

_____

_____

치우침 없는 친절한 탐정의 입장에서, 평화의 방해자가 내놓은 이 주장이 지금 이 순간 내 실제 상황에서 문자 그대로, 물리적으로 사실인지 살펴보자. 지금 느끼는 고통이 있다면 연민의 마음으로 먼저 인정해 주자. 그다음 아래 질문에 답해보자.

"평화를 방해하는 그 주장이 거짓임을 밝히는 증거가 단 하나라도 있을까?"

그 주장을 무너뜨릴 증거가 아주 적을 수도 있지만, 훌륭한 탐정이라면 그것을 놓치지 않을 것이다.

예 "'내가 가진 것이 충분치 않다'는 말이 정말 문자 그대로 사실일까? 흠, 일단 지금 내게는 숨 쉴 산소가 충분히 있고, 이렇게 앉아 있을 만한 안전한 장소도 있고, 넉넉한 중력도 있고, 게다가 옷도 입고 있지. 물론 내가 원하던 옷은 아니지만, 이 순간 필요한 만큼은 갖추고 있잖아. 또 착한 앵무새가 주는 사랑도 있고."

_____

_____

"평화의 방해자가 내놓은 주장이 거짓일 가능성을 믿을 만한 이유가 여러 가지일까? 나는 그 이유를 몇 개나 찾을 수 있을까?"

혼란스러운 신념에 반대되는 증거들을 하나둘 찾아내기 시작하면, 오른쪽 뇌가 연결고리를 만들며 평화의 방해자가 미처 보지 못한 온갖 증거들을 드러내기 시작한다. 이는 내가 불안에서 벗어나 호기심의 출입구를 지나고 있다는 신호일 수 있다.

예 "사실 내가 먹이를 줄 때 찾아오는 새들은 우리 집 앵무새만이 아니다. 수많은 새들이 찾아오지. 새들의 노랫소리가 넘쳐나! 게다가 이런저런 농담, 생각, 아이디어들도 가득해. 그런 것들이 내게는 충분히 있어."

여기서의 목적은, 여러분이 부정적인 감정을 느꼈다는 이유로 부끄러움을 느끼게 하려는 것이 아니다. 오히려 내 삶에 대한 더 균형 잡히고 현실적인 그림을 나의 신경 체계에 보여주는 것이다. 이런 식의 호기심 넘치는 질문은 감사의 감정으로 이어질 수도 있다. 심리학자들이 밝혀낸 바에 따르면, 감사는 행복과 가장 밀접하게 연결된 감정이다.

자, 이제 마지막 논리적 질문을 던져볼 차례다.

"평화를 방해하는 그 주장의 정반대가 사실일 수도 있을까?"

'반대되는' 생각들이 몇 가지 있을 수도 있다(예를 들어, '내가 가진 건 충분해', '이것들은 내게 과분해' 같은 표현들). 조금 이상하게 들리는 반대 주장이라도 한번 들여다볼 가치는 있다. 이 단계에서는 납득할 만한 답을 찾지 못할 수도 있고, 어쩌면 뜻밖에 찾게 될 수도 있다. 최대한 창의성을 발휘해보자. 여러분 안의 '친절한 탐정'이 이 질문을 충분히 탐색하도록 맡겨보자.

예 "실제로는, 나에게 주어진 좋은 것들이 너무 많아서 감당이 안 되는 건 아닐까? 뭐, 복도 벽장에 한 번도 사용하지 않은 물건들이 꽉 차 있긴 하지. 생각해보면 이 우주에는 내가 필요로 하거나 쓸 수 있는 것보다 훨씬 더 많은 좋은 것들이 차고 넘쳐. 이 지구라는 행성만 봐도, 아마 나에게 그런 것들을 기꺼이 내어줄지도 몰라. 어쩌면 나는 아주 아름다운 순간들, 흘러넘치는 사랑, 배우고 싶은 흥미로운 것들을 스스로 만들어낼 수 있을지도 모르지. 감당하지 못할 만큼 아주 많이 말이야."

....
....
....
....

2단계: 평화의 방해자에게 거짓말 탐지기 건네기

여러분의 신경 체계는 거짓을 싫어한다. 마음 깊은 곳에서는 진실이 아니라고 느끼는 말을 입 밖에 낼 때, 비록 머릿속에서는 사실처럼 여겨지더라도, 몸은 그것에 반응해 점점 힘이 빠진다. 정말 주의를 기울이면(그리고 친절한 탐정이라면 물론 그렇게 할 것이다), 거짓된 생각이나 말을 할 때마다 가벼운 불안 반응이 느껴질 것이다. 이를테면 심장 박동이 빨라지고, 입이 마르고, 손에 땀이 나고, 근육이 긴장되는 것을 느낄 수 있다. 더불어 불안, 슬픔, 낙담, 심지어 절망에 이르는 갖가지 부정적인 감정들도 함께 따라올 수 있다.

이 모든 반응을 종합해보면, 지금 여러분이 머릿속에 품고 있는 생각이 진실이 아니라는 신호다. 물론 이 생각은 당연히 불쾌할 수 있다. 하지만 진실된 생각일 때는 오히려 행동하고 싶다는 분명한 욕구가 일어난다. 예컨대 건강한 두려움이 우리를 움직이게 하듯이 말이다. 사실 몸 전체가 뻣뻣해지는 느낌은, 여러분의 신경 체계가 거짓말을 거부하고 있다는 명백한 증거다. 이제, 거짓말 탐지기 테스트를 해보자.

여러분을 괴롭히는 평화의 방해자(예를 들어, '내가 가진 건 충분하지 않아!' 같은 주장)를 골라 아래에 간단히 적어보자.

....

....

....

....

이 주장을 머릿속에 떠올린 채, 거짓말 탐지기를 작동시켜 보자. 다음의 반응들을 잘 관찰해보자.

"이 생각을 할 때, 내 몸은 어떤 느낌이 드는가?"

....

....

....

"이 주장을 믿을 때, 내 몸의 에너지 수준은 어떻게 달라지는가?"

....

....

이 주장을 믿을 때, 나는 몇 살로 느껴지는가? (그 말이 과거에는 사실이었을지 몰라도, 지금은 아닐 수도 있다.)

....

....

....

이 주장을 믿을 때, 나는 나 자신과 타인에게 어떻게 행동하게 되는가?

....

....

....

조사를 마친 친절한 탐정은 내면의 평화를 깨뜨리는 방해자들을 꾸짖지 않는다. 대신 그들을 이해하고, 감사를 표하고, 긴장을 풀기 위해 어떤 도움을 줄 수 있는지를 조심스레 묻는다. 그러고는 그들에게 '친절한 내면 대화 KIST'(2장 참고)와 '스페이스 SPACE'(항복-평화-음미-연결-기쁨, 3장 참고)를 듬뿍 선물한다. 순수한 연민으로 만든 상상의 포근한 침대를 펴고, 그 위에 평화의 방해자들을 눕혀 재우면서 그들이 치유될 수 있도록 할 것이다. 그리고 마지막으로, 현실 세계에서 내 몸과 마음 전체를 위한 돌봄—이를테면 범죄 드라마 시청—을 제공한다.

힘든 시기에도 기운을 북돋아 주는 호기심

내면에서 자신에게 친절을 베풀면, 타인을 마주할 때 서 있을 공간이 생긴다. 덕분에 마음이 충분히 평온해져서 우반구가 지닌 가장 유쾌한 능력인 유머도 자연스럽게 발휘된다.

또 다른 연습 활동을 아래에 소개한다. 이 활동은 내가 꺼리는 부류의 사람들 앞에서도 흥미형 호기심을 활성화하는 데 도움이 된다. 특히 충분히 예견되는 난처한 사회적 상황에 대처할 때 효과적인데, 나는 이 기술을 가족 모임이나 사무실 회의처럼 번번이 갈등이 생겨 다음번 모임을 걱정스럽게 준비하는 많은 클라이언트에게 자주 권한다. 한 번은 TV 프로그램 〈굿모닝 아메리카Good Morning America〉에서도 소개한 적이 있다. 만약 여러분의 신경 체계에 상당히 해로운 사람들과 조만간 만날 일이 있다면 이 방법을 시도해보자.

새로운 기술

언짢은 모임에서 몰래 해보는 빙고

- 가로, 세로 각각 다섯 칸짜리 빙고 판을 만들어보자. 원한다면, 아래와 같이 대각선에 빙고BINGO라고 적어도 좋다.

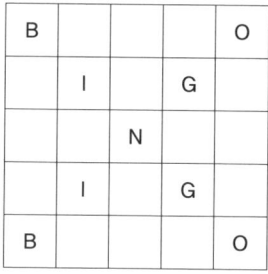

- 각각의 빈칸에는 가족 모임(또는 직장 모임, 포커 모임 등)에서 항상 벌어지는 몹시 언짢거나 짜증스러운 일 한 가지씩을 적는다. (예: "샐리가 누군가를 모욕함", "제프가 동성애를 혐오 발언을 함" 등)
- 친구 한두 명에게도 자신만의 예상 사건들로 빙고 판을 채우게 한다. 그리고 각자 두려워하는 그 모임에 자기가 만든 빙고 판을 가지고 간다.
- 빙고 판에 적어두었던 일이 실제로 벌어지면, 해당 칸에 X 표시를 한다.
- 먼저 '빙고'를 완성한 사람이 다른 사람에게 문자를 보내면, 게임에서 이기며, 나중에 공짜 점심을 얻어먹는다.

이 게임에 참여한 내 클라이언트들은 지겹고 익숙하기만 했던 두려운 상황에서 전혀 새로운 경험을 하곤 했다. 화를 참지 못한 할머니가 누군가를 비난할 때, 팻이 TV 화면에 보이는 축구 심판에게 팝콘 그릇을 집어 던질 때, 앨리스가 석고보드 벽에 주먹을 날려 구멍을 낼 때도, 빙고 게임 참가자들은 더 이상 얼굴을 찡그리거나 이를 악물지 않는다. 오히려 몸을 앞으로 기울이고, 빙고 판을 손에 쥐고 속으로 이렇게 외친다. '좋아, 계속해! 부디 계속해줘!'라고.

삶을 구해내는 호기심

여러분의 불안은 이것이 어리석은 시도일 뿐이라고 겁을 주면서, 위에서 소개한 연습 활동에서 물러나도록 유도할 수도 있다. 또는 연민을 품고 자신을 대하는 것은 이기적인 행동이며, 긴장되는 사회적 상황에서 불안을 내려놓는 것은 위험하다고 우길 수도 있다. 하지만 기억하자. 불안이 들려주는 이야기 중 가장 그럴듯한 이야기는 '한껏 겁먹고 있어야 안전이 유지된다'는 말이다. 하지만 약간의 호기심을 갖고 들여다보면, 그것이 얼마나 잘못된 생각인지 금방 알 수 있다. 불안은 우리 삶을 송두리째 망가뜨릴 수 있다. 그리고 우리가 집단적으로 불안에 휘둘리게 되면, 결국 세상마저 위태롭게 만들 수도 있다.

앞서 보았듯이, 불안의 소용돌이에 갇힌 뇌는 우반구가 손상된 사람처럼, 어떤 것을 똑바로 보고도 그것을 전혀 인식하지 못할 수 있다. '편측 무시hemispatial neglect'라고 부르는 이 상태는, 좌반구가 지금 생각하지 않는 대상은 전부 존재하지 않는다고 간주하는 이상한 현상으로, 우리가 불안에 빠질 때마다 고개를 들기 시작한다. 진짜 공포가 또렷하고 유용한 집중력을 이끌어내는 것과 달리, 불안에서 비롯된 주의력 상실은 '무주의 맹시inattentional blindness'(불안이 초래하는 주의력 결핍)로 이어질 수 있으며, 이는 치명적인 실수를 낳기도 한다.

예를 들어, 한 부모가 카드 명세서의 오류를 해결하려고 안간힘을 쓰는 동안, 자신들에게 이제 막 걸음마를 뗀 아이가 있다는 사실조차 잊어버릴 수 있다. 그 아이는 이미 현관문을 열고 밖으로 나가, 광활한 대자연 속을 헤매고 있을지도 모른다. 또는 한 외과의사가 동료에게서 들은 모욕적인 말을 곱씹다가 수술 중에 집중력을 잃고 중요한 신경이나 동맥을 건드릴 수도 있다. 혹은 한 항공관제사가 방송에서 나온 파국적인 예언을 되새기느라, 헤드셋을 통해 전해지는 관제 정보를 듣지 못해, 자신도 모르게 참사를 유발할 수 있다.

불안은 타인에 관한 호기심을 몽땅 꺼트리는 까닭에 인간관계에도 몹시 해롭다. 순간순간 서로에게 가혹한 비판을 던지게 할 뿐 아니라, 개인이나 집단에 휘몰아치는 비난에 기름을 끼얹기도 한다. 불안은 편견을 강화하며, 지극히 순수한 행동을 놓고도 악의가 숨어 있지는 않나 의심하게 만든다. 그렇게 우리는 오히려 세상에서 사라지기를 바라는 태도를 스스로 몸에 익히게 된다.

다양성과 공정성에 관한 연구에 따르면, 불안은 우리로 하여금 자신과 생김새나 말투, 옷차림이 다른 사람들을 타자화할 가능성을 높인다. 낯선 대상에 공포로 반응하면 불안의 소용돌이가 일어나 사고방식이 좁아지는 탓에 결국 누구도 내 입맛에 맞지 않게 된다. 게다가 우리는 이러한 '타인'을 거부하는 우리 문화의 전반적인 차별이 스며든 암묵적인 편향을 전부 받아들인다. 실제로는 정의와 공정성을 진심으로 소중히 여기면서도 말이다.

혹시 자신 안의 숨은 편견이 궁금하다면, IAT[Implicit Association Test] (암묵적 연관 테스트)에 접속해 무료로 시험해볼 수 있다.* 베스트셀러 작가 말콤 글래드웰[Malcolm Gladwell]은 이 검사를 네 번이나 받았다. 그는 어머니가 흑인임에도 불구하고 이 검사를 실행할 때마다 인종 부

---

* https://implicit.harvard.edu/implicit/takeatest.html

문에서 '자동으로 백인을 선호하는 경향이 중등도에 해당함'이라는 결과가 나왔다. 불안은 사회적 편견을 강화하려는 성향을 지니고 있는 탓에, 우리가 사랑하는 사람들뿐 아니라 자기 자신에게마저 등을 돌리게 만든다. 다시 말해, 불안에서 시작해 문화적으로 강화된 무의식적인 편견을 지니고 있다면, 단지 위험에 처하는 것에 그치지 않는다. 나 자신이 위험한 존재가 되기도 한다.

이 모든 문제를 해결할 방법은 더 많은 불안이 아니라, 더 많은 '흥미를 기반으로 한 호기심'을 품는 것이다. 변호사이자 활동가인 밸러리 카우어Valarie Kaur는 강력한 메시지를 담은 데뷔작 『누구도 낯선 사람으로 보지 않으리See No Stranger』에서 이렇게 말했다.

> 다수의 뇌 영상 연구에 따르면, 사람들은 자신과 다른 인종의 사진을 보더라도 … 무의식적인 공포 반응을 무디게 할 수 있다. … 이 연구들에서 확인된 방법은 놀라울 정도로 단순했다. '저 사람은 저녁으로 뭘 먹을까?' 하고 **궁금해하는 것**만으로 무의식적인 두려움이 누그러졌고, 그제야 비로소 공포가 사라졌다.

카우어의 이야기에서 핵심이 되는 단어는 '궁금해하기'다. 다시 말해 호기심을 품는 것이다. 우리가 낯선 무언가에 익숙해지는 유일한 방법은 그것에 관해 질문하고, 탐색하고, 여러 각도에서 바라보는 것이다. 그 '낯선 것'이 사람일 경우, 그의 경험에 대해 궁금해하는 태도는 불안을 뚫고 연결로 나아가는 길이 된다.

지금 이 순간에 집중하며 진실을 알아차리는 능력, '친절한 탐정'

처럼 상황을 바라보는 시선, 짜증이나 좌절에서 웃음을 끌어내는 유머 감각, 불안한 생각과 진실된 생각을 몸의 감각으로 구별하는 능력, 이 모든 것은 뇌의 오른쪽 반구에 기반한다. 특히 '궁금해하기'는 오른쪽 뇌가 가장 좋아하는 상태 중 하나이며, 이외에도 지금 이 순간을 인식하고 타인의 겉모습과 내면을 관찰하고 알아차리는 것 또한 마찬가지다. 우리가 아주 어렸을 때, '궁금해하기'는 우리의 주된 일과이자, 삶의 방식 그 자체였다. 나의 불안 생명체를 가라앉히고, 우반구가 지닌 호기심 쪽으로 주의를 돌릴 때, 우리는 다시금 그 시절의 아이처럼 경이로움과 호기심을 되찾을 수 있다. 그리고 이번에는, 다시는 놓치지 않게 될 것이다.

호기심 넘치는 삶

흥미형 호기심에 불을 켜서 '걱정'과 '경이로움' 사이에 숨겨진 비밀의 문을 반복해서 열어 버릇하면, 그 문은 점점 더 부드럽게 열리기 시작한다. 삐걱거리던 경첩은 조용해지고, 입구는 더 넓게 느껴진다. 불안을 내려놓고 탐험에 나서는 신경 회로들도 날이 갈수록 풍성해진다. 불안에 빠져 사는 대신 열심히 호기심을 추구하다 보면, 어느새 탐구심의 파동이 저절로 스스로 튀어나와 불안을 밀어내는 것을 느낄 수 있다. 그렇게 되면 마치 달의 일식처럼 호기심이 불안을 완전히 가리게 된다. 놀이와 탐구로 가득했던 어린 시절의 경이감이 다시 되살아나며, 스스로가 더 젊어진 듯한 기분을 느끼게 될 것이다.

이 모든 변화는 여러분이 세상과 관계 맺는 방식을 바꾸어 놓는다. 호기심이 마땅한 제자리를 회복하면, 더 이상 "왜 이런 일이 내게 일어나는 거지?"라고 수사적으로 묻지 않게 된다. 대신 '흠… 이 일이 내게 일어나는 이유는 뭘까?' 하고 탐정처럼 생각하게 된다. 무작정 불안을 억누르려 애쓰기보다, 고통을 포함한 모든 경험에서 의미를 찾게 된다. 위대한 사상가들은 넘치는 호기심이라는 정신적 천재성을 지니고 있다. 그래서인지 그들은 거의 놀이하듯 당혹스러운 문제에 기꺼이 몰두하곤 한다.

이런 삶의 방식은 불안을 창의성의 촉매로 바꿔놓는다. 걱정하는 데 쏟던 에너지를 질문과 발견으로 전환하게 된다. 아일랜드의 시인이자 소설가인 제임스 스티븐스 James Stephens 는 "호기심은 용맹함보다 훨씬 훌륭하게 공포를 정복할 것이다"라고 말했다. 호기심을 발동시키는 순간, 여러분은 단지 평온함을 넘어서 창의성의 소용돌이라는 용기의 영역으로 들어서게 된다. 바로 이 지점에서 여러분은 모든 문제의 해법을 발견하기 직전의 문턱에 서게 된다. 이제 여러분은 상상할 수 있는 가장 멋진 삶을 꿈꿀 준비가 되었고, 그 삶을 실제로 만들어갈 준비도 되어 있다.

삶을 새롭게 짜맞추는 기술, 온전한 퀼트처럼

7

프리다는 내가 코칭했던 사람들 중에서도 가장 불안한 사람에 속했다. 그런데 세상에, 그녀 나름으로는 갖가지 이유가 있었다! 프리다에게는 숨 쉬는 것조차 위험천만한 도박이었다. 여러 가지 알레르기를 앓고 있으며 화학 물질에도 민감한 프리다는 언제 치명적인 천식 발작을 일으킬지 몰랐다. 프리다의 생존은 그녀의 도우미견인 그리핀의 손―아니, 발―에 달려 있었다. 보더콜리 종인 그리핀은 프리다의 천식을 유발하는 모든 화학 물질을 냄새로 알아내도록 훈련받았다. 그리핀은 뭔가 위험한 냄새를 맡으면 프리다에게 신호를 보내거나, 긴급한 경우 그녀가 위험 물질에 닿지 않도록 입으로 프리다를 끌어당기기까지 했다.

프리다는 나와 동료 코치 보이드 바티가 약 100명을 대상으로 진행한 3일짜리 워크숍에 참가했다. 처음 이틀 동안 나는 그리핀이 함께 있는지도 몰랐다. 그리핀이 워낙 조용하고 가만히 있어서 마치 방 안의 가구처럼 느껴졌기 때문이다. 세미나 셋째 날, 질문이 있다며 프리다가 손을 들었다. 우리는 프리다를 무대로 초대해 짧게나마 즉석 코칭을 진행하기로 했다. 그제야 그녀 곁에서 살금살금 조용히 따라오는 털북숭이 동반자가 눈에 들어왔다.

　무대에 올라 내 맞은편 의자에 앉은 프리다는 눈에 띄게 떨고 있었다. 반면 그리핀은 너무나 차분했다. 마치 스핑크스처럼 완벽하게 균형 잡힌 모습으로 미동도 없이 그녀 옆에 머물러 있었다. 나는 그렇게 훈련이 잘된 개는 처음 본다고 말했다. 프리다는 그리핀의 귀를 어루만지며(그럼에도 그리핀은 꿈쩍도 하지 않았다) 이렇게 말했다. "맞아요. 그런데 딱 하나 문제가 있어요. 다람쥐라면 도무지 참지를 못한다는 거죠. 그리핀은 항상 다람쥐를 찾아다녀요. 제가 허락하면 몇 시간이고 다람쥐 뒤를 쫓을 걸요."

　가벼운 대화를 마치고 본격적으로 프리다의 만성적인 공포를 다루기 시작했다. 프리다는 불안의 소용돌이에 완전히 갇혀 있었다. 그리핀이 항상 그녀를 안전하게 지켜주고 있음에도, 프리다는 끊임없는 공포 속에 살고 있었고, '사방이 위험해!'라는 생각을 되뇌며 자기의 죽음을 상상했다. 우리는 그녀 안의 '친절한 탐정'을 불러내려고 애썼다. 그 탐정은 프리다의 생각이 항상 문자 그대로의 사실인 것은 아니라는 점을 밝혀냈다. 실제로 그녀는 대체로 문제없이 지냈고, 위험 물질에 가까이 갈 때면 언제나 그리핀이 확실하게 알려주곤 했다. 우리가 그녀에게 그 생각이 자신에게 어떤 영향을 주는지 묻자, 프리다는 그 생각 때문에 자기 삶이 망가졌다고 털어놓았다.

머리로는 이 모든 걸 이해하고 있었다. 하지만 불안의 소용돌이가 워낙 강해서, 프리다는 '사방이 위험해'라는 생각에 완전히 사로잡혀 다른 어떤 생각도 상상조차 할 수 없는 상태였다. 보이드와 나는 '사방이 안전해' 같은 정반대 생각을 떠올려보라고 부드럽게 타일렀다. 그렇지만 프리다에게 이 생각은 논리적으로는 이해가 되어도, 피부에 와닿지는 않았던 모양이었다. 우리가 아무리 말을 바꿔가며 설명해도, 그녀의 불안은 요지부동이었다.

오히려 우리와 대화하는 동안 프리다는 점점 더 불안해하면서 안절부절못했고, 목소리도 점점 높아지고 날카로워졌다. 나는 그리핀이 프리다를 바라보는 모습을 살폈다. 프리다에게 살짝 몸을 기댄 그리핀은 그녀의 불안이 높아졌다는 사실을 분명히 감지하고 있었지만, 여전히 완전한 평온을 유지하고 있었다. 나는 프리다에게 그리핀이 얼마나 차분한지 보이느냐고 물었다. 그리핀을 보면서 '함께 조절'하길 바라는 마음에서였다. 그런 다음 그리핀은 실제로 존재하지도 않는 것들에 지레 겁먹지 않는다는 사실을 들려주었다. 그리핀이 행동에 나설 때는 진짜 위험이 감지되었을 때뿐이라고. 그리핀은 지금 여기 이 자리에 가만히 앉아 마치 붓다처럼 평화롭고 고요한 기운을 내뿜고 있었다.

프리다는 그리핀을 내려다보며 이렇게 말했다. "가끔은요, 그리핀이 다람쥐를 쫓을 때 그걸 자기 일처럼 여기는 것 같은 이상한 기분이 들어요. 저한테 뭔가를 보여주려고 하는 것처럼 저를 쳐다보거든요."

나는 이 말에 '호기심'이 생겨 좀 더 자세히 설명해줄 수 있겠느냐고 물었다.

"뭐랄까요…" 그녀는 여전히 정지해 있는 그리핀의 머리를 쓰다듬으며 망설였다. 시간이 조금 지난 후, 프리다는 의자에 몸을 깊숙이 기대더니 조용히 말했다. "잘 모르겠어요."

그녀의 반응이 갑자기 '빨간불'로 돌아선 듯해 보여서, 나는 조심스럽게 내 추측을 이야기하며 그 분위기를 조금 전환해보려 했다.

"혹시 그리핀이 당신에게 보여주려는 것은 이런 게 아닐까요? '사방이 위험해'라고 했지만, 사실은 '사방에 다람쥐도 있잖아요'. 그러니까 재미 말이에요. 놀이, 즐거움, 엉뚱한 모습들 말이죠. 그리핀은 당신이 주의를 '당신만의 다람쥐'로 옮기도록 도와주려는 것이 아닐까요?"

프리다는 고개를 살짝 젖히며 이 말을 곰곰이 생각했다. "글쎄요." 그녀가 천천히 말을 이었다. "생각해보니… 그게… 맞을지도요…." 그녀의 목소리가 점점 가늘어졌다. 그리고 대화가 시작된 이후 처음으로, 그녀의 얼굴에 진심 어린 미소가 번졌다. "그러네요. 정말 그게 맞는 것 같아요." 그녀는 작게 킬킬거리는 웃음소리를 냈다.

그러자 이제껏 차분했던 그리핀이 갑자기 반응했다. 처음으로 벌떡 일어나더니 머리를 홱 돌려서 프리다의 얼굴을 빤히 쳐다보았다. 그녀의 킬킬거리는 웃음이 호탕한 웃음으로 바뀌자 그리핀은 좋아서 어쩔 줄 몰라 하며 그녀의 무릎에 뛰어올라 온몸을 흔들고 프리다의 얼굴을 핥아댔다. 그러더니 이번에는 내 무릎에도 뛰어올라 얼굴을 핥았고, 다음에는 보이드의 무릎에도 뛰어올랐다. 그리핀은 비단결 같은 털로 우리를 뒤덮고는 강아지 키스를 퍼붓기 시작했다. 그

몸짓은 순수한 즐거움 그 자체였다.

과장이 아니다. 여러분이 그 자리에 있었다면, 그리핀이 사랑하는 사람에게 이렇게 말하려 한다고 장담했을 것이다. '그래! 그래! 바로 그거야! 드디어 알았구나!'

프리다는 그리핀이 그렇게 극적으로 규칙을 어긴 적은 한 번도 없었다고 했다. 나는 그리핀이 지금도 위험으로부터 프리다를 끌어내고 있다고 믿고 싶다.

이번 장에서는 '여러분의 다람쥐'에 관해 이야기하려고 한다. 그것이 무엇이든 상관없다. 여러분이 평온함과 호기심이 깃든 참나의 상태를 받아들이면, 몸과 마음과 정신과 영혼을 돌보는 모든 것과 자연스럽게 연결된다는 사실을 알게 될 것이다. 이것이 바로 창의성의 소용돌이가 작동하는 방식이다.

호기심 넘치는 우반구가 활성화되면, 여러분은 가장 흥미를 느끼는 주제를 향해 나아가게 된다. 그리고 그것들을 전혀 예상하지 못한 방식으로 연결하기 시작한다. 이 모든 과정은 여러분을 불안에서 점점 더 멀어지게 만들고, 호기심의 중심으로 이끈다. 그곳에서 우반구는 새로운 연결을 만들고, 참신한 아이디어들을 떠올리며, 여러분이 진심으로 매료된 주제를 따라 더 깊은 세계로 나아가게 만든다.

내 흥미를 끄는 자기만의 다람쥐

앞 장에서 우리는 몇몇 주제에 초점을 맞춰 나만의 흥미형 호기심을 활성화하는 방법을 살펴보았다. 그런데 흥미형 호기심 안에도 여러 갈래가 있다. 어떤 주제들은 단순히 흥미를 자극하는 데 그치지만, 어떤 주제는(일단 내가 불안으로부터 놓여나기만 하면) 끊임없이 나를 매료시킨다. 마치 다람쥐가 그리핀에게 했던 것처럼, 매번 새롭고도 강렬하게 나를 사로잡는다.

간단한 호기심은 쉽게 충족된다. 예를 들어, 십자 퍼즐을 하다가 난해한 단서를 만나더라도 정답만 알아내면 그 호기심은 깔끔하게 충족된다. 이것은 '자기만의 다람쥐' 수준의 열정은 아니다. 한편, 나는 회화와 채색에 관해서라면 한 해 내내 몰두하고, 온라인 미술 시연을 숱하게 찾아보고, 수만 시간을 쏟아부으며 화판 위에서 다양한 기법과 재료를 실험해왔다. 그럼에도 여전히 나는 어느 때보다 시각 예술에 더 큰 호기심을 품고 있다. 이것이 바로 '다람쥐 수준'의 흥미가 작동하는 방식이다. 『이상한 나라의 앨리스』에 나오는 대사를 빌리자면, 그런 것들은 '갈수록 더 흥미롭게' 느껴진다.*

내 흥미를 끄는 것을 충분히 따라가다 보면, 마침내 경외감에 흠뻑 젖는 순간, 그리고 내 삶 전체가 더 깊은 의미로 물드는 순간을 맞이하게 된다. 한 예로, 리처드 앨퍼트Richard Alpert라는 이름으로 하버드대학교 심리학자 경력을 시작한 영적 스승 람 다스Ram Dass는 그가 가장 좋아하는 두 주제, 요가와 환각제에 대한 급진적인 강연을 자주 열곤 했다. 어느 날 그는 관객석에서 한 노년의 여성을 발견했다. 겉

---

* 『이상한 나라의 앨리스』 제2장의 첫 문장 "Curiouser and curiouser!"(갈수록 흥미롭군!)를 인용했다. 이 장면에서 앨리스는 순식간에 늘어난 자기 몸을 보며 깜짝 놀라 이 말을 내뱉는다 – 옮긴이.

모습만 보면, 그녀는 람 다스의 말에 질색할 법한 사람이었다. 약간의 반항심이 생긴 그는 일부러 더 과장되게 말했다. "환각 작용을 일으키는 화학 물질을 사용한 뒤로 겪은 일들은 너무도 소중하고, 기상천외한 경험들이었습니다." 강연이 끝나고, 그 여성이 람 다스에게 다가왔다. 그는 당시 일을 이렇게 적었다.

그분은 나를 찾아와 이렇게 말했다. "정말 고맙습니다. 진짜 맞는 말이었어요. 제가 우주를 이해하는 방식이 바로 그거거든요." 이에 내가 말했다. "어떻게 아셨죠? 어떤 일을 하시기에 그런 종류의 경험을 하셨나요?" 그분은 꿍꿍이가 있는 표정으로 내게 바짝 다가와 속삭이듯 말했다. "저, 코바늘뜨기를 해요."

코바늘뜨기를 하는 사람은 많다. 하지만 이 여성은 그야말로 진심이었다. 그녀에게 코를 뜨는 기술은 장식용 깔개를 만드는 단순한 취미가 아니었다. 그것은 그녀만의 진심 어린 흥미, '자기만의 다람쥐'였다. 코바늘뜨기를 하려면 양손을 써야 했고, 머릿속으로 정확한 수치를 계산하면서 동시에 완성될 아름다움을 상상할 수 있어야 한다. 그녀는 이런 조건 덕분에 자신의 뇌 전체를 높은 수준까지 발화시켰고, 람 다스가 LSD 같은 환각제를 통해 경험한 연결감을 스스로 만들어냈다고 나는 생각한다.

내가 말하려는 요지는 이렇다. 어떤 관심사든 충분히 깊이 멀리까지 따라가보면, 결국은 다람쥐를 쫓는 것 같은 진정한 열정으로 이어진다. 그렇게 진정한 호기심을 불러낸 창의성의 소용돌이를 타고 계속 올라가다 보면, 단지 불안에서 멀어지는 데 그치지 않고, 아름다움과 경이로움의 감각까지 확장시켜 주는 깊고도 강렬한 경험으로 이어질 수 있다. 문제는 우리의 문화가 이런 경험을 억누른다는 점이다. 우리는 자신의 창의성을 충분히 멀리까지 따라가지 않는다. 이런 까닭에 코바늘뜨기와 같은 단순한 여가 활동이 환각제를 복용했을 때와 같은 깊은 통찰을 불러온다는 사실에 깜짝 놀라게 되는 것이다.

'자기만의 다람쥐'는 중독이 아니다

우리가 스스로에게 '진심 어린 열정'을 좇을 시간을 허락하지 않다 보니, 어떤 이들은 그 결핍을 충족시키기 위해 결국 중독성 있는 약물이나 환각제에 기대게 된다.

나는 한때 중증 헤로인 중독자들을 코칭한 적이 있는데, 그들 대부분은 자기 인생에서 찾은 유일한 열정이 헤로인이라고 말했다. 실제로 다른 어떤 일에도 흥미를 느끼지 못한다고 했는데, 나는 그 말이 진심이라는 걸 느낄 수 있었다. 겉보기엔 창의적인 몰입 상태와 비슷해 보일 수도 있지만, 그런 집착은 '자기만의 다람쥐'가 주는 평온함과는 전혀 다르다.

중독자들은 약에 취해 있지 않으면 마비될 듯한 불안에 시달렸고, 그것을 잠재울 유일한 방법이 헤로인뿐이었다. 그들은 그 대가로 인간관계, 일자리, 나름의 윤리의식 등 자신이 소중히 여겼던 것들을 하나씩 잃어가고 있었다.

우리 안의 소방관은 때때로 우리에게 이런 가짜 '열정'을 내밀며 불안에서 도망치게 만든다. 약물이나 도박, 위험한 성관계 같은 자극을 마치 기쁨인 양 착각하게 하는 것이다. 그렇지만 중독의 효과로 얻는 즐거움은 잠시뿐이다. 그 뒤에는 언제나 강렬한 상실감과 결핍, 그리고 더 큰 불안이 밀려온다. 중독된 상황에서 당장 그 약이나 자극 혹은 누군가의 사랑을 얻지 못할 때, 우리는 공황 상태에 빠진다.

반면 진정한 흥미는 정반대의 효과를 낸다. 창의성의 소용돌이는 우리를 불안에서 점점 멀어지게 만든다. 진심 어린 열정과 연결될수록 우리는 배우고 탐구하며 점점 더 안정적인 '파란불' 상태를 유지할 수 있다. 진정한 흥미를 일으키는 '자기만의 다람쥐'를 따라 몰입하는 일은 불안이나 중독을 키우지 않는다. 오히려 그것은 참나[Self]의 자질 ―차분함, 명료함, 자신감, 호기심, 용기, 자비, 연결감, 창의성― 을 서서히 키워주는 힘이 된다.

자기만의 다람쥐 알아내기

내게 도움을 청하러 오는 많은 사람은 마치 다람쥐 없는 세상에 놓인 도우미견 같다. 자신의 열정을 찾지 못하고, 아예 그런 것이 존재하지 않는다고 믿는 경우도 많다. 예전에는 이런 반응이 좀 이상하게 느껴졌다. 열정이란 본래 아주 뚜렷하게 느껴지는 것이라 생각했기 때문이다. 적어도 주의력 결핍 과잉행동 장애[ADHD] 성향의 내 뇌에는 그렇다. (실제로 나는 한 번은 창밖에 다람쥐가 지나가는 걸 보고 회의 도중 자리를 박차고 나간 적도 있다.)

그렇지만 내 뇌를 분석해 준 전문가들에 따르면, 전형적인 신경 체계를 지닌 사람들의 뇌는 '흥미형 호기심'보다는 '적절한 사회적 행동'을 더 중요하게 여긴다고 한다. 게다가 우리 중 많은 사람은 불안의 소용돌이에 갇혀 있어, 열정의 흔적조차 찾아보기 어렵다. 자신이 무엇에 흥미를 느끼는지 전혀 인식하지 못하는 것이다. 그러나 억눌려 내면 깊숙이 추방된 자아(추방자)들은 여전히 그 답을 품고 있다.

나는 지금까지 수백 명과 상담을 해왔다. 많은 사람이 생계를 위한 일이나 학업, 일상적인 책임에 파묻혀 수년을 보냈고, 그 과정에서 불안을 벗어나거나 진정한 열정을 경험해본 적이 없었다. 대부분 인생의 많은 시간을 신경 체계의 '노란불'이나 '빨간불' 상태로 살아온 것이다. 그 상태에선 모든 것이 위험해 보이거나 나를 고갈시키는 것처럼 여겨진다. 그들은 너무 오랫동안 불안하거나 무기력한 상태로 지내온 탓에, 자신이 무엇에 진심으로 매료되었는지조차 떠올리지도 못했다.

이들을 괴롭히는 또 하나의 흔한 오해는, 진정한 열정은 마치 눈앞이 환하게 트이는 폭발적인 깨달음 속에서 갑자기 찾아오는 것이라는 믿음이다. 마치 자신의 미래가 단번에 명확해지는 것처럼 말이다. 하지만 그건 사실이 아니다. 나는 수백 명과 상담하며, 진짜 열정은 아주 미약한 관심에서 시작된다는 사실을 확인해왔다. 거기서 조금씩 '한번 알아볼까' 하는 마음이 생기고, 호기심이 점점 자라면서 더 깊이 탐구하게 된다. 그렇게 쌓인 관심은 마침내 평생을 관통하는 삶의 방향으로 확장되기도 한다.

나는 우리가 아기 때처럼 실험하듯 살아가야 한다고 믿는다. 이제는 내 흥미를 끌지 않는 활동에는 관심을 내려놓고, 진짜 관심이 있는 대상에 내 주의력을 집중해야 한다. 실제로 나는 사람들이 이런 식으로 점차 확장되는 창의성의 순환을 따라가며, 새로운 직업이나 장소, 아이디어, 관계로 나아가는 모습을 많이 봐왔다. 때때로 인생을 바꾸는 큰 전환점을 경험하기도 하지만(이에 대해서는 다음 장에서 이야기하겠다), 그런 깨달음은 모두 수천 시간에 걸쳐 자라난 호기심의 바탕 위에 있다.

혹시 자신에게 그런 열정이 없다고 느끼더라도, 걱정할 필요는 없다. 지금부터 소개할 연습을 통해 당신 안의 진정한 열정―'자기만의 다람쥐'―을 다시 연결해볼 수 있다.

시작하기 전에, 지금까지 이 책에서 배운 기술이나 다른 요령들을 동원해 먼저 당신 안의 '불안 생명체'를 진정시켜보자. 그런 다음, 필기도구를 준비해서 아래 단계들을 차례로 실천해보자.

새로운 기술

나를 밀어내는 것과 끌어당기는 것을 알아내기

이 연습 활동에서는 여러분이 인생에서 배워온 경험들을 하나씩 떠올려야 한다. 학창 시절을 보냈다면 그때의 기억을 이 활동의 재료로 삼아보자. 학교에 다닌 적이 없다면, 집이나 일터에서 어떤 기술이나 요령을 익혔던 경험을 떠올려도 좋다.

1 다람쥐 쫓기를 방해했던 것을 회상하기

학교(혹은 비슷한 환경)에서 배웠지만, 배우는 게 즐겁지 않았던 기억을 떠올려보자. 예를 들어 수학이나 사회 같은 특정 과목일 수도 있고, 너무 지루해서 읽기 괴로웠던 교과서, 아니면 식물도 잠들게 할 만한 수업을 하던 선생님일 수도 있다. 그 지루했던 주제나 책, 선생님의 이름을 아래에 적어보자.

이제, 그 사람이나 대상을 마주했을 때 몸에서 어떤 반응이 일어났는지 떠올려보자. 특히 두 눈에 무슨 일이 일어났는지 잘 살펴본다. 그 사람이나 사물을 마주 보고 싶었는가, 아니면 눈을 돌리고 싶었는가? 짧은 동영상을 되감듯 그 순간을 떠올리며, 다음의 감각을 느껴보자.

- 그 지루한 것을 다시 배워야 한다는 걸 알았을 때 들었던 기분

- 그 지루한 것을 접하는 장소에 들어설 때 들었던 기분

- 그 지루한 것에 주의를 기울이려고 억지로 애쓸 때 들었던 기분

2 다람쥐 회상하기(아주 희미하거나 사소한 것이라도!)

특정 과목이나 운동, 합창단에서 불렀던 노래 등 예전 어느 시기에 정말 즐겁게 배웠던 무언가를 떠올려보자. 첫사랑에 빠져 그 사람에 대해 모든 걸 알고 싶어 했던 경험, 혹은 어른이 되면 꼭 갖고 싶었던 자동차를 떠올려도 좋다. 기억나는 '자신만의 다람쥐'였던 관심사를 아래에 적어보자.

....

....

....

1단계에서처럼, 그 기억을 떠올릴 때 몸에서 어떤 감각이 일어났는지 느껴보자. 특히 눈을 중심으로 몸 전체의 느낌에 집중해보자.

- 그 흥미로운 관심사를 더 알아보고 싶다고 느꼈을 때 들었던 기분

....

- 그 흥미로운 관심사를 접하는 장소에 들어설 때 들었던 기분

....

- 그 흥미로운 관심사에 완전히 집중할 때 들었던 기분

....

3 방햇거리와 흥밋거리 사이를 왔다 갔다 해보기

집중하기 싫은 대상에 억지로 주의를 기울일 때는 강한 맞바람을 맞으며

오르막길을 걷는 듯한 밀어내는 느낌이 든다. 반면 내 흥미를 자극하는 것, 호기심이 생기는 대상을 향해 갈 때는 등 뒤에서 바람이 밀어주는 듯한, 내리막길을 미끄러지듯 내려가는 느낌이 든다.

각각의 감각이 주는 느낌에 친숙해지자.

4 평소에 무엇이 나를 밀어내고, 끌어당기는지 살펴보기

다음번에 차를 타고 출근하거나, SNS를 훑어보거나, 여러 사람과 어울릴 때, 내 몸이 자연스럽게 앞으로 기울고, 더 자세히 들여다보고 싶고, 더 알고 싶어지는 무언가가 있다면 잘 관찰해보자.

반대로 눈을 돌리고 싶고, 뭐라도 다른 일을 하고 싶어지는 순간이 있다면, 그 역시 놓치지 말고 주목하자.

이 간단한 연습 활동은 나만의 구체적인 흥밋거리를 더 자주, 더 꾸준히 발견할 수 있는 기회를 준다. 이메일에 답장하기, 치과 예약 잡기, 금전 상황을 고려하며 가계부 쓰기, 지루한 회의에 참석하기, 아픈 아기를 끝없이 달래주기와 같이 나를 '밀어내는' 활동들을 완전히 피할 수는 없을 것이다. 반대로 재즈댄스, 궁술, 스탠드업 코미디, 스파이크래프트 spycraft(정보기관이 첩보 작전에 사용하는 각종 첨단 기술 – 옮긴이)처럼 나를 '끌어당기는' 모든 관심사를 다 따라갈 수도 없을 것이다. 하지만 대부분의 일에는 크든 작든 호기심이나 반감을 불러일으키는 요소가 있다는 사실을 점점 알게 될 것이다. 어떤 활동이 나에게 이런저런 감정을 일으키는지 그 이유를 정확히 알지 못할 수도 있다. 그렇지만 이제는 자신의 창의적인 자아에 도움이 되는 대상과 해가 되는 대상을 점점 더 자연스럽게 감지하고 구별할 수 있게 될 것이다.

호기심이 망가졌을 때

코칭 일을 처음 시작했을 때, 나는 아무것에도 흥미를 보이지 않고 창의성도 전혀 드러나지 않는 사람들을 어떻게 도와야 할지 몰랐다. 그저 함께 해볼 만한 활동 목록을 함께 훑으며, 그들이 무엇에 끌리고 무엇이 싫은지 물어보고, 스스로 가장 원하는 것을 발견하도록 이끌어보려 했다.

하지만 그런 시도는 아무 효과가 없었다.

그러던 중, (그리핀과 같은) 장애인 도우미견을 훈련하는 한 클라이언트를 만나게 되었다. 어느 날 그녀가 말했다. "일하는 개도 충분히 자고 놀 시간이 주어지지 않으면, 사람처럼 소진되고 생기를 잃어요."

그 말을 듣는 순간, 나는 깨달았다. '아, 나는 그동안 사람을 도운 게 아니라, 시스템에 적응하게 하려 했던 거였구나.' 그토록 무기력해 보였던 내 클라이언트들은 상상력이 부족한 것이 아니라, 단지 너무 지쳐 있었던 것이었다.

좌반구 중심의 우리 사회는 경제적 생산성과 규범 준수에 지나치게 집중한 나머지, 정작 행복한 삶에 꼭 필요한 휴식과 수면을 방정식에서 지워버리곤 한다. 미국 질병통제예방센터[CDC]에 따르면, 미국인 3명 중 1명은 수면이 부족하다고 한다. 이 요인 하나만으로도 호기심이 사라지고, 건강이 나빠지고, 사고가 잦아질 수 있으며, 분노나 절망, 그리고 무엇보다 불안을 경험할 수 있다.

요즘 어떤 것에도 전혀 호기심을 느끼지 못한다면, 지금 여러분은 단지 몹시 지쳐있는 것일지도 모른다. 스스로가 지금 그런 상태인지 금세 알아볼 방법이 있다. 이 테스트는 매우 간단하니 특별한 안내 없이 바로 시작해보자.

여러분의 도우미 요정이 갑자기 벽을 뚫고 나타나 이렇게 말한다고 상상해보자. "지금부터 당신의 삶은 한 달간 멈출 거예요. 그 기간 동안은 가능한 한 오래 자고, 나머지 시간에는 위로를 주는 환경 속에서 그저 쉬기만 해야 해요."

이런 제안을 들었을 때, 여러분 안에서 어떤 반응이 일어나는지 느껴보자. 몸, 마음, 생각에 어떤 일이 벌어지는가? 정말 아무것도 하지 않는 한 달을 상상했을 때 달콤하게 느껴진다면, 아마도 지금은 너무 피곤해서 창의성을 발휘하지 못하는 상태일 것이다. 내 삶에서도 그랬던 순간이 정말 많았다. 단지 '쉰다'는 생각만으로도 동경에 부풀어 눈물이 터져 나오곤 했다.

한편, 도우미 요정이 이 말을 건넨 시점이 내 안의 '화가 두꺼비'가 주도하던 몇 주 사이였다면, 두꺼비는 요정에게 한쪽 신발을 내던지고 줄행랑을 쳤을 것이다. 그림을 그릴 수 있는데 한 달 동안 빈둥빈둥 놀라고? 말도 안 된다.

물론 진심으로 열정을 좇으며 살 때는 평소보다 덜 졸리고, 일이 곧 휴식처럼 느껴지기도 한다. 하지만 지금 자신이 한 달간의 휴식을 간절히 바라고 있다면, 그 위에 창의적인 활동을 한 보따리 얹는 건 현명한 다음 단계가 아니다. 다행히 창의적 자아를 회복하기 위해 꼭 한 달을 다 쉬어야 하는 것은 아니다. 나흘 정도 밤에는 푹 자고, 낮에는 내 한계를 잘 지키며 무리하지 않으면 된다.

호기심을 회복하는 마법의 주문으로 왜 '나흘'이 필요한지는 모르겠지만, 나와 내 클라이언트들 모두 이 정도가 적절하다는 것을 경험으로 알게 되었다. 나흘 밤낮을 쉰다고 여러분의 창의성 배터리가 완전히 충전되지는 않겠지만, 수치상 '제로'를 벗어나면서 계속해 나갈 약간의 에너지는 생긴다.

불안으로부터 자유로운 삶을 진지하게 원하지만, 너무 지쳐서 어떤 흥미도 찾지 못하고 있다면, 어떻게든 나흘간 상대적인 휴식에 들어갈 방법을 찾아라. 이건 응급조치다. 불면증이 있다면 병원에 가서 의사의 도움을 구하자. 회사를 쉬고 병가를 내자. 아이를 돌보는 일을 잠시나마 줄일 수 있다면 무엇이든 해보자. 산소와 물 다음으로, 지금은 수면이 최우선이다.

이렇게 충분히 휴식하고 나면, 여러분의 뇌는 다시 자기만의 흥밋거리를 찾아 나서기 시작해 반드시 그것을 찾을 것이다. 그런 장면을 정말 많이 봐왔다. 어렸을 때 가졌던 호기심은 절대로 꺼지지 않는다. 다만 지금은 '휴식'이 더 시급한 상태라 일시적으로 정지해 있을 뿐이다. 휴식의 바로미터가 '제로' 수치를 살짝 넘어서기만 하면―가득 찬 상태가 아니라 그저 비어 있는 상태만 벗어나면―내면의 호기심이 자신의 열정이 향하는 쪽으로 여러분을 끌어당길 것이다.

내가 매혹되는 것에 집중하라

우리는 인터넷 덕분에 한 세대 전만 해도 접근하기 어려웠던 흥미로운 주제의 깊은 세계로 곧장 빠져들 수 있다. (영어권에서는 이런 과정을 '토끼 굴로 들어간다'고 표현하기도 한다. 단, 어떤 토끼 굴은 지나치게 복잡하니 읽은 내용을 다 믿진 말자.) 특정 개인, 운동, 과학 상식, 기계에 관해 더 알아가다 보면 '오, 우와, 멋진데'라는 생각이 들 것이다. 계속 탐구하다 보면 감탄은 더 강렬해진다. '오, 우와, 진짜 멋지다!' 그리고 어느 순간부터는 그것에 대해 더 많이 생각하고, 이야기하고, 배우는 데 훨씬 더 많은 시간을 쏟고 싶어진다. 그러다가 어느 지점에 다다르면, 일종의 갈망이 생기는 다음 단계로 넘어간다. '내가 저걸 할 수 있다면 좋을텐데.' 그리고 어느 순간 이 갈망이 결심으로 바뀐다. '어떻게 하면 저걸 할 수 있을지 알아봐야겠어!'

여기까지 오면 여러분은 자신을 매혹하는 활동에 실제로 손을 대기 시작할 것이다. 몇 주간 인터넷을 샅샅이 뒤져서 어떤 코미디언의 동영상들을 찾아낸 다음, 자기만의 농담 대본을 써서 가족들 앞에 보여주기 시작한다. 또는 하늘에서 떨어지는 별똥별을 보고, 그것을 운석이라고 부른다는 말을 듣고는 운석에 관해 알아보고, 할머니의 금속 탐지기를 빌려 진짜 외계의 암석을 찾으러 다닐지도 모른다. 말 그대로 무엇이든 탐구 대상이 될 수 있다. 단, 그 대상이 너무 멋져서 '나도 해보고 싶다'는 마음이 드는 것이라야 한다.

그리고 이것이 정말 인생에 필요한 흥밋거리인지 확인하는 마지막 방법이 있다. 그 일에 집중할 때 시간을 잊어버린다면, 바로 그것이 여러분의 삶에 꼭 필요한 활동이다. 사실, 그 일을 하는 순간에는 자신이 그걸 하고 있다는 사실 외에 다른 모든 것을 까맣게 잊기도 한다. 그 순간에는 말로 설명할 수 없는 상태가 된다. 비언어적이고 시간 개념이 없는 우반구가 주의를 장악하기 때문이다. 심리학자 미하이 칙센트미하이 Mihaly Csikszentmihalyi 는 이러한 상태를 '**몰입** flow'이라고 불렀다. '몰입'은 삶에서 가장 고조된 기쁨과 열정적인 몰두가 일어나는 순간이다. 나는 모든 사람이 대부분의 시간을 이렇게 느끼도록 태어났다고 믿는다.

기억을 돕기 위해, 창의성이 눈덩이처럼 커질 때 자연스럽게 터져 나오는 네 가지 감탄사를 소개한다. 이런 감탄이 입에서 터져 나온다면, 여러분은 지루하고 불안한 삶에서 벗어나 진정한 열정을 추구하는 삶으로 향하게 될 것이다.

- "오, 우와, 멋진데."
- "오, 우와, 진짜 멋지다!"
- "내가 저걸 할 수 있다면 좋을 텐데."
- "어떻게 하면 저걸 할 수 있을지 알아봐야겠어!"

이 흥미 사슬을 따라 나를 매혹하고 끌어당기는 무언가를 찾았다면, 이제 그것을 떠올리게 해주는 물건들을 하나씩 모을 차례다. 이것들은 영감이 필요할 때마다 나를 다시 매혹의 상태로 이끌어줄 '은은한 불빛'이 된다. 나는 이것들을 '호기심 수집품'이라 부르며, 모두 자기만의 '헝겊 자루'에 담아두길 권한다.

나의 호기심 헝겊 자루

헝겊 자루는 말 그대로 낡은 천 조각을 담아 두는 부대를 가리킨다. 유타주의 착한 소녀로 자란 나는 매년 개척자의 날*에는 긴 치마와 챙 넓은 모자로 기념했고, 겨울이 다가오면 바람에 떨어진 과실을 주워다가 통조림을 만들었다. 그 시절 내가 알던 여성 중에 헝겊 자루가 없는 이는 없었다. 누군가 무릎 꿇고 오래 기도하다가 바지 무릎이 닳거나, 기침약을 먹고 몽롱한 상태에서 바닥까지 오는 깅엄 치마(펑퍼짐하고 투박한 모양의 치마로 주로 줄무늬가 그려져 있음-옮긴이)를 불에 태웠거나 하면, 어머니들은 망가진 옷에서도 그나마 쓸모 있는 부분을 잘라다가 헝겊 자루에 넣어 모아두었다.

나는 우리의 열정을 모으는 방식도 이와 같다고 생각한다. 그건 고상하고 인상적이기보다 단순하고 친근한 방식이다. 고상하고 인상적이려 애쓰는 순간, 마치 호기심에 총을 겨누는 것과 같아진다. 그 방식은 결코 통하지 않는다. 오히려 불안에 빠지도록 자신에게 겁을 심어줄 뿐이다.

여러분의 '헝겊 자루'는 디지털 공간이든 실제 공간이든, 멋지다고 느낀 것을 모아둘 수 있는 그 무엇이면 된다. 예를 들어, 어떤 헝겊 자루는 흥미로운 인터넷 링크를 모은 목록일 수도 있고, 자신을 매혹하는 대상의 사진들을 붙여둔 코르크판일 수도 있으며, 내가 만

* 1874년 모르몬교의 수장인 브리검 영Brigham Young이 오늘날의 유타주 솔트레이크시티에 정착한 것을 기념하는 날로 매년 7월 24일을 기념일로 함-옮긴이.

들거나 주운 물건들을 담아둔 작은 상자일 수도 있다.

새로운 기술

나의 호기심 헝겊 자루 만들기

- 일상생활 중에 '오, 우와, 멋진데', '오, 우와, 정말 멋지다', '내가 저걸 할 수 있다면 좋을 텐데'라는 생각을 일으키는 것이라면 뭐든 눈여겨보겠다는 의도를 품는다.
- 멋진 대상을 발견했다면 짧은 문장, 사진, 녹음 파일, 웹 링크 등 그것을 기억할 수 있도록 작은 단서를 만든다. 이것이 나만의 흥미 조각들이다.
- 나만의 흥미 조각들을 물리적 또는 디지털 공간의 한 장소에 모아둔다.

헝겊 자루를 만드는 첫 번째이자 가장 중요한 이유는, 그 자체로 즐겁기 때문이다. 아주 어렸을 때 나는 때때로 그저 예쁜 직물을 보고 싶은 마음에 엄마의 헝겊 자루를 열어보곤 했다. 그 다채로운 조각들을 들여다보는 행위 자체가 참 즐거웠다. 이는 그 활동이 우리 삶의 진정한 목표에 속한다는 것을 보여주는 표지다. 헝겊 자루를 마련했다면 날마다 몇 분씩 그 안을 들여다보면서 순전한 즐거움을 만끽하자. 결국에는 그 수집품을 활용해 새로운 삶을 창조하겠지만, 지금으로서는 내 정신과 감각을 즐겁게 해주는 그것들을 즐기기만 하자.

나의 헝겊 자루는 주로 디지털 공간에 존재하지만, 미술도구를 모아둔 커다란 보관함도 있고, 스포츠 장비를 모아둔 작은 보관함도 있다. 내 컴퓨터 속 헝겊 자루에는 다음과 같은 것이 담겨 있다. 참고로 삼았으면 한다.

- 살면서 만난 사람들이 자기만의 멋진 일을 하고 있는 사진들: 글을 쓰고, 가르치고, 세상을 위해 봉사하는 모습들
- 수직에 가까운 경사로를 거침없이 내려오는 익스트림 스키 선수들의 영상
- 일본 화가 가츠시카 호쿠사이의 그림을 모아둔 폴더
- 브로드웨이 댄스 작품을 공연하는 사람들, 트램펄린에서 점프하는 사람들, 티라노사우루스 공룡 복장으로 공항에 도착하는 사람들의 영상
- 중국, 일본 예술가들의 매혹적인 필체로 쓴 도교와 선禪 철학의 인용구들
- 집 안에는 다 담을 수 없을 만큼 방대한 전자책과 오디오북 라이브러리(생물학, 심리학, 동물 흔적 추적, 물리학, 야생 탐험, 인종차별 반대, 인류학, 뇌과학, 영성, 생태학 등 다양한 주제로 분류되어 있음.)
- 대담하게도 나에게 스페인어를 가르쳐보겠다고 애쓰는 앱
- 재미난 동물 사진 여러 장(거기에 내가 직접 붙인 캡션이 곁들여져 있다. 예를 들어, 아이스크림 샌드위치를 훔치는 수달 사진에는 "내 모든 꿈이 이 순간 실현된다"라는 설명이 달려 있다.)

이 글을 쓰면서 내 헝겊 자루를 떠올리기만 했는데도, 다람쥐를

쫓는 듯한 즐거움이 한껏 올라오는 것을 느낄 수 있다. 그리고 아시아 철학을 공부하는 일과 우스꽝스러운 동물 사진에 뉴에이지풍의 긍정 문구를 덧붙이는 일을 똑같이 열정적으로 좋아하는 내 모습이 전혀 이상하게 느껴지지 않는다. 내 우반구에는 위계도 없고, 수익성이나 시간 효율에 따른 평가 기준도 없다. 오직 호기심, 연결, 경이로움, 기쁨만이 존재한다. 이런 즐거움이야말로 헝겊 자루를 갖는 첫 번째 목적이다.

물론 두 번째 목적도 있다. 나는 여러분이 이 목적을 꼭 달성했으면 한다. 그 목적은 바로 여러분의 삶을 '호기심 헝겊 자루'에서 나온 것들—여러분을 강하게 끌어당기는 온갖 멋진 것들—로 채워가기 시작하는 것이다. 처음에는 이런 것들이 인생의 목표처럼 뭔가 거창한 것과는 전혀 상관없어 보일지도 모른다. 그렇지만 호기심을 추구하며 즐겁게 놀다 보면, 우반구가 나서서 전에는 꿈도 꾸지 못했던 연결을 만들어내기 시작한다.

이를테면, 애플Apple의 공동 창업자 스티브 잡스Steve Jobs는 어린 시절에 한 만능 조리 기구를 보고 그 디자인에 매료되었다. 또 언젠가는 갓 태어난 송아지가 벌떡 일어나 걷는 모습에 홀딱 빠졌다. 이런 엉뚱한 관심들이 한 사람의 인생 목표에 도움이 될 수 있을까? 그렇다. 그 만능 조리 기구는 오늘날 우리가 '개인용 컴퓨터'라고 부르는 기기의 기본 형태에 영감을 주었고, 갓 태어난 송아지의 모습은 잡스로 하여금 박스를 열자마자 바로 작동하는 완제품을 만들겠다는 목표를 품게 했다.

다시 말하지만, 인생의 목표를 발견하고 실현하는 일은 '아하!' 하는 깨달음과 함께 단번에 이루어지는 것이 아니다. 오히려 내 창의적인 자아를 진정으로 밝혀주는 것들을 점진적으로 조합해나가는 과정에 가깝다. 그것은 마치 흥미로움으로 반짝이는 천 조각들을 한 땀 한 땀 이어 붙여 하나의 퀼트를 완성해가는 일과도 같다. 이 은유에 등장하는 '퀼트'의 틀은 바로 시간이다. 하루, 1년, 그리고 평생이라는 시간을 가리킨다. 그 틀을 여러분만의 멋진 조각들로 채워가는 것, 그 시간을 가득 채우는 일이야말로 내 창의적 자아가 나만의 삶을 조직하는 방식이다.

사회가 강요하는 퀼트 패턴

퀼트를 만들어보지는 않았지만, 어렸을 때 나는 길게 늘어뜨린 사각형의 직물 아래서 몇 시간이고 놀곤 했다. 주변에는 헝겊을 엮고 있는 모르몬교 여성들의 무릎과 종아리 그리고 감각적인 신발들이 나를 둘러싸고 있었다. 어떤 퀼트는 수백 년 전부터 내려온 패턴을 따라 정성스럽게 만들어진다. 이를테면 론 스타 Lone Star, 야곱의 사다리 Jacob's Ladder, 대성당 창문 Cathedral Window, 베어 파우 Bear Paw 와 같은 멋진 이름을 가진 무늬들 말이다. 이런 퀼트를 만들 때는 정해진 패턴을 염두에 두고 직물을 사고, 세심하게 모양을 설계하고, '블록'이라고 불리는 조각들로 직물을 조직한 다음, 완벽한 형상을 유지하도록 끊임없이 조정해가며 직물을 한데 엮어 짠다.

이는 내 삶을 창조하기 위해 사회화되어 가는 방법이기도 하다.

과정 자체는 단순해 보인다. 중요하고, 실용적이고, 수익성 좋다고 여겨지는 활동들을 엮어 하나의 삶으로 짜맞추면 된다는 식이다. 우리 앞에는 이미 익숙한 몇 가지 패턴들이 놓여 있다. 예를 들면 거래를 성사시키고 굵은 시가를 피우는 데 온 시간을 들이는 기업의 총수, 그저 아름다운 자태를 유지하며 추앙받는 데 매 순간을 사용하는 매혹적인 인플루언서, 유기농 식사를 준비하고 티끌 하나 없는 집 안 환경을 유지하며, 자녀의 기분 하나하나에 끊임없이 애정 어린 관심을 쏟으며 시간을 보내는 완벽한 부모의 모습 같은 것들이다.

대다수 사람은 자라는 동안 이런 패턴들이 당연히 자신의 미래가 될 거라고 여긴다. 혹은 한발 더 나아가, 여러 패턴을 조합하겠다고 마음먹기도 한다. 이를테면 '성공한 기업인'과 '완벽한 부모'라는 두 가지 패턴을 하나로 조합하겠다는 식이다. 듣기엔 모두 더없이 훌륭한 아이디어처럼 보인다. 하지만 막상 성인이 되어 그런 기대 가득한 패턴에 내 삶을 맞춰보려고 하면, 상황은 달라진다. 예기치 못한 수많은 난관에 부딪히게 되는 것이다.

내가 선택한 패턴들이 내 창의적 자아에게 그다지 매력적이지 않다는 사실이 드러날 때도 있다. 그런 패턴을 따르려면, 재료를 모으는 일조차 설렘보다는 무거운 부담으로 느껴진다. 우리는 종종 본래 흥미도 없는 직업을 얻기 위해 수년간 마지못해 교육을 받고, 마침내 그런 재료들로 삶을 짜보려 애쓰지만, 결국 완성된 퀼트는 뻣뻣하고 거슬려 도무지 참기 어렵게 느껴진다. 우리가 보기에 엄청난 성공을 거둔 사람들도 이런 결론에 도달한다. 나를 찾아왔던 사람 중에는 수백만 명의 부러움과 추앙을 받으면서도 자기 삶을 바늘방석처럼 여기는 유명 인사도 많았다.

좋아하지도 않는 직물로, 내가 선택하지도 않은 패턴에 맞춰 삶을 엮는 일은 창의적 자아가 혐오하는 일이다. 단지 만족스럽지 못한 수준이 아니라, 쉽게 우울감을 일으키고, 나를 창의적 소용돌이에서 끄집어내어 불안의 소용돌이에 빠지게 한다. 그런 식으로 간신히 겨우겨우 그러모아 만들어낸 퀼트는 모양도 밉고, 촉감도 나쁘며, 온기가 느껴지지도 않는다.

내가 이 사실을 여실히 느낀 것은 '하버드 학자'와 '모르몬교도 어머니'라는 퀼트 패턴을 조합하려 했을 때였다. 이 패턴들에 따라 삶을 일구려고 노력하면 할수록, 내 손에 든 것이 모조리 산산조각났다. 몸도 아팠고, 실은 내게 그리 매력적이지 않은 '퀼트 블록'을 만들어야 한다는 생각에 불안은 커졌다. 게다가 실제로 그것들을 짜맞추려고 하자 그렇게 상극일 수가 없었다. 내 시간은 집안일과 일, 대학원 학위 마무리, 네 살도 안 된 세 아이를 돌보기 같은 일들로 뒤엉켜 온통 허비되었다. 이것들은 모두 수면 부족이라는 너덜너덜한 실로 간신히 꿰매져 있었을 뿐이다.

그러다 문득, 내가 사회 기준에 맞는 퀼트 블록 하나를 만들려고 날마다 실패하고 있다는 깨달음이 들었다. 자랄 때부터 '이래야 한다'고 배워온 그 기준대로는 도저히 내 삶을 완성할 수 없었다. 절박한 마음에 나는 그 모든 패턴을 내던지고, 내 개척자 조상들이 '온전치 않은 퀼트 crazy quilt'라고 부를 법한 뭔가를 만들기로 결심했다. 그런데 막상 그 과정에 들어서고 나니, 내가 미쳐가는 것이 아니라는 사실을 알게 되었다. 오히려 더 행복하고, 균형 잡힌 상태가 되었다.

나는 '온전한 퀼트 sanity quilt'를 만들고 있었던 것이다. 그 효과는 내가 상상했던 것보다 훨씬 좋았다. 나는 여러분도 분명 같은 경험을 하게 되리라 믿는다.

퀼트에 접근하는 또 다른 방법

사전 계획에 따라 세심하게 만드는 퀼트와 반대로, 어떤 사람들은 예쁜 조각이 가득 담긴 헝겊 자루로 완전히 독창적인 퀼트 패턴을 만들어보기로 마음먹는다. 이 방법에는 설계도도, 전통적인 패턴도, 미리 정해진 도안도 없다. 이들은 그저 자기 눈과 손을 즐겁게 해주는 것들이면 무엇이든 가져다가 엮으며, 세상에 없고 누구도 상상하지 않았던 새로운 문양을 만들어낸다. 이는 매우 우반구 중심적인 바느질 방식이다. 반면, 우반구 방식을 무시하는 좌반구 중심의 시각에서는 이 독창적인 결과물을 '온전치 않은 퀼트 crazy quilt'라 부르곤 한다.

온전치 않은 퀼트의 제작 과정은 보통 자기가 유독 좋아하는 직물 조각, 최종 작품의 한가운데 두고 싶은 직물을 선택하는 것부터 시작한다. 그리고 그 첫 조각과 어울릴 법한 또 다른 조각을 찾아 연결한다. 이렇게 하나씩 조각을 덧대어 가며 중심에서 바깥으로, 대략 원형을 이루듯 확장해간다. 말 그대로 '창의성의 소용돌이'다. 이 과정에서 수많은 실험, 응시, 재배열 작업이 이루어진다. 그러다 보면 어느새 원하는 크기의 조각 퀼트가 완성된다. 마지막엔 가장자리를 다듬고 마무리한다.

이 방법을 가르치는 퀼트 제작자들의 영상들을 보다 보면, 내 안의 '화가 두꺼비'가 기쁨에 겨워 날뛴다. 영상 속 사람들은 이렇게 말한다. "그저 여러분 눈에 보기 좋은게 뭔지 살펴보세요", "물 흐르듯 형태가 자연스럽게 흐르도록 해보세요", "마음에 안 드는 건 주저 말고 뜯어내세요", "재배열하는 데 충분한 시간을 들이세요", "울퉁불퉁해도 좋아요", "필요하면 어디든 과감하게 잘라내세요", "언제든 바꿀 수 있어요", "무엇을 하든 자기 자신에게 너그러워지세요".

이 말들은 잠시라도 불안을 뒤로하고, 자신에게 친절을 베풀고, 창의성의 소용돌이가 가져오는 '연결' 단계에 깊이 몰입해본 사람들이 꺼내는 말이기도 하다. 물론 이들에게도 불안한 순간은 있겠지만, 적어도 퀼트를 만드는 동안만큼은 그 불안이 보이지 않는다. 이들은 창작 과정을 있는 그대로 즐기고 있는 듯하다. 마치 프리다의 도우미 견 그리핀이 다람쥐 사냥을 만끽하듯 말이다.

여러분의 좌반구는 이 모습을 재앙이라고 여기며 이렇게 말할 수도 있다. "그러니까 '크레이지 퀼트'라는 이름이 붙었겠지." 질서를 중시하는 내면의 목소리는 이렇게 반박할지도 모른다. "그저 마음에 드는 것을 가져다가 한데 엮는다니, 제정신이 아냐!"

하지만 꼭 그렇지만은 않다.

오히려 나는, 우리 문화가 애호하는 대다수 삶의 패턴이야말로 '온전치 않은 퀼트'라고 말하고 싶다. 우리 정신과 마음을 망가뜨릴 수 있는, 마음 끌리지 않는 과업들로 이뤄진 집합체이니 말이다. 내가 좋아하지도 않는 직물을 가져다가 맘에 들지 않는 패턴으로 꿰매고, 서로 어울리지도 않는 재료들로 시간이라는 틀을 빽빽이 채워버리는 것, 그것이야말로 온전치 않은 일이다. 충분한 휴식도, 사랑도, 기쁜 교류도 없이 살아가는 것. 나를 환히 밝히지 않는 일을 매일 같이, 해마다 반복하는 것. 내가 가진 흥미형 호기심을 외면하고, 그저 '가장 적합하다'라는 말을 듣는 데 집중하는 것. 인간과 다른 생명, 그리고 지구 자체를 착취하는 체계를 묵묵히 떠받치는 것. 이 모든 게 정말로 온전치 않다.

반면 진짜로 '온전한 퀼트 조각'들은 이런 것들이다. 내 마음이 진정으로 원하는 바를 이루는 일. 다른 소중한 생명체를 돌보듯 내 몸을 아끼고 돌보는 일. 사랑하는 사람들과 느긋한 시간을 보내는 일. 스스로를 자연의 지배자가 아닌 자연의 자녀로 여기는 태도. 즐거움을 앗아가고 서로를 공격하고 착취하며 죽이는 것을 정당하다고 느끼게 하는 불안의 소용돌이에서 빠져나오는 일. 그리고 내 입에서 "오, 우와. 진짜 멋진데!"라는 말이 나오게 하는 모든 것들을 탐험하는 일.

이제 여러분의 호기심을 가득 담은 헝겊 자루도 마련되었으니, 계속해서 연결고리를 만들어가 보자. 내 삶을 '온전한 퀼트'로 바꾸는 여정을 시작해보자.

온전한 퀼트의 표본

온전한 퀼트 즉, 진실로 온전한 삶을 완성한 눈부신 사례로 도우미견 그리핀을 또 한 번 이야기하려 한다. 그리핀의 매일, 매주, 매년을 채우는 '퀼트 블록'에는 확실히 사랑하는 자기 일, 매우 좋아하는 인간, 맛 좋은 음식, 충분한 잠, 매일의 놀이 시간, 그리고 다람쥐가 포함돼 있을 것이다. 그것도 아주 많은 다람쥐! 어쩌면 다람쥐 털가죽을 줄줄이 이어붙인 퀼트일지도 모른다. 꼬리로 만든 폭신한 테두리가 달린, 오직 다람쥐로만 만든 퀼트 말이다!

물론 여러분만의 온전한 퀼트를 만들겠다고 실제 동물 가죽을 사용하라고 권하는 것은 아니다. 나는 그저 도우미견 그리핀이 가졌던 (그리고 프리다에게도 있길 바랐던) 것을 여러분도 가졌으면 한다. 즉, 여러분을 매혹하는 것들을 포착해 그 대상에 가까이 다가가고, 그것을 한데 엮어 스스로 고안한 패턴으로 만드는 데 자신의 주의력 대다수를 기울이며 살았으면 한다.

촘촘하게 틀이 잡힌 삶을 사는 사람에게 온전한 퀼트 만들기란, 하루 중 가장 밝을 때 잠시 긴장을 풀고, 앞마당을 어슬렁거리는 시간이 될 수도 있다. 시간이 지나면서 '퀼트 만들기'가 평범한 일과로 자리 잡고 나면, 자신의 헝겊 자루에서 다른 조각들을 꺼내어 덧댈 수 있다. 그렇게 날마다 조금씩 내가 사랑하는 활동을 일과에 덧붙이는 데 약간의 시간을 더 할애할 수 있다. 여러분이 만드는 온전한 퀼트는 삶의 중심에서 일부만 차지하겠지만, 나중에는 아름다움과 온기로 여러분 생애 전체를 덮을 수도 있다.

그 좋은 예가 바로 에블린이다. 한 기업의 인사관리 담당자인 에블린은 헌신적인 남편, 사랑스러운 두 딸과 함께 살고 있었다. 무거운 우울증과 엄청난 불안을 제외한다면 그녀의 삶은 완벽했다. 나와 처음 만난 날, 에블린은 무엇에도 흥미를 보이지 않은 채 허공을 응시했다. 그러다 딸아이들을 춤 발표회에 데려갔던 일을 말할 때만큼은 다른 모습이 보였다. 잠시 그녀의 두 눈이 반짝거리는 것처럼 보였는데, 딸들에 관한 일반적인 이야기가 아니라 아이들의 춤 발표회에 관해 이야기할 때 그랬다.

에블린에게 춤에 관해 더 말해보라고 했다. 그녀는 몸을 더 곧게 펴고 앉더니, 어렸을 때 춤에 빠져서 방에서 혼자 쉬지 않고 동작을 연습했다고 말했다. 춤 공연, 춤 영화, 춤과 관련된 TV 프로그램은 최대한 다 찾아서 보았다고 했다. 나는 그녀에게 사진, 영상, 음악 등 춤과 관련된 것들을 모은 헝겊 자루를 만들어보라고 권했다.

다음 상담 때, 에블린은 환한 표정으로 다시 자기 방에서 혼자 춤추기 시작했다고 고백했다. 그러면서도 머쓱하게 '시간 낭비' 같다고 덧붙였다. 오랜 시간 그녀가 한 일 중 가장 중요한 일이었을지도 모른다는 내 말에 웃음을 터뜨렸지만, 표정은 훨씬 더 밝아졌다.

긴 이야기를 짧게 줄이자면, 몇 주 뒤 에블린은 재즈댄스 수업에 등록했다. 그녀가 눈에 띄게 행복해진 모습을 본 남편은 결국 아내와 함께 볼룸댄스 수업에 참여하는 데 동의했다. 이 결정은 두 사람의 결혼 생활에 새로운 활력을 불어넣었고, 온 가족이 저녁을 만들거나 집 청소를 할 때 춤을 추는 일도 생겼다. 이듬해, 에블린은 딸아이들이 춤을 처음 배웠던 작은 스튜디오에서 아이들을 대상으로 춤을 가르치기 시작했다. 그녀가 결국 춤으로 약간의 수입을 얻게 된 건 중요한 일이 아니다. 중요한 것은 에블린을 짓누르던 우울과 불안이 사라졌고, 춤에 푹 빠진 그녀의 가족이 이제 호기심, 창의성, 자기표현을 공유하는 작은 기쁨의 결속체가 되었다는 사실이다.

내게 가장 흥미로운 패턴 만들기

여러분이 애호하는 여가 활동으로 만든 온전한 퀼트가 어떤 종류든 간에 그것은 '창의적인 삶을 새로 배우는 일'이라기보다, '그런 삶을 막고 있던 방식을 내려놓는 일'에 가깝다.

우리의 우반구는 타고난 퀼트 장인이다. 불안에서 벗어나 호기심이 발동한 우반구는 자동으로 갖가지 대상을 모으고 연결해 하나의 독창적인 조합을 만들어낸다. 앞에서 내가 '다람쥐 쫓기'라는 은유와 '퀼트 제작'이라는 은유를 조합해 더 크고 눈길을 끄는 혼합된 은유를 만든 것과 같은 이치다. 다람쥐 가죽으로 만든 퀼트의 가장자리에는 보송보송한 꼬리 장식이 달려있다. 아마 당신은 이런 이미지를 지금까지 한 번도 생각해보지 못했을 것이다. 하지만 지금은 그 이미지가 머릿속에 자리 잡았을 테고, 장담컨대 그 이미지가 뇌리에서 떠나지 않을 것이다. 그럴 거라고 생각하니 괜히 뿌듯하다.

실제로 퀼트를 만들고 싶다는 생각은 들지 않더라도, 나의 진정한 열정을 조각조각 모아서 자유분방하고 아름다운 삶을 만든다면 여러분의 창의적 자아가 밝게 빛날 것이다. 나는 온전한 퀼트 만들기 과정이 우리가 이 땅에서 완수해야 할 근본 과업이라고 진심으로 믿는다. 내 삶을 조성하는 과정이 즐겁지 않거나 적어도 그 작업에 심취하지 못하고 있다면 온전한 퀼트를 만들고 있지 않다는 증거다. 아래에 나열한 몇몇 간단한 지침을 참고하자.

새로운 기술
나만의 온전한 퀼트 만들기

- **꾸준히 내 주의를 끄는 흥밋거리를, 모아둔 헝겊 자루에서 하나 선택한다.**
  명성이나 돈을 가져다주는 것이 아니어도 좋다. 사진, 식물, 음악 한 곡, 온라인 요리 강좌가 될 수도 있다. 정말 멋져 보여서 내가 정말 집중하고 싶은 대상이라는 조건만 충족하면 된다.

- **하루에 10분~20분 정도 시간을 따로 내어 그 대상에 관해 더 알아본다.**
  흥미로운 대상에 관한 글을 읽어도 좋고, 여기서 영감을 얻어 무언가를 만들어도 좋다. 어느 쪽을 택하든 그 자체를 즐기는 것이 목표다. 내 삶과 조화를 이루지 않는다면 언제든지 '잘라내도' 된다.

- **이 시간을 내 하루의 중심으로 여기는 법을 배워본다.**
  선택한 활동이 이상해 보여도, 지금껏 익숙하게 여겼던 내 삶에 잘 맞아떨어지지 않더라도, 이것은 '여분의' 일이 아니다. 이것은 내가 지금부터 창조하는 삶의 주요한 특징이다. '정상적인' 활동에 견주어 중요도가 떨어지지 않는다. 오히려 더 중요한 일이라고 할 수 있다.

- **이 항목을 최소 1주일간 날마다 일과에 넣는다. 뒤이어 흥밋거리의 헝겊 자루에서 이와 어울릴 만한 다른 항목이 없는지 생각해본다.**
  스물다섯 살쯤에 시작한 내 퀼트의 주요 작품은 책 쓰기였다. 나는 하루에

겨우 10분~13분 정도밖에 책 쓸 시간이 없었지만, 이 일에 강하게 '끌리는' 느낌을 받았다. 다음으로 작가 지망생 몇몇을 만나 글쓰기 그룹을 만들어 매달 모임을 열었다. 그 뒤에는 1주일에 몇 번씩 책을 '출간하는 방법'에 관한 책들을 몇 쪽씩 읽기 시작했다. 그리고 이렇게 작가가 되었다.

- **더 흥미로운 '헝겊들'을 계속 엮어가며 나날이 더 큰 퀼트를 만든다.**

  나는 여전히 '글쓰기'라는 온전한 퀼트를 짜고 있다. 지금 이 순간에도 글을 쓰면서 내게 유익하거나 내 관심을 끄는 아이디어들을 얻으려고 열심히 내 헝겊 자루를 뒤지고, 글을 쓰면서 문장을 잘라내고 다듬고 있다. 이 작업은 몹시 어려우면서도 매우 재미있어서 시간이 어떻게 흘러가는지 까맣게 모를 정도다.

  그동안 나는 사람들이 온갖 활동을 통해 자기만의 건전한 퀼트를 만드는 과정을 지도했다. 몇 가지만 예로 들면 닭 키우기, 다양한 스파게티 소스 만들기, 곤충 사진 찍기, 비누 조각하기, 쿠폰 정리하기, 수맥 찾기, 휘파람 불기, 돌을 쌓아 멋진 돌무더기 만들기와 같은 것들이다. 여러분의 흥밋거리들은 꽤 평범할 수도 있고, 주변 사람들 눈에 매우 기이해 보일 수도 있다. 중요한 것은 나의 흥미를 자극하고, 내가 계속 다루고 싶은 일이어야 한다는 사실이다.

- **어울리지 않는 조각들은 찢어내고, 너무 크다 싶은 조각들은 잘라내면서 두려움 없이 계속 재배열한다.**

  글쓰기에서 자라난 내 삶의 또 다른 부분은 코칭이다. 나는 라이프 코치들에게 퀼트 제작자처럼 생각하고, 자신의 열정을 인생 작품으로 엮고, 다른 사람들도 그렇게 하도록 도우라고 가르친다. 역설적으로 많은 코치 지망생은 코칭을 하나의 문화적 '직업' 틀에 꿰맞추려고 노력한다. 그러다 보니 인맥 쌓기, 명함 얻기, 컨벤션 참석하기 등에 관해 이야기한다. 이렇게 사회적으로 '정상적인' 것들이 여러분에게 다람쥐를 쫓는 듯한 흥미를 안겨준다면 마음껏 활용해도 좋다. 하지만 그렇지 않다면, 엉뚱하더라도 자기가 사랑하는 것을 찾고 이를 내 삶에 어떻게 맞출지 고민해보자.

- **이상해 보이는 대로 놔둔다.**

사회적 규범 대신 나의 창의적 자아를 충분히 멀리 따라가면, 결국 겉으로 보이는 모습은 이상하겠지만 좋은 기분을 얻게 된다는 점을 기억하자. '좋은 기분'에 초점을 맞추자. 이상해 보이는 것이 걱정이라면, 뒤로 돌아가서 자신의 불안한 생명체를 가라앉히자. 사실…

- **필요한 만큼 언제든지 내면의 불안 생명체를 가라앉힌다.**

지금 내가 제안하는 방법은 우리 문화에 반대되는 탓에 자신의 좌반구 및 주변 사람들로부터 엄한 경고와 심한 비난을 받을 가능성이 매우 높다. 따라서 자신의 불안을 가라앉히고 우선순위를 정돈하는 일을 자주 반복해야 한다. 불안의 소용돌이에 빠지고, 창의적 자아를 가라앉히고, 호기심과 연결로 넘어가는 이 반복된 과정이야말로 창의적인 회복탄력성을 길러주는 비결이다. 이를 계속 반복하면 내가 두려운지 아닌지를 덜 생각하게 될 것이다.

퀼트 만드는 사람들이 누리는 풍요

그동안 나는 '온전한 퀼트를 만드는 사람들'이라는 은유적 표현이 어울리는 사람들을 지켜봐 왔다. 그들은 자기가 사랑하는 것들을 가져다가 삶으로 엮으며 크나큰 만족과 충족을 얻었다. 그 과정에서 어떤 사람들은 좋아하는 일로 생계를 일구기도 했고, 어떤 사람들은 자기 꿈을 훨씬 뛰어넘는 큰 성공을 거뒀다. 구체적으로 다음의 사례들이 있었다.

- 동물을 좋아하던 젊은 시절, 조이는 우연히 외상 후 스트레스 장애 PTSD를 겪는 참전 군인들을 돕는 도우미견 훈련 일을 시작하게 되었다. 그녀의 솜씨는 뛰어났고, 결국 학교를 졸업하기도 전에 군에서 그녀의 훈련법을 전문적으로 활용하고자 영입했다.

- 클레어는 언제나 배우고 가르치는 일에 열정을 지녀왔다. 30대에 접어든 그녀는 남아프리카 시골 지역에 문해력, 수리 능력, 직업 기술 등을 누구나 배울 수 있는 학습 센터를 세우기 위해 NGO를 설립했다. 첫 모임은 나무 상자에 앉은 세 명으로 시작됐지만, 지금은 수천 명의 아동과 성인을 지원하는 단체로 성장했다. 많은 이들이 형편없는 시험 성적에서 뛰어난 점수로 도약했다. 클레어는 전 세계를 누비며, 한편으로는 기부자들과 교류하고, 또 한편으로는 교사와 학습자들을 격려하고 있다.

- 잰더는 전문 게임마스터*다. 허구의 세계를 창조하고 복잡한 설정을 머릿속에 기억해두는 능력이 워낙 탁월해서, 여러 게임 그룹이

그에게 온라인 테이블탑 게임의 진행을 맡기고 돈을 지불한다.
- 조지아는 자신의 아이들을 홈스쿨링하기로 결심한 뒤, 그 과정이 너무 즐거워져 다른 부모들에게 홈스쿨링 방법을 가르치는 사업을 시작했다.
- 논넬그는 결혼 생활, 육아, 중독 회복의 여정을 담은 블로그를 쓰기 시작했다. 시간이 흐르며 이 기본적인 '퀼트 조각' 위에 여러 요소들이 더해졌다. 그녀는 베스트셀러 작가가 되었고, 위기에 처한 여성과 아이들을 돕는 자선재단을 운영해 4,500만 달러 이상을 모금했다. 세계 챔피언 여성 축구 선수와 결혼했고, 그녀가 시작한 팟캐스트는 애플 팟캐스트Apple Popcast가 선정한 '2021년 최고의 프로그램'에서 1위를 차지했다.

한 가지 정확히 밝히자면 논넬그Nonnelg는 글레논Glennon을 거꾸로 쓴 이름이다. 내가 이야기한 사람은 글레논 도일Glennon Doyle이었다. 이 이름이 낯설다면 잠시만 기다려달라. 내가 여기에 그녀의 정체를 밝히는 것은, 자신의 가장 흥미로운 다람쥐를 쫓는 사람이자 중심에서 바깥으로 삶을 엮어가는 사람으로 소개해도 그녀가 꺼리지 않을 거라고 확신하기 때문이다.

물론 유명한 블로거가 되어야만 자기 꿈을 실현한다는 말은 아니다. 위에서 내가 언급한 사람 중 대다수는 부유하지 않다. 그들 모두

- 보드게임이나 카드 게임처럼 대개 탁자 위에서 이루어지는 테이블톱 게임에서 진행을 담당하는 사람 - 옮긴이.

버겁고 두려움에 휩싸이는 순간을 많이도 겪었고, 그들 모두 사랑하는 사람들과 그들을 지켜보는 이들로부터 비난을 받았다. 주변 사람들은 그들에게 이제 그만 정착해서 평범한 일에 집중하라고 말하곤 했다.

온전한 모양의 온전한 퀼트를 만들기 위해 갖가지 흥미 조각을 한데 엮어 보지 않은 사람들과 내가 소개한 사람들 사이에는 차이점이 있다. 이들은 '위어드'한 문화적 규범보다 자신의 즐거움을 끝까지 신뢰했다. 다람쥐를 한 마리도 쫓지 못하는 도우미견처럼 자신을 소진하는 비창의적인 삶에서는 거의 즐거움을 얻지 못했다. 그들이 찾은 창의적인 활동들은 에블린이 춤의 도움을 받았듯 그들을 뒷받침해 주었다. 그들은 자기만의 진실한 흥밋거리에 집중할수록 새록새록 호기심이 돌아오는 것을 느꼈다. 이로써 더 많은 연결고리를 찾고 탐색하며 새로운 일, 서비스, 이벤트, 모험을 만드는 참신한 방법을 찾아 나섰다.

이 과정에서 그들이 뿜어내는 창의적 에너지는 즐거움이 넘치는 까닭에 다른 사람들의 눈에도 확연히 드러났다. 덕분에 우정, 여행, 사업 아이디어, 그리고 그들의 열정을 공유하는 공동체 전체가 만들어졌다.

부를 획득하는 데 몰두하는 좌반구의 집착을 내려놓고, 내면 깊이 존재하는 창의적 원동력에 몰두하다 보면, 역설적이게도 돈이라는 부수 효과가 뒤따르곤 한다. 만약 나의 클라이언트들과 친구들이 처음부터 자신의 창의적 열정을 이용해 돈을 벌고자 했다면, 그들은 '더 많은 것을 가지겠다는' 사고방식에 발목이 잡혀 불안의 소용돌이가 활성화되었을지도 모른다. 그 결과 그들이 느끼는 즐거움은 사라졌을 것이다. 내가 만났던 사람들은 전부 일종의 치료제로서 '온전한 퀼트'를 만들기 시작했다. 처음에는 시험 삼아 약간만 복용하다가 점차 그 양을 늘렸다. 결국 그들이 자신의 열정 덕분에 돈을 벌게 된 것은, 돈이 아닌 열정 그 자체를 염두에 두고 모든 일을 실행한 결과다.

물론 대다수 사람들은 온전한 퀼트를 엮는다고 해서 엄청난 금은보화를 결과물로 얻지 않는다. 그들이 누리는 풍요는 다른 데 있다. 다람쥐를 쫓는 즐거움, 자기 마음과 영혼을 보살피는 일들을 하면서 시간을 보내는 것이다. 좌반구의 시선으로 보면 이것만으로는 익숙한 길에서 벗어나 그토록 쫓고 싶은 일을 추구할 충분한 이유가 되지 않는다. 그렇지만 우반구, 즉 균형있게 작동하는 온전한 뇌의 입장에서 보면 충분히 이치에 맞는 일이다. 결국 미다스 왕은 어마어마한 부를 누렸음에도 혼자서 굶어 죽었다.* 온전한 퀼트를 만드는 사람은 따스한 포옹을 얻는다.

자기만의 온전한 퀼트를 만드는 데 몇 년을 쏟은 사람들, 그 과정에서 부와 명예까지 얻게 된 사람들을 보면, 내가 본받을 만한 일종의 성공 공식을 따랐다고 생각할지도 모른다. 그렇지만 그들은 거창한 성취를 꿈꾸며 시작하지 않았다. 오히려 이들은 대부분 혼자서, 자신을 사로잡는 무언가를 하는 것으로 시작했다. 그들의 삶이 어떤 모습이었는지를 그대로 따라 해서는 원하는 결과를 얻을 수 없다. 다

---

* 신화에 따르면 미다스 왕은 그의 손이 닿는 것마다 황금으로 변했으면 좋겠다는 소원을 성취했지만, 결국 손을 댄 음식마다 금으로 변해 아무것도 먹을 수 없었다 – 옮긴이.

만 그들이 자기만의 '퀼트'를 만들어간 방식, 그 고유한 방법은 따라 할 수 있다.

이 방식에는 절대적인 진정성이 요구된다. 먼저, 당신을 매혹으로 이끄는 '다람쥐들', 곧 당신의 호기심을 자극하는 대상들을 찾아야 한다. 그리고 그 다람쥐들을 '호기심의 헝겊 자루'에 하나둘 모으기 시작한다. 그다음에는, 당신을 사로잡는 것들을 하루의 중심에 놓고 주의를 기울이면서, 비로소 삶이 그 방향으로 모양을 갖추기 시작한다. 그 과정을 통해 당신은 그것들을 서로 연결하고 또 연결하면 나만의 퀼트가 점점 커진다. 수많은 실수를 하고, 눈대중으로 배치해보고, 이것저것 잘라 붙이고 다시 조합해보면서 말이다.

이런 식으로 수년이 흐르면, 당신 삶에 더해진 기묘하고도 비정통적인 관심사 속에서 놀라운 수준의 전문성과 숙련도를 얻게 될 것이다. 그 모든 성취는 권력이나 부, 명성을 위한 것이 아니라, 오직 당신 안의 창의력이 도달할 수 있는 한계 끝까지 탐험해보는 그 순수한 기쁨을 위한 것이다.

당신 안의 창의적인 자아는 도전 자체를 사랑한다. 그것도 누구도 해본 적 없는, 아주 독창적이고, 어쩌면 예언자적이기까지 한, 엄청나게 어려우면서도 말로 다 할 수 없이 만족스러운 도전 말이다.

그러므로 여러분만의 다람쥐로 만든 퀼트를 몸에 두르고 계속 나아가자. 다음 장에서는 창의성의 소용돌이를 따라 도달하게 되는 다음 단계, 바로 '숙달'의 세계로 들어간다.

숙달: 내 안의 마법사를 움직이는 힘

8

1949년 여름, 베테랑 소방관 와그너 도지Wagner Dodge는 삼림 소방 낙하대원 14명으로 구성된 팀을 이끌고 몬태나 역사상 최악의 산불 중 하나를 진압하러 나섰다. 맨 굴치Mann Gulch라는 이름의 골짜기로 내려가던 중, 돌풍이 부는 바람에 갑자기 불길이 거세졌다. 위를 올려다본 도지는 불길이 너무 가깝다는 것을 확인하고 분당 약 200미터의 속도로 소방관들에게 달려갔다. 그가 소리치는 것을 들은 팀원들은 장비를 던져놓고 내달리기 시작했다. 하지만 그리 빠르지 못했다.

끔찍했던 그 순간, 문득 도지는 누구도 그 불길의 속도를 이길 수 없다는 사실을 깨달았다. 그다음 그가 한 행동은 이때까지 한 번도 훈련되지 않은 방법이었다. 아무도 그런 방식으로 대비해본 적이 없었다. 도지는 뜀박질을 멈추고, 성냥불을 켜서 자기 주변에 원 모양을 그리며 들풀에 불을 질렀다. 그러고는 팀원들에게 그의 주변으로 모이라고 소리쳤다. 그렇지만 혼란에 빠진 팀원들은 계속 도망갈 뿐이었다. 도지는 다 타버린 매캐한 원 안에서 납작 엎드려 담요로 몸을 덮은 다음, 불길이 그를 넘어가길 기다렸다. 그의 주변 사방에서 맹렬한 불길이 치솟았지만, 다 타버린 원은 연료가 되지 않는 까닭에 도지의 몸 주변에서 방화선 역할을 했다. 13명의 다른 소방관들은 목숨을 잃었다. 도지는 살아남았고 털끝만큼도 다치지 않았다.

그 끔찍했던 날 와그너 도지에게 일어난 일은 창의성의 한 단면을 보여준다. 창의성은 뭔가 독창적인 일에 나설 때뿐 아니라 가장 절박한 상황에서도 우리를 도울 수 있다. 창의적 사고가 지닌 이런 측면은 이제껏 배운 모든 것을 현재 눈앞에 벌어지는 일과 연관 지어 완전히 새로운 아이디어를 떠올리게 하는 우반구의 능력을 동원한다.

나는 이를 가리켜 '마법사 풀어놓기'라고 부른다. 동화에 나오는 마법사들을 믿어서가 아니다. 이언 맥길크리스트가 말했듯 마법은 좌반구가 이해하지 못하는 것을 가리키는 말이기 때문이다.

불안이 아닌 창의성을 토대로 삶을 일구기로 마음먹었다면, 사랑하는 일에 모든 시간을 쏟으며 삶을 온전한 퀼트로 바꾸는 데 집중하다 보면, 어느새 기존의 모든 한계를 밀어붙이는 자신을 발견하게 된다. 창의성의 소용돌이에 올라타면 대부분 사람들이 도달하고자 하는 지점까지 쉽게 이를 수 있다. 하지만 여러분은 그보다 더 멀리 가고 싶어질 것이다. 여러 문화권에 존재하는 고전적인 영웅담에서는 이런 순간에 마법을 부릴 줄 아는 조력자가 나타난다. 여러분 뇌 속에서는, 바로 이때 우반구의 가장 깊은 천재성이 깨어난다.

여러분이 허락한다면 뇌는 맨 굴치 화재 당시에 와그너 도지가 했던 것과 같은 능력을 발휘할 수 있다. 도지의 우반구는 의식적인 사고 바깥에서 작동해 상황을 평가하고, 수많은 이전 경험의 기억을 조합해 하나의 해법을 고안해냈다. 그리고 그 해법을 마치 번쩍이는 영감처럼 도지의 의식 속으로 던져 넣었다. 도지는 한 영역이 타버리면 더이상 불길이 머무를 연료가 없어져 불이 그곳을 건너뛴다는 것을 알고 있었다. 불길의 속도와 방향을 파악하고 이 재앙을 뛰어넘을 수 없다는 사실을 깨달은 도지의 뇌는 방화선 작업과 관련해 도지가 간직한 모든 경험을 불러일으켰다. 도지는 생존에 필요한 응급 안전지대를 만들 만큼의 시간은 충분하다는 사실을 갑자기 또렷하게 알게 되었다.

다시 말하지만, 이것은 도지가 의도적으로 행한 일이 아니다. 이 일은 그의 인지적 사고가 떠올릴 수 있는 것보다 빠르게 일어났다. 그의 뇌는 심리학자들이 '유레카 효과'라고 부르는 갑작스러운 통찰의 번득임을 통해 작동했다. "알아냈다!"라는 의미의 그리스어 유레카 Eureka는 고대 수학자 아르키메데스가 Archimedes가 어떤 논리적 문제를 해결하려던 노력을 잠시 멈추고 욕조에서 일어나는 찰나에 문득 해법을 발견하며 소리친 단어로 알려져 있다. 다시 말해 수천 년간 창의적인 사상가들의 머릿속에서 이 현상이 일어났다는 것이다. 이 현상을 일으키는 방법만 안다면 여러분도 일상에서 이를 경험할 수 있다.

내면의 불안 생명체를 가라앉히고, 나만의 호기심에 접근하고, 내가 가진 더 많은 창의적인 흥미 거리에 연결하면서 온전한 퀼트라는 삶을 엮는 방법을 배웠다면, 전과 조금은 달라진 기분 속에 살기 시작할 것이다. 불안이 주도하는 문화 속에서 평소에 느끼는 긴장된 에너지와 달리, 탐구와 창조의 태도가 일관되게 나타날 것이다. 나와 작업한 클라이언트들은 더 깊은 차원에서 자신의 열정을 좇으며, 독창적이고 때로는 놀라운 연결을 만들기 시작하면서 불안에서 훨씬 자유로워지는 경험을 했다. 그러는 동안 갖가지 아이디어가 떠오르고, 전에는 상상하지도 못했던 방식으로 삶이 확장되었다.

좌반구 중심의 사고방식이 지배하는 문화 속에서 심리적으로 불안해지는 것은 산불처럼 다급해 보이지 않을 수도 있다. 그렇지만 나는 이것이 매우 다급한 일이라고 믿는다. 개인적으로는, 우리 각자의 인생에서 의미와 즐거움을 찾는 중요한 문제를 맞닥뜨리고 있으며, 사회 전체적으로는 와그너 도지와 그의 팀원들에게 맹렬히 달려오던 불길처럼 밀려오는 갖가지 문제에 직면하고 있다. 거의 모든 산업 부문이 급격한 변화가 나타나고, 정치적 격동과 양극화가 일어나며, 우리를 살아있게 하는 생태계가 대대적으로 파괴되고 있다. 다행히 모든 사람은 도지가 맨 굴치 화재에서 발휘했던 것과 똑같이 놀랍고 유례없는 방식으로 문제를 해결하는 데 필요한 내적 장비를 갖추고 있다. 그러나 우리가 사는 이 세상이 불안에 쫓겨 좌반구적 사고를 강조하는 탓에 많은 사람들이 그 장비의 사용법을 잊고 살아간다.

내 머릿속의 마법사

여러분 머릿속에 천재가 숨어 있다는 내 말은 허튼소리가 아니다. 이를 뒷받침할 자료가 있다. 한 예로 1960년대에 미국 항공우주국 NASA

관계자들은 우주에서 벌어지는 다양한 현상을 조사할 사람들을 채용하고자 '창의적 천재'를 식별하는 연구를 의뢰했다.

저 앞에서 소개했던 스파게티 탑 쌓기 챌린지처럼, 미국 항공 우주국NASA의 창의성 테스트에서도 뜻밖의 결과가 나왔다. 가장 뛰어난 성과를 보인 이들은 다름 아닌 3세에서 5세 사이의 유아들이었다. 이 연령대 1,600명을 대상으로 한 실험에서 무려 98%가 '창의적 천재' 수준의 점수를 받은 것이다. 하지만 같은 아이들을 5년 뒤 다시 테스트했을 때, 그 비율은 32%로 줄었고, 또 5년 후에는 10%에 불과했다.

연구자 조지 랜드George Land와 베스 자르만Beth Jarman이 지적한 바에 따르면, 이 검사를 성인 20만 명에게 적용한 결과 '창의적 천재' 범주에 속하는 사람은 고작 2%에 불과하다는 사실을 밝혀냈다. 그들은 이렇게 된 책임이 교육 체계와 사회 환경에 있다고 지적한다. 자연이 우리 안에 심어둔 창의성을, 사회가 오히려 억누르고 지워버린다는 것이다.

여러분도 아마 미국 항공 우주국NASA 연구에 참여한 수많은 사람들과 비슷할 것이다. 어린 시절에는 분명히 창의적 천재였지만, 자라면서 그 능력을 잊고 '별다를 것 없는 사람'으로 살아오진 않았는가. 내가 클라이언트들에게 창의성을 활용해 삶을 만들어가야 한다고 말할 때, 종종 그들은 불안을 넘어 공황 상태에 빠지기도 했다. 그들은 이렇게 말했다. "오, 아뇨. 저는 아니에요!", "저는 창의적이지 않아요! 제 몸에는 창의성이란 뼈대 자체가 없어요." 심지어 때로는 "저는 멍청해요. 그런 일은 절대 못 할 거예요"라고도 했다. 그 말들이 얼마나, 진심이고, 얼마나 깊은 자기 확신에서 비롯된 것인지 볼 때마다 마음이 아프다.

다행히 여러분의 '창의적 천재'는 파괴되지 않는다. 단지 추방지로 내몰릴 뿐이다. 4장에서 다룬 '참나'의 모습 속에는, 그렇게 외면당한 천재의 흔적들이 고스란히 남아있다. 이 책에서 제시하는 모든 아이디어와 연습 활동은 여러분이 그 창의성과 다시 연결되도록 도우려는 목적을 띠고 있다. 자신의 우반구를 작동시키는 법을 배우는 지점에 다다랐으니, 이제 딱딱하게 굳어버린 한계로부터 자신을 해방시켜 '평범한 수준의 눈부신 마법'을 펼쳐보자.

내 안의 천재를 깨우는 방법

무엇보다 먼저 말하고 싶은 건, 우리가 이제껏 배워온 방식대로 창의성 없이 잘 살고 싶다면 정말 많은 행운이 필요하다는 점이다. 일단 부유한 가정에 태어날 것을 강력히 추천한다. 그리고 백인 남성으로서 생물학적 성과 성 정체성이 일치하는 이성애자이고, 신경다양성도 없으며, 정서적 트라우마도 없고, 신체적으로는 속옷 모델을 해도 될 정도로 탄탄한 몸을 꼭 갖추길 바란다. 여기에 더해, 학업과 진로를 든든히 뒷받침해 줄 재정 지원자와, 안정적인 고소득 직업으로 이어지는 경로를 밟아가도록 도와줄 힘 있는 후원자도 꼭 필요하다.

그러면 좋은 결과가 따라올 것이다! 그렇지 않은가?

우리는 이러한 '성공' 모델을 받아들이는 데 너무 익숙하다. 내가 만나는 대다수 클라이언트는 금수저로 태어나지 않았음에도, 마치 복권에 당첨되듯 원하던 삶이 저절로 주어지기를 꿈꾼다. 다른 사람들은 "어쩌면 제가 모르는 부자 친척이 내게 재산을 남겨줄 거예요", "유명 인사를 친구로 두면 모든 일이 멋지게 펼쳐질 거예요"라는 상투적인 말을 꺼낸다. 물론 다 농담으로 하는 소리다. 뭐 그런 것이다. 그렇지만 이런 농담은 그리 재미있지 않다. 사실 이런 사람들은 행복한 삶을 일구기 위한 다른 요령을 배워본 적이 없다. 그들의 창의적이고 천재적인 자아들은 완전히 추방되었다. 그들은 원하는 것을 얻겠다면서도 자신이 통제할 수 없는 요인들에 의존하는 탓에 높은 불안을 안고 살아간다.

소수의 특권층을 제외하면 삶은 가혹하고 불공평하고 고되다고 느껴질 수 있다. 그렇지만 여러분에게는 사회적인 권력 피라미드와 상관없는 방식으로 성공에 다다를 동기도 있다. 일상적인 방법 대신 여러분만의 '창의적 천재'를 소환하면 된다. 이를 위해서는 네 가지가 필요하다. 복잡하고 어려운 문제에 맞서야 하는 환경, 지식과 경험을 수집하도록 유도하는 '흥미 기반'의 호기심, 약간의 용기, 아무리 애써도 출구가 보이지 않는 막다른 길 같은 상황.

이것들이 바로 유레카 효과를 촉발하는 조건들이다. 우리는 맨 굴치 화재 때 와그너 도지가 보인 반응에서 위의 네 가지 조건을 모두 확인할 수 있다. 도지는 화재에 엄청난 관심을 두고 있었다. 그는 화재에 맞서고, 화재를 연구하고, 화재에 관해 대화하고 생각하는 데 숱한 시간을 보냈다. 그는 자신의 지식과 경험이 시험대에 오르는 상황 속으로 뛰어들 용기가 있었다. 또한, 불길이 치솟을 때 외견상 막

다른 상태에 빠진 자신을 발견했다. 불길이 너무 빠르게 다가오고 있었으므로 도무지 물리적으로 피할 길이 없었다. 심리적으로도 피할 길은 없었다. 자신이 팀장이었기에 달리 바라보거나 의지할 사람이 없었다. 그가 바로 책임자였다.

역설적이게도 많은 사람의 경우, 자신의 창의적 천재를 우리에서 나오게 하려면 이런 종류의 극단적인 상황이 필요하다. 아마 도지는 완벽한 공포에 휩싸이는 순간을 경험했을 것이다. 그때의 느낌은 불안이라기보다 진짜 위험한 상황이기에 강력한 행동을 촉구하는 두려움이었을 것이다. 그런 순간에서 언어적 사고는 입을 닫고 명료해진다. 언어적 사고가 문을 닫을 때야 열리는 공간에 발을 들여놓을 때, 우반구가 아이디어를 가져다준다. 이런 일이 흔하지는 않지만, 실제로 이런 일이 벌어지면 문제에 대한 접근 방식이 영원히 달라질 수도 있다.

불길이 얼마나 빠르게 번지는지 깨닫지 못했을 도지의 팀원들은 그가 무슨 행동을 하는지, 그들에게 무엇을 요청하는지 이해할 수 없었다. 그렇지만 불가능한 상황에 놓인 도지의 우뇌는 자기가 지닌 모든 지식과 눈앞에 보이는 모든 것을 조합해보았고, 이로써 하나의 해법을 번개처럼 그의 의식 속에 전달했다. 수리수리마수리!

막다른 상황이 지닌 힘

문제를 이런 방식으로 대하는 삶은, 불안을 기반으로 한 삶과는 정반대다. 사실 나는 '어려움과 막다른 상황이야말로 뇌가 창의적 도약을 하기 위해 반드시 필요로 하는 구성 요소'라는 사실을 진심으로 이해하고 나서야, 내 삶의 모든 문제들에 대해 그토록 불안해하지 않게 되었다.

나는 '불안'이라는 문제 자체에 대해서조차 예전만큼 불안해하지 않게 되었다. 우리의 지식과 자원이 닿는 경계를 넘어서야 비로소, 순수한 창의성이 진정으로 필요하다는 사실을 알게 되었기 때문이다. 이런 상황에서는 절차나 논리, 감성적 민감함 같은 지능의 다른 형태보다 창의성이 더 본질적이다. 우리 안의 마법사를 깨우기 위해서는 강한 동기와 함께 완전히 막막한 상황이 전제되어야 한다. 그래서 창의성은 종종 어려운 상황에 놓인 개인이나 집단에서 나타난다.

내 친구 중 한 명(그를 '조이'라고 부르겠다)은 기업들의 문제 해결사 역할을 하고 있다. 조이는 늘 독창적이어야만 했다. 뇌성마비가 있는 탓에 평범한 하루를 보내는 데도 '측면적 사고'를 발휘해야 했기 때문이다. 의사들은 뇌에 장치를 삽입하면 뇌성마비의 증상을 완화할 수 있다고 했으나 조이는 이를 거절했다. 그는 남들과 다른 능력을 지닌 자기 몸을 종일, 매일 다뤄야 하기에 오히려 예리한 천재성을 유지할 수 있다고 내게 말했다.

이런 점에서 창의성은 곤란한 상황을 견뎌낸 개인, 때로는 집단 전체에서 솟아날 수도 있다. 물론 그 사람들이 그토록 불운해서 다행이라는 말은 절대로 아니다. 하지만 생각해보면 매우 놀랍다. 예를 들어, 거대한 범람원에 거주하며 수 세기 동안 홍수 피해를 겪은 고대 중국인들은 그들을 강대국으로 만들 만큼 매우 정교한 관개 조직을 발명했고, 이는 오늘날에도 여전히 사용되고 있다. 튀르키예 중부 주민들의 사례도 있다. 전쟁에 시달리던 그들은 18층 규모의 거대한 지하 도시에 2만 명을 수용할 방법을 고안해냈다. (환풍구 배열만 봐도 천재적이라는 생각이 절로 든다.)

때론 가장 예술적인 형태의 창의성이, 가장 고된 현실 속에서 사람들을 살리기 위해 솟아나는 경우도 있다. 체화 치료사(소매틱 테라피스트) 레스마 메나쳄Resmaa Menakem은 어린 시절 자신의 할머니를 기억한다. 솜을 따느라 상처투성이가 된 손으로 하루 종일 흥얼거리던 할머니였다. 그것은 단순히 즐거운 콧노래가 아니라, 온몸을 울리는 깊고 강한 울림이었다.

메나쳄은 이렇게 말했다.

"내 민족이 250년 동안 지속된 '합법적인 강간'—쾌락을 위한 강간, 이윤을 위한 강간, 내 조상과 그 자식들을 팔기 위한 강간—을 견디며 살아남을 수 있었던 건, 바로 그 흥얼거림, 몸을 앞뒤로 흔들고, 진동하듯 땅을 응시하던 그 모든 움직임 덕분이었다고 생각합니다. 그건 하나의 예술 형식이었어요."

예술과 문제해결은 이런 방식으로 연결된다. 인간의 정신은 가장 기본적인 현실의 문제를 다룰 때 수준 높은 창의적 발명을 이루어낸다. 문제가 난해할수록 우뇌는 더 많은 창의력을 불러일으켜 해법을 고안할 수 있다. 나와 내 클라이언트들의 삶을 돌아보면 인지적 도약은 가장 어려운 시기에 일어나곤 했다.

- 마사지 치료사인 내 친구 에바는 코로나19 팬데믹 초반에 사업을

몽땅 날렸다. 이때 에바는 갑자기 방향을 틀어 바느질 방법을 배웠고, 매우 보기 좋은 마스크를 제작해서 팔았다. 덕분에 자신과 어린 딸의 생계를 뒷받침할 수 있었다.

- 나의 클라이언트 셰인은 유럽 여행 도중 소매치기에게 가진 돈을 모두 털렸다. 셰인은 그의 기타를 안고 거리에 앉아 즉석 공연을 펼쳤고, 덕분에 먹을 것과 작은 방을 구할 만큼의 현금을 마련했다.
- 내 사촌 리디아는 젊은 워킹맘이었다. 어느 겨울 아침에 일어나 보니 차 문이 꽁꽁 얼어붙어 있었다. 리디아는 차체와 문 사이에 신문지를 끼워 넣고 불을 붙였고, 덕분에 늦지 않고 출근할 수 있었다.

여기서 요점은 불안 대신 창의성에 기반해 삶을 일으키려고 할 때, '눈앞의 문제들이 창의적 과정에 오히려 좋은 자극이 된다'는 사실이다. 이는 매우 반가운 소식이다. 내가 가진 갖가지 자원은 고갈될지언정 문제는 마르는 법이 없으니 말이다. 여러분의 삶에 아무 문제가 없다면 전쟁, 불의, 전 지구적인 생태계 붕괴 위협 등 갖가지 집단의 문제로 창의적 관심을 돌려보자. 한 가지 문제를 고르고 내면의 마법사를 깨우자. 우리에게 그가 필요하다.

유레카 효과 일으키기

학창 시절에 여러분은 모든 과목을 논리적이고 순차적인 방식으로 대함으로써 자신의 창의적 천재성을 억누르도록 철저히 교육받았다.

수학 문제를 풀든, 논설문을 쓰든, 일관된 절차를 따라야 했고, 그 절차는 다른 모든 사람이 활용하는 것과 같아야 했다. 이것이 좌반구가 모든 문제에 접근하는 주된 방식이다. 언어와 숫자를 사용해 상황을 설명하고, 전문가와 상의해 문제 풀이 방식을 배운 다음, 기존의 관례를 빈틈없이 따르는 것이다. 화학 물질을 혼합하는 일이든, 직원들을 관리하는 일이든, 자녀를 양육하는 일이든, 좌반구는 이런 방식으로 일을 추진하는 편을 선호한다. 사실 좌반구는 다른 방법이 없다고 믿는다. 또 다른 방법을 찾았다는 소식을 들으면 충격에 빠질 것이다.

그러나 다른 방법도 있다.

창의적으로 문제를 해결하는 이 접근법은 이미 알려진 개념과 관례를 답습하지 않는다. 대신 우반구에서 잠자고 있는 마법사를 깨울 확률이 가장 높은 조건을 만들어낸다. 그 마법사는 여러분이 입을 딱 벌리고 좌반구에 대한 믿음을 내려놓게 할 갖가지 방식으로 여러분을 위해 문제를 해결할 것이다. 아래에 그 과정을 차례대로 소개하고, 이 과정을 실행하는 데 유익한 것들을 설명하는 것으로 이번 장을 채우려고 한다. 초반 단계들은 이미 소개했다.

1 스스로를 진정시킨다.
2 주변을 돌아다닌다.
3 정신에 불을 붙인다.
4 깊이 연습한다.
5 가로막힌다.
6 믿는다.

가장 아름답고, 실용적이고, 신비한 여러분 삶의 온전한 퀼트를 만드는 과정에서 이 단계들을 어떻게 실천할 수 있을지 알아보자.

1단계: 스스로를 진정시킨다

이 책 1부의 목적은 불안한 상태에서 꽤 평온한 상태로 옮겨 가도록 돕는 것이다. 이 말을 여기서 다시 언급하고 그동안 반복한 말을 지겹게 또 반복하는 것은, '반복'이야말로 여러분의 뇌가 평온함을 얻고 그 상태를 유지하도록 돕는 방법이기 때문이다.

내면의 불안 생명체를 가라앉히는 것은 손 씻기와 같다. 방법을 익히고 나면 오래 걸리지 않고, 하루에도 몇 번씩 반복해야 하며, 우리 사회에서 맹위를 떨치는 불안의 팬데믹에 감염되지 않고 싶다면 꼭 해야 할 일이다. 우리 뇌가 두려운 이야기들에 휘말려 불안의 소용돌이가 주도권을 휘두르려고 할 때, 내면의 창의적인 천재들은 은폐될 수밖에 없다. 자신의 모든 측면, 내 모든 불안한 생명체를 가라앉히면, 좌반구의 논리는 그대로 유지하되 이를 우반구의 통찰과 조합할 수 있다.

삶이 힘들어지면 자기가 좋아하는 평온의 연습을 택해서 그것을 활용하고, 활용하고 또 활용하자. 행운이 준비된 정신을 선호하듯, 창의적인 마법은 평온한 뇌를 선호한다.

2단계: 주변을 돌아다닌다

돌아다니기 wander와 궁금해하기 wonder는 창의적 천재성을 드러내던 어렸을 때는 실천했지만 성인이 되어서는 거의 하지 않는 두 행동이다. 이는 7장에서 살펴본 헝겊 조각을 수집할 때의 상태다. 여기서는 '돌아다니기'가 내면의 천재성을 자극하는 데 발휘하는 힘을 강조하고 싶다. 활발히 움직일 여건이 된다면 새로운 환경을 직접 찾아다니는 것만큼 창의적 상상력을 끌어올리는 방법도 없다.

현지어와 현지의 관행을 전혀 모르는 낯선 장소에 가는 것을 사랑한다면, 사탕 가게에 들어간 아이처럼 여행을 통해 진정한 흥미를 발동시킬 수 있다. 그곳에서 현지 사람들은 딱히 주목하지 않는 것들에 주의를 기울일 수 있다. 외국 여행이 어렵다면 날마다 적어도 10분~20분씩 주변을 돌아다니려고 노력하자. 집 근처 시내 거리, 박물관, 도서관, 시장처럼 쉽게 갈 만한 장소를 하나 고른 뒤, 눈에 들어오는 것을 포착하겠다는 유일한 목적을 두고 그곳을 어슬렁거리자. 그리고 관심이 쏠리는 것이 있다면 얼마든지 이끌리자. 그것을 탐색해보고, 귀 기울여 듣고, 자세히 들여다보고, 냄새도 맡고, 쿡쿡 찔러도 보자.

걷거나 운전할 수 없는 상황이어도 돌아다닐 방법은 있다. 나는 목발을 짚고 다니던 몇 년간 어쩔 수 없이 속도를 줄여야 했다. 덕분에 멀쩡한 두 다리로 다닐 때는 무심히 지나친 탓에 한 번도 눈여겨보지 못했던 것들을 눈에 담을 수 있었다. 낯선 사람들이 얼마나 적극적으로 나를 도와주고 싶어 하는지도 알게 되었다(그것 자체도 매우 놀라운 발견이었다). 최후의 수단으로 인터넷 공간에서 돌아다니는 방법도 있다. 몸은 가만히 있더라도 낯선 장소에서 새로운 것을 배울 수만 있다면 뇌가 돌아다닐 수 있다.

어떤 방식으로 하든 돌아다니기는 궁금해하기로 이어지며, 이는 내 일과의 일부를 차지할 가치가 있다. 내면의 다섯 살배기가 목적 없이 신나게 까불며 뛰노는 것을 절대로 시간 낭비라고 생각지 말자. 사실 이는 여러분의 가장 다급한 문제를 해결할 최선책에 속한다.

3단계: 정신에 불을 붙인다

대니얼 코일 Daniel Coyle은 그의 저서 『탤런트 코드』에서, 우리의 호기심을 강렬하게 사로잡아 깊은 탐구로 끌어당기는 대상을 마주치는 순간을 가리켜 '점화 ignition'라고 표현했다.

조시 웨이츠킨 Josh Waitzkin(영화 〈위대한 승부 Searching for Bobby Fischer〉에 등장하는 체스 챔피언의 실제 인물)이 여섯 살 때 공원에서 경기하는 체스 승부사를 보았을 때도 점화가 일어났다. 이후 그는 열여섯 살에 세계 체스 그랜드 마스터가 되었다. 이야기는 여기서 끝나지 않는다. 청년 시절에 그는 대만의 인기 스포츠인 추수推手라는 중국 무술을 접하고 다시 한번 '점화' 반응을 일으켰다. 수년간의 훈련 끝에 웨이츠킨은 태극권 추수 전국 챔피언십에서 5년 연속 중량급 챔피언 자리를 지켰다. 천재성은 갖가지 예기치 않는 방향으로 우리를 이끌기도 한다.

수많은 사람이 동시에 '점화'되면 한 집단을 통해 천재성의 물결이 일렁일 수도 있다. 종종 이 물결은 몇 년이 흐른 뒤에야 눈에 보이기도 한다. 무언가를 보고 점화된 사람들이 자기가 본 기술을 익히는 데 시간이 걸리기 때문이다. 코일은 안나 쿠르니코바^{Anna Kournikova}의 윔블던 준결승 경기 이후로 수년 뒤에야 일류 수준의 여성 테니스 선수들이 러시아 테니스계에 등장한 사례를 언급한다. 마찬가지로 한국에서도 박세리 선수가 맥도널드 LPGA 챔피언십에서 스무 살의 나이로 우승한 뒤에 훌륭한 여자 골프 선수들이 등장했다.

점화 사건 이후에 천재성을 나타내는 무리를 실제로 보고 싶다면, 근력이나 기술을 뽐내는 TV 경연 프로그램을 몰아서 시청해보라. 일례로 '아메리카 닌자 워리어 대회^{American Ninja Warrior}'에는 다양한 외모, 체격, 성별을 가진 사람들이 출연해 끔찍하게도 험한 장애물 경기를 똑같은 조건에서 실행하며 승부를 가린다. '유 캔 댄스^{So You Think You Can Dance}'라는 프로그램도 있다. 이 프로그램에서는 참가자들이 극히 짧은 시간 안에 놀랄 정도로 많은 수의 까다로운 동작을 배워서 공연한다. 요리를 선호한다면, '그레이트 브리티시 베이크 오프^{The Great British Bake Off}'(미국에서는 '그레이트 브리티시 베이킹 쇼'로 알려져 있다)를 찾아보라. 건장한 남성들이 파이 밑동을 축축하게 만들었다며 수치심에 펑펑 우는 것을 볼 수 있다.

이 프로그램들의 첫 회가 방영하고 나서 약 5년이 흐른 뒤, 참가자들의 실력이 급상승했다. '아메리카 닌자 워리어 대회'에서는 한때 '단역 배우들'을 출연시켜 우스꽝스러운 의상을 입힌 다음, 이들이 문에서 나오자마자 곧장 앞으로 고꾸라지는 모습을 보여주었다. 그렇지만 몇 년 뒤에는 장애물의 난도를 높여야 했다. 초반 시즌을 시청한 사람들이 카페인에 취한 다람쥐처럼 놀라운 민첩성을 보여주기 시작했기 때문이다. '유 캔 댄스'의 경우, 후반 시즌에 출연한 댄

서들이 너무 뛰어난 탓에 초반 시즌에 출연했던 천재들이 몸을 잘 쓰지 못하는 사람들처럼 보일 정도였다. '그레이트 브리티시 베이크 오프'의 경우, 한때 멋진 오페라 케이크를 만든 사람이 '스타 베이커'라는 타이틀을 얻고 명성을 누렸지만, 후반 시즌에서 그런 명성을 얻으려면 퍼프 페이스트리 puff pastry(버터와 밀가루를 넣은 반죽을 크게 부풀도록 구워 만든 과자-옮긴이)로 그럴싸한 연소 기관을 만들 정도가 되어야 했다.

이 모든 사례에서 일정 수의 시청자들은 화면에 나오는 것을 보고 점화를 경험했다. 그다음 그들은 자기 인생(온전한 퀼트)이 걸린 것처럼 산악, 춤, 제빵에 도전했다. 이 사람들은 그야말로 불이 붙었다. 그들은 심리학자들이 말하는 '숙달하려는 강렬한 욕망'—어떤 기술을 연마하려는 거의 집착과도 같은 욕망—에 사로잡혔다. 그렇게 몇 년간 연습한 끝에 앞서 출연했던 사람들은 상상할 수 없는 수준의 성과를 보여주었다. 그들은 마음껏 창의성을 발휘하면서 새로운 동작, 새로운 장애물, 새로운 조리법을 만들어내기도 했다.

그리고 연습했다. 세상에, 그들은 끊임없이 연습했다!

4단계: 깊이 연습한다

나의 무술 스승은 종종 이렇게 말했다. "연습한다고 완벽해지는 것은 아닙니다. 연습하면 오래 할 수 있습니다." 이런 이유에서 그는 제자들이 새로운 동작을 아주 천천히 그러나 완벽한 자세로 천 번씩 연습하게 했다. 그다음에는 같은 동작을 다시 천 번 반복하되 이번에는 속도를 조금 내게 했다. 마지막으로 그 동작을 다시 천 번 연습할 때는 완벽한 자세로 하되 최대 속도와 최고의 힘을 들여서 하도록 했다.

코일은 이렇게 까다롭고 가혹한 숙달 추구를 가리켜 '심층 연습 deep practice'이라는 용어를 쓴다. 다른 연구자들은 '몰두하는 연습 dedicated practice'이라는 말로 같은 현상을 지칭한다. 그저 일상적인 반복 연습과 달리, 이렇게 숭고한 목표를 향해 열심히 밀어붙이는 식으로 연습하면 뇌가 초음속으로 숙달을 향해 변해 간다는 것을 보여주는 증거들이 있다. 심층 연습을 단 6분간 하더라도 평범한 연습을 한 달간 지속한 만큼의 숙련도가 쌓인다.

어느 기술이든 대가가 되려면 1만 시간의 노력이 필요하다는 이론을 창시한 심리학자 안데르스 에릭슨 K. Anders Ericsson은, 이런 종류의 연습이 그가 '몰두하는 놀이 dedicated play'라고 부르는 형태로 실천했을 때 훨씬 훌륭한 성과를 낸다는 것을 발견했다. 에릭슨은 똑같은 활동을 반복만 하는 것이 아니라, 진짜로 악기를 연주 play 하고, 스포츠를 실행 play 하고, 체스를 두려고 play 노력할 때 가장 잘 배운다는 것을 밝혀냈다(이 과정은 능력계발이 필요한 모든 활동에서 일어난다). 수행 과정은 어렵더라도 놀듯이 play 재미가 있어야 한다는 것이다.

즐거움을 누리는 동시에 숙달하려는 맹렬한 욕구를 만족시키려면 미묘한 균형을 지켜야 한다. 즉, 완벽을 추구하되 원하는 목표에 도달하지 못했을 때는 '친절한 내면 대화 KIST'를 적극적으로 시도하면서 자기에게 매우 친절해야 한다. 2023년에 발표된 한 연구에 따르면, 무언가 창의적인 일을 오랫동안 해온 끝에 그 과정에 대한 통제를 내려놓을 때 가장 큰 즐거움을 느낀다고 한다. 차를 운전한다면 이 경험을 해봤을 것이다. 처음에는 운전이 어렵고 두렵기까지 하지만, 운전 기간이 오래되어 모든 동작을 일일이 생각하지 않는 경지에 오르면 몸이 운전법을 기억하는 까닭에 굳이 신경을 집중하지 않아도 된다. 이것이 바로 몰두하는 연습이 몰두하는 놀이가 되는 과정이다.

아동 심리학자 카린 퍼비스 Karyn Purvis의 연구에 따르면, 학교에서 배울 법한 일상적이고 지겨운 연습 방법으로 뇌에 새로운 연결을 만들려면 대략 4백 번의 연습이 필요하다. 반면에 놀이 속에서 학습이 이루어질 때는 10번~20번 정도만 반복하면 된다.

'몰두하는 놀이' 방식이 빠른 학습을 불러온다고 해서 노력을 게을리한다는 말은 전혀 아니다. 수영장 옆에서 사탕을 먹는 것과 달리, 이런 학습 방식은 매우 어렵고 실망스러울 수도 있다. 물론 그 과정에서 진한 보람도 느낀다. 거의 모든 일에서 숙달하는 수준에 도달하려면 몰두하는 놀이가 필요하다. 또한 나는 이것이 불안보다 창의력에 맞게 우리 뇌를 조정하는 최선책이라고 믿는다.

기술을 익히고 내 머릿속의 천재성을 깨우고 싶다면, 매우 흥미로워서 숙달하고 싶은 기술이나 활동을 찾는 것부터 시작해야 한다. (이것은 나만의 헝겊 자루에 담아두고 싶은 흥미로운 대상과는 조금 다르다. 여기서 말하는 흥미란 목표로 정한 구체적인 일에 숙달하고 싶은 욕구를 가리킨다.) 그리고 그 일에 탁월한 사람들의 사례를 보면서 점화를 일으키자. 그다음 지금까지 본 것 중에서 가장 높은 수준의 성과를 그대로 해내기 위해 최선을 다하자.

여기서 공개하는 스포일러: 그렇게 하면 실패한다.

실패했다면 지레 포기하지 말고 자신을 가라앉혀야 한다. '친절한 내면 대화^{KIST}'도 적용한다. 내가 실제로 잘한 것, 그리고 아주 조금이라도 성장한 부분을 돌아보자. 목표로 삼았던 완벽에 도달하지 못했음을 인정할 때는 용기와 호기심을 불러오고, 왜 실패했는지 알아내자. 이렇게 스스로 물어볼 수 있다. '왜 내가 의도한 대로 되지 않았을까? 무엇을 놓쳤을까? 어디서 잘못한 걸까? 어떻게 하면 더 나아질 수 있을까?'

몰두하는 놀이는 우리 문화가 창의성을 대할 때 품는 갖가지 가정과 반대로 작용한다. 예를 들어 엄격하게 규정된 일상의 과업을 수행할 때, 좌반구는 우리를 심하게 밀어붙이곤 한다. 좌반구가 보기에 창의성이란 노력이나 훈육이 들지 않는 제멋대로의 자발성이나 다름없다. 내가 아는 미술, 창작 교사들은 어떤 결과를 의도하거나 '잘' 해야겠다는 생각을 품지 말고 그저 붓을 따라가거나 단어가 흘러나오도록 놓아두라고 학생들에게 권한다. 물론 창작 활동에는 이런 접근법이 타당하고 유용하다. 예를 들어 4장에서 제안했던 자기 표현적인 글쓰기는 감정을 명확히 밝혀 자신을 이해하는 놀라운 방법이다. 그렇지만 '그저 뭐든 해보기'는 어떤 일에 숙달하려는 사람이 세울 만족스러운 목표라 할 수 없다. 그것만으로는 우리 뇌 속의 마법사를 깨우지 못한다.

어린 시절, 숙달하려는 맹렬한 욕구에 사로잡힌 내가 원했던 것은 단순히 젖은 종이에 손가락으로 색칠하는 것이 아니었다(물론 그것도 나름 재미있겠지만). 나는 내가 좋아하는 화가들이 그리는 것처럼 그리고 싶었다. 유년기의 가장 또렷한 기억 중 하나는 배변 훈련용 방수 바지를 입고 마룻바닥에 앉아 정면에서 본 사람의 코를 그리려고 시도하고 실패하고, 시도하고 실패하고, 시도하고 실패하던 일이다. 그렇게 며칠을 끙끙대고 나서야 나는 엉성한 U자 모양을 겨우 그려냈다. 나로서는 최선을 다한 결과물이 고작 이것이라는 사실을 인정해야 했을 때, 좌절감에 펑펑 울었던 기억이 난다.

10년 뒤, 목탄을 사용하기 시작하면서 레오나르도 다 빈치의 그림 '암굴의 성모 The Virgin of the Rocks'에 그려진 마돈나의 얼굴을 따라 그리던 중 심층 연습에 빠졌다. 약 2만 시간 동안 그림 연습을 기록한 끝에, 꽤 비슷한 결과물을 냈다. 물론 나의 스케치는 복사본일 뿐, 나의 창작물은 아니었다. 그럼에도 나는 방금 내가 만들어낸 것을 보면서 다시 한번 울음을 터뜨렸다. 드디어 내가 봐줄 만한 코를 그렸기 때문이다!

하지만 이 경험이 내게 준 의미는 그 이상이었다. 다 빈치의 작품에 있는 아름다운 얼굴을 접한 순간, 나는 사랑 그 자체를 보았다. 그것을 똑같이 그렸다는 것은, 내가 꾸준히 노력하면 언젠가 내 속마음을 화판에 담아낼 수 있을지도 모른다는 뜻이었다. 뭔가를 표현하고 싶다는 갈망에 늘 불타오르던 내 안의 화가 두꺼비는 믿을 수 없는 안도감에 젖어 들었다.

4년 뒤, 처음으로 대학에서 그림 수업을 듣기 시작했다. 첫 시간에 강사(앞서 말했던 윌 라이만, 5장 참고)는 학생 전원에게 직선과 완벽한 원을 그리라고 했다. 대충 직선 같고 대충 원 같은 것 말고 진짜 직선과 진짜 둥근 원을 그리라는 것이다. 그는 내가 그릴 수 있는 최고의 원을 그린 다음 결과물을 살펴보라고 했다. '이 원이 정말 둥근 것일까? 불쑥 튀어나왔거나 움푹 들어갔거나 울퉁불퉁한 곳이 있나?' 그렇다면 다시 그린다. 울퉁불퉁하거나 움푹 들어간 곳을 제거할 수 있는지 본다. 다시 확인한다. 다시 그린다. 다시 확인한다. 계속 그렇게 한다.

나는 지상 낙원에 있는 듯했다. 정말 좋은 스승을 만났다는 걸 알 수 있었고, 내가 그토록 숙달하고 싶었던 것을 배우도록 그가 나를 밀어붙인다는 것을 알 수 있었다. 그 수업은 내가 모든 일에 몰두하는 놀이의 자세로 접근하도록 정신을 자유롭게 해주었다는 점이 참 좋았다. 이에 몇 년 뒤 창의성 세미나에서 참가자들에게 이 연습 활동을 제시했는데, 다들 당황하며 저항하는 모습을 보고 약간의 충격에 휩싸였다. 많은 참가자가 불편한 기색을 드러내며 투덜대기 시작했다. 한 여성은 자리에서 일어나더니 이렇게 소리쳤다. "이딴 멍청한 짓을 하자고 여기 온 게 아니에요! 내가 뭘 하든 잘했다는 칭찬을 들으려고 온 거라고요!" (신께 맹세하건대, 이것은 사실 그대로다. 이분께는 수강료를 돌려드리고 퇴장하시도록 조치했다. 그리고 나는 이를 계기 삼아, 세미나 진행 기술을 개선하기 위해 '몰두하는 연습'을 실천했다.)

창의적인 활동의 목적이 시간 때우기나 정서적 상처 치유라면, 무슨 일을 하든 칭찬해주어도 좋다고 생각한다. 그렇지만 색소폰으로 구슬픈 소리를 내거나, 컴퓨터 자판을 아무렇게나 내려치거나, 아무 의미도 없는 숫자를 끄적거리기만 하는 것은 창의성의 소용돌이로 들어갈 계기가 되지 않는다. 이는 숙달이 안겨주는 것만큼의 만족감을 주지 못한다. 불안에 빠지지 않도록 지켜주는 일은 더더욱 불가능하다. 사실 그럴수록 더 불안해질 뿐이다.

2007년 스탠퍼드대학교의 심리학자 캐롤 드웩Carol Dweck은 특정한 능력을 타고났거나, 똑똑하거나, 재능이 있다는 이유로 칭찬을 들은 아동들은 불안해진다고 보고했다. 그런 아이들은 자신의 탁월성을 '입증하는' 행동만 하고 그렇지 않은 일은 피하려 했다. 이와 달리 단순히 재능을 타고나는 것보다 능력을 기르는 편을 믿는 학생들도 있었다. 드웩에 따르면 그들은 "심지어 아인슈타인과 모차르트도 그런 사람이 되기 위해 수년간 노력을 쏟아부어야 했음을 이해했다." 이런 학생들은 도전과제를 만나면 계속 시도하고, 실패하고, 또 실패하면서 자신이 원하는 수준에 가깝도록 실력을 끌어올린다. 그들은 숙달하려는 맹렬한 욕구에 가 닿았고, 몰두하는 놀이에 자신의 에너지를 쏟아부었다. 단순히 자기가 서 있는 발판 위에서 떨어지지 않으려고 초조하게 애쓰는 데 진을 빼지 않았다.

여러분 자신과 타인을 마음껏 칭찬하되, 그 칭찬은 '성실한 연습'과 '깊은 몰입'에 대한 것이어야 한다. 지금 바로 이를 시도하고 싶은가? 내가 좋아했던 대학교 수업에서 진행했던 과제를 그대로 해보자. 예술가 지망생이 아니라도 이 활동을 실천하면 뇌가 활짝 열려 여러분만의 창의적 천재성과 만나게 될 것이다. 미술 교사 베티 에드워즈Betty Edwards는 그의 고전적인 창의력 지침서『오른쪽 두뇌로 그림그리기』에서 이렇게 말했다.

그림 그리기는 … 두 가지 유익을 제공할 수 있다. 첫째, 창의적이고 직관적인 사고에 도움이 되도록 움직이는 마음 일부에 접근함으로써 시각 예술을 이루는 기본 기술―눈앞에 보이는 것을 종이 위에 옮기는 방법―을 배울 수 있다. 둘째, 삶의 다른 영역에서 더 창의적으로 생각하는 능력을 강화할 수 있다.

여러분이 파티 기획, 로켓 과학, 자녀 양육, 그 외 갖가지 복잡한 기술을 배우는 중이라면, 여러분 내면의 마법사가 몰두하는 연습을 활용해 모든 영역에서 창의적 천재성을 강화할 것이다. 이제 시작해 보자.

새로운 기술
몰두하는 놀이

1. 아래 페이지 또는 다른 종이 위에 사각형과 원을 하나씩 그리되 손으로만 그린다.

2. 사각형이 정확한 사각을 이루지 않는 곳, 원이 정확하게 둥글지 않은 곳을 찾는다. 곧은 가장자리나 원형 물체에 대어 확인해본다.

3. 다시 그린(손으로만 그린다) 다음, 새로 그린 사각형과 원이 더 완벽한 사각형과 둥근 모양을 이루는지 확인하자. 더 큰 사각형과 원을 그린다. 완벽한 모양을 만든다.

4 크기와 관계없이 완벽한 사각형과 원을 수월하게 그릴 수 있다면, 이제 자화상을 그려본다. 사진이 아니라 거울을 보고 그린다. 코를 제대로 그리려고 노력하자!

5 그리기 어려운 피사체를 완벽하게 그리기 위해 계속 자신을 밀어붙인다. 좌절감이 몰려와 그만 포기하고 싶어질 때까지 한다.

6 푹 자고 일어나서 다시 시도한다. 밤사이 여러분의 뇌는 새로운 신경 연결을 만들어 놓았을 것이다. 그리기 실력과 편안한 느낌이 한층 오른 것을 발견할 수도 있다.

7 더 그리기 어려운 것을 시도한다. 언제나 '막다른 상태'에 다다를 때까지 그린다. 그 지점은 나의 창의적 천재성을 깨우는 데 드는 마지막 요소다.

완벽한 원	완벽한 사각형

5단계: 가로막힌다

막다른 골목에 부딪힌 느낌은 어떤 일에서든 내 능력의 한계에 부딪혔을 때 드는 기분이다. 모든 선택지가 소용없게 돼버린 것은 아니지만, 외견상 모든 선택지가 무용지물이 된 것처럼 느껴진다. 우리 뇌 안에 있는 창의성의 소용돌이들은 바로 이 지점에서 이제껏 한 번도 가져보지 못한 아이디어를 떠올릴 수도 있다.

대다수 사람은 자기가 서투르거나 나아갈 방법을 모르는 힘든 상황에서 불안이 자신을 뒤로 잡아끌도록 놔둔다. 온라인 영상을 편집하는 기본 요령은 배우지만, 어려운 기술에 숙달하기 위해 현재 사용하는 프로그램의 지침을 숙지하거나 튜토리얼을 시청해야 한다면 뒷걸음질 친다. 회고록을 남겨 후대에 선물로 전해주는 일은 하겠지만, 누군가 편집자를 구해서 초안을 읽어보고 피드백을 받아보라고 제안하면 몹시 당황해한다. 노래 세 곡을 외워서 듣기 좋게 피아노로 연주할 수는 있겠지만, 악보 읽는 법을 배우는 것은(나름대로 멋진 일이지만) 내 능력을 훨씬 넘어서는 일이라고 단정 짓는다.

이렇게 창의적인 도전과제 앞에서 몸을 잔뜩 움츠리며 주춤거리는 순간, 우리 인생은 오그라들기 시작한다. 그렇지만 창의적인 게임에서 굳건히 자리를 지키면서 갖가지 가능한 해법을 시도해보고, 망치고 시도하고 망치기를(하지만 더 낫게) 반복한다면, 우반구의 신비로운 심연에서 통찰과 발견의 도약이 일어나도록 유도할 수 있다. 막다른 골목에 다다르면 이른바 '뇌에 물집이 생기는 것' 같은 감각이 든다. 이 날것의 감각에는 정서적 좌절이 뒤따른다. 그렇다고 거기서 멈춰야 하는 것은 아니다. 오히려 이 감각은 내 안의 창의적 천재성이 깨어나고 있다는 신호다.

선禪 수행자들이 자리에 앉아 "한 손이 손뼉 칠 때 나는 소리는 무엇인가?"와 같은 오묘한 화두를 곰곰이 생각할 때도 같은 일이 벌어진다. 그들은 텅 빈 벽을 응시하고 생각마저 비운 채 주어진 화두에 집중하며 무언가를 기다린다. 통찰의 도약이 일어나 우주를 바라보는 전혀 다른 관점이 열리길 기다리는 것이다. 알베르트 아인슈타인도 특허청에서 근무할 때 여유 시간에 이를 실행했다. 그는 기묘한 진실을 간파하기까지 자기 생각을 끊임없이 밀어붙였는데, 시간은 물리적 속도가 증가함에 따라 더 느리게 흐른다는 것도 이때 깨달은 것 중 하나다. 세계적인 바이올리니스트 김민진도 믿을 수 없을 만큼 놀라운 연주를 해내기 위해 자신을 극한까지 밀어붙였고, 그 과정에서 그녀 역시 '상대성'의 개념을 활용해야 한다는 사실을 깨달았다. 어떤 구간에서는 손가락으로 도저히 따라갈 수 없었기에, 그녀는 마음을 가라앉혀 의식 속의 시간을 늘려야 했다. 훗날 그녀는 이렇게 썼다. "시간 너머를 볼 수 있다면, 시간을 늘릴 수 있다면, 모든 걸 연주할 수 있다."

나는 도저히 그런 생각을 떠올리지 못했을 것이다.

이런 자유분방한 천재성의 도약은 우리 머릿속에서 새로운 연결이 일어나 멀리 떨어져 있던 신경세포들이 합쳐질 때 얻는 지각이다. 여러분의 우뇌는 왼편에 있는 쌍둥이보다 실제로 더 엷은 회색을 띤다. 이는 우뇌에 훨씬 긴 신경세포들이 있기 때문인데, 그 세포들은 수초myelin(고무나 플라스틱으로 전선을 감싸듯이 우리 몸은 수초로 신경세포를 감싸 전기를 보유한다)라 불리는 흰색 물질로 견고한 요새를 이루고 있다.

나의 능력 그 이상을 발휘하도록 신체와 정신을 밀어붙이면 뇌가 이 긴 신경들을 합치기 시작한다. 이로써 '원전이' far transfer *라는 과정 안에서 다양한 지식 조각들이 하나로 연결된다.

한 영역에서 배운 것을 전혀 다른 분야에 적용할 수 있다는 것은, 우리의 모든 경험이 창의적 천재성을 위한 정신의 재료가 될 수 있음을 의미한다. 이런 점에서 완벽한 원 그리기를 배우면 실제로 더 나은 회계사, 작곡가, 심해 잠수부가 되는 데도 유익하다. 일례로 조시 웨이츠킨이 무술 챔피언이 되었을 때, 그는 체스에서 배운 전략적 사고와 몇 수 앞을 내다보는 능력을 '원전이'해 활용했다. 뒤이어 투자 분야로 넘어간 그는 체스와 중국 무술 추수에서 익힌 기술을 모두 적용해 큰 수익을 올리고 있다.

나는 사람들이 처음에는 머릿속에서, 다음에는 외부 생활에서 갖가지 종류의 '원전이'를 실행하는 것을 목격해왔다. 나의 클라이언트들 중에도 이를 삶 속에 실천한 이들이 있다. 예를 들어 캐럴린은 전문 스키 선수일 때 기른 요령들을 활용해 매우 성공적인 컨설팅 회사를 차렸다. 그녀는 이렇게 말했다. "스키를 잘 타려면 최대 경사선에서 몸을 내던져야 하는데 이는 제 몸이 가장 꺼리는 일이기도 합니다. 하지만 그 '위험'을 감수하는 것이야말로 스키를 발밑에 두고 안전을 지키는 길입니다. 컨설팅도 비슷하죠. 저는 고객들이 가장 듣기 싫어하는 문제들을 대놓고 이야기합니다. 그런 문제에 '기대는' 과정에서 그들은 신중하게 계획된 위험이 성공의 비결임을 알게 되

---

* 한 영역에서 배운 것을 다른 여러 영역에 광범위하게 적용하는 것 – 옮긴이.

죠. 이는 정말 흥분되는 일입니다."

베일리는 대학 공부를 시작할 때만 해도 시인 지망생이었다. 그러던 중 과학에 매료되어 식물학을 공부하게 되었는데, 이때 소네트(유럽의 정형시 중 하나)를 쓸 때 발휘하던 그 정밀함 그대로 연구에 임했다. 에즈라는 컴퓨터 프로그래머로 수년간 일한 뒤, 범죄를 해결하는 젊은 해커에 관한 소설을 써서 출간했다. 의사인 올리비아는 직접 제작한 도자기를 팔아서 상당한 부수입을 올리고 있다.

내 안의 마법사를 깨우는 일이 꼭 예술이어야 할 필요는 없지만, 내가 사랑하는 예술 활동은 언제나 우반구에 창의력의 고속도로를 놓을 수 있는 훌륭한 공간이 되어준다. 그리고 윌 라이먼은 사람들이 이를 실천하도록 돕는 데 천재적이다. 그는 학생들이 우반구에 '원전이'를 일으켜 새로운 기술을 습득할 수 있도록 의도적으로 그런 상황으로 몰아넣는다.

윌의 스튜디오에 도착해 더 곧은 직선과 더 둥근 원을 그리기 시작했을 때, 나는 이미 다년간 연필을 가지고 심층 연습을 해오던 중이었다. 연필을 쓰면 갖가지 맛깔나는 요령을 부릴 수 있다. 부드럽게 음영을 만들고, 두께가 다르거나 흔적도 없이 사라지는 선을 그릴 수도 있고, 희미한 자국과 대담한 자국 사이에 두드러진 대조도 표현할 수 있다. 나는 이런 기술들을 마음껏 즐겼다. 어떤 날 오후에 이런 기술을 써가며 스튜디오에서 스케치에 열중하고 있었는데, 어느 물체가 내 스케치북 위에 턱 놓였다. 그것은 제도용 펜이었다. 제도용 펜은 하나의 넓이만 가진 새까만 선을 그려내는 도구였다. 놀란 표정으로 올려다보니 윌이 날 보고 웃고 있었다. 그는 펜을 보고 고개를 까딱하며 이렇게 말했다. "이제부터는 그걸 쓰세요."

말도 안 돼! 내가 그 펜을 얼마나 싫어했는지 모른다. 여기서 여러분에게 한 가지 이해를 구하겠는데, 나는 그림을 그려야만 했다. 반드시 그래야 했다. 그 당시 맹렬한 열기를 내뿜던 내 불안을 잠재울 방법은 그림뿐이었다. 하지만 제도용 펜은 내가 좋아하는 기술을 몽땅 앗아갔다. 섬세한 음영도, 다양한 넓이도, 희미한 스케치도 해낼 수 없었다. 나는 종일 펜과 싸웠고, 밤새도록 펜이 꿈에 나왔다. 그렇게 형편없는 그림을 숱하게 그렸다. 나아지나 싶다가도 금세 가로막혔다.

그러던 어느 날, 다른 수업을 들으며 나를 진정시키려고 쓸데없이 끄적거리고 있었다. 다양한 모양의 마크를 만드는 과정에서 우연히 흥미로운 촉감을 경험하게 되었다. 그 순간 나의 뇌에서 불빛이 깜박거렸다. '어라?' 나는 실눈을 뜨고 낙서를 보며 생각했다. '뭐, 나쁘지 않네. 효과가 있어.'

그 순간부터 제도용 펜들을 새로운 방식으로 사용하기 시작했다. 그 방법들은 지금껏 봐왔던 펜과 잉크의 사용법이 아니라 나의 뇌와 몰두하는 놀이에서 나왔다. 나는 점과 가상의 매개를 가지고 스케치했고, 각기 다른 모양의 선을 사용해 음영을 나타냈다. 훗날 심사가 진행되는 미술대회에서 우승해 버킷리스트 하나를 완료할 때도 그 펜을 썼다.

펜과 절친이 되고 난 어느 날, 그림 연습을 위해 여느 날처럼 빈 스튜디오로 터벅터벅 들어갔다. 점을 찍고 그물 모양의 음영을 넣고 있는데 또 다른 무언가가 스케치북 위에 얹어졌다. 수채화 붓이었다.

고개를 들어보니 윌이 특유의 악마 같은 미소를 짓고 있었다.

"지옥에 오신 것을 환영합니다." 그가 말했다.

나는 그에게 심한 저주를 퍼부었고 우리는 둘 다 웃었다. 그는 전혀 다른 막다른 골목으로 나를 밀어붙이고 있었다. 그는 내가 하지 못할 작업에 나를 곧장 들이밀면서 그림 그리는 법, 창의력을 발휘하는 법, 내 머릿속에서 일어나는 마법의 섬광들을 불러오는 방법을 가르치고 있었다. 그가 내게 가르쳐준 것은 바로 삶의 방법이었다.

6단계: 믿는다

내 안의 창의적 천재성을 죽일 수는 없다. 하지만 조바심을 내면서 문제해결 과정을 통제하려고 안달하면 그 천재성이 가로막힐 수 있다. 이것이 여러분 평생 배워온 것이기도 하다. 물론 뭔가 어려운 것을 성취하려고 애쓰다가 막다른 골목에 부딪히면 십중팔구 불안에 빠진다. 이 지점에서 여러분이 할 일은 '불안의 소용돌이에서 떨어져 나오는 것'이다. 뇌에서 일어나는 모든 불안의 맥박을 제거할 수는 없을지도 모른다. 다만 내면의 존재를 가라앉히는 기술을 사용한 뒤에 결과를 통제하려는 노력을 내려놓는다면 불안의 소용돌이를 끝낼 수 있다.

이를 실천하는 한 가지 방법은 선禪 명상가들이 생각을 멈추듯 머릿속을 비우는 것이다. 순식간에 코앞까지 다가온 불길을 본 순간, 소방관 와그너 도지의 뇌도 그렇게 텅 비었을지 모른다. 더 믿을 만하고 즐거운 방법은 내가 '몬티 파이튼 접근법'이라고 명명한 방법을 쓰는 것이다. 코미디 스케치 방송 〈몬티 파이튼의 비행 서커스Monty Python's Flying Circus〉는 다양한 풍자극을 우아한 연속 프로그램 〈이제 전혀 다른 것을 위하여!And now for something completely different〉와 연결한 것으로 유명했다. 자신을 막다른 골목까지 밀어붙이고 그곳에서 전혀 다른 것을 시도하자. 롤러 블레이드도 타보고, 조각 그림 맞추기도 해보고, 내 소라게가 자기 이름을 알아듣도록 훈련도 시켜보자. 이렇게 우반구를 작동시키자.

내가 언제 처음 이 접근법을 사용했는지는 기억나지 않는다. 다만 골치 아픈 문제를 해결하려다 뭔가 전혀 다른 것을 시도했을 때 갑자기 해법을 찾았던 것만은 또렷이 기억한다. 나는 그때 내 뇌가 알을 낳았다고 생각했다. 무의식 깊은 곳에서 심오한 마법을 부릴 때 위협이 느껴진다면, 내 안의 창의적 천재성을 닭이라고 상상하자. 내 안의 천재성은 마치 암탉이 알을 낳듯 퐁! 하고 아이디어를 떨어뜨린다. 정확히 어떻게, 왜 그런 일이 벌어지는지는 몰라도 된다. 이 과정은 마법처럼 신비롭지만 소박하고 실용적이기도 하다. 아래 연습 활동으로 그 마법을 꺼내어 휘둘러보자.

새로운 기술
믿음직한 암탉

1   다음번에 어떤 문제 ─ 사랑하는 사람과의 의견 차이, 어떤 일의 관리나 보급에 관한 문제, 촉박한 마감 기한 ─ 에 가로막혔다고 생각되면 아래 과정을 활용

해보자. 이 과정을 당장 배우고 싶다면(잘 익혀두면 앞으로 어떤 문제를 만났을 때 더 수월하게 해결할 것이다), 빨래할 때마다 양말 한쪽을 잃어버린다든지 파티에서 마음껏 매력 발산을 못 한다든지 하는 사소하면서도 꼭 해결하고픈 끈질긴 문제를 하나 떠올린다. 세 번째 선택지로 아래 나열한 문제 중 하나 또는 여러 개를 해결하려고 시도해도 좋다.

- 어떻게 하면 이미 가진 옷들과 집에 있는 재료만으로 멋진 스타일을 연출할 수 있을까?
- 어떻게 하면 하루 이틀 만에 전혀 다른 방식으로 1달러를 벌 수 있을까?
- 어떻게 하면 아이에게 공부 효과도 주면서 마음을 홀딱 사로잡는 게임을 만들 수 있을까? (그렇게 해서 한 시간만이라도 나만의 자유시간을 가질 수 있을까?)
- 1달러로 가족이나 친구들을 위한 영양가 있고 맛있는 식사를 준비할 수 있을까?
- 오늘 내게 일어난 실망스러운 일을 소셜미디어에 게시하되, 친구들이 보고 웃을 수 있게 하려면 어떤 글을 써야 할까?
- 내가 사랑하는 사람이 [여기에 원하는 감정을 적는다(그리움, 활력, 영감, 분노, 사랑에 빠진 감정, 향수 등)]을 느끼게 하려면 어떤 노래를 플레이리스트에 담으면 좋을까?

2 선택한 문제를 놓고 아이디어가 바닥날 때까지 해결책을 곰곰이 생각해보자. 그리고 여러분 안에 있는 마법의 암탉에게 짧은 요청문을 쓴다. 요청문 안에는 다음과 같은 내용을 담을 수 있다.

> **예** 친애하는 마법의 암탉에게, 나는 지금 [여기에 여러분의 문제를 적는다]를 해결할 새로운 아이디어가 필요해. 부디 좋은 아이디어를 하나 만들어서 내 뇌에 전달해 주었으면 해. 마음을 담아, 내가 씀.

3 전혀 다른 일을 해보자. 아이디어의 알이 퐁! 하고 머릿속에 떠오를 때 적어둘 수 있도록 휴대전화나 수첩을 들고 다니자.

4 아이디어가 도착할 때까지 전혀 다른 것들을 계속 시도하자.

마법과 같은 삶

생기도 의욕도 없던 사람들이 다시금 자신의 창의적 천재성을 깨우는 모습을 지켜보는 일은 참으로 경이롭다. 나는 그런 순간을 여러 번 가까이서 목격하는 행운을 누려왔다. 번쩍하고 깨어난 내면의 마법사와 함께 어울리며 살아가는 삶은, 빛과 온기, 에너지로 가득 차 있다는 사실을 알게 되었다.

한번 이 창의성의 소용돌이에 올라타는 법을 익히고 나면, 내 관심을 자극하고 흥미에 불꽃을 일으키는 많은 것들이 눈에 들어온다. 그중 어떤 불꽃은 진정으로 '정복하고 싶은 열망'으로 번질지도 모른다. 당신이 몰두하여 즐겁게 연습한 시간들은 뇌의 회로를 다시 연결해줄 것이며, 삶의 모든 경험 속에서 얻은 통찰과 연결의 섬광이 융합되어 새로운 이해로 이어질 것이다. 그리고 막혔다고 느끼는 순간,

갑작스런 통찰이 번개처럼 떠올라 이전에는 한 번도 알지 못했던 진실―아마 세상 누구도 몰랐던 진실―을 가르쳐줄 것이다.

이 모든 것과 비교해보면, 불안에 이끌려 사는 삶은 너무나도 따분하게 느껴질 것이다. 창의적인 마법사로 사는 삶을 잠시라도 맛본 사람이라면, 다시 불안 속으로 돌아가는 것이 '선택'이라는 사실을 점점 더 자각하게 된다. 그리고 점점 더 자주, 마비되고 쪼그라드는 불안의 소용돌이로 들어가는 일을 스스로 거절할 수 있게 될 것이다. 대신 호기심 쪽으로 방향을 틀고, 위로, 바깥으로, 새로운 경험과 지평을 향해 나아갈 수 있음을 알게 된다.

창의적 천재성은 말처럼 쉽지 않다. 하지만 동시에 지극히 '정상'이다. 그것은 애초에 당신이 그렇게 사고하고 살아가도록 설계되었기 때문이다. 그 길은 때로 불길 속으로 당신을 이끌겠지만, 동시에 번뜩이는 영감과 함께 당신을 다시 안전한 곳으로 데려다줄 것이다. 그 길은 당신이 불안의 소용돌이에서 영원히 벗어나는 방법을 찾고자 하는 동기와 의욕을 불어넣을지도 모른다.

그리고 바로 그때, 진짜 즐거운 일이 벌어지기 시작한다.

BEYOND ANXIETY

PART 3

창조적으로 살아가기

창의적 삶의 실천, 역할 전환, 공동체와 지구적 시선까지

정해진 역할을 넘어, 진짜 나를 찾는 여정

9

2020년대 초반에 '흑인의 생명도 소중하다Black Lives Matter'를 비롯한 사회 정의 운동들이 차츰 활기를 띨 무렵, 온라인에서 작은 기업을 운영하던 나는 다양성 담당 직원으로 근무할 사람을 찾고 있었다. 우리가 하는 일—사람들이 새로운 방식으로 생각하도록 돕고 코치들을 훈련하는 일—은 형평성, 다양성, 포용성(Equity, Diversity, Inclusion·EDI)의 가치와 깊이 연결돼 있었고, 나는 이 가치들이 조직 전반에 자연스럽게 스며들기를 바랐다. 동료들과 함께 오랜 시간 적임자를 물색한 끝에, 회사 임원진 3명과 나는 이본 잭슨Yvonne Jackson이라는 EDI 컨설턴트와 줌으로 면접을 진행하게 되었다.

이즈음 우리는 인터넷이 온갖 사회적 긴장을 고조시키는 양상을 지켜본 상태였다. 몇몇 불안한 사람들이 온라인에서 날 선 말을 주고받으며 논쟁을 일으키면, 그것은 순식간에 친구와 가족 사이를 갈라놓는 격렬한 싸움으로 번지곤 했다. 이때 싸움의 주제는 푸들의 털 손질 방법과 같은 것들이었다. 그런데 만약 그 주제가 폭력, 억압, 살인에 대한 것이라면, 누구든 치명적인 공격을 감수하지 않고는 그 대화에 참여하기조차 어려운 것이 현실이었다. 우리는 이본에게 이런 당혹스러운 상황들을 그녀는 어떻게 다루는지, 그리고 우리가 그런 상황에 현명하게 대응하도록 가르쳐 줄 수 있는지를 물었다.

"질문 하나 드릴게요. 무엇이 제일 두려우신가요?" 이본이 물었다.

"글쎄요. 실수하면 어쩌나 하는 거겠죠." 내가 말했다. "일을 그르칠지도 모른다는 거요."

"그럴지도 모른다고요?" 이본이 눈썹을 추켜세우며 말했다. "오, '그럴지도 모른다는 건' 없어요. 분명히 수천 번은 실수할 거예요. 그리고 그때마다 당신에게 화난 사람들을 상대해야 할 거고요. 정말이에요. 당신에게 단단히 화가 나 있을 거예요. 그걸 피할 방법은 없어요."

컴퓨터 화면에 보이는 이본은 우릴 향해 환하게 웃고 있었다. 그 모습을 보니 이상하게도 행복감이 몽글몽글 피어오르는 듯했다. 이본의 이력서가 이런 행복감을 가져다준 것은 아닌 듯했다(물론 그녀의 이력서는 매우 인상적이었다). 이 느낌은 그녀의 엄청난 존재감에서 나오는 것이었다. 그녀는 평온함, 자신감, 연민의 기운을 가득 내뿜고 있었다.

"그런데… 당신은 그게 정말 즐거운 일이라고 생각하나요?" 내가 한쪽 눈을 가늘게 뜨면서 물었다.

이본은 한참을 웃더니 이렇게 말했다. "'즐거운 일'이라는 표현은 좀 과한 것 같네요. 즐거운 일은 아니죠. 다만 제 마음은 즐거워요. 제 생각에 '즐거움'이란 내가 '내 임무를 수행하고 있다'고 느낄 때 찾아오는 감정이에요. 그 감각 없이 오래 버티는 건 누구에게나 어렵다고 생각해요. 우리 모두 자신의 즐거움, 자신의 임무를 찾지 못한다면… 결국 수 세기 동안 벌어졌던 온갖 광기를 반복하게 될 거예요."

이렇게 인터뷰가 끝났다. 이본이 로그아웃한 뒤, 나는 코미디 영화 〈브래디 번치 Brady Bunch〉의 포스터처럼 생긴 화면 속 상자 안의 세 동료를 바라보았다. "어떻게 생각해요?" CEO인 제니퍼에게 물었다. "지금 우리가 이분을 채용할 여력이 되나요?" 나는 재무에는 젬병인지라 그녀의 승낙만 바라며 행운을 빌었다.

"제 생각에는요," 제니퍼가 천천히 입을 열었다. "우리에겐 그녀를 고용하지 않을 여유는 없는 것 같아요."

우리는 만장일치로 환호했다.

내가 받아들인 것이 곧 나의 임무

이번 장에서는, 불안을 없애겠다는 목표가 창의성의 소용돌이를 만나 참된 자아와 완전히 합치되고, 마침내 '임무를 수행하는' 상태가 되었을 때 벌어지는 일을 다룬다. 이 지점에서 생겨나는 목표 의식과 충족감은 너무 달콤해서 어떤 사회적 압력에 짓눌려도 흔들리지 않고, 호기심을 따라 자신만의 방식으로 살아가게 만든다.

이는 내가 '창조와의 어울림'이라고 부르는 감각이 건네는 첫 번째 힌트다. 앞서 말했듯 이 말은 좀 별난 표현이다. 우리 문화에서는 이런 말을 하는 사람이 거의 없기 때문이다. 우리는 경쟁하고, 생산하고, 앞서 나가고, 그밖에 좌반구를 기쁘게 할 방법을 즐겨 논의한다. 그렇지만 어떤 기술이나 프로젝트에 숙달할 정도로 자신의 창의적 흥밋거리를 충분히 멀리 따라왔다면, 숙달이라는 힘든 노고마저 더없이 행복하다고 느껴지는 시기가 찾아올 것이다. 이 평화롭고도 강렬히 몰입된 상태에 이르면 마치 집에 돌아온 듯한 편안함과, 과정에서 느끼는 열렬한 기쁨, 깊은 만족감이 뒤따른다. 그래서 비로소 내 삶의 중요한 목표 일부를 찾았다는 생각이 든다.

사람들이 나를 찾아와 상담하는 가장 큰 이유는 이러한 목적의식을 찾고 싶어서다. 비록 한 번도 그것을 느껴본 기억이 없다 하더라도 말이다.

"이게 다 뭘 위한 걸까요?" 클라이언트들은 자기 삶 전반을 두고 이렇게 말한다. "아무 생각 없이 회사에 갔다가, 집에 오고, 또 회사에 가려고 준비하는 삶 말이죠." 한편 이렇게 말하는 사람도 있다. "물론 우리 애들을 온 마음으로 사랑해요. 그런데 그 애들을 데려다주고 데려오고, 빨래하는 일이 내 인생 전부일 순 없잖아요?" 혹은 "죽어라 일해서 결국 상을 받긴 했는데, 상을 받고 나니까 '그래서 뭐?'라는 생각이 자꾸 들어요. 너무 허무하다는 느낌이 드는 거죠."

이와 대조적으로 본연의 창의적인 천재성을 따라가는 사람들은 절대로 "그래서 뭐?"라고 묻지 않는다. 사실 '그래서 뭐'에는 나름의 매력이 있다. 랄프 왈도 에머슨이 아름다움에 관해 말했듯이 '그래서 뭐' 역시 "그 자체로 존재의 이유가 된다." (랄프 왈도 에머슨의 시 〈철쭉The

Rhodora〉의 한 구절 - 옮긴이.)

소매업을 그만두고 정비사가 된 데미언은 내게 이렇게 말했다. "전에는 근무 시간이 끝나길 간절히 바라며 시계를 쳐다보곤 했어요. 지금도 시계를 쳐다보긴 하지만, 이제는 프로젝트에 조금이라도 시간을 더 쏟을 수 있으면 좋겠다는 마음뿐이에요." 장애 아동들을 돕는 직업치료사 캐롤리나 역시 이렇게 말한다. "코흘리개 아이들을 닦아주고, 떼쓰는 아이들을 달래는 건 전혀 힘들지 않아요. 아이들이 스스로 할 수 있는 힘을 기르도록 돕는 것이야말로 제가 변함없이 가장 큰 매력을 느껴온 일이거든요."

'임무를 수행한다'는 감각은 우반구에서 주관하는 연결과 해석의 능력에서 비롯되기에, 우리는 불안, 잡생각, 시간에 대한 집착을 자연스레 밀어낸다. 모든 종류의 숙달에 관한 헤시오도스의 말처럼, "꼭대기에 이르면 거기서는 수월하다. 비록 그전에는 어렵겠지만."(헤시오도스의 교훈적인 서사시 『일과 날 Works and Days』 289~294행 - 옮긴이.)

'임무를 수행한다'는 감각에 꾸준히 머무르려면 세 가지를 해야 한다. 첫째, 지금 따르고 있는 사회적 역할들이 내 사명감과 완벽하게 맞아떨어지지 않는다면 그로부터 거리를 두어야 한다. 둘째, 언어를 동원해 기계적으로 대상을 이해하고 통제하는 좌반구 방식대로 알고 있는 모든 것을 꽉 쥐고 있으려는 생각을 내려놓아야 한다('놓아버리는' 방법에 관해서는 곧 이야기할 예정이다). 셋째, 주어진 일을 완수하는 새로운 방법을 익힌다. 이 방법을 실천하려면 그 어떤 것도 실행하지 않는 태도가 필요하다. 달리 표현한다면 그 어떤 것도 '하지 않는' 태도라 할 수 있겠다. 혼란스럽게 들리는가? 걱정할 것 없다. 실제로 해보고 나면 이 말의 의미를 정확히 이해할 것이다.

그러면 이제 일에 들어가보자. 우리가 흔히 이해하는 '일'일 수도 있고 아닐 수도 있다.

주된 지침을 깨뜨릴 때 드러나는 나만의 목적

불안으로부터 자유로워지는 것이 목표라고, 또는 목적의식이 생기길 간절히 바란다고 내게 말하는 사람들은 이런 목적들이 동전의 양면이라는 사실을 거의 깨닫지 못한다. 앞서 보았듯이, 극도로 물질주의적인 좌반구 중심의 문화 속에 살면 불안이 자랄 뿐 아니라 맥락, 연결, 아름다움을 알아차리는 우반구의 능력이 닫히기도 한다. 이런 일이 일어날 때 우리는 의미를 상실한다. '위어드' 문화의 주된 지침("너의 존재 이유는 물질을 거머쥐는 데 있다!")은 공포와 결핍을 통해 동기를 부여하는 한편 우리의 목적과 기쁨은 고갈시킨다.

불안을 가라앉히고 창의성에 집중하면 뇌 전체와 다시 연결되어 크나큰 행복을 누리는 데 유익하다. 그리고 어떤 지점에 도달하면 내가 택한 창의적 활동이 무엇이든 그 일에 흠뻑 몰두하면서 문화에 저항하게 된다. 이는 나 개인의 삶을 넘어서는 보편적인 일에서 내가 일부를 담당한다는 감각을 심어주면서 우리를 '참 신비 Mystery'*와 연

---

* 내면가족체계 이론에서 'Self'라는 단어를 '참나'라고 옮겼던 예를 따라 첫음절을 대문자로 쓴 Mystery는 '참 신비'로 번역함 - 옮긴이.

결한다. 창조 자체가 내 삶의 일이 되고, 창조 자체가 내 삶을 다루는 일이 된다.

목적에 굶주린 나의 클라이언트 중 다수는 한때 이렇게 창조와 연결된 기분을 느꼈던 순간이 있었다. 그러나 대다수가 즉시 그 자리에서 물러났다. 한 예로 피트는 여행하고, 새로운 사람을 만나고, 서로 다른 문화에서 나온 아이디어를 교류하는 것을 사랑했다. 그는 다국적 은행에서 회계 매니저라는 멋진 일을 하고 있었다. 물론 그 일은 그가 세계를 돌아다니며 쌓은 경험을 바탕으로 하고 있었지만, 안타깝게도 한 장소에 머물러 있어야 했다. 피트는 지루하고 기운이 없었다. 그는 일에서 더 큰 만족감을 얻도록 도와달라고 내게 부탁했다.

나는 피트에게 시각화 연습이나 목표 설정 방법을 일러주는 대신, 바로 다음 날부터 따로 돈을 모으거나 모아둔 돈을 쓰지 않으면서 세계를 돌아다닐 방법을 떠올려보라고 제안했다. 피트는 황당하다는 듯이 잠시 웃더니(그는 내가 농담한다고 생각했지만, 나는 매우 진지하다며 그를 안심시켰다), 다양한 나라에 가서 영어를 가르치면서 세계를 여행한다는 아이디어를 떠올렸다. 이미 그렇게 일하며 매우 만족해하는 친구도 몇 명 있었다. 이 '자유분방하고 정신 나간' 가능성을 이야기하는 동안 피트의 얼굴은 네온사인처럼 반짝였다. 그러다 일순간 불빛이 꺼져버렸다. 피트는 의자에 털썩 몸을 기대더니 이렇게 말했다. "하지만 일을 그만둘 순 없어요. 지금 벌이가 너무 좋거든요."

요가 강사 리넷은 매달 같은 수업을 진행하는 데 점점 좌절하고 있었다. "사람들의 몸뿐만 아니라 그들의 삶을 재정렬하는 요가를 가르치고 싶어요." 그녀가 내게 말했다. "이를 위한 저만의 요령을 찾았거든요. 그게 어떻게 효과를 내는지도 알아요. 사람들에게 그 방법을 공유하고 싶은 마음이 간절해요." 그녀만의 요령에 전통적인 요가 강습법을 접목해가며 새로운 강좌를 개설할 가능성을 논의하자 리넷은 한껏 들떠서 이렇게 말했다. "침착해야 해요. 저 지금 과호흡하고 있는 것 같아요!" 이때 그녀의 불안이 추악한 모습을 드러냈다. "하지만 제가 뭐라고 저 혼자 만들어낸 내용을 사람들에게 가르치겠어요?" 그녀가 물었다. "제가 이렇게 하면 다들 제가 너무 저한테 빠져 있다고들 생각할 거예요. 모든 사람에게 통하지 않을 수도 있고요!"

그동안 이런 식의 다양한 대화를 말 그대로 수백 명과 나눴다. 그들도 처음에는 자기가 진짜 관심 있는 영역, 자기 안의 천재성, 숙달하고 싶은 맹렬한 욕구와 연결되었고 온 세상을 멋진 모험의 공간으로 느꼈다. 그러다 갑자기 그런 즐거움이 푹 꺼지면서 다시 자기 안으로 접고 들어갔다. 그러고는 이런저런 말들을 내놓는데 알고 보면 다 같은 이야기다.

"그렇게 살면야 좋겠죠." 그들의 말에는 침울함, 분노, 불안이 섞여 있었다. "정말 멋지겠죠. 그런데 현실적으로 생각하면 너무 위험해요. 우선 최대한 돈을 많이 벌어 놔야죠. 그런 다음에는 재미를 좀 추구할 수 있을 거예요."

이것은 능률에 집착하는 물질주의적이고 좌반구 중심적인 우리 문화가 개인의 삶에 관해 가장 듣기 좋아하는 이야기다. '너는 그렇게 눈을 반짝거리며 목적에 이끌려 살지 못해! 창조와 한데 어울리는 기분도 못 느낄 거고. 대체 그게 무슨 말인지 모르겠지만! 네가 할 일은 더 많이 거머쥐는 거라고!'

물론 자신과 가족을 부양하려면 우리 모두 물질적인 것들이 필요하다는 데 나도 동의한다. 그런데 우리 사회의 통념은 이것을 하나의 선택지가 아니라 무조건 택해야 할 거래로 만든다. 어쨌거나 생존하려면 '위어드'한 생각과 행동이 불러오는 재앙을 통째로 받아들여야 한다는 것이다. 우리 앞에 주어진 시스템은 부를 창출하는 데만 쓸모가 있고, 우리를 기계의 톱니바퀴처럼 취급한다. 이때 우리의 창의성이나 고유함은 끼어들 틈이 전혀 없다. 그럼에도 그 시스템을 떠받쳐야만 한다.

내가 보기에, 목적을 앞서 추구하는 사람은 자신을 뒷받침할 방법을 용케 찾아내는 경향이 있었다. 이와 달리 사명감을 찾아 나서기 전에 우선 '충분한 돈'을 버는 데 초점을 맞추는 사람은 필요한 만큼의 부를 얻었다고 전혀 느끼지 못한다. 내가 코치한 사람 중에는 통장에 돈 한 푼 없으면서도 굵직굵직한 삶의 모험을 실행할 기금을 마련하는 사람들도 있었고, 수백만 달러를 쌓아놓고도 홀가분하게 진짜 자기 목표를 찾아 나서기 전에 돈을 조금만 더 벌었으면 좋겠다고 계속 말하는 사람들도 있었다.

이런 문화적 패턴을 푸는 열쇠가 있다. 내 인생의 임무를 수행하는 데 나 자신을 온전히 쏟아부을 때 어마어마한 내적 동기가 생긴다는 점을 기억하면 된다. 내적 동기를 자유롭게 펼치고 주어진 문제를 우반구에 맡기면, 우리 삶에 필요한 자금을 마련할 새 방법들을 발견하게 된다. 내 지인 중 가장 모험심이 강한 한 사람은 이렇게 말한다. "경험하고 싶은 '대상'을 알고 나면 '방법'은 쉽게 해결할 수 있다."

이는 좌반구의 원칙에 반대되는 말이다. '위어드' 문화의 첫 번째 계명은 "네 삶의 목적을 고민하기 전에, 먼저 돈을 많이 벌어야 한다"이다. 그러나 이는 진실이 아니다. 그저 창의적인 다른 길을 전혀 고려하지 않는, 그 믿음을 절대적으로 옳다고 여기는 사회가 우리 모두에게 강요해온 생각일 뿐이다.

하루아침에 떼돈을 벌고도 홀가분하게 자기만의 행복을 누리지 못하는 사람들을 보면, 이 독특한 사회화가 어떤 힘을 행사하는지 알 수 있다. 볼링그린 주립 대학교의 스콧 하이하우스^{Scott Highhouse} 교수는 2010년에 발표된 한 연구에서, 복권에 당첨된 미국인 중 85%는 여전히 일자리를 유지한다는 것을 발견했다. 시간제로 일을 줄인 사람도 일부 있었지만, 63%는 하던 일을 계속했다. 왜일까? 단순히 자기 일을 사랑해서일 수도 있지만, 그들은 연구자들에게 그런 이유로 자기 결정을 설명하지 않았다. 오히려 그들의 말은 다음 사실을 드러냈다.

- 그들은 '일에 기반한 정체성'을 가지고 있었다. 다시 말해, 자기가 하는 일로 자신을 정의했고, 자신이 곧 일 그 자체라고 여겼다. 일을 그만두면 자기가 사라진다고 느껴졌다.
- 그들은 '자극의 폭이 좁은 사람들'이었고, 그들의 주된 자극제는 일이었다. 그들은 혼자 하는 활동 가운데 일보다 더 재미있는 것을 떠올리지 못했다.
- 그들은 미지의 대상을 두려워했다. 정해진 일 없이 자기 시간을 채워야 한다는 생각은 그들에게 공포감을 안겨주었다.
- 그들은 '직업윤리에서 비롯된 죄책감'을 안고 있었다. 연구에 따르

면, 이 사람들은 오직 일할 때만 자기 존재가 정당하다고 느꼈다. 하이하우스의 표현대로, 그들은 '생산하라, 아니면 적어도 죄책감을 느껴라'라는 사회적 규칙을 따르며 살고 있었다.

위에서 설명하는 정체성 상실, 지루함, 미지에 대한 두려움, 죄책감 등의 감정이 일제히 향하는 목적지는 불안이다. 복권 당첨자 대다수는 막대한 돈을 거머쥐고도 여전히 이런 불안을 기반으로 한 규칙들에 따라 행동했다. 물론 일자리를 갖는 것이 잘못된 것은 아니다. 만약 지금 하고 있는 일에서 '목적의식'을 느낀다면 절대 그만두지 않길 바란다. 그러나 누군가 "의미 있는 삶을 살고 싶은데, 지금은 돈이 없어서 못한다"고 말할 때면 나는 이렇게 생각하게 된다. 진짜 문제는 '돈의 부족'이 아니라, 그 사람을 붙잡고 있는 불안이 아닐까?

목적의식을 가지고 일하기

막대한 돈이나 부러움을 사는 일자리를 가지고도 진정한 목적을 찾지 못하는 사람들이 있는 것과 마찬가지로, 더 많은 돈을 축적하거나 내 인생의 임무에 딱 맞는 일자리를 찾지 않고도 나만의 목적을 찾을 수 있다. 우리에게 필요한 것은 '위어드' 문화에 젖어 돈에 집착할 때 생기는 불안으로부터 멀어져 자신을 충분히 가라앉히고, 내 흥미를 자극하는 것을 알아차린 다음, 그것들이 진정한 열정으로 자라도록 시간을 쏟을 방법을 찾는 것뿐이다.

다시 말하지만, 이렇게 살아가는 사람들은 먹고사는 문제를 해결하는 데 있어서도 엄청난 창의력을 발휘한다. 그들은 전형적인 사회적 역할을 뒤흔들고, 때로는 이제껏 존재하지 않았던 새로운 진로를 개척하기도 한다. 물론 자신과 가족을 부양할 방법을 스스로 찾아내지만, 여러 면에서 자기 삶을 풍요롭고 풍성하게 만드는 경험(거기엔 물론 금전적인 것도 포함되지만 이에 그치지 않는다)을 창조하는 데 자신의 주된 정신적 노력을 쏟아붓는다.

한 예로 척이 경영 컨설팅을 담당했던 직장에서 해고된 후, 그의 가족은 더 작은 집으로 옮기고 씀씀이도 크게 줄이면서 가계 규모를 축소해야 했다. 그러던 중 척의 십 대 아들 벤이 로켓 모형 대회에 나가기로 했는데, 이것이 창의적 공학에 대한 척의 애정을 되살렸다. 이에 척과 벤은 고철 처리장과 동네 쓰레기통을 뒤지고 다니며 재료를 구했다. 두 사람은 이 프로젝트를 소셜미디어에 올려 로켓 모형 애호가들로부터 기부금을 받기 시작했다.

척은 이렇게 말했다. "일자리를 잃기 전이었다면 이런 프로젝트에 나서려는 벤을 돕기 위해 별도의 비용을 마련해야겠다고 생각했을 겁니다. 그렇지만 직접 제 시간을 들여 아이와 함께 프로젝트를 진행하겠다는 생각은 꿈에도 못 했겠죠. 다행히 저희는 프로젝트 전체를 알뜰하게 진행하고, 함께 즐거운 시간을 보내며, 실제로 획기적인 공학적 발견을 이뤄냈습니다. 최근 몇십 년 사이에 이렇게 큰 즐거움과 목적의식을 느껴본 적은 없었습니다." 이후 척은 갑자기 생각이 꽉 막히거나 의욕이 떨어졌다고 느끼는 공학자들을 돕는 코치로 일하기 시작했고 덕분에 다시 수입이 생겼다.

나는 각기 다른 삶의 임무를 지닌 사람들이 이런 종류의 기쁨과 창의성을 경험하는 것을 목격해왔다. 불면증으로 고생하던 간호사 레아는 다른 의료 전문가 두 사람과 팀을 꾸려서 지친 사람들에게 더 나은 수면법을 가르쳐주는 워크숍을 운영했다. 로라는 건강을 중요시하면서도 돈 버는 일이 너무 바빠 건강한 식사를 직접 준비할 수 없는 전문직 종사자들을 찾아가는 비건 요리사가 되었다. 바니는 주택 소유자 또는 사업 운영자들에게 능률적인 에너지 사용법을 가르쳐주는 컨설팅을 제공한다. 이를 통해 의뢰인들은 막대한 양의 돈을 절약하는 한편, 바니는 지구에 남기는 연료 사용 발자국을 줄이고픈 자신의 사명을 실현한다.

창의성의 소용돌이에 맞춰 살기 시작하면, 가장 개인적인 것부터 가장 보편적인 것에 이르기까지 갖가지 문제에 대한 독창적인 해법을 찾아내는 자신을 발견할 것이다. 그리고 이 일(아니, 심층 연습이라고 부르는 편이 낫겠다)이 매우 의미 있다고 느껴질 것이다. 이본은 자신의 즐거움을 가이드로 삼는다면서, 즐겁게 느껴지지 않는 일은 절대로 하지 않으려고 고집한다. 나만의 목적의식은 매혹, 흡입력, 나만의 행복한 장소, 나만의 슈퍼히어로 원정 등의 이름으로 불러도 좋다. 명칭과 관계없이 이런 방식으로 문제를 해결하고 삶을 지속한다는 것은 곧 내가 늘 '목적의식에 따라' 움직인다는 것을 의미한다. 신나게 드라이브를 즐기며 얼굴에 스치는 바람을 느끼면서 황홀감에 젖은 두꺼비가 되는 것이다.

이런 느낌이 이끄는 곳이면 어디든지 가보자. 그러다 보면 지금껏 사회적으로 학습해온 '해야 하는 이유'들을 완전히 잊게 되는 때가

온다. 돈, 일에 기반한 정체성, 제한된 경험, 미지에 대한 두려움, '일하지 않으면 죄책감을 느껴야 한다'는 일 중독적 도덕 같은 익숙한 걱정거리들조차 생각나지 않을 것이다. 어쩌면 자신의 정체성(작고, 고립되고, 취약한 존재라는 정체성) 전부를 잊게 될지도 모른다. 대신 여러분은 온전한 '참나'―평온하고, 명료하고, 자신감 있고, 호기심 넘치며, 용감하고, 연민을 품고, 연결되고, 창의적인 존재―가 되어, 창조의 흐름 속에 자연스럽게 몸을 실을 것이다. 그러면 다른 사람들이 지닌 참나도 여러분과 어울리려 할 것이다.

이런 태도로 살다 보면 전혀 다른 방식으로 생계를 일구고(10장에서 더 자세히 이야기할 것이다), 지금 몸담은 일터에서 남달리 가치 있는 사람이 되기도 하며, 내가 수행한 일에서 뭔가 비범한 것을 알아차리는 사람들의 관심을 끌 수도 있다. 창의성의 소용돌이를 토대로 살아갈 때, 많은 사람이 여러분을 고용하지 않을 수 없다고 깨달을 것이다.

임무 VS 역할

기억하자. 생애 임무에 이끌려 지극히 창의적인 방식으로 세상에 가치를 더하는 것은 좌반구적 사고가 용인하지 않는다. 사람들은 그 방식이 괴이하다고 말할 것이다. '위어드' 문화는 개인의 즐거움과 관계없이 훌륭한 학업 성과를 거두고, '생산적인' 업무를 수행하고, 자녀도 같은 일을 하도록 길러내다 죽는 인간을 만들도록 고안되었기 때문이다. 이 문화는 우리가 사회적으로 규정된 경직된 역할에 들어

맞길 원한다. 모든 사람이 틀에서 찍어내는 인간이 되길 원한다.

자세히 이야기해보자.

사람 모양의 진흙 조각품을 만들고 싶다면 우선 주형틀을 구한 다음, 그 틀의 모든 굴곡과 갈라진 틈을 꽉 채울 정도로 진흙을 채워 넣는 방식을 택할 수 있다. 이와 달리 임시틀—대개 철사로 만드는 뼈대의 일종—을 만들 수도 있다. 이 방법을 쓸 때는 임시틀 표면에 진흙을 붙여놓고 서서히 모양을 잡아가며 정확한 모양을 만든다. 주형틀을 사용할 때는 거의 똑같은 조각품을 무한히 만들어낼 수 있다. 그러나 임시틀을 사용할 때는 정확히 똑같은 조각품을 절대로 만들어낼 수 없다.

사회적 역할은 주형틀과 같아서 많은 사람을 똑같은 복사본으로 만들도록 고안되었다. 각 역할에는 구체적인 과업, 성격 특성, 옷차림과 말투가 뒤따른다. 문화마다 나름의 역할을 부여하며, 해당 문화의 구성원들은 몇 가지 역할에 부합하려고 노력한다. 내가 만나는 클라이언트들은 자신의 역할 및 그 역할에 따라붙는 책임을 끊임없이 이야기한다. 착한 소녀는 다정하고 순종적이어야 하며, 뚝심 있는 남자들은 무릎을 꿇거나 도움을 구해서는 안 되며, 잘나가는 임원은 절대 아랫사람들이 제멋대로 하도록 내버려둬서는 안 되며, 완벽한 부모는 어느 순간에서도 인내심을 지켜야 하며, 자기희생적인 영웅은 불평하거나 정의를 요구해서도 안 되고, 화려한 인플루언서들은 늙어서는 안 되며, 관대한 자선가들은 자기를 챙기는 여유를 부려서는 안 되며, 독기 어린 성취주의자는 절대로 자비를 베풀어서도 안 되고 그런 마음을 품어서도 안 된다.

우리가 아는 이 역할들은 다 문화가 만들어낸 수사들이다. 성직자는 로큰롤 가수처럼 행동해서는 안 되며, 로큰롤 가수는 유모처럼 행동해서는 안 된다는 식의 이런 수사를 모르는 사람은 없다. 사실 대다수 사람은 이 모든 역할을 감당할 수도 있고, 반대로 고안된 역할을 전부 마다할 수 있다. 다만 대다수 문화는 그런 저항을 용인하지 않는다.

이상하고, 부적절하고, 변덕스럽기 그지없는 역할 규칙들도 있다. 그렇지만 일에는 일정한 수행 방식이 있다고 믿는 사람들 상당수는 그런 규칙들을 준수한다. 한 예로, 얼마 전에 노아(@NoahDoNotCare)라는 사람이 X(구 트위터)에 게시한 글을 보았는데 그 내용은 다음과 같았다. "스타벅스에서 실수로 '그란데' 대신 '빅'이라고 말했더니 나를 매장 뒤로 데려가 다리에 총을 쐈다." (부연 설명하자면 이것은 농담이다. 스타벅스에 있던 사람들은 노아의 다리에 총을 쏘지 않았다. 그러고 싶었을 뿐이다.)

누군가 역할 규칙을 어겼을 때 사람들이 그토록 부정적으로 반응하는 것은, "우리 모두 자기 역할을 지켜야 해!"라는 전반적인 사회적 역할을 다들 따르고 있기 때문이다. 그들 자신이 구체적인 사회적 역할을 실천하려고 애쓴다. 그들 대다수는 '주형틀에 진흙을 채워 넣는' 접근 방식을 평생 경험해왔다. 이는 그들이 태어나기 전부터 시작된 방식일 것이다. 내가 만났던 클라이언트 중에는 부모님이 입학을 바라며 자녀들 방에 아이비리그 학교들의 포스터를 잔뜩 붙여둔 예도 있었고, 프로가 되었으면 하는 마음에 자녀 방에 운동 장비를 빼곡히 채워둔 예도 있었으며, 종교용품을 가득 비치한 예도 있었다. 특히 종교용품을 방 안 가득 채워둔 사례가 그렇게 많았다.

누군가를 틀에 꼭 맞춰 넣고 싶다면, 종교만큼 효과적인 도구도 없다. 우선 "우리 방식만이 유일해!"라고 주장하는 좌반구 중심의 낡은 표어에 걸맞은 종교를 하나 고른다. 그리고 상대가 흥미를 보이면 의로운 신조를 내밀어 그 호기심을 꺼뜨려라. (만약 유타주에 살려면 그게 좋다.)

틀에 찍어내듯 사람을 만들어내는 경직된 사회적 규칙을 사용할 때 불거지는 작은 문제가 하나 있다. 너무 심하게 밀어붙이면 틀이 깨질 수도 있다는 점이다. 그러다 끔찍하게도 누군가를 자유롭게 풀어버릴 수도 있다. 압박을 최대화하는 모든 역할이 이런 결과를 초래한다. 종교적인 것이든 그렇지 않든 상관없다. 한번 틀이 깨지고 나면, 그 안에 채워 넣었던 사람은 자신의 가장 깊은 사명감―자기만의 삶을 만들어낼 수 있는 임시틀―을 알아차릴 자유가 생긴다. 그러고 나면 역할 규칙 따위는 철저히 망가져버린다. 그리고 그 사람은 다시는 타인과 똑같이 행동하려 하지 않을 것이다.

주형틀 깨뜨리기

한 번은 이본과 이런 일이 있었다. 이본이 나의 개인적, 전문적 EDI 코치가 되고 난 어느 날, 이토록 변화무쌍한 분야에서 일하면서 어쩌면 그렇게 끈질기고 누가 봐도 밝은 태도를 유지하느냐고 그녀에게 물었다. 그녀에게 불안이란 없는 걸까?

이본은 평소보다 훨씬 크게 웃더니 이렇게 말했다. "오, 이건 진심인데요. 대처 방안이 없다면 저도 불안에 휩싸인 폐인이 될 거예요. 다행히 저는 자신을 다른 방향으로 트는 방법을 배웠어요. 저조한 상태가 어떤 건지 잘 알거든요. 축 처지는 기분이 뭔지 자세히 안다면, 나만의 즐거움을 찾는 것밖에는 방법이 없어요."

뒤이어 이본이 들려준 이야기가 있다.

몇십 년 전의 장면이다. 스물두 살인 이본이 긴장감이 감도는 조용한 교회 회의장에 굳은 듯이 앉아 있다. 자신의 운명을 판가름하는 방에서 장로들이 나오길 기다리는 중이다. 이본은 조금 전에 자신의 '죄들'을 공개적으로 고백했다. 그중에서도 가장 두드러진 것은, 전남편과 아직 이혼하지 않고 별거 중일 때 다른 남자와 사귀기 시작했다는 사실이었다.

예배당으로 다시 줄지어 나온 장로들은 하느님께서 이본의 회개가 충분치 않다고 말씀하셨다고 엄숙히 선언한다. 이본은 파문에 가까운 방식으로 교회에서 제명당한다. 그 순간부터 이본의 가족, 친구를 포함해온 공동체가 그녀를 피한다. 이제 이본과 말을 섞는 것만으로도 다른 사람들은 처벌받을 수 있는 죄가 된다.

이본이 기억을 되짚으며 말했다. "그들은 제가 회의장에 산 자로 들어와 죽은 자로 나갔다고 말했어요."

'죽은'이라는 말은 흥미로운 사회적 역할이다. 한편으로 이것은 모든 존재에 끝이 있다는 속성을 받아들이는 데 유익한 생각이다. 다른 한편으로 죽었다는 것은 사회적 지지를 전혀 받지 못한다는 것을 의미한다. 이것이 이본을 추방한 주된 이유였다. 교회는 그녀를 사랑하고 옹호하던 사람들을 전부 제거해 사회적 압력을 극대화하여 다들 배운 대로 처신하도록 강요했다. 이본은 다시 몸을 웅크려 주형틀에 들어가 바람직하다고 여겨지는 모양에 맞게 자신을 채워 넣고, 앞으로도 종교가 내려준 역할 규칙을 지켜야 했다.

그러나 그런 일은 일어나지 않았다.

이후 몇 년 동안은 정말 힘들었다. 흑인 여성이었던 이본은 진을 쏙 빼놓는 인종차별과 성차별을 매일 마주했다. 이제 그녀의 친구, 지인, 심지어 가족마저 그녀를 거절했다. "다들 저더러 아무것도 아닌 존재라고 말했고, 저를 없는 사람처럼 취급했어요." 그녀가 말했다. 그러던 중 이본이 상대도 웃게 만드는 특유의 미소를 지었다. "하지만 저는 아주 기쁘게 생각해요. 그런 일이 없었더라면 자라면서 배운 것을 여태 믿고 살았을지도 모르니까요. 다행히 저는 제가 진짜라고 여기는 것을 찾는 데 몰두했어요. 그런 내면의 명료함을 찾을 자유가 생기자 저 자신이 자유로워졌어요."

이본은 점차 어떤 사회적 역할보다 더 깊은 차원의 정체성을 찾아갔다. 다시 교회로 돌아가는 대신, 이런저런 조각들을 모아 자신만의 '온전한 퀼트'를 만드는 삶을 일구기 시작했다. 종교적 교리가 차지하던 자리에 직관이 들어서면서, 이본은 그 직관이 이끄는 대로 여러 일을 해보았다. 그녀에게 그 직관은 곧 '기쁨'의 형태로 다가왔다. 사회적으로 정해진 역할에 얽매이지 않고, 마음속에서 따뜻함이 느껴지는 일이라면 무엇이든 기꺼이 향했다.

이본은 특히 불의와 차별을 없애는 일에 깊이 끌렸다. 다양한 형태의 차별을 직접 겪었던 그녀는, 문화적·인종적·종교적 경계를 넘어 사람들을 연결하는 방법을 고안해냈다. 한때 예술학교를 다녔던 이본은 디자인에 대한 애정을 되살려 자기만의 웹사이트와 교육 자료를 만들었다. 또한 여러 직장을 거치면서 조직 운영에 필요한 실무 능력과 자신감을 키우기도 했다. "의식적으로 내가 뭘 하고 있는지는 잘 몰랐어요." 그녀는 내게 이렇게 말했다. "하지만 제가 어디에 있어야 하는지는 늘 감으로 알고 있었죠."

결국 이본은 EDI(형평성·다양성·포용성) 분야에 대한 공식 교육을 받기로 했다. "솔직히 말해서, 처음엔 전혀 끌리지 않았어요. 내용이 너무 어렵잖아요!"라고 웃으며 말했지만, 그녀의 기쁨은 계속 그 방향을 가리켰다. 그것은 머릿속 반대에도 흔들리지 않는 깊은 확신이었다.

이후 그녀는 안정적이고 명망 있는 고소득 직장(많은 연봉과 명망 있는 애플에서의 직위)을 그만둠으로써 기업 사회의 정해진 역할 규칙을 깨고, 자신의 컨설팅 회사를 설립했다.

그렇게 해서 나와 동료들은 줌 회의에서 이본을 만나게 되었다. 우리는 아직도 이본의 영입을 축하하는 중이다. 그녀를 만난 것이 우리에게는 얼마나 큰 행운인지 모른다. 한때는 아무것도 아닌 존재로 취급받던 그녀는, 지금 우리에게 꼭 필요한 도움과 가르침을 주는 창의적 천재가 되었다.

지금은 사회가 만든 틀을 깨고, 호기심과 기쁨을 바탕으로 삶을 새롭게 빚어갈 최적의 시기다. 우리는 믿을 수 없을 만큼 빠르게 변화하는 시대를 살고 있으며, 그 속도는 점점 더 가속화되고 있다. 어떤 산업은 무너지고, 또 다른 산업은 새롭게 떠오른다. 예를 들어, 전통적인 출판업은 온라인 정보의 손쉬운 접근성으로 완전히 다른 형태로 바뀌었다. 호텔 산업은 에어비앤비의 등장으로 기존의 질서가 흔들렸고, 한때 사람들로 북적이던 쇼핑몰은 온라인 쇼핑의 확산으로 유령도시처럼 텅 비어가고 있다.

기술의 발전은 사람들의 삶을 더욱 가깝게 연결하고, 경험을 자유롭게 나누는 환경을 만들어주었다. 덕분에 우리는 사회가 정해놓은 역할의 틀에서 벗어나더라도, 그 과정을 지지해줄 동료와 공동체를 훨씬 쉽게 찾을 수 있게 되었다. 다양한 성 정체성을 탐색하는 이들은 이제 비슷한 경험을 나누는 친구를 만나고, 예술가들은 분야를 막론하고 자신과 같은 관심사를 가진 이들과 연결될 수 있다. 신경다양성을 지닌 자녀를 둔 부모들은 기존 사회의 '정상' 기준에 맞추기 위해 아이들을 강제하는 대신, 아이들의 필요에 맞게 사회를 변화시킬 방법을 함께 모여 고민할 수 있다.

내가 말하고자 하는 핵심은, 지금 이 순간에도 거의 모든 기존의 사회적 역할이 강조되고, 변화하고, 무너지고, 또 새롭게 열리고 있다는 점이다. 다음 장들에서 보게 되겠지만, 삶을 살아가는 방식과 목적을 실현하는 방법이 곳곳에서 새롭게 등장하고 있다. 하지만 이런 기회를 포착하고 제대로 활용하려면, 우선 사회가 승인한 역할에 맞춰 살기 위해 지키던 '규칙'들을 깨뜨려야 한다. 사회적 인정을 구하려는 태도는 본질적으로 불안에 기반한 행동이며, 오직 하나의 길만 존재한다고 믿는 좌반구 중심의 사고에서 비롯된다.

이제 다음의 연습을 통해, 불안을 기본 동기로 삼는 삶에서 벗어나 호기심과 창의성, 연결감이 이끄는 방향으로 살아가는 여러분의 모습을 상상해보자.

새로운 기술

나의 역할 규칙 깨뜨리기

1 아래 문장을 완성하되 내가 늘 하는 일을 적는다.

   단, 정말 좋아서가 아니라 자신과 타인들이 좋게 생각해 주길 바라는 마음에서 하는 일을 적어보자. 그것을 첫 번째 빈칸에 쓴다.

   두 번째 빈칸에는 내가 이 일에 실패한다면 사람들이 어떻게 생각할지 적는다. (두 번째 빈칸을 채울 때는 나를 사회화한 사람들의 의견을 직접 들어봐도 좋다.)

   예 나는 늘 [활동] 해 뜰 무렵에 일어난다.
   그러지 않으면 사람들은 내가 [판단] 게을러 터진 바보라고 생각할 것이다.
   나는 늘 [활동] 비싸고 불편한 신발을 신는다.
   그러지 않으면 사람들은 내가 [판단] 야만인이나 다름없다고 생각할 것이다.

   나는 늘 [활동] _____
   그러지 않으면 사람들은 내가 [판단] _____
   라고 생각할 것이다.
   나는 늘 [활동] _____
   그러지 않으면 사람들은 내가 [판단] _____
   라고 생각할 것이다.
   나는 늘 [활동] _____

그러지 않으면 사람들은 내가 [판단] _____
라고 생각할 것이다.

이제, 사실은 정말 하고 싶은데 절대로 하지 않는 일들을 적어보자. 그 일을 자제하는 것은 **불법적이거나 부도덕해서가 아니라, 그 일을 했을 때 사람들이 뭐라고 판단할지가 두려워서다.**

예 나는 절대로 [활동] 내 뜻을 분명히 밝히지 않는다.
그렇게 하면 사람들은 내가 [판단] 이기적이고 까다롭다고 생각할 것이다.
나는 절대로 [활동] 불평하지 않는다.
그렇게 하면 사람들은 내가 [판단] 나약하고 징징댄다고 생각할 것이다.

나는 절대로 [활동] _____ 하지 않는다.
그렇게 하면 사람들은 내가 [판단] _____
라고 생각할 것이다.
나는 절대로 [활동] _____ 하지 않는다.
그렇게 하면 사람들은 내가 [판단] _____
라고 생각할 것이다.
나는 절대로 [활동] _____ 하지 않는다.
그렇게 하면 사람들은 내가 [판단] _____
라고 생각할 것이다.

2 이제 방금 적은 내용을 아래의 표 왼쪽 칸에 채운다. 다 채웠다면 오른쪽

칸으로 넘어가서 내가 정말, 진심으로 선호하는 것이 무엇인지 곰곰이 생각해본다.

A열 내 역할을 다하고자 하는 일들	B열 내가 선호하는 일들
예 • 나는 늘 해 뜰 무렵에 일어난다. • 나는 늘 비싸고 불편한 신발을 신는다. • 나는 절대로 내 뜻을 분명히 밝히지 않는다. • 나는 절대로 슬픔을 드러내지 않는다.	예 • 충분히 쉬었다고 느낄 때까지 자고 싶다. • 내가 신고 싶은 신발은 버켄스탁 샌들이다. • 점심시간에 죽을 좀 더 달라고 요구하고 싶다. • 누군가의 어깨에 기대어 울고 싶다.
1.	1.
2.	2.
3.	3.
4.	4.
5.	5.

3 이제 B열에 있는 항목(도덕적이지만 나의 역할 규칙을 살짝 벗어나는 행동) 중 오늘 실행할 수 있는 것을 떠올려보자. 바꿔 말하면, 솔직히 나는 이 행동을 하든 안 하든 잘못된 것이 없다고 생각하지만, 나를 사회화한 사람들은 이 행동을 좋게 생각하지 않을 것이다.

   예) 오늘 나는 다음의 행동으로 내 역할 규칙을 깨뜨릴 수 있다. 한낮에 낮잠 자기 / 버켄스탁 샌들 신고 출근하기 / 청소년기 자녀에게 밤에 드럼 좀 그만 치라고 말하기/만나는 모든 사람에게 눈은 딱 질색이라며 불평하기 / 기타 등등.

   [나의 선택]
   오늘 나는 다음의 행동으로 내 역할 규칙을 깨뜨릴 수 있다.

   ....
   ....
   ....

4 원하는 것을 한다. 규칙을 깨뜨린다. 이렇게 행동하면 매우 불안하다고 느껴질 것이다. 그저 호흡하고, 내면의 생명체를 가라앉히고, 하려던 것을 마저 한다.

5 날마다 반복한다.

이런 삶의 방식을 배우고 나면, 나만의 온전한 퀼트에 엮고 싶은 아름다운 것들이 점점 더 잘 눈에 들어오기 시작한다. 동시에 나의 안전지대는 점차 넓어지고, 스스로를 보살피는 쪽으로 행동이 바뀌며, 불안을 뒤로하고 앞으로 나아가는 자신을 발견하게 된다. (사회가 정해준 주형틀이 아니라) 내 마음 깊은 곳에서 우러난 행동들은 나의 흥미를 자극하고, 내 신체적·정신적 활력을 북돋우며, 마음을 고요하게 가라앉힌다. 내가 정한 '역할 규칙'을 더 많이 깨뜨릴수록, 내게 가장 뜻깊은 생애 사명을 이루기 위한 요소들을 조합할 가능성도 커진다. 이 사명의 지도를 대신 그려줄 수 있는 사람은 없다. 각자가 자기 안의 순수한 창조 에너지를 조합해, 그 사명을 스스로 길어 올려야 한다.

순수한 나만의 사명 만들기

내가 진정한 목적을 찾지 못하도록 사회적 역할이 계속 가로막는 양상을 살펴보았고, 구체적으로 내 앞에 놓인 주형틀을 깨고 나오는 방법들도 짚어보았다. 이제 주형틀에 찍어낸 듯한 사람들이 사는 세상을 벗어나면 어떤 삶이 펼쳐질지 살펴보자. 그곳에서는 모든 사람이 각자 자신의 목적의식에 따라 창조하며 살아간다.

자기 영혼이 품은 임무를 수행하지 못하고 있음을 깨달은 사람은 새로운 역할—새 일자리, 더 좋은 기후권에 자리 잡은 집, 새 파트너—을 찾아 나선다. 오직 나에게 꼭 맞는 새 역할을 발견하고 나면, 더이상

억지로 상상하거나 변화시킬 필요가 없다. 그 변화 덕분에 여러분의 생애 임무에 완벽하게 들어맞는 삶에 안착했다면 더 바랄 것이 없다. 이 책을 그만 덮고, 여러분의 멋진 삶으로 돌아가도 좋다!

그러나 대다수 사람은, 내가 긴 여행에서 돌아와 필요한 물품을 사러 간 슈퍼마켓 계산대 직원처럼 반응한다. 그 직원은 왜 이렇게 많은 식료품을 사느냐고 내게 물었다. 나는 남아프리카공화국에서 인생을 바꾸는 사파리 여행을 하고 돌아왔다고 말했다.

"우와!" 직원이 눈을 휘둥그렇게 뜨며 말했다. "어떻게 그런 일자리를 얻으셨어요?"

"음… 사실 얻은 건 아니에요." 내가 말했다. "그냥… 제가 만든 거죠."

식료품을 싣고 집으로 돌아오는 길, 나는 우리가 함께 '건전한 퀼트 블록'을 만들던 순간을 떠올렸다. 동물과 자연을 향한 사랑, 생태계 회복에 대한 열정, 저마다의 행복을 찾아가는 여정, 서로에 대한 애정, 그리고 우리 생애의 사명감이 그 조각들을 잇는 실이 되어주었다. 나와 친구들 모두가 함께 만든 이 '퀼트 블록'―인생을 바꾼 사파리 여행―은 각자의 삶에서 아름답고도 깊은 의미를 지닌 한 조각이 되었다. 이 이야기를 들은 내 클라이언트들 가운데는, 아프리카 오지로 떠나는 일이 결코 쉽지 않음을 알면서도 꼭 참여해야만 할 것 같은 강한 끌림을 느꼈다고 말하는 이들이 적지 않다.

철학자 프레드릭 비크너 Frederick Buechner 는 소명 또는 생애 임무를 '나의 깊은 기쁨과 세상의 깊은 허기가 만나는 장소'라고 정의했다. 나의 클라이언트 피트는 그런 교차점을 찾았다. 여행을 사랑했던 그는 영어를 꼭 배우고 싶어 하는 사람들에게 자신이 영어를 가르쳐줄 수 있다는 것을 알았다. 요가 강사 리넷은 이렇게 말했다. "제가 발명한 수행법으로 사람들이 더 건강해지도록 도울 수 있다는 것을 알아요." 리넷은 많은 사람이 더 나은 기분을 간절히 원한다는 것도 알았다. 피트와 리넷이 이 강력한 '기쁨과 봉사의 교차점'으로 나아가지 못한 유일한 이유는, 기존 역할에서 벗어나 독창적인 대안을 만들어야 한다는 두려움 때문이었다.

나와 친구들이 사파리 여행을 시작했을 당시만 해도, 그 일이 실제로 수익이 될지 전혀 알 수 없었다. 믿음을 가지고 추진하면서도, 종종 몰려드는 불안에 무릎이 꺾이곤 했다. 자신의 사명을 따르는 더 직접적인 방식을 창조해 문화적 규범에서 멀어지기 시작하면, 아마 여러분도 나처럼 두려움을 느끼게 될 것이다. 하지만 이럴 때 느끼는 두려움은, 진짜 물리적 위협—예컨대 몸길이 60cm밖에 안 되지만 독성이 있는 뒤꿈치로 사람을 찌를 수 있는 오리너구리와 한 방에 있거나, 혹은 방 안에 불이 난 것 같은—에서 비롯된 것이 아니다. 건강하고 유용한 '진짜 두려움'이 아니라, 단지 '불안'일 뿐이다. 이런 불안이 올라올 때면, 지금까지 이 책에서 익힌 방법들을 써서 불안을 다루고, 다시 앞으로 나아가면 된다.

이런 방식으로 살아가다 보면, 아무도 상상하지 못했던 삶의 사명을 발견하게 될지도 모른다. 앞서 했던 연습—사회적 관습 때문에 하고 있는 보람 없는 일을 찾아내고, 그 대신 만족감을 주는 일을 선택하도록 돕는 연습—을 계속 반복해보라. 해롭거나 심신을 지치게 만드는 역할 규범들을 하나씩 찾아내고, 그것을 무엇이든 당신을 끌어당기는 것으로 바꿔보라. 정말이지 무엇이든 좋다. 그렇게 퀼트 블록을 하나씩 완성해 가다 보면, 마침내 스스로에게도 깊은 기쁨이 되고 지친 이들에게 힘을 나눠줄 수 있는, 의미 있는 삶의 방식을 만들어갈 수 있을 것이다.

이렇게 자신만의 '온전한 퀼트'를 만들어 나가다 보면, 그 삶의 방식에 이름을 붙일 수도 있다. 예컨대 불면증 환자들을 돕는 간호사 리아는 자신을 "잠의 여인"라고 부른다. 남아프리카공화국에서 활동하는 내 친구들은 자신들의 일을 '에덴의 회복'이라고 말하는데, 어떤 사람들은 '서식지 치유자'라고 부르기도 한다. 예상치 못한 이름이 따라붙는 경우도 적지 않다.

나 역시 '라이프 코치'라는 말에는 여전히 민망함을 느낀다. 내가 대학에 다닐 때만 해도, 아니 박사 과정을 밟던 시기까지도 그런 직업명은 존재하지 않았다. '라이프 코칭'은 전통적인 학계의 역할 규범에서 한참 벗어난 일이다. 전통 학자들이 보기엔, 다리에 총 맞아도 할 말 없는 이름처럼 여겨질지도 모른다. 하지만 내게는 오히려 '하버드 학자'라는 역할이 불안을 안겨주었다. 결국 나는 그 자리를 떠나 기쁨과 호기심이 이끄는 길을 따르기로 했고, 그제야 비로소 '목적에 맞게 살아간다'는 느낌을 받을 수 있었다.

내 친구들 대다수는 이렇게 살아간다. 그중 몇몇은 사회적으로 정의된 역할을 실행하지 않은 덕분에 대대적인 성공을 거뒀다. 사실 그들은 널리 알려진 역할이라면 어느 것이든 오래 유지하는 법이 없다. 그들이 즐거워서 하는 일의 대부분은 돈벌이가 되지도 않는다. 그들은 그저 흥미를 따라가 그것이 숙달하려는 맹렬한 욕구로 자라나도록 가만히 둔 다음, 결국 완전히 독창적인 것을 만들어낸다.

이제 나는 많은 사람들이 하지 말라고 조언하던 일을 해볼 참이다. 바로, 아주 성공한 사람들에 대해 이야기하는 것이다. "그런 얘기는 하지 마", "대단한 성공 스토리는 공감을 못 얻어. 단순한 방법을 제시해". 이런 조언을 많이 들었다. 하지만 나는 그 사람들의 모습을 숨기지 않고 있는 그대로 전하려 한다. 이로써 여러분은 사회가 만든 틀을 깨고 내면 깊은 곳의 의미를 토대로 삶을 일구기 시작할 때, 위대한 성공을 이룰 수 있다는 사실을 알게 될 것이다.

- 리즈(본명은 '엘리자베스 길버트'지만, 이 책에서는 엘리자베스의 애칭 '리즈'를 사용한다 – 옮긴이)는 교외 지역에 사는 가정주부라는 역할에 갇혀 불행했고, 그다음 사회적으로 '당연한 단계'로 여겨지는 엄마의 역할을 맡고 싶지 않았다. 대신 그녀는 자기 머릿속에 아주 작은 호기심의 불꽃을 일으키는 한 가지—이탈리아어를 배우고 싶다는 욕구—에 모든 에너지를 쏟아부었다. 그녀에게 어떤 일이 일어났는지 알아보고 싶다면 그녀의 저서 『먹고 기도하고 사랑하라』를 읽어보라. 내가 리즈를 만났을 때 그녀는 이렇게 말했다. "나는 언제나 호기심이 이끄는 대로 살아왔어요." 최근에는 원예에 푹 빠졌다고도 했다(이 이야기는 훗날 그녀의 소설 『모든 것의 이름으로』에 등장한다). 그 후 내가 내 안의 화가 두꺼비에게 주도권을 넘겨준 한 달 동안, 그림 한 장을 사진으로 찍어 리즈에게 보냈다. 리즈는 감격한 나머지 하룻밤을 꼬박 새워 72장짜리 타로카드 한 벌을 만들어냈다. 리즈는 그 카드를 출간하거나 판매할 생각이 없었다. 리즈는 그저 창작하는

일을 사랑할 뿐이었다.

- 알렉스가 남아프리카공화국에서 자랄 때는 '아파르트헤이트'라는 인종차별 정책이 존재했다. 어린 시절 그의 가족은 매우 가난해, 알렉스가 배를 채울 유일한 방법은 닭이 알을 낳을 때까지 그 뒤를 졸졸 쫓아다니는 것뿐이었다. 청년이 된 알렉스는 백인 조상들이 지켜온 인종차별적인 사회적 규범을 깨뜨리고 상간족 출신의 탁월한 동물 추적 전문가 레니아스 음롱고 휘하에 견습생으로 들어갔다. 두 사람은 둘도 없는 친구이자 전설적인 추적 전문가가 되었고, 현재 세계 곳곳에서 환경 보호 활동가들과 함께 대형 포식자들을 찾아내 보호하는 일을 돕고 있다. 또한 '추적 전문가 양성소'를 설립해 시골 출신의 청년들을 훈련함으로써 그들이 사파리 가이드로 일할 수 있도록 지원했고, 영양죽 제조 회사를 설립해 모든 아동이 학교에서 점심 식사로 하루치 영양분을 섭취하도록 했다. 덕분에 자녀의 학교 공부를 지원하겠다는 부모들의 의지도 높아졌다.

- 내가 수잔을 만난 것은 그녀가 〈오프라 매거진 O, The Oprah Magazine〉의 편집장으로 임명되었을 때였다. 잡지사 안팎에서는 이미 그녀가 '트리플 위업'이라며 떠들썩했다. 예술 디자이너, 기자, 편집자로 모두 성공한 인물이라는 뜻이었다. 나는 매거진의 고정 칼럼니스트였기에 뉴욕에 가서 그녀와 만나게 되었다. 원래 업무차 만난 자리였지만, 우리 이야기는 다른 데로 흘러갔다. 마침 나는 백상아리에 관한 흥미로운 내용이 담긴 수잔의 저서 『악마의 이빨 The Devil's Teeth』을 읽은 터였기에 자세한 이야기가 궁금했다. 상어 이야기를 나눈 뒤에는 거친 바다의 파도, 돌고래의 지능, 심해 잠수정을 타고

잠수해보고 싶다는 수잔의 꿈에 관해 진지하게 이야기했다(훗날 그녀는 이 주제 하나하나를 베스트셀러로 펴냈다). 우리는 약속한 시각이 다 되도록 업무 이야기는 꺼내지도 않았다는 사실을 깨달았고, 다음 날 점심을 함께 하기로 할까도 했지만, 수잔이 시간을 낼 수 없었다. 그때 약속을 잡으면 검도 수업을 빠져야 했기 때문이다.

다시 말하지만, 이렇게 크나큰 성공을 거둔 사람들의 사례를 드는 이유는, 우리가 창의적으로 살기로 결심하고 삶의 목적을 불어넣는 방식으로 설계할 때 어떤 일이 일어날 수 있는지를 여러분이 알았으면 해서다. 이들 중 처음부터 자기 사명을 분명히 정해놓고 시작한 사람은 아무도 없었다. 그들 누구도 시작하자마자 금전적인 성공을 거둔 것도 아니었다. 알렉스는 굶주리는 느낌이 어떤 건지 절대로 잊지 못한다고 했다. 리즈는 어릴 적 가족과 꽁꽁 얼어붙는 코네티컷의 숲을 헤치고 가는 동안 차 바닥 구멍에서 튀어나온 쥐를 조심스럽게 쫓아낸 기억이 있다고 했다. 수잔은 참 겸손하고 견실한 사람이라는 나의 평을 듣고 큰 소리로 웃으면서 이렇게 말했다. "처음부터 대단한 사람이 되겠다고 생각한 적은 없어요. 저는 그저 이 자리에 있을 수 있다는 것만으로도 행복해요."

이 사람들은 큰돈을 벌든 아니든 언제나 부유하고 풍성한 삶을 살았다. 다들 자기만의 온전한 퀼트를 창조하는 과정에서 많은 직업과 관계를 경험했다. 단, 어떤 일자리나 관계상의 역할 하나가 자신의 사명이라고는 전혀 기대하지 않았다. 그들은 끊임없이 기존의 통념이 주는 안락함을 벗어던지고 용기 있게 사회의 비난과 저항에 맞섰다. 이들 모두 절벽에서 뛰어내리는 듯한 기분을 느꼈다. 다들 미지에 대한 두려움도 느꼈다. 그리고 어느 순간에는 자신이 완전히 사라져 버리는 듯한 기분도 느꼈다. 사실, 그것은 큰 보상이었다.

이것도 차근히 생각해보자.

자아가 창조 속으로 녹아 들어갈 때

질 볼트 테일러가 뇌졸중을 일으킨 날 아침, 그녀는 선 채로 샤워하며 화장실 타일 위에 놓인 자기 손을 바라보았다. 좌반구가 불규칙하게 깜빡거리는 동안 눈앞의 물체들은 계속 모양이 달라졌다. 처음에는 화장실 벽면의 타일과 자기 손이 평소와 같아 보였다. 그러나 좌뇌가 제 기능을 하지 않자, 타일과 손이 서로 뒤섞인 에너지 구름으로 변하는 것처럼 보였다. 그 둘은 물론, 주변의 모든 물체가 더 이상 분리된 존재처럼 느껴지지 않았다. 질에게 현실은 진동하는 에너지들이 연결된 에너지장일 뿐이었다.

환각을 경험한 것은 아니었다. 질의 뇌는 우뇌가 본 것을 '지어낸' 것이 아니라, 단지 좌뇌의 편집과 간소화 작업을 거치지 않은 현실을 그대로 관찰했을 뿐이다. 세계를 '에너지 구름' 형태로 보는 것은 현대 물리학이 설명하는 현실과도 맞아떨어진다. 하지만 우리가 실제로 그런 광경을 본다고 하면 '위어드' 사회는 고개를 갸우뚱한다. 아마 여러분도 이것이 현실에서의 수행력을 떨어뜨린다고 생각할지 모른다. 심각한 뇌졸중이라면 정말 그럴 수도 있다. 그렇지만 삶을 헤쳐 가는 나만의 방식을 창조하면서 우뇌를 사용할 때, 우리는 창조성과 하나 되는 경험이 어떤 것인지 엿볼 수 있다. 그리고 종종, 이런 상태는 오히려 수행력을 극대화하는 결과를 낳는다.

질은 조각을 할 때, 눈앞에 놓인 돌, 자신이 조각하는 인물, 그리고 창조 행위 그 자체와 하나가 되는 듯한 감각을 느낀다고 했다. 이본은 폭발적인 감정의 경계를 헤쳐 나갈 때조차 자신이 기쁨의 화신이 된 듯한 기분이라고 한다. 리즈는 글을 쓰기 싫더라도 일단 작업을 시작하면 '벽이 허물어지는' 장소로 이끌려 들어가 창작에 완전히 몰입하게 된다고 말한다. 알렉스는 추적 탐사에 몰두하는 동안 집중력과 고요함이 극대화되어, 주변 경관이나 동물들과의 경계가 사라지고 마치 그 일부가 된 것처럼 정신이 자취를 감춘다고도 한다. 수잔은 바라던 대로 작은 투명 잠수정에 탑승해 해수면 밑으로 몇 마일이나 들어가는데도 전혀 무섭지 않았다고 말했다. 바다의 일부가 되어 연민 어린 우주의 힘 안에서 보호받는 안전한 상태라는 느낌이 들어서 자기 존재에 대해 어떤 걱정도 되지 않았다고 한다.

여러분이 자라면서 '창조 속으로 스며드는 방법'을 배웠을 가능성은 거의 없다. '위어드' 문화에서는 그런 개념 자체가 존재하지 않기 때문이다. 그러나 고대의 많은 전통에서는 어떤 일을 할 때 의도적으로 자아를 녹여 없애는 법을 가르쳤다. 그들은 불안 너머로 나아가 자아가 사라지고, 설명할 수 없는 무언가가 자신을 도구 삼아 창조를 이어가는 그 느낌을 기르는 데 집중했다.

'위어드' 사회에서 이와 가장 유사한 문화적 이미지를 꼽자면, 영화 〈스타워즈〉 속 한 장면일 것이다. 주인공 루크 스카이워커가 '포스를 믿고' 인공위성 데스 스타의 하부를 향해 양성자 어뢰를 발사하는 장면이다. (아마 우리가 이 경험을 '포스를 믿으라'는 말로 명명하고 싶어 하는 욕구가, 〈스타워즈〉를 그토록 성공하게 만든 이유 중 하나일 것이다.)

고대 중국의 도가에서는 이 상태를 '위무위爲無爲'라 불렀다. 그들은 삶의 전 영역에서 이 '하는 듯 하지 않음'을 스며들게 하려 했다. 마치 루크가 포스에 자신을 맡겨, 우주선을 조종하는 일부터 점심을 먹는 일까지 모든 행동을 이끌도록 하는 것과 같다.

'위무위'는 영어로도 적절한 번역어가 없다. 그 경험은 결국 말로는 온전히 설명할 수 없는 것이기 때문이다. 그럼에도 불구하고, 이 상태는 누구나—비록 아주 작은 순간일지라도—경험할 수 있다. 우리의 신경 체계는 애초부터 그런 상태를 가능하게 하도록 설계되어 있기 때문이다.

이미 예로 든 것처럼, 자동차 운전 요령은 이 개념을 잘 보여준다. 숙련된 운전자는 브레이크를 밟거나 핸들을 돌릴 때마다 매 순간 전략을 계산하지 않는다. 여러분도 갑작스러운 문제를 마주했을 때—이를테면 갑자기 도로에 동물이 튀어나올 때—의식적으로 인지하기도 전에 몸이 먼저 반응했던 경험이 있을 것이다. 또는 정원을 가꾸거나, 건축, 요리 같은 입체적인 활동에 몰두할 때도 마찬가지다. 흙이나 나무, 팬 속 음식이 "이게 필요해"라고 말하는 듯한, 설명할 수 없는 느낌을 받은 적이 있을지도 모른다.

소설가들은 종종 등장인물이 뜻밖의 말을 내뱉는 순간을 경험하고, 화가들은 캔버스가 특정 색과 형태를 "원한다"고 이야기한다. 한 심장외과 의사는 이렇게 말했다. "환자의 몸이 제게 무엇을 해줬으면

하는지 알려주는 순간이 있습니다. 그 느낌을 설명할 길은 없지만, 저는 그 지시를 놓치지 않으려 애씁니다."

'위무위'는 특정한 창의적 기술을 익히기 위해 오랜 시간 연습한 뒤, 그 후 창조 과정에 대한 통제욕을 내려놓을 수 있을 때 비로소 발현된다. 이는 정교하게 통합된 기술과 완전한 이완 사이에서 아슬아슬한 균형을 이룰 때 나타나는 역설적인 현상이다. 우리는 본래 그 균형을 이룰 수 있도록 설계된 존재다. 다음은 그 상태에 한 걸음 다가갈 수 있도록 도와주는 연습 활동이다.

새로운 기술

위무위

1 **만들고 싶은 무언가를 선택한다.**

   물체처럼 공간상에 존재하는 것이든, 음악처럼 시간상에 존재하는 것이든, 또는 시공간 모두에 걸쳐 있는 것이든 무엇이든 좋다. 춤추기, 자동차 부품 바꾸기, 내가 즐기는 창작 활동 등 어떤 행위도 괜찮다.

2 **그것을 뛰어나게 해내는 사람들의 사례를 찾아본다.**

   그 분야에서 대가로 불리는 사람들 가운데, 내가 감탄하는 사례를 몇 가지 찾아본다. 그들이 어떤 방식으로 작업하는지, 어떤 태도를 갖고 있는지 주목해본다.

3 나만의 것(나만의 물체, 나만의 음악)을 만들고자 집중적으로 연습하되, 대가들처럼 해내는 것을 목표로 삼는다.

4 '잘해야 한다'는 생각 때문에 불안해진다면, 지금까지 배운 방법으로 내면의 불안 생명체를 진정시키고, 다시 호기심과 연결한다.

그 상태에서 다시 시작하되, 의지가 꺾이지 않도록 저항하고 버텨본다. 불안보다 호기심이 앞설 수 있게끔 자기 안의 중심으로 돌아간다.

5 이제 주의력을 네 단계로 전환해본다. 위로 올라가고, 아래로 내려가며, 멀어졌다가, 다시 안으로 돌아온다.

'**위로 올라가기**'는 마치 매가 하늘 높이 날아 시야를 넓히듯, 내가 하려는 창조 활동이 어떤 더 큰 의미를 지니는지, 궁극적으로 무엇에 기여하는지를 생각해보는 것이다. 일례로 이본과의 작업에서 나는 늘 시야를 확장해, 더 정의롭고 조화로운 세상을 그리는 방향으로 생각을 넓히려 했다.

'**아래로 내려가기**'는 곧바로 지금 눈앞의 과업으로 돌아오는 일이다. 위에서 발견한 큰 목적에 닿기 위해 내가 지금 집중해야 할, 아주 작은 단계를 충실히 수행하는 것이다. 우리 팀은 늘 거대한 꿈에서 구체적인 실행으로 전환하며, 웹사이트 문구 작성, 사진 한 장 찍기 같은 사소한 일들을 차근차근 해낸다.

'**멀어지기**'는 말 그대로, 그 일에서 잠시 떨어지는 것이다. 일어나 산책하거나, 소설을 읽거나, 강에서 수영하거나, 친구들과 게임하거나, 물구나무를 서서 거실을 바라보는 일처럼. 잠깐 다른 세계로 빠져드는 이 일탈은 내 창조성에 숨통을 틔워준다.

'다시 안으로 돌아오기'는 가장 높은 목적을 향한 실마리로 돌아오는 일이지만, 그 과정에서 나는 방랑자의 여유롭고 열린 마음을 지닌 채 돌아온다. 이제 일은 다르게 보일 것이다. 새로운 시선으로 보고, 새로운 연결이 생기고, 떠올랐던 아이디어가 퍼즐을 맞춰줄 것이다. 일례로 이본은 언제나 이렇게 말하곤 했다. "자, 힘내. 기분을 끌어올리는 방식으로 이 일을 해낼 방법을 찾아보자. 이게 늘 즐겁냐고? 물론 아니지. 하지만 즐거울 수 있느냐고? 당연하지!"

6 **무언가가 나를 통해 생각하고, 말하고, 움직이는 느낌이 들 때까지 이 과정을 반복한다.**

처음에는 잠깐일지라도, 연습을 거듭할수록 '위무위'의 순간이 길어지고 자주 찾아올 것이다. 그러면 뇌는 이것이 효과적인 방식임을 인식하고, 점차 그것에 익숙해질 것이다.

의식의 놀이

나는 여러분이 '창조 속으로 녹아드는' 이 이상하고도 놀라운 감각을 직접 느끼게 해줄 수는 없다. 그러니 다시 권하건대, 위 연습 활동을 읽는 데 그치지 말고 꼭 시도해보라. 그리고 그 활동 속에서 느껴지는 감각이 여러분의 사회적 역할에 해당하는 규칙(무엇이라도 좋다)을 지킬 때와 무엇이 다른지 비교해보자. 대다수 사람은 좌뇌 중심적인 우리 사회가 부여한 역할을 충실히 수행하며 살다 보면, '일로서 나의 존재를 증명하는 것' 외에는 아무 목적도 남지 않는다. 하지만 창조와 조화를 이루며 우반구의 호기심과 창의성을 따라가도록 자신을 풀어주면, 그 과정 자체가 목적이 될 만큼 충분히 즐겁다.

숙달된 실력을 느긋하게 발휘했던 순간이 하나라도 떠오른다면 그때 어떤 느낌이었는지 떠올려보자. 경기장이나 스키용 경사면에서 한껏 영감을 받아 움직였던 순간, 처음으로 내 손가락이 저절로 기타 위에서 코드를 찾던 순간, 평소의 수줍음을 밀어내고 이상하게도 대담해져서 첫눈에 반한 사람에게 하고 싶은 말을 했던 순간, 새로운 아이디어나 장치 혹은 그룹이나 사건이 갑자기 불쑥 탄생했던 순간 말이다. 이제 그 순간을 더 자주, 아니 거의 항상 느끼는 자신을 상상해보자.

이런 행복한 발견이 끊임없이 흘러넘치는 것이 흔한 일일까? 절대 그렇지 않다. 가능한 일일까? 물론이다. 수천 년 동안 수많은 사람이 이를 경험했고, 그 기록은 종교·예술·철학 곳곳에 남아 있다.

몇몇 인도 철학에서는 우주 자체가 이러한 흡입력 있고 만족스러운 에너지의 산물이라고 여긴다. 이 에너지는 '신성한 놀이'를 뜻하는 '릴라Lila'*라는 말로 알려져 있다. 다양한 형태로 자신의 정체성을 감지하는 의식적인 우주는 순전한 즐거움을 위해 현실을 창조하고 있다. 이 느낌을 의식하고 우리 행동을 주도하는 창조의 힘을 알아차

---

* 산스크리트어인 '릴라'는 우주 만물을 하나의 유희로 보며, 창조와 파괴 심지어 고통마저 우주가 벌이는 신성한 놀이에 포함된다고 간주한다 – 옮긴이.

릴 때, 인도의 현자들이 '인식의 웅대함^splendor of recognition'이라고 부르는 경외감에 휩싸이는 기분을 느끼게 된다. 우리 안에 있는 그 힘^The Force은 우리 주변을 둘러싼 힘과 자신을 하나로 느끼게 하는 경험이다. 마치 신성한 존재가 또 다른 신성한 존재를 만나, 새로운 형태 안에서 완벽하게 어우러지는 듯한 일체감이 밀려온다. 이때 우리는 자신이 한 사람의 개별적인 존재를 넘어, 더 큰 무언가의 일부가 되었음을 직관적으로 알아차린다.

리즈 길버트는 자신이 만났던 한 무용수의 이야기를 즐겨 들려준다. 그녀는 위대한 안무가 마사 그레이엄^Martha Graham의 대표작으로 손꼽히는 〈천사의 대화^Seraphic Dialogue〉에서 잔 다르크 역에 발탁된 촉망받는 무용수였다. 당시 나이는 고작 열여섯 살. 그 소식에 황홀함을 느끼는 한편, 마음속 깊은 곳에서는 극도의 불안이 치밀었다. 첫 공연을 올리던 날 밤, 무대에 오르려고 커튼 뒤에서 준비하던 그녀는 실제로 공황 발작을 일으켰다. 그녀는 리즈에게 이렇게 말했다. "무대 바닥이 입을 크게 벌리고 저를 삼켜주길 기도했어요. 그런데⋯ 정말 그렇게 된 거예요. 제가 사라져버렸어요. 그리고 잔 다르크가 무대에 나타났죠."

그녀가 말한 것은 오래전에 죽은 프랑스 영웅의 혼령에 사로잡혔다는 뜻이 아니다. 그것은 실존 인물 잔 다르크 그리고 〈스타워즈〉의 등장인물 루크 스카이워커를 추동했던 것과 같은 '힘'이 그녀의 심신에 대한 통제권을 부드럽게 넘겨받은 듯한 경험을 뜻했다.

신경과학자 앤드류 뉴버그^Andrew Newberg와 유진 다킬리^Eugene d'Aquili는 모든 창조 세계와 합일감을 경험한 사람들을 연구했다. 그들의 뇌에서 공통적으로 나타난 것은, 두 영역이 동시에 조용해졌다는 점이었다. 하나는 우리가 우주와 분리되어 있음을 인식하게 하는 부분이고, 다른 하나는 통제감을 느끼게 하는 부분이었다. 자기 감각과 통제감을 잃어버린다고? 좌반구 입장에서는 끔찍한 악몽이다. 평생 피하라고 배워온 상황이 아닌가!

그럼에도 불구하고, 이는 충분히 가능한 경험이다. 사회적 역할과 가면을 벗어던지고, 무엇이든 나를 밝혀주는 것을 쫓아가 우주의 창조 에너지에 몸을 맡기면, 우리는 이 초월적인 경험을 얻게 된다. 그것은 특별한 순간이나 비범한 무대 위에서만 찾아오는 것이 아니다. 눈앞에 청중이 있을 때만이 아니라, 화분에 물을 줄 때도, 회의를 진행할 때도, 언어를 배울 때도, 아이들과 장난을 치며 웃을 때도, 친구에게 이메일을 쓸 때도 똑같은 강도로 그런 경험에 빠질 수 있다.

내면의 불안을 잠재우고, 오랫동안 주입된 '해야 할 역할'을 잠시 내려놓으면, 훨씬 더 많은 순간에서 '나의 깊은 기쁨'과 '세상의 깊은 허기'가 만나는 지점을 발견하게 된다. 그 지점에서 우리는 탁월함을 발휘하고자 하는 의지가 강력하게 솟구친다. 숙달은 형언하기 어려울 만큼 강렬한 흡입력을 지니며, 인간이 경험할 수 있는 가장 순수하고도 극단적인 즐거움을 선사하기 때문이다.

때로는 위로 올라갔다가, 다시 내려오고, 멀리 나아갔다가, 다시 주어진 과업으로 돌아오는 동안, 어느 순간 '무언가를 통제해야 한다'는 생각 자체가 완전히 사라진다. 그저 내 안의 힘을 신뢰하며, 그 흐름 속으로 부드럽게 미끄러져 들어갈 뿐이다. 그렇게 되면, 엘리너 루스벨트Eleanor Roosevelt의 말을 빌려 표현하자면, "여러분이 할 수 없다고 생각했던 일을 해내게 될 것"이다.* 왜냐하면 그 순간, 행위의 주체가 더 이상 '나'가 아니기 때문이다. 그 상태에 이르면 나와 창조 세계의 경계가 사라지고, 사심 없는 참나가 머무는 고향 같은 자리로 돌아가게 된다.

* 엘리너 루스벨트는 '당신이 할 수 없다고 생각하는 일을 해야 한다'라고 말했다 - 옮긴이.

함께 만드는
창의성의 생태계

10

2010년대에 잉글랜드 웨스트서식스에서 운전한 적이 있다면, 작은 체구의 평범한 남성이 도로를 따라 걸어가면서 쓰레기를 주워 큰 비닐봉지에 넣는 모습을 보았을지도 모른다. 같은 도로를 빈번히 운전했던 분이라면 같은 남성을 여러 번 보았을 것이다. 더군다나 그는 하루에 32 km가 넘는 거리를 걸어가면서 동물 사체부터 부서진 오븐 토스터까지 온갖 것을 열심히 비닐봉지에 주워 담았다.

이 쓰레기 줍는 남성에 관해 달리 아는 바가 없다면 그의 안타까운 사연을 접하고도 그리 놀라지 않았을지도 모른다. 육 남매 중 한 명이었던 그는 나이에 비해 체구가 작았고, 틱 장애와 강박 장애가 있었다. 오늘날이라면 아마 강박성 성격 장애와 투렛 증후군으로 진단되었을 것이다. 어린 나이에도 자신이 동성애자임을 알았던 그는 이 사실이 탄로 날 것을 두려워하며 살았다. 훗날 그의 아버지가 아들의 동성애 사실을 알아내고 그를 집에서 쫓아낸 것을 보면 충분히 두려워할 만했던 것 같다. 쓰레기 줍는 남성은 청년 시절 이런저런 관심사에 기웃거리다가 몰두할 대상을 하나 찾았다. 바로 마약이었다. 향정신성 약물이라면 거의 모든 것에 손을 댔지만, 그가 특별히 좋아한 것은 결정 메탐페타민이었다. 그는 돈을 쏟아부으며 더 중독되었고, 대체로 주택과 아파트 청소 등 고된 임시직으로 근근이 생활비를 마련했다.

이 이야기를 듣고 '저런, 딱해라' 하는 생각이 들지도 모른다. 이 남성이 60대가 된 지금 도로 위를 터덜터덜 걸어 다니고, 음료수 캔과 개 배변 봉투를 줍겠다며 가시덤불을 헤치다가 손이 긁혀 피가 난 모습을 보면 마음이 아플 수도 있다. 그렇지만 그가 집도 여러 채 소유하고 있고, 집 안에는 피카소와 같은 유명 화가들의 독창적인 그림들이 걸려 있으며, 갑자기 훌쩍 여행을 떠나고 싶을 때는 전용 비행기를 이용할 거라고는 생각지 못했을 것이다. 사실 매일 같이 도로를 청소하는 것은 그의 취미에 불과하다.

이 남성의 이름은 데이비드 세다리스David Sedaris다. 유머러스한 에세이 작가로 유명한 그는, 세계 곳곳에서 직접 저서를 낭독하는 자리마다 청중을 가득 모은다. 이는 쉽게 돈을 벌 수 있는 평범한 직업이 아니다. 직업소개소를 찾는 사람들에게 이렇게 질문하지는 않을 것이다. "당신의 인생을 소재로 유머러스한 에세이를 써서, 그것을 사람들 앞에서 큰소리로 읽는 일을 해볼 생각이 있으신가요?" 이름 난 작가(극소수지만)라도 낭독회를 열면 대개 소수의 청중이 참석한다. 세다리스와 비슷한 이력을 가졌다고 생각되는 유일한 사람은 마크 트웨인이다. 하지만 트웨인은 텔레비전, 인터넷, 오디오북 시장에서 경쟁할 필요가 없었다. 게다가 중국이나 루마니아에서 낭독회를 연 경우는 한 번도 없었을 것이다. 반면 세다리스는 시드니 오페라하우스에서 뉴욕 카네기홀에 이르기까지, 어딜 가든 낭독회에 사람을 가득 불러 모은다.

세다리스는 정해진 규칙을 따르거나, 사람의 비위를 맞추며, 성공의 사다리를 성실히 오르는 방식으로 명성을 얻은 사람이 아니다. 그는 곳곳에서 규칙을 깨뜨렸고, 약물에서 청소부 일(집요한 깔끔쟁이였던 그는 단순히 돈이 필요해서가 아니라 청소 자체를 좋아했기에 그 일을 선택했다)까지 본인이 원하는 것을 했다. 무엇보다도 그는 절대로 창작을 멈추지 않았다. 세다리스는 이상하고도 흥미로운 산문을 꾸준히 써왔고, 그것을 큰 소리로 읽는 데 탁월한 능력을 보인 덕분에 1,500만 부가 넘는 책을 판매했다. 부와 명성을 얻은 후에도 그는 정확히 자기가 원하는 일을 지속했다. 물론 끝없이 이어진 도로를 청소하는 일도 그중 하나였다.

나만의 별난 특성에 몰두하기

세다리스는 자신의 별난 특성에 몰두하면서도 성공을 이룬 사람이다. 따라서 그의 경력은 백만 명 중에 한 명 있을까 말까 한 우연의 일치라고 여길 수도 있다. 수백 명의 클라이언트와 친구들이 뜻밖의 진로에서 성공을 거두는 모습을 직접 지켜본 나는 그렇게 생각하지 않는다. 내 생각에 세다리스가 부유하고 유명해진 것은 그만의 별난 특성에 몰두했기 때문이다. 그는 창의적으로 살아가는 사람들 주변에 자연스럽게 형성되는 사람, 아이디어, 각종 이벤트, 금전적인 자원이 어우러진 풍요롭고 든든한 네트워크의 중심이 되었다. 나는 이러한 네트워크와 연결되는 과정을 가리켜 '무리를 지어 이루는 경제 생태계'라고 부르며, 우리 모두 이런 방식으로 자신만의 생태계를 만들 수 있다고 믿는다.

이번 장에서는 무리를 지어 새로운 삶의 방식과 생계 수단을 창조하는 방법을 이야기하려고 한다. 이 방법은 불안의 소용돌이에 휘말리는 시간을 줄이고, 창의성의 소용돌이를 따라가는 시간을 늘릴 때 가능하다. 내가 말하는 '무리 짓다constellate'라는 표현은 한데 모인다는 뜻이다. 벌들이 꽃 주위에 모여들듯, 관광객들이 거리 공연자 주변에 모여들듯 말이다. 나만의 창의적 재능을 마음껏 펼치도록 스스로에게 허락할수록 내 영혼은 더욱 풍요로워지고, 성공을 이끄는 시스템의 중심에 설 수 있다. 그렇게 하다 보면 전혀 의도치 않고서도 이제껏 존재하지 않았던 새로운 방식의 번영을 창조할 수 있다.

협력 시스템으로 나아가기

그렇다면 내가 말하는 '생태계ecosystem'란 정확히 무엇일까? 정글이나 산호초에서 볼 수 있듯이, 생태계란 살아있는 존재들이 서로 그리고 주변 환경과 끊임없이 반응하며 이루는 네트워크를 가리킨다. 인류 역사 대부분의 시기를 놓고 보면, 우리는 하나의 종으로서 생태계 안에서 협력적인 구성원으로 살아왔다. 특히 다른 어떤 인간보다 오랜 기간 아프리카 남부를 차지했던 코이산 어족은 이런 방식으로 다양한 환경에 적응하며 수십만 년간 생존해왔다. 우기가 시작되면 식용 식물을 찾아다녔고, 건기가 찾아오면 물웅덩이 근처에서 손쉽게 동물을 사냥하며 살았다.

사실상 우리가 '전근대인'이라고 부르는 사람들은 대부분, 주변 생태계와 협력하는 것을 합리적이라고 보았다. 물론 예외도 있었다. 이스터섬의 주민들은 섬 안의 야자나무를 모조리 쓰러뜨려 생태계를 심각하게 어지럽힌 탓에 결국 다수가 서로를 잡아먹거나, 굶어 죽거나, 아니면 다른 사람을 잡아먹다가 굶어 죽었다.

하지만 대다수 전통 사회는 자신이 속한 생태계를 약탈하고 파괴하는 것이 썩 좋은 생각이 아니라는 것을 잘 아는 지적인 사람들로 이루어져 있었다. 언젠가 페루의 한 주술사는 내게 이렇게 말했다. "제게 물고기 한 마리를 주시면 하루는 먹고삽니다. 낚시하는 법을 가르쳐 주시면 평생 먹고살 수 있습니다. 하지만 물고기를 건강하게 키우는 법을 가르쳐 주신다면, 내 후손들이 영원히 먹고살 수 있습니다."

나는 어느 세계, 사회, 경제에 속해 있든지 그곳에서 작은 협력의 시스템을 만들어 살아갈 수 있다고 믿는다. 이번 장의 대부분은 이를 실현하는 방법을 설명하는 데 할애할 예정이다. 사실 역사적으로 보면, 무리를 지어 나만의 경제 생태계를 이루는 것은 우리가 선 지금 시점에서 단지 좋은 아이디어에 그치지 않는다. 우리의 터전인 지구를 지배하고 있는 경제가 자신의 창조물로 인해 무너지고 있는 지금, 각종 위험 요소를 피하려면 그런 생태계가 반드시 필요하다.

'위어드' 세상의 쇠우리

"있잖아요. 저도 교수회의가 정말 마음에 안 들어요." 한 동료가 말했다(그를 델머 팬시햇 박사라고 부르자). 그는 내게 미소를 건넸다. 나 같은 서른 살짜리 강사에게만 보이는, 친절한 교수가 보이는 너그러운 미소였다.

"그래도 이를 꽉 물고 몇 년만 잘 버티면 나처럼 종신 재직권을 얻게 된다니까요." 그가 몸짓으로 자기 사무실을 가리키며 말했다. 그의 사무실에는 책, 서류, 아내와 아이들의 모습이 담긴 사진 한 장, 예전에 누군가 재미삼아 줬다는 화석화된 공룡 똥 같은 것들이 곳곳에 보였다. "여기서 난 평생이 보장되어 있어요. 그깟 비참한 일쯤은 충분히 참을 만하죠."

"아, 네." 내가 말했다. "무슨 말씀인지… 알겠습니다."

이것은 실화다. 지금도 팬시햇 박사의 입에서 나온 저 말이 귓가에 생생하다. 그의 주장을 잘 들어보니, 일정한 틀에 따라 뇌를 지도화하는 사람이 흥미 위주로 주의를 쏟는 나를 '교정'하려 했던 셈이다. 자잘한 지적 다툼이나 벌이고, 기껏해야 생기 없는 동료 7명 정도가 읽을 논문이나 쓰면서 여생을 보낸다는 생각만으로도 치가 떨린다.

"글쎄요 저는…" 나는 공룡 똥에 시선을 고정했다. "저는 못 하겠네요."

팬시햇 박사가 화난 표정으로 의자에 몸을 기대고는 이렇게 말했다. "뭐, 그렇다면 당신은 하찮은 교수 부인 말고는 아무것도 안 되겠군요."

사실, 그렇게 말하는 것도 일종의 재능이다. 언어적 표현에 신중한 학계에서 저토록 무례하고 단호하게 말을 내뱉는 경우는 좀처럼 보기 어렵다. 팬시햇의 말들은 훗날 몇 번이고 사람들에게 들려줄 좋은 이야깃거리를 내게 안겨주었다. 지금도 이 이야기를 여러분에게 나눌 수 있어서 감사한 마음이 가득하다.

앞으로도 오랫동안 팬시햇을 종종 떠올릴 것이다. 내 첫 책을 출간하려고 애쓰며 예산 걱정을 할 때, 종신 재직권을 보유했든 아니든 그가 해고되었다는 소식을 들을 때 그를 떠올릴 것이다(정확히 왜 그가 해고되었는지는 끝내 모를 테지만). 그리고 내가 학계에 머물며 벌어들인 것보다 더 많은 세금을 냈다는 사실을 깨달은 해에 팬시햇을 떠올릴 것이다.

그러나 그와 대화할 당시에는 그다지 자신감이 없었다. 사실 나는 팬시햇의 말에 전적으로 동의하고 있었다. 합리적으로 생각해서 지금의 일자리를 지키고, 종신 재직권을 얻기 위해 고군분투해야 한다는 말이 틀린 것은 아니었기 때문이다. 다만 내 몸과 마음이 몹시 지쳐 있었다. 자가면역 질환 때문에 실제로 앉지도 서지도 못했고, 오랫동안 두 손을 쓰지도 못했다. 내게 남아 있던 얼마 안 되는 에너지는 어린 세 아이에게 써야 했다. 그 힘겨운 시절에도 나는 세계 경제가 달라지고 있음을 알고 있었다. 그리고 이른바 '안정적인' 일자리들도 더는 영원히 안정적이지는 않다는 것도 알고 있었다.

경제적 피라미드의 거의 꼭대기에 있던 팬시햇은 직업 안정성에 대한 나의 불안을 이해하지 못했다. 그는 당시 자신의 재정 상태가 영원히 그를 뒷받침해줄 거라고 믿었다. 하지만 그가 간과한 것은, 종신 재직권을 가진 교수들이 더 빈번히 해고당하고 있으며, 우리의 경제 체계를 이루는 상당 부분이 갈라지고, 파편화되고, 사라지기 시작한다는 불편한 현실이었다. 내 생각에 그는 자기가 평생 경험해온 사회 체계—소수의 부유한 특권층이 경제 피라미드의 꼭대기에 올라가도록 설계된 구조—가 없는 세상을 한 번도 상상해보지 않았을 것이다.

이 소수 특권층—재산을 소유한 백인 남성들—은 토머스 제퍼슨이 '모든 사람은 평등하게 창조되었다All men are created equal'라는 글을 적을 때 의미했던 '모든 사람'에 해당한다. 그러나 사실, 제퍼슨은 저 글을 적을 때 자신의 소유물로 여기던 사람들의 시중을 받고 있었다. 노예 제도를 포함한 '위어드' 세상의 경제는 제퍼슨과 같은 남성들이 타인의 노동을 착취해 부를 유지하도록 설계되어 있었다.

그리고 이 경제 시스템은 실제로 효과를 발휘했다. 그것도 마법처럼 훌륭한 효과를 불러일으켰다. 제퍼슨 이후로 수 세기 동안 부자는 더 부유해지고, 가난한 사람들은 더 많은 부를 창출하면서도 정작 그 부를 자기 손에 넣지 못했다. 물론 이런 불균형이 있었기에 중국과 전 소비에트 연방 등에서는 혁명이 일어났다. 그렇지만 이런 봉기는 또 다른 권력 집단이 착취 계급에 올라서서 이전의 특권층을 굶주린 대중으로 몰아세우는 결과를 가져왔을 뿐이다. 1980년대에 내가 중국에서 연구 활동을 하던 당시에 그곳 사람들은 이렇게 말했다. "자본주의 아래에서는 사람이 사람을 착취하지만, 공산주의 아래에서는 그 반대다."

만약 여러분이 인류 전체에서 상위 1% 안에 드는 사람이라면 여전히 그 혜택을 누리고 있을 것이다. 이 글을 쓰는 지금 기준으로, 세계 상위 1%는 전 세계 부의 절반을 소유한다. 사실 이 시스템에서는 상위 10% 안에만 들어도 꽤 훌륭하다. 그들이 지구 전체 부의 85%를 거머쥐고 있으니 말이다. 그 외 10분의 9에 속한다면 상황이 그리 좋지는 않다. 전 세계 경제자원 중에서 부자들이 차지하고 남은 15%를 나눠 가져야 하기 때문이다.

그 옛날 20세기 초에 '사회학자의 아버지'라 불리던 막스 베버^{Max Weber}는 이 모든 것을 예견했다. 그는 현대의 일자리들이 널리 보급되기 훨씬 전부터 그 일들이 어떤 형태일지 묘사했다. 베버는 미국 경제를 흥미롭게 바라보았다. 그가 보기에, 미국 경제의 기반을 다진 사람들은 '하느님께서 늘 의로운 자들에게 부를 허락하신다'는 종교적 신념을 기반에 두고 있었다. 따라서 그들은 부를 극대화하는 데 치중하는 경제 시스템을 만들어냈고, 그 결과 언젠가 효율성과 이익을 극대화하는 소수의 전문화된 일자리들이 탄생하게 될 것이라 내다봤다.

베버는 이를 가리켜 '합리주의의 쇠우리^{the iron cage of rationalism}'라고 불렀으며, 이 쇠우리가 모든 사람을 그 속으로 빨아들여 인간의 개성을 짓밟을 것이라고 말했다. 아이러니하게도 이후 베버는 우울증, 불면증, 불안에 시달리며 몇 년간 몸져누워 있었다. 다시 말해 그는 결국 좌반구가 만들어낸 우리 속에 거의 모든 사람이 갇히는 미래를 예견하는 탁월한 업적을 이루었지만, 바로 그 감옥에 갇힌 사람에게 전형적으로 나타나는 정서적 문제에 휘말리고 말았다. 그는 1920년에 56세를 일기로 세상을 떠났다. 사인은 당시 전 세계적으로 유행했던 독감으로 추정되는데, 이는 베버 자신도 예측하지 못한 일이었다. 세상의 모든 것을 내다볼 수 있는 사람은 결국 아무도 없다.

불안사회에서 살아남기 위하여

사실 베버는 기계나 다름없는 일자리들의 출현을 정확히 내다본 통찰력이 탁월한 인물이었지만, 그러한 쇠우리가 지닌 가장 명백하고도 역설적인 특징(삶을 뒷받침하기 위해 설계된 것은 아니라는 점)을 언급하지는 않았다. 쇠우리는 기계적으로 돈에 초점을 맞추는 까닭에, 인간이 선천적으로 돈에 의존하도록 만들어지지 않았다는 사실을 무시한다. 사실 우리는 생물학적 체계에 의존하도록 만들어졌다. 우리 자체가 생물학적 체계이기 때문이다.

델머 팬시햇의 이야기를 들으며, 나는 엉망인 내 건강 상태와 어린 세 아이를 떠올리고 있었다. 그러자 한 가지 사실이 내 머릿속에서 네온사인 불빛처럼 반짝였다. 대부분의 '쇠우리 일자리'가 그렇듯 교수라는 직업도 한 가지 가정 위에 세워져 있다는 것이었다. 즉, 교수 한 사람의 화려한 경력 기술서 아래에는, 사회가 아무런 가치도 두지 않는 비가시적인 자산―하찮은 교수 부인―이 깔려 있다는 가정이었다.

팬시햇이라는 존재는, 그의 아내가 무급으로 전업주부 역할을 하지 않았다면 유지될 수 없었다. 대부분의 쇠우리 일자리들은 이 '하찮은 아내들' 없이는 성립될 수 없다. 왜냐하면 자녀를 키우고, 병든 가족을 돌보고, 노인을 보살피고, 우리 모두 제정신을 유지하는 데 필요한 정서적 유대를 만들어내는 일들은 그 어떤 것도 '쇠우리 일자리'로 간주되지 않기 때문이다. 팬시햇의 부인은, 급여도 없이 온갖 일을 감당하고 있는 수백만 명의 '하찮은 사람들' 중 하나였다.

그녀의 남편은 물론이고, 그녀 자신조차도, 쇠우리 형태로 돈을 벌 수 있는 일만이 '가치 있는 일'이라고 배우며 살아왔을 것이다. 하지만 그런 일자리 대부분은, 누군가가 우리의 몸을 돌보고, 서로를 챙기고, 이 지구를 아끼는 일을 해주지 않으면 결코 유지될 수 없는 것들이다.

여기서 하나의 모순이 발생한다. 수십억 명의 사람들이 생계를 유지하고 가족을 부양하기 위해 어쩔 수 없이 비참한 일을 감내하며 살아간다. 짧게 보면 잘못된 것이 없다. 어쩌면 이는 자기 생존을 위한, 일종의 '불안의 소용돌이' 안에서 이뤄지는 가장 합리적인 선택일 수 있다. 하지만 길게 보면, 결국 우리는 두 가지 중 하나를 선택하게 된다. 삶을 돌보기 위해 자신의 탁월한 창의적인 정신을 쓰기 시작하거나, 아니면 이스터섬의 주민들처럼 자기 생존에 반드시 필요한 환경을 스스로 파괴하는 결과를 맞게 될 것이다.

정리하자면, 모두가 살아남기 위해 꼭 '쇠우리 일자리'가 필요한 것은 아니다. 오히려 모두가 살아남으려면, 우리 중 다수가 그 일자리를 그만두어야 한다.

이 생각이 처음 들었을 때, 나는 마치 달리는 경주에서 전속력으로 잘 달려왔는데, 갑자기 결승선이 정반대 방향에 있었다는 걸 깨달은 기분이었다. 처음엔 혼란스러웠다. 이런 생각은 우리가 오래도록 당연하게 여겨온 통념을 정면으로 반박하는 데다, 좌반구 중심의 현대 사회에서는 그것을 실현할 뚜렷한 방법도 잘 보이지 않았기 때문이다.

하지만 점점 더 많은 사람들이 이미 자신이 갇힌 쇠우리에서 벗어나고 있다. 환경이 더는 견딜 수 없을 만큼 힘들어졌기 때문이기도 하고, 사회 구조와 기술이 급변하면서 지난 세기를 지배했던 철창 감옥 전체가 흔들리기 시작했기 때문이기도 하다.

지금 이 글을 쓰고 있는 이 순간에도, 한 세대 전까지만 해도 '영구적이고 안정적'이라고 여겨졌던 산업들—농업, 제조업, 우편 서비스, 호텔업, 택시 운전, 금융 자문, 출판과 인쇄 미디어 등 수백 가지 전통 직업—이 점점 사라지거나 근본적인 변화를 겪고 있다.

최근에 나는 어떤 성직자에게 이메일을 받았다. 이제 대부분의 성직자들이 인공지능을 활용해 설교문—그것도 아주 훌륭한 설교문—을 작성한다는 이야기였다. "이런 상황에서 제가 어떻게 경쟁할 수 있을까요?" 그가 내게 물었다.

사실 그 성직자의 말을 듣기 전까지는 성직자들끼리도 경쟁해야 한다는 사실을 나는 전혀 알지 못하고 있었다. 하지만 우리 사회 시스템에서는 그것이 너무나 당연한 일처럼 여겨지고 있다. 그리고 지금은 최신 기술을 잘 활용하는 성직자들이 그 경쟁에서 우위를 점하고 있다.

이런 세상에서 살아남겠다고, 더 이상 공장처럼 기계적으로 같은 일을 반복할 필요는 없다. 우리가 정말로 필요한 것은 창의성이다. 불안의 소용돌이에서 벗어나 자신의 창의성을 돌볼 수 있다면, 우리는 이제 막 등장한 기술들을 활용해 거의 모든 일을 해낼 수 있다.

지금 세상에 필요한 것은 창의성

2005년, 다니엘 핑크Daniel Pink는 『새로운 미래가 온다』를 출간했다. 핑크의 베스트셀러가 제시하는 요점 하나는, 비즈니스 세계가 지닌 질서정연하고 분석적인 측면들이 나날이 기계화된다는 것이었다. 또 다른 요점 하나는, 놀 줄 알고, 공감을 보이고, 의미를 창출하고, 무언가를 디자인하고, 이야기를 만들어내는 등 우뇌 중심의 특성들이 미래에 가장 귀한 자산이 된다는 것이었다. 핑크의 전망은 뇌 기능을 지나치게 단순화한다는 이유로 비난을 받았다. (여러분이 읽는 이 책을 포함해) 기본적으로 우반구/좌반구를 나누어 설명하는 모든 책은 같은 비난을 들을 수 있다. 다만 나는 이것이 매우 유용한 단순화라고 생각한다. 그러나 핑크의 예측을 두고 '하나도 멀리 나가지 않았다'고 비난하는 사람은 없었다.

한 예로 핑크는 '예술 석사 학위가 새로운 경영학 석사'가 될 것이라면서, 예술 학위를 취득한 사람이 과학 학위를 취득한 사람보다 더 인기 있는 상품이 될 것이라고 말했다. 학계의 모든 학위가 일자리를 구하는 데 점점 쓸모가 없어질 것이라고, 즉 대학이 사람들의 진로와 아무 상관이 없어질 것으로 예측한 것은 아니었다. 2016년 위스콘신 정책 연구소의 선임 연구원 찰스 사이키스$^{\text{Charles Sykes}}$는 "이제 자녀를 사립대학교에 보내는 것은 매년 BMW를 사주고는 그것을 벼랑에서 몰아 떨어뜨리는 것과 같다"라고 말했다. 그는 천문학적인 교육비를 지적하면서, 대학 교육은 일자리를 보장하는 대신 현실 세계에 하나도 준비되지 않은 많은 졸업생을 배출하고 있다고 했다.

핑크는 대기업들이 갈수록 '우뇌형 인간'을 고용할 것이라고도 했다. 신기술의 등장으로 소기업을 비롯해 개인들마저 대기업보다 앞서 나가며 싼값을 제시할 것이므로 대기업들이 붕괴할 것이라고는 말하지 않았다. 또한, 사람들이 자연 생태계를 침범하고 새로운 미생물과 접촉함에 따라 세계적 팬데믹의 유발 가능성이 커질 것이라는 점도 예측하지 못했다. 이는 베버와 핑크 둘 다 상상하지 못한 점이다. 이제 우리가 모두 알다시피 팬데믹은 많은 사회적 전환을 가속하면서 여행, 사무직, 카지노, 운동 센터, 식료품점, 식당, 그 외 여러 산업을 영구적으로 변화시키고 있다.

위에 나열한 모든 내용은 내 안의 작은 '사회학자 두꺼비'를 즐겁게 한다. 그러니 여러분에게 한 가지만 더 이야기하도록 허락해 달라. (당연히 내 안에는 사회학자 두꺼비도 있다! 그렇지 않았다면 이 글을 쓰고 있지도 않았을 것이다.) 많은 대기업이 휘청거리기 시작하면서 느닷없이 생겨난 몇몇 직업을 나열하면 아래와 같다.

- 온라인 커뮤니티 관리
- 웹사이트 및 애플리케이션 개발

- 3D 예술
- 온라인 마케팅 분석
- 게임 개발
- 에어비앤비 운영
- 프리랜서 연구
- 온라인 과외
- 사용자 인터페이스 설계
- 동영상 편집
- 음식 배달 서비스
- 유머러스하고 개인적인 에세이 낭독(데이비드 세다리스가 만든 수익성 있는 산업)

이들 직업 중 다수는 틈새를 메우는 긱 경제 gig economy(필요에 따라 임시로 계약을 체결하고 업무를 맡기는 형태 – 옮긴이)에 속한다. 이 분야에 종사하는 사람들은 의료보험이나 유급 휴가 같은 복지 조건을 고려하기 보다는, 가능한 일을 모아가며 수입을 만들어낸다. 이상적인 업무 형태는 아니지만, 음식 생산과 배달처럼 예전에는 대형 기업이 담당하던 서비스 영역이 이제 훨씬 더 작고 발 빠른 이런 업체들로 빠르게 대체되고 있다.

자녀, 환자, 장애인, 노인을 돌볼 만큼 충분한 수입을 벌려면, 많은 가정에서는 이제 전업으로 일할 사람이 최소한 두 명은 필요하다. 여기서 기억할 점은, 이 '정상적인' 일자리들이 실은 '전업주부가 곁에 있을 거라는 전제' 아래 설계된 구조라는 것이다. 우리 경제에서 가장 빠르게 늘어나는 산업 부문 중 하나가 '가정 건강 및 개인 돌봄 보조'인 것도 이 때문이다. 우리는 어디까지나 생물학적 존재이며, 돌봄 없이는 살아갈 수 없다. 하지만 우리가 속한 경제 체제는 인간이 기계처럼 작동할 거라고 가정한다. 그 결과, 우리의 신체적·심리적 필요는 갈수록 뒷전으로 밀려나고 있다. 그래서 사람들은 지금, '전근대' 사회에서처럼 긴밀히 연결되어 함께 일하고 살아가면서 서로에게 제공했던 '돌봄과 지지'를 절박하게 필요로 하고 있다.

여러분이 이 글을 읽을 즈음에는 한때 좋았던 산업들이 훨씬 더 많이 사라졌을 것이다. 그리고 그 자리는 스마트폰 한 대와 오직 자신만의 창의적 천재성에서 비롯된 '홍미'만으로 생계를 일구는 사람들이 대체했을 가능성이 크다. 그들은 더 이상 출근부에 도장을 찍고, 공장 부품처럼 일한 뒤 집에 있는 '하찮은 아내'에게 월급 봉투를 건네는, 이른바 '쇠우리 일자리' 패턴에 속하지 않는다.

평생을 '쇠우리 경제'에 기대어 살아갈 계획이라면, 지금까지 내가 전한 이야기는 아마도 전부 나쁜 소식처럼 들렸을 것이다. 하지만 이와 달리, 자신의 삶과 진로를 근본적으로 '창의적인 방향'으로 설계할 의지가 있다면, 오히려 내가 전한 이야기가 사뭇 놀랍고 반가운 소식으로 들릴지도 모른다.

이번 장의 남은 부분에서는 지나치게 불공평하고 비인간적이며, 점점 무너져 가는 우리 문화 속 '부의 피라미드'를 대체할 자연 생태계 기반의 새로운 모델로 돌아갈 방법을 생각해보려고 한다. 그 첫걸음으로, 생계를 만들어가는 상상의 배경에서 '공장'을 지워보자. 대신 '숲'을 떠올리자. 이 말의 의미를 이해하는 데 도움이 되는 몇 가지 사례를 이어서 소개한다.

경제 생태계의 작동 방식

엠마 개넌^{Emma Gannon}은 직업이 없다. 있었던 적도 있다. 그녀는 잠시 광고업계에서도 종사했고 잡지사에서 글을 쓰기도 했다. 그러나 최근 몇 년간 엠마는 팟캐스트 방송, 온라인 강습, 출판 자영업, 일회성 강연, 각종 모임, 그 외 섭스택^{Substack}이라는 구독 뉴스레터 플랫폼 등 다양한 출처를 통해 돈을 벌었다. 최근에는 자신의 팟캐스트 소유권을 도서 요약 플랫폼 블링키스트^{Blinkist}에 팔기도 했다. 엠마는 자신의 진로 개발 과정을 『성공 신화^{The Success Myth}』,『수식어가 많은 삶^{The Multi-Hyphen Method}』 등의 책에 빼곡히 담아냈다.

뉴욕의 한 식당에서 나와 점심을 함께한 엠마는 이렇게 말했다. "다양한 통로로 늘 돈이 들어와요. 하나하나 따지면 큰돈은 아니지만 합치면 꽤 든든한 기분이 들죠."

생태계 안에 존재하는 생물들이 그렇듯이 엠마의 경력도 다양한 요소들이 차고 또 빠지며 끊임없이 변화한다. 엠마는 그런 흐름이 전혀 불편하지 않다고 말한다. 그녀는 끊임없는 변화에 유연하게 대처하고, 그때그때 달라지는 자신의 관심사를 쫓아 초점을 바꾼다. 한 예로 엠마가 그토록 성공적이던 팟캐스트 녹음을 그만둔 것은 작업이 미흡해서가 아니라 관심사가 이동했기 때문이었다. "더는 팟캐스트에 열의가 느껴지지 않더라고요." 그녀가 말했다. "마이크 앞에만

다가가면 목구멍이 막히는 느낌이었어요. 제가 원하는 건 섭스택에서 시간을 보내는 것뿐이었죠."

그 후로 1년 안에, 엠마가 섭스택을 통해 벌어들이는 수입은 '용돈' 벌이에서 그 자체로 엠마를 재정적으로 뒷받침할 수 있는 수준까지 높아졌다. 그럼에도 엠마는 여전히 다양한 방식으로 자신의 천재성을 세상에 베풀고 있다. 돈이 아니라 일이 주는 즐거움 그 자체가 좋아서 일을 하는 까닭에 갖가지 서비스를 무료로 제공하기도 한다. 그녀는 이렇게 말했다. "때로 부담을 벗어버리고 돈 얘기를 완전히 빼면 일이 놀이터가 되죠. 잘못된들 누가 뭐라고 하겠어요? 사람들이 싫어한다고 해도 뭐 어때요? 그러니 훌륭한 시험 장소가 되는 거죠." 엠마는 다른 사람들에게도 충분히 가치 있고 흥미롭다는 확신이 선 다음에야 해당 서비스에 요금을 부과한다. 그녀가 말하는 일 처리 방식에는 '몰두하는 놀이'의 교과서라 할 만한 예가 담겨 있었다.

저는 마치 들어오는 음파를 감지해서 스위치를 바꾸는 것처럼 일해요. 이런 식이죠. '이건 더 잘 작동하는구나. 그럼 스위치를 켜서 열을 좀 더 올려보자. 이건 이제 꺼져 가네. 그러면 그만 차단해야지.' 마치 노는 것 같아요. 모든 게 놀이예요.

그렇다고 엠마가 돈을 버는 데 필요하는 기술을 익히는 노력을 게을리하는 것은 아니다. "'아, 일은 그만 접고 틱톡 인플루언서나 되어야겠어'라는 식의 접근은 저한텐 불편해요." 그녀가 말했다. "제가 의미하는 건 그런 게 아니거든요." 엠마도 진짜 가치 있는 기술에 숙달해야 한다는 것에는 동의한다.

그녀는 이렇게 말했다. "잘되는 사업은 '이거 재밌어 보인다'는 단순한 생각에서 시작돼요. 하지만 그다음에는 어떤 것이 효과를 내는지 실험해봐야죠. 돈을 벌려면 사무직처럼 안정적인 경로를 택해야 한다고들 하는데요. 사실 우리 앞에는 무한한 기회가 우주처럼 펼쳐져 있어요. 내가 사랑하는 일을 좇기만 해도 돈을 벌 수 있다고 믿어요."

여러분의 여가 활동과 창의적 욕구 하나하나는 엠마의 목록과 전혀 다를 수도 있다. 그렇지만 이제는 기술이 발달한 덕분에 관심사가 같은 사람들과 얼마든지 소통할 수 있다. 그러므로 여러분이 만들거나 하고 싶은 무언가(또는 여러 가지)는 분명 누군가의 흥미를 끌 것이다. 나의 창의성이 활약하도록 허락하고 꾸준히 갈고닦아 어떤 기술에 숙달하면(마치 '위무위'의 경지처럼), 그 노력은 누군가에게 진정한 가치로 다가갈 수 있다. 그러면 그들은 내가 창조하는 것을 가지고 싶어 하거나, 그것을 창조한 나만의 방식을 배우고 싶어 할 것이다.

데이비드 세다리스의 경제 생태계는 엠마 개념의 경제 생태계와 어느 정도 유사하다. 그 생태계 안에는 책, 기사, 이야기, 공연, 그리고 그의 글과 기발한 세계관을 강조한 음원의 형태로 끊임없이 창의성을 발휘한 것들이 들어 있다.

이와 매우 다르면서도 못지않게 중요한 사례로, 나의 친구 알렉스 반 덴 히버의 이야기를 9장에서 살펴보았다. 알렉스는 동물을 추적하고, 자연 보호 활동에 참여하고, 영양죽을 생산하고, 사파리 가이드를 훈련하고, 대중을 상대로 강연하고, 글을 써서 생계를 유지한다. 이 모든 활동이 그에게는 임무의 일부로 느껴지고, 각각의 활동은 다른 활동을 뒷받침한다. 한 예로 알렉스가 생산한 영양죽을 지원받은 아동은 자라면서 야생 복원에 관한 알렉스의 열정을 전해 듣고, 나중에 그가 운영하는 추적 전문가 아카데미에 합류해 알렉스의 책과 강연의 소재가 될 새로운 정보와 이야기를 제공하기도 한다. 알렉스가 이 일을 철저히 계산해서 진행하는 것은 아니다. 모든 활동은 그의 창의성의 중심에서 자연스럽게 흘러나오므로 여느 생태계의 구성 요소들처럼 결국에는 서로에게 이로운 방식으로 연결된다.

나는 많은 사람이 갖가지 종류의 창의적인 관심사에 몰두하면서 경제 생태계—엠마 개년의 표현에 따르면 '수식어가 많은 방법'—를 이루는 것을 봐왔다. 롭은 스키와 서핑, 암벽 등반 등의 야외 스포츠에 대한 애정을 자기 이해에 관한 열정과 결합했다. 그에게 비용을 내고 도움을 받는 고객들은 자신의 실체적 두려움을 대면하는 과정에서 더 나은 운동선수가 되는 방법을 배우고, 여기서 배운 요령을 자기 내면의 두려움을 마주하고 잠재우는 데 활용한다. 빵 굽기를 사랑하는 세실리는 수백 명의 고객이 자신의 제빵 프로젝트를 온라인으로 시청하는 프로그램을 제작했다. 고객들은 매달 몇 달러만 내면 세실리가 새 레시피를 만들고 시연하는 것을 실시간으로 시청할 수 있다. 오웬과 그레그는 직접 음악을 만들어 공연하는 형제다. 비록 지금까지 한 번도 녹음 계약을 맺어본 적은 없지만, 창작자 후원 플랫폼인 페트리온Patreon에 개설된 그들의 계좌에는 지금도 소액의 후원금이 주기적으로 들어오고 있다.

이 사람들은 새로운 플랫폼을 찾고, 관심사를 넓히고, 수년간 쌓은 기술을 수익화하기를 멈추지 않는다. 그들이 창조한 것은 또 다른 '쇠우리 일자리'가 아니었다. 그들은 시간이 흐름에 따라 달라질 수 있는 새로운 생태계를 함께 만들어냈고, 그 생태계가 이끄는 대로 자신들의 경력이 유연하게 변화하도록 기꺼이 놓아두었다.

롭은 자신의 생태계에 관해 이렇게 말했다. "그것은 마치 살아있는 존재 같아요. 앞으로 또 달라지겠죠. 모든 것이 늘 변하니까요. 당연한 일이에요. 우리 조부모님들이 몸담았던 종류의 일자리를 얻기 위해 애쓰는 걸 멈춘다면, 변화 앞에 주저하지 않고 그 흐름을 받아들이며, 내 안의 움직임이 삶의 방식을 자연스럽게 바꾸도록 내버려두는 그 묘미를 맛볼 수 있어요."

새로운 경제 생태계의 출발점

여러분에게 한 가지 밝혀둘 사실이 있다. 델머 팬시햇의 사무실에 앉아 학계를 떠나기로 결심했던 그날, 속으로는 자신감과 안정감을 느꼈지만 실은 공황 발작을 일으킬 뻔했다. 학업을 그만둔 이후로 날이 갈수록 나의 불안은 심해지기만 했다. 내가 추구할 만한 다른 직업들을 떠올려보려고 했지만, 몸도 불편했고 아이들도 있던 터라 이것저것 생각하려니 머릿속이 깜깜했다.

결국 나는 모두가 했으면 하는 것을 실행했다. 수입원을 마련하기에 앞서 불안 자체를 나의 문제로 여기고 다루기로 한 것이다. 역설적이지만 이 접근법이 궁극적으로 내게 생계를 유지할 길을 열어

주었다. 불안의 소용돌이로부터 내 에너지를 끌어당겨 나의 창의성을 따르기 시작했고, 다른 사람들에게도 이를 권했더니 많은 사람이 관심을 보였다. 그 관심이 얼마나 컸던지 그들은 내게 일자리도 제안했다. 지금 내 경력이라고 할 만한 것은 그렇게 서서히 제 모습을 갖추었는데, 정작 그게 어떻게 그렇게 되었는지는 지금도 잘 모를 정도다.

이제 나는 이런 삶의 방식이 실제로 효과를 낼 수 있으며, 정말 효과를 낸다는 것을 알고 있다. 동시에 이렇게 하기까지 얼마나 많은 용기와 믿음이 필요한지도 잘 알고 있다. 나는 날마다 자신의 '쇠우리'를 벗어나 창의적으로 살아갈 각오(때로는 절박한 각오)가 된 사람들을 더 많이 만난다. 종종 그들의 갈망을 앞지르는 것이 딱 하나 있는데, 바로 불안이다.

그들은 불안의 소용돌이를 자신의 좌반구 한가운데 품은 채 살아가도록, 사회화되어 왔다. 그럼에도 그들은 사회적 역할에 따른 규칙을 깨뜨리길 원한다. 이런 그들의 태도를 보고 주변 사람들은 수많은 부정적인 말과 압력을 가하려 한다. 이 이야기가 여러분의 일처럼 들리는가? 그런 곤경에 처한 사람들에게 내가 즐겨 권하는 연습 활동이 있다. 이름하여 새들에게 먹이 주기다.

새로운 기술
무리 지어 이루는 생태계 체험하기

1 새 모이통이 있다면 준비해두자. 별도로 마련하기 어렵다면 금속 접시를 못질해 나뭇가지에 매달아 놓고, 그 안에 해바라기씨를 가득 채운다. 또는 아파트 창문 바깥쪽 창턱에 새 모이를 조금 뿌려 놓아도 좋다.

2 모이통은 항상 깨끗하고 신선하게 유지한다.

3 새들이 모이를 먹으러 오지 않더라도, 그 시간을 그냥 지켜본다.

4 새들이 나타날 때까지 계속해서 기다리며 지켜본다.

언젠가 피닉스에서 시간을 보낼 때, 근처에 사는 학교심리학자 마리엘에게 이 과제를 제시했다. 나는 애리조나의 수도 이름이 왜 피닉스^{Phoenix}('불사조'를 뜻함-옮긴이)일까 생각해보곤 했다. 아마 애리조나의 여름이 너무 뜨거워서 새들이 시내 근처 어디라도 나타나면 자연스럽게 불길에 휩싸인다고 해서 그런 이름이 붙지 않았나 싶었다. 마리엘이 그토록 소진되고 우울해한 데는 애리조나의 열기도 한몫했을 것이다. 사실 마리엘이 원한 것은 위기에 놓인 아이들을 위해 그녀만의 학습 센터를 운영하는 것이었다. 하지만 낮은 급여라도 공립

학교에 몸담아 안정된 일자리를 유지하는 것이 재정적으로 더 안전할 거라고 생각했다.

마리엘은 너무 지치고 지시를 따르는 데 익숙해진 나머지, 금전적인 두려움을 해소할 방법으로 새 모이를 밖에 내놓으라는 내 제안에 이유도 거의 묻지 않았다. 그래도 나는 자세히 이유를 설명해주었다. 진짜 영양가 있는 것을 베풀면 그 영양가가 필요한 존재들이 모여든다는 사실을 마리엘이 깨닫길 바랐다. 내가 보기에는 자녀를 돕고 싶어 하는 부모들에게도 마리엘의 능력이 필요하다고 여겨졌기 때문이다.

마리엘이 처음 시도한 새 모이 주기는 완벽한 실패로 끝났다. 처음에 그녀가 모이통을 매달아 둔 장소는 공중에서 전혀 보이지 않았다. 일주일이 지났지만 새는 한 마리도 오지 않았다. 열흘이 지나도 마찬가지였다. 그러던 어느 날, 마리엘은 모이통을 좀 더 눈에 잘 띄는 장소로 옮겨야겠다고 생각했다. 다음날 영국 참새 몇 마리가 나타났다. 일주일이 지나자 야생 비둘기들이 나타났다. 밝은 빛깔의 작은 오색방울새가 처음 나타났을 때, 마리엘은 그 모습에 푹 빠졌다. 긴 이야기를 짧게 줄이자면, 결국 마리엘은 현지에 서식하는 새들에 관해 많은 것을 알게 되면서 온갖 종류의 모이를 내놓았다. 그녀는 수백 종의 작고 아름다운 생명체들을 끌어들였다. 그중에는 희귀 토종 앵무새, 녹색과 분홍색을 띤 모란앵무 한 무리도 있었다. 알고 보니 이들은 반려동물 가게에서 탈출해 사막에 보금자리를 만든 새들이었다.

이야기는 여기서 그치지 않았다. 생태계들의 이야기는 끝나는 법이 없다. 마리엘이 배우고 실험하고 새 모이통에 더 흥미로운 것들을 담아두자 작은 여우, 코요테, 작은 돼지처럼 생긴 '페커리'라는 동물들까지 그녀의 모이통에 찾아오기 시작했다. 그녀가 소박한 뒷마당에 생겨난 생태계를 계속 확장했다면 표범도 몇 마리 목격했을 것이다. 어쩌면 용을 보았을지도.

새 모이통 주변에 말 그대로 생태계가 형성되는 것을 보면서, 마리엘은 부모들이 정말 자녀를 돕는 일로 그녀에게 비용을 낼지도 모른다는 믿음이 생겼다. 그녀는 학교를 싫어하는 아동들에게 행복감과 자존감을 되찾아주는 방법으로 '놀이 프로세스'라는 강좌를 설계하기 시작했다. 그리고 현지 부모들을 상대로 이 프로그램을 온라인에서 제공했다. 처음에는 등록하는 사람이 아무도 없었지만… 결국 누군가 나타났다.

내게 들려준 이야기에 따르면 마리엘의 첫 고객은 그녀의 친구들이었으니 진짜 고객이라고 할 수 없었다. 그렇지만 그녀의 작업이 매우 효과적이라고 판명되자 결과에 만족한 고객들이 다른 부모들에게 입소문을 냈고, 그들이 또 다른 부모들에게 전해주는 일이 벌어졌다. 결국 이 사업이 크게 번창한 덕분에 그녀는 하던 일을 그만두었고, 아이들과 더 의미 있는 방식으로 함께 시간을 보낼 수 있을 뿐만 아니라 새로운 서비스 아이디어를 구상하는 일에도 마음껏 에너지를 쏟을 수 있게 되었다. 번아웃을 직접 경험한 상담가가 번아웃 상태인 아동과 그 부모에게 꼭 필요한 영양을 제공했고, 이 과정에서 자신만의 방식으로 살아 숨 쉬는 경제 생태계를 만들어낸 것이다.

새들에게 모이―처음에는 진짜 모이, 그리고 그 다음에는 은유적인 모이—를 베풀 때면, 자신의 깊은 기쁨과 세상의 깊은 허기가 만나는 장소를 찾아내는 창의성에 불이 붙을 것이다. 그 전에 먼저 여러분의 마음을 지금껏 '일'이라고 불러왔던 '쇠우리 일자리'로부터 떼어내야 한다. 이러저러한 직업명은 이제 머릿속에서 완전히 지우자. 여러분이 궁극적으로 창조할 진로는 어쩌면 이렇다 할 이름이 없을 수도 있다. 대신 여러분의 신경 체계를 '짙은 녹색'의 평화로 이끄는 활동에 초점을 맞추자. 그리고 형언할 수 없는 우반구의 창의성 안으로 미끄러져 들어가도록 자신을 허락하자.

에너지, 물, 공간: 나의 생태계에 활력을 더하는 도우미

마이클 크라이튼 Michael Crichton 이 『쥬라기 공원 Jurassic Park』에 썼듯이, "생명은 방법을 찾아낸다." 생태계는 피닉스보다 훨씬 살기 어려운 곳, 이를테면 어두운 심해의 뜨거운 구멍 근처에서도 생겨난다. 몇 주간 냉장고 청소를 자제하면 달리 무언가를 넣지 않았는데도 그곳에서 온갖 흥미로운 종들이 나타나 다양한 작용을 일으키는 것을 볼 수 있다.

이 현상을 가리키는 말로 '오토포이에시스 autopoiesis'가 있다. 이 말은 '살아있는 체계가 스스로 유지하고 갱신하는 속성'을 의미한다. 오토포이에시스는 누가 의도적으로 실행할 수는 없다. 오직 자연의 지성만이 이를 만들어낸다. 그리고 자연은 끊임없이, 끈질기게, 멈추지 않고 이런 속성을 발휘한다.

생물학적인 생태계들은 세 가지가 갖춰지면 어디서든 무리를 짓고 살아가기 시작한다. 바로 에너지, 물, 공간이다. 이 세 요소는 다음의 은유로 표현할 수도 있다.

에너지는 마음 깊이 진심으로 바라는 것에 대한 욕구와 갈망이다. **물**은 나의 창의성이다. 이것은 나만의 천재성 저 깊은 곳에 머물러 있다가 나조차 예측하거나 완전히 이해하지 못하는 형태로 흘러나온다. 마지막으로, 내 경제 생태계가 형성될 수 있는 **공간**은 나의 수명을 가리킨다. 나는 이 귀한 한정된 시간 동안 지구의 한 켠을 차지하며 살아간다.

이 책은 단지 여러분이 불안을 관리하고 인간의 삶에 적대적이고, 허물어져 가는 시스템 속에서 그럭저럭 살아가는 법을 말하려는 게 아니다. 오히려 이 책은 여러분이 자신의 삶에서 최고의 자생적 변화를 이루도록, 불안을 훨씬 넘어서는 조건을 <u>스스로</u> 만들어가는 데 도움을 주기 위해 쓰였다.

지금까지 내가 제안한 것들을 전부 실천한다면, 여러분의 경제 생태계를 활발하게 유지하는 데 필요한 조건들이 계속 생겨날 거라 믿는다. 불안한 생명체를 가라앉히면 불안이 지어내는 무섭고 부정확한 이야기들, 즉 내면의 독소들이 사라진다. 그러고 나면 아이와 같은 호기심과 장난기를 일깨울 수 있다. 단, 성인으로서 지닌 자원과 지식은 그대로다. 나를 밝혀주는 (아마 역할 규칙을 깨뜨리는) 일에 더 많은 시간을 쏟기 시작하면, 어떤 사람들은 거부감을 드러내지만 어떤 사람들은 호기심을 나타낼 것이다. 그들이 나의 고객, 의뢰인, 파트너, 도우미가 될 것이다.

불안으로부터 충분히 오래 떨어져 있으면, 에너지와 가치(돈도 포함)의 시스템들이 내 주위로 무리 짓는 것을 멈추지 못할 것이다. 갖가지 아이디어가 눈에 띄고, 정말 나의 흥미를 끄는 사람들에게 이끌릴 것이다. 그리고 생태계가 드러내는 유동성, 그 안에 있는 다른 부분들이 차고 기우는 방식이 편안하게 느껴질 것이다. 그렇게 여러분의 진정한 진로가 드러내는 놀라운 오토포이에시스—냉장고 뒤쪽에 핀 곰팡이처럼 새로운 특징들이 거의 저절로 생겨나 자라고 발달하는 현상—를 목격할 것이다. 생명은 방법을 찾아낸다. 여러분의 삶도 그럴 것이다.

천재의 무표정한 눈: 소득을 부르는 '새 모이' 제공하기

나는 까다로운 발 수술을 받고 2020년 한 해 내내 회복의 시간을 보냈다. 지금 내 몸은 엉망진창이다. 한쪽 다리는 위축증이 있고, 반대쪽 다리는 과부하로 경련이 일어나며, 허리와 엉덩이는 꽉 뭉쳐서 근육 경련이 일어난다. 얼마 전부터 필라테스 수업을 시작한 것은 일어설 필요 없이 운동할 수 있어서였다.

어느 날, 필라테스 선생님 레이가 말했다. "제 물리치료사에게 가 보시면 좋을 것 같아요."

"물리치료는 전에도 받아봤어요." 내가 의심스러운 말투로 말했다. "대개는 기분이 더 나빠지더라고요. 몸이 이렇게 비틀거리는 탓에 정상적인 몸처럼 움직이지 않아서 말이에요."

"흠…" 레이는 한 지점을 뚫어지게 바라보며 말했다. "저기, 브리짓은 평범한 물리치료사가 아니에요. 그녀는 … 마법에 더 가까워요."

레이 자신도 마법 같은 존재다. 다른 강사들이 진행하는 필라테스 수업도 받아봤지만 나는 하나같이 질색했었다. 그런데 레이는 몸을 해치지 않고 단련할 수 있도록 곳곳을 충분히 자극하는 정확한 방법을 본능적으로 아는 듯하다.

몇 주가 걸렸지만, 결국 나는 브리짓 산피의 빡빡한 일정 속에 한 자리를 잡았다. 만나 보니 브리짓은 날렵한 인상에 부드러운 말투를 지닌 30대 여성이었다. 머리카락과 눈은 황갈색이었고, 퓨마처럼 팽팽한 근육을 가지고 있었다. 그녀는 내게 최근에 받은 수술과 일반적인 노화 증상에 관해 물은 다음, 내가 절뚝거리며 돌아다니는 것을 살펴보며 '내 움직임을 확인'했다. 그녀의 무표정한 얼굴과 침묵에는 묘한 긴장감이 감돌았다.

"좋아요." 몇 분 뒤에 그녀가 말했다. "이렇게 해보세요." 그러더니 브리짓이 몇 가지 동작을 보여주었다. 브리짓이 할 때는 모든 동작이 그렇게 쉬워 보였는데, 내가 직접 해보니 숨을 헐떡이고 땀을 뻘뻘 흘리며 몸을 덜덜 떠는 난쟁이 요정이 된 기분이었다. 근처에서 무릎에 얼음찜질하고 있던 한 남성이 사려 깊은 말투로 브리짓에게 말했다. "저분을 병원으로 모셔야겠는걸요." 하지만 브리짓은 아랑곳하지 않았다. 그녀가 날 죽이려 한다는 의심이 강하게 들었다.

다음 날 일어났더니 몇 년 만에 처음으로 온몸이 개운했다. 나는 브리짓을 고용하지 않을 여유가 없었다. 건강도 지키고 나 자신을 학대하는 축복도 놓치기 싫었던 나는 브리짓의 스튜디오에 매주 꼬박꼬박 찾아갔고, 괴롭기 그지없는 갖가지 운동을 끙끙거리며 해냈다. 이렇게 힘든 건 세상에 없다는 확신이 들었지만, 그 운동들은 기적 같은 효과를 냈다. 오래전에 생긴 온갖 자잘한 쑤심과 통증이 사라지기 시작한 것이다.

브리짓은 훌륭한 훈련을 받은 것이 틀림없다. 그렇지만 나를 그렇게나 많이, 그토록 빨리 도와주는 그녀의 능력은 내가 과거에 만났던 수많은 의사와 물리치료사들의 능력을 훨씬 능가했다. 어느 날, 내 다양한 통증과 부상에 딱 맞는 치료법을 어떻게 그렇게 매번 알아내느냐고 그녀에게 물었다.

브리짓은 잠시 동작을 멈췄다. 그녀의 눈은 아래로 갔다가 왼쪽으로 향했는데, 이는 우반구를 쓸 때 나타나곤 하는 동작이다. 잠시 후, 브리짓은 고개를 들더니 천천히 말했다. "우선 그 사람의 몸이 어떻게 움직이는지 지켜봐요. 그런 다음 제 몸에서 감을 잡아요. 제 생각이 맞는지 시험해본 다음, 거기서부터 해답을 찾아가죠."

"마지막으로 그 감이 틀렸던 것은 언제였나요?"

브리짓이 다시 생각에 잠기더니 부끄러워하며 미소 지었다. "솔직히 기억이 안 나네요."

나는 성인으로 사는 내내, 레이와 브리짓과 같은 '아웃라이어', 다시 말해 자기가 하는 일에 몹시 출중해서 새 모이통에 작은 새들이 모여들듯 고객과 의뢰인들이 몰려드는 사람들에게 이런저런 질문을 해왔다. 예술가, 요리사, 물리학자, 음악가, 세무사, 문학 에이전트, 정리 전문가, 영화 프로듀서, 기자, 코미디언, 행사 기획자 등 그들이 다루는 기술이 무엇이든 상관없었다. 단, 그들은 자신이 가장 좋아하는 활동을 세상에 내놓음으로써 큰 성공을 이뤘다는 공통점이 있었다.

그들을 만날 때마다 나는 브리짓에게서 느꼈던 바로 그 특징들을 반복해서 보았다. 거의 불안할 정도로 고요한 내면, 동그랗게 뜬 채 감정이 읽히지 않는 눈빛, 질문을 곱씹을 때 왼쪽으로 살짝 흐르는 듯한 시선 같은 것들 말이다.

내가 그 표정을 흉내 내보면, 뇌 속 거울신경이 작동하면서 나 역시 그런 상태에 있었던 순간들이 떠오른다. 종종 그냥 길을 걷고 있을 때도 그런 경험이 찾아오지만, 그림을 그리거나, 글을 쓰거나, 코칭을 하거나, 명상에 잠길 때도 그렇게 행동한다. 실제로 나는 꼭 해결해야 할 긴급한 문제가 있을 때 의도적으로 이 '우반구 시선'을 취하곤 한다. 이 점을 앞서 언급한 적이 있다. 2장에서 두 눈의 초점을 부드럽게 풀고, 바짝 긴장한 노란불 상태의 날카로운 시선을 놓아버린 뒤, 휴식 중인 동물처럼 너그럽고 관조적인 상태에 들어가라고 제안했었다.

누군가 이 상태에서 '작품'을 만들어내면, 사람들은 그것을 단번에 알아본다. 입소문은 빠르게 퍼진다. "너도 이 사람을 꼭 한번 만나 봐야 해. 마법 같아." 주변에 물리치료사가 아무리 많아도, 환자들이 몇 주씩 기다려서라도 브리짓을 찾아가는 이유가 바로 이것이다. 마리엘이 부모와 학생을 위한 워크숍을 열면 1년 치 대기자가 몰리는 것도 같은 이유다. 수많은 경쟁자가 넘쳐나는 인터넷에서도 사람들이 엠마 개넌의 섭스택을 기꺼이 구독하는 것도, 책 낭독회에 좀처럼 사람들이 모이지 않는 시대에 데이비드 세다리스가 카네기홀을 가득 채우는 것도 이 때문이다.

무리 지음이 발휘하는 부드러운 마법

오토포이에시스는 자연의 핵심적인 속성이지만, 그것이 실제로 일어나는 모습은 마법과 매우 비슷하다. 델마 팬시햇이 내게 '하찮은 교수 부인'이라는 종신형을 선고한 날로부터 30년이 지났다. 그동안 자연을 신뢰하게 되면서 형언할 수 없는 일들이 내 삶에 점점 더 자주 일어나기 시작했다. 지금도 그런 일들이 나를 깜짝 놀라게 한다.

한 예로, 이 책을 쓰려고 자료 조사를 시작할 즈음에 내가 특히 몰두한 주제는 여러 번 언급한 질 볼트 테일러, 리처드 슈워츠(IFS 치료의 창시자), 개빈 드 베커의 업적이었다. 1997년에 출간된 베커의 고전 『서늘한 신호』는 불안을 줄이면서도 건강한 두려움을 존중하는 데 있어 여전히 최고의 안내서다. 이들 중 내가 직접 만나본 사람은 아무도 없다. 그런데 세계적인 봉쇄 기간에 집 안에 머무르며 자료를 조사하는 동안 뜻밖에도 이 세 사람이 전부 내게 연락을 해왔다.

내가 자료 조사 중이라는 사실은 아무도 몰랐다. 내가 누구의 연구에 특별한 관심을 보이는지 아는 사람도 없었다. 이렇게 내 쪽에서 아무런 노력도 하지 않았는데도, 결국 이들과 긴 대화를 나눴고, 그들의 천재성에 관해 기록할 수 있는 놀라운 기회를 얻게 되었다. 질과는 뇌 그리고 경제 생태계를 형성하는 과정에 관해 몇 시간을 이야기했다. 개빈은 내가 그의 책을 다시 읽고 싶다고 친구에게 말하던 바로 그 순간에, 내게 메일을 보냈다. 리처드가 어떤 이유로 내게 연락했는지는 기억나지 않지만, 어쨌든 리처드도 내게 먼저 연락을 해왔다. 물론 이 모든 일에는 나름의 논리적인 설명이 있을 것이다. 하지만 지금 생각해보면, 정말이지 마법 같았다.

불안을 넘어서 진로를 창조해내는 과정에 관해 여러분에게 건네고 싶은 마지막 조언은 바로 이것이다. 자신이 마법 속에서 느긋하게 머물도록 놔두자. 동화나 판타지 소설 속에서는 으레 힘겨운 노력을 들여야 마법이 발현된다. 마법사의 머리에서 핏줄이 튀어나오고, 영웅마저 녹초가 되기 일쑤다. 내가 아는 작가 중에서는 『황금 나침반』이라는 3부작*을 쓴 필립 풀먼Philip Pullman만이 다른 시각을 보여준다. 이 시리즈의 1부인 『황금 나침반』**에서 영웅 리라는 이제껏 내가 수많은 천재에게서 목격한 부드러운 우반구 중심의 주의를 기울여, 마법의 나침반을 읽는 법을 배운다.

〔리라는〕 … 뭔가 느슨한 방식으로 나침반을 응시하면 … 긴 바늘이 더 의도를 가지고 움직이기 시작한다는 것을 알아냈다. … 〔그것은〕 부드럽게 빙 돌아 한 그림에서 다른 그림으로 움직였다. …

* 이 책의 영문명은 'His Dark Materials'(그의 어두운 재료들)이었으나 한글 번역본은 시리즈의 1부 제목인 'The Golden Compass'(황금 나침반)를 전체 시리즈 제목으로 삼았다 – 옮긴이.
** 이 책의 원제는 'Northern Lights'(북극광)였으나 북미 지역에서는 'The Golden Compass'(황금 나침반)라는 제목으로 출간되었다.

[그녀는] 지금껏 경험해보지 못한 깊고 고요한 즐거움을 느꼈다.

나는 이것이야말로 '마법'이 실제로 작동하는 방식이라고 믿는다. 이 마법이 작동하면, 우리는 일종의 위성 송신탑이 되어 물리치료사 브리짓처럼 좋은 아이디어들을 감지하고 송출한다. 이 마법은 우리에게 필요한 사람과 조건을 자연스럽게 끌어들이고, 이 과정은 고된 노력이 아니라 '깊고 고요한 즐거움'에 더 가깝게 느껴진다.

불안 없이 살아가려 노력하다 보면, 결국 여러분은 우반구의 깊은 곳에서 '마법'을 만나게 될 것이다. 나는 독실한 종교인은 아니어도 형이상학적 존재를 믿는다. 알고 보면 사랑도, 우리가 품은 희망과 꿈도 형이상학적이다. 형이상학적 실체는 단지 존재할 뿐 아니라, 자연이 지닌 근원적 특성이며, 쇠우리 밖의 생명에게 꼭 필요한 요소이기도 하다. 이번 장을 마무리하는 의미로, 이론 존재들을 활용해 무리를 지어 여러분만의 경제 생태계를 만드는 데 유익한 연습 활동을 소개한다.

새로운 기술

내면 깊은 곳의 녹색 마법을 활용해
무리를 지어 나만의 생태계 구축하기

1 **'짙은 녹색' 상태로 들어간다.**
　나에게 맞는 불안 완화 기법을 모두 활용해 나의 신경 체계를 가라앉힌다.

호흡법, 친절한 내면 대화^{KIST}, 은은한 불빛도 모두 동원한다. 내 인생에서 가장 평온했던 순간을 떠올리고, 온 마음을 그 기억에 집중한다. 3장에서 다룬 '파란불' 에너지 안으로 들어간 다음, 그보다 더 깊은 '짙은 녹색' 에너지 안으로 들어간다.

2 편안한 상태를 유지한 채, 당신을 사로잡는 어떤 자연 생태계를 떠올려본다.
그것은 바다일 수도 있고, 산, 숲, 사바나, 강의 삼각주일 수도 있다. 지금으로부터 만 년 전, 인간의 손이 닿기 전 그 생태계가 어떤 모습이었을지 상상해본다. 그 안의 모든 것이 어떻게 조화를 이루고 서로를 돌보며, 수십 년, 수백 년을 이어왔는지 마음속에 그려본다.

3 그 평화롭고 자족적인 생태계 전체가 품고 있는 에너지의 감각을 느껴본다.
그 생태계의 에너지가 내 안으로 들어와 내 몸을 채우는 상상을 해본다. 마치 몸속에 그 에너지가 깃든 듯, 생명이 깨어나고 조화롭게 움직이는 진동을 느껴본다. 지금 느끼는 그 에너지가 바로 나의 내면 상태다. 내가 곧 그 초원이고, 사바나이며, 산호초다.

4 앞으로 3~4년 뒤에 펼쳐질 이상적인 나의 삶을 그려본다.
이 상상 속에서 나는 통장에 거액의 돈이 있는 것은 아니지만, 진정으로 원하는 일이라면 무엇이든 자연스럽게 실현된다. 햇살이 꽃에 에너지를 주고, 열대우림에 비가 내리듯, 필요한 모든 것이 저절로 흘러 들어온다.

5 다시 한번, 내면의 생명체를 진정시킨다.

이런 삶을 떠올리는 것만으로도 걱정이나 불안이 고개를 들 수 있다. '이런 삶을 어떻게 만들어야 하지?' '돈은 어디서 나지?' 하는 질문들, 혹은 '이런 일이 정말 일어나면 좋겠는데!' 같은 들뜬 기대가 생긴다면, 다시 조용하고 평화로운 '짙은 녹색' 상태로 돌아간다.

6 **이 짧은 명상을 최소 일주일간 매일 아침 또는 저녁에 반복한다.**
주의를 기울여 하루하루를 보내면서, 상상 속 장면과 연관된 것들이 하나씩 '튀어나오기' 시작하는 것을 눈여겨본다. 이런 '반짝이는 순간'들을 발견할 때마다 노트나 일기장에 적어둔다.

7 **내가 그린 이상적인 삶의 요소들이 내 주변에 무리 짓도록 기대하고 허락한다.**
만약 불안한 생각('왜 아직 안 되는 거지?' '돈은 어디서 구할 건데?')이 떠오르기 시작한다면 다시 내면의 생명체를 진정시키고, 또 진정시킨다. 그저 반복한다.

이렇게 살아가더라도 여러분의 뇌는 계속 불안을 향해 미끄러질 수도 있다. 물론 나의 뇌도 그렇다. 불안이 장악하도록 내버려두면 오토포이에시스 과정 전체가 짧게 끝날 수도 있다. 좌반구가 지어내는 무서운 이야기들 뒤로 나의 욕구들이 자취를 감추는 까닭에 그 욕구들이 무리 지으려고 노력하는 것을 볼 수가 없다. 그래도 걱정하지 말라. 그런 상황을 알아차렸다면 이 책에 제시한 여러 과정을 활용해 평온이라는 '짙은 녹색' 상태로 되돌아가면 된다. 돈 때문에 불안하다면 그 불안을 먼저 다루자. 다시 평화로운 상태로 돌아가고 나면 더 효율적으로 돈을 모으고 다룰 수 있게 될 것이다.

사실, 불안을 넘어 살아가는 삶은 결국 당신이 지금껏 돈에 대해 배워온 사고방식을 완전히 뒤집게 만든다. 비록 당장은 생계를 위해 '쇠우리 일자리'에 몸담고 있을지라도, 마음만은 여전히 자기 본연의 자연스러운 열정에 열려 있게 된다. 그리고 그런 열정에 몰두하는 과정에서 떠오른 아이디어들이, 전혀 예상치 못한 새로운 수입원으로 이어지기도 한다.

삶의 목적에 집중하고 돈은 그다음 순서로 둘 때, 돈에 대한 두려움은 훨씬 줄어든다. 나아가 창의성, 의미, 해방된 상상력을 통해 실질적인 수입을 창출하게 되면, 경제적 기복조차 더 이상 큰 타격으로 느껴지지 않는다. 계절이 바뀌고, 밀물과 썰물이 들고나는 것처럼, 그 또한 자연스러운 흐름으로 받아들여지기 시작한다. 이 모든 흐름은 자연이 생태계를 무한히 작동시키기 위해 사용하는 조화의 일부다.

창의적인 활동에 더 많은 시간을 들이다 보면, 필요한 것을 마련할 다양한 기회도 차츰 눈에 들어오기 시작한다. 그 하나하나의 방식이 마음 깊은 곳의 목적의식을 뒷받침한다. 이전에는 생각하지 못했던 아이디어들이 떠오르고, 그것들을 실제로 탐색해보고 싶어 손을 뻗게 될 것이다. 그리고 마침내, 놀라울 만큼 자애로운 '마법'을 경험하게 된다. 내가 손을 뻗었던 것과 반대로, 자연의 거대한 지성이 나를 향해 사방에서 손을 내미는 듯한 느낌이 들 것이다. 마치 세상이 나를 알아보고 응답하는 듯한 그런 느낌 말이다.

그 시점에 이르면, 생계를 유지한다는 것이 단지 돈을 모으는 일이 아니라, '창의적인 삶'을 지속하기 위한 자원을 마련하는 일임을 깨닫게 된다. 생계란 더 이상 출퇴근 도장을 찍고 쇠우리 같은 일터에서 시간을 허비하는 일이 아니다. 스스로 선택한 길을 따라 걷고, 길가의 쓰레기를 주우며, 작은 세상의 한 귀퉁이를 정돈하고, 신선한 공기를 만끽하며, 다음에는 무엇을 창조할 수 있을지 사색하는 삶, 그것이야말로 '짙은 녹색의 마법' 속에 잠기는 일이다.

무지의 마음에 머물기

11

한 가지 흥미로운 사실을 생각해보자. 여러분의 몸은 기껏해야 '일곱 살'밖에 되지 않았다. '세포 재생'이라는 과정에 따라, 인간의 몸은 7년마다 자신을 구성하던 모든 원자를 내보내고 새로 교체한다. 7년 전 과거의 "나"―사춘기를 겪던 당신, 운전을 배웠던 당신, 불운하게도 그 문신을 새겼던 당신―는 지금 이 몸을 이루는 원자들과 전혀 다른 물질로 구성되어 있었다. 심지어 아직 그대로 남아 있는 그 문신조차도, 원래 피부에 박혔던 분자들과는 전혀 다른 물질로 이뤄져 있다. 지금 당신이 입고 있는 피부는, 그때의 피부와는 완전히 다른 것이다.

그렇다면, 그 모든 과거의 경험을 기억하는 건 도대체 무엇일까? 그 일들을 겪어낸 존재는 누구인가? 바로 '의식'이다. 그게 무엇이든 간에. 의식을 명확히 정의하기란 지극히 어렵다. 우리는 그것을 눈으로 볼 수도, 세어볼 수도, 분명한 언어로 설명할 수도 없다. 다만 의식을 사용하고, 의식으로 존재할 뿐이다.

대부분의 과학자들은 의식이 뇌에 의해 만들어진다고 자신 있게 주장한다. 전통적인 설명에 따르면, 생명은 태고의 원시 수프에서 출현했고, 점차 의식의 흔적이 있는 동물로 진화했으며, 마침내 인간의 뇌라는 놀라운 기계를 만들어냈고, 그 뇌가 우리가 아는 모든 의식의 경이로움을 만들어낸다는 것이다.

하지만 양자역학을 따르는 다른 과학자들은 그 반대의 견해를 갖고 있다. 그들은 물질이 의식을 만들어내는 것이 아니라, 의식이 물질을 만들어낸다고 말한다. 나는 이쪽 관점에 더 끌리지만, 어느 쪽을 믿든 간에 그 둘 사이의 관계는 실로 신비롭기만 하다.

더더욱 신비로운 것은, 지금의 당신이라는 의식은 도대체 어떻게 생겨났으며, 어떻게 해마다 당신의 몸을 재생시키고 있는가 하는 점이다. 나로선 도무지 알 수 없다. 그리고 그 누구도 모른다. 철학자 제리 포더Jerry Fodor의 말을 빌리자면, "물질적인 어떤 것이 의식을 가질 수 있는지에 대해서는 그 누구도 전혀 단서조차 갖고 있지 않다. 심지어는, 그 단서를 가질 때 어떤 느낌일지조차 아무도 알지 못한다."

이 모든 말을 간단히 줄이면 결국, 당신의 존재 자체가 하나의 신비라는 것을 뜻한다. 그리고 당신이 불안을 넘어서 더 깊은 곳으로 나아갈수록, 삶을 바꾸는 방식인 참 신비Mystery를 마주칠 가능성이 높아진다. 이번 장에서는 흔히 '깨어남'이라 불리는 관점의 전환에 대해 이야기하려 한다. 여러분이 창조성을 따라 충분히 멀리까지 가기로 결심한다면, 이 말로 설명할 수 없는 경험이 여러분에게도 충분히 일어날 거라고 나는 믿는다.

깨어남을 얻은 사람들

'깨어남awakening'은 한 개인이 현실을 경험하는 방식에 극적인 변화가 일어날 때 이를 가리키는 여러 용어 중 하나다. 매우 드물게 나타나지만, 이 현상은 전 세계 사람들이 역사의 마디마디에서 일관되게 경험했다고 보고되어 왔다. 이것은 '계몽enlightenment', '통찰insight', '깨달음realization', '해방liberation' 등의 다른 용어로도 알려져 있고, 이 외에도 산 자와 죽은 자들의 다양한 언어를 통틀어 수천 가지 방식으로 표현되어 왔다. '깨어남'을 얻은 모든 사람은 그들의 경험을 말로 다 표현하지 못한다는 데 동의한다. 다만 그들이 설명하려 했던 그 경험만은 문화권과 관계없이 놀랍도록 일치한다.

이 현자들이 전한 말에 따르면, '깨어남'의 순간에는 세상이 전혀 다르게 보인다. 더는 우주가 분리된 단단한 물체들의 집합으로 보이지 않는다. 오히려 우주는 모든 것이 하나로 연결된 생명 에너지의 장, 나눌 수 없는 통합된 존재로 여겨진다. 그 안에 있는 만물은 무한히 자애로운 의식을 공유하며, 깨어난 사람은 더 이상 '취약한 몸'을 자기 자신으로 여기지 않고, 그 육체를 통해 세상을 바라보는 '의식 자체'가 된다.

'깨어남'에 관해 보고된 이야기들, 그리고 질 볼트 테일러가 설명한 우반구 중심의 인식 사이에는 유사점이 있다는 것을 쉽게 알 수 있다. 다만 이런 경험을 보고했던 대다수 사람은 질처럼 뇌졸중을 겪지 않았다. 어떤 사람들은 명상을 통해 생각하는 마음을 잠재워 현재 순간을 온전히 인식하는 데까지 녹아들었다. 또 어떤 사람들은 고통스러운 내면의 이야기들로 크나큰 고통을 겪은 나머지 은혜, 항복, 완전한 소진의 순간에 이야기를 지어내는 내면 부분이 결국 고집을 꺾었다고 말한다. 이때 그들은 자신의 개인적인 고통에서 해방되어 자비로운 우주의 모든 측면과 서로 연결되는 심오한 감각을 경험하게 되었다.

수십 년간 다각도에서 '깨어남'을 연구한 뒤, 나는 이런 생각을 품게 되었다. 즉, '깨어남'이란 좌반구 지배적인 사고방식에서 벗어나 우반구적 인식 위에 자기 감각(또는 많은 깨어난 사람들이 '무아無我'라고 표현하는 것)을 수립하는 세계관으로 옮겨가는 것이라고 말이다. 이 과정은 라디오 주파수를 바꾸는 것과도 비슷하다. 내 관심의 초점을 옮김으로써 다른 '음악', 즉 다른 지각의 세계를 듣게 된다. 두 가지 버전의 현실은 원래부터 나란히 계속 방송되고 있었지만, 우리가 그중 하나에만 맞춰 살고 있었던 것이다. 물론 이것이 곧 뇌가 의식의 근원이라는 뜻은 아니다. 라디오가 바흐나 비욘세의 음악 그 자체의 근원이 아닌 것처럼 말이다. 이 비유에서 뇌는 그저 현실을 인식하는 다양한 방식을 송신하는 수단일 뿐이다.

아직 깨어나지 않은 마음은 깨어난 마음이 인식하는 현실을 볼 수 없다. 그러나 그 반대는 성립하지 않는다. 즉, 깨어난 사람들은 자신의 감각과 논리적 사고를 통해 들어오는 모든 정보에 접근할 수 있다. 뇌졸중에서 회복한 뒤, 질 볼트 테일러는 자신에게 깊은 평온과 행복감을 안겨주었던 뇌졸중 당시의 의식을 완전히 놓치지 않으려 애썼다. 질은 『나를 알고 싶을 때 뇌과학을 공부합니다』에서, 현명하고 평온한 관점을 삶의 주된 시선으로 삼고, 좌반구가 일으키는 불안을 애정 어린 태도로 돌봄으로써 자신의 우반구와 소통하는 것에 관해 말했다. 그리고 이것을 '두뇌 회담' 또는 '다양한 뇌 부위의 관점을 한데 모으기'라고 부르며 그것들을 가라앉히고 달래려 했다. 이렇게 각각의 뇌 부위가 나름의 구실을 한다는 것을 인정했지만, 차분한 우반구가 나서서 나머지 부위들을 모으고 이끄는 역할을 하도록 지정했다.

나는 질을 비롯해 역사 속에서 '깨어남'을 얻은 사람들이, 자기 뇌 전체를 조화롭게 활용하는 법을 배웠다고 믿는다. 다만 이 방법을 알게 된 사람들은 자신의 물리적 신체보다 비물리적 인식을 '나'라고 여긴다. 그들에게는 이러한 관점이 세계를 인식하던 이전 방식보다 훨씬 더 진실되고 합리적이라고 느껴진다. 그들은 자신이 차분하고 안전하다고 느끼며, 전 우주의 사랑을 받는다고 느낀다. 무서운 꿈에서 깨어나 현실을 인식하듯, 모든 것이 한결 명확하게 이해되는 순간이 찾아오는 것이다.

이상하지만 미치지 않은

철학자 플라톤도 '깨어난' 것처럼 보이는 한 사람이다. 『국가』에서 그는, 모든 사람이 동굴 안에 쇠사슬에 묶인 채 바깥에서 들어오는 빛을 등지고 살아가는 세상을 상상해보라고 독자에게 권한다. 이들은 오직 동굴 벽에 비치는 그림자만을 보며, 그것이 현실의 전부라고 생각한다.

플라톤은 누군가 동굴 밖으로 나가 돌아다녔다면, 그 사람은 그림자 벽보다 훨씬 더 생생하고 흥미롭고 확실한 세상을 경험했을 것이라고 말한다. 그리고 자신이 발견한 것을 토대로 동굴 밖 세상에 관한 새로운 우선순위를 세웠을 것이라고 덧붙인다. 또, 여전히 동굴 안에서 사슬에 묶여 있는 사람들은 그 여행자를 미쳤다고 여길 가능성이 크다고 보았다.

이 책에서 나는, 불안을 넘어서면 기분은 훨씬 나아지지만 다른 사람들 눈에는 다소 이상하게 보일 수 있다고 여러 번 말했다. 좌반구가 지배하는 사회적 규범에서 벗어나, 무엇이든 내게 가장 큰 즐거움을 선사하는 일로부터 삶을 창조하기 시작하고, 무엇보다 '깨어남'을 경험하게 되면 주변 사람들은 혼란스러워할 수도 있다. 그들은 나를 조롱하거나, 내가 정신이 나갔다고 말하거나, 그들의 신념을 따르지 않는다는 이유로 나를 공격할 수도 있다.

그러니 여러분을 다시 한번 안심시켜야겠다. 깨어남은 환각이나 정신 이상과 전혀 관련이 없다. 실제로 깨어남을 경험한 많은 이들은, 이제까지의 모든 경험 중에서 이것이 가장 이상적이고 정상적이었다고 말했다. 나는 '깨어남을 얻었다고' 생각되는 사람을 여럿 만나보았는데, 그들은 모든 사람 안에 깨어남의 상태가 늘 존재한다고 입을 모아 말했다. 그리고 친절한 우주의 인식과 나를 연결해 주는 매개에 꾸준히 주의를 기울이는 선택을 반복함으로써, 그 깨어남의 상태에 머물 수 있었다고들 했다.

여러분도 평범한 날들을 보내며 순간순간 이런 상태를 맛보았을 것이다. 잠든 사람이나 동물을 바라보다가, 그 모습이 너무도 아름답고 더없이 완전하다고 느낀 순간이 있다면, 바로 깨어난 눈으로 대상을 본 것이다. 사랑하는 사람과 말다툼을 하다가, 문득 이 싸움이 우습게 느껴져 웃음이 터졌던 순간이 떠오를 수도 있다. 그럴 때, 우리 안에서 관점의 전환되며 깨어남이 일어난 것이다.

언제든 평화, 깊은 사랑, 경외심의 파도에 잠긴 듯한 느낌이 들었다면, 그때 여러분은 이미 깨어난 상태를 살짝 스쳐 지나갔던 것이다. 물론 공포와 통제를 중시하는 내면 부분들이 보기에 이런 경험은 전혀 흥미롭지 않다. 드라마도, 이야기의 갈등도, 사건도 없으니 말이다. 따라서 지금 이 글을 읽고 있는 여러분의 내면 부분은, 그렇게 순간적으로 일어나는 인식 전환을 아예 알아채지 못했을 가능성도 크다. 기억하자. 좌반구는 때로 자신의 왼쪽 다리조차 인지하지 못하는 기관이다. 그러니 절대적으로 고요하고 차분한 이런 '존재의 상태'를 좌반구가 인식하지 못한다고 해도 그리 이상한 일은 아니다.

이번 장의 끝에서는 그런 인식의 '깨어남'을 의도적으로 살짝 체험해 볼 수 있는 연습 활동을 소개할 예정이다. 다만 그에 앞서, 이 모든 이야기가 어쩌면 터무니없이 허황되거나 지나치게 단순하게 들릴 수 있다는 것을 먼저 짚어둔다. 만약 여러분이 '위어드'한 사회에서 살아가는 평범한 시민이라면, 깨어남의 가치를 무시하거나 그 깨어남의 존재 자체를 부인하도록 오랫동안 훈련받았을 것이다. 이제, 그러한 사회화 과정이 만들어낸 내면의 장애물에 대해 함께 살펴보자.

지금 내 기분이 불쾌한 이유

잠에서 '깨어나' 우주와 사랑에 빠진다는 이 모든 이야기가 너무 황당하게 느껴져 어이가 없고 거북하게 느껴진다면, 여러분은 경험적 증거만을 진실로 여기는 '위어드' 문화 속에서 교육받은 사람일 가능성이 크다. 혹은, 형언할 수 없는 '깨어남'의 경험을 단순한 신경학적 전환으로 축소하려는 내 설명을 불쾌하게 여기는 독실한 종교인일 수도 있다. 어느 쪽이든 이 이야기에 참을 수 없이 화가 났을지도 모른다.

우리는 모두 '깨어난 의식'에 대한 이야기 앞에서 이런 식의 반응을 보이도록 조건화되어 왔다. 서구 사회는 깨어남을 자연스럽게 받아들이거나 환영하는 문화적 유산을 거의 갖고 있지 않다. 이 문명을 형성한 주류 종교들은 깨어남을 특정한 위인들의 신성한 경험으로 떠받들곤 하지만, 정작 그들이 세운 규범이나 신조 안에는 의식의 변화를 실제로 이끌어낼 수 있는 구체적인 실천법이 거의 담겨 있지 않다. 오히려 깨어남은 기존의 가르침을 의심하게 만들거나, 그로부터 벗어나게 만들 수 있다.

과학적 방법론은 바로 이러한 종교적 억압에 대한 반발로 최근 몇 세기 사이 등장했다. 그 이후 과학과 종교는 줄곧 충돌해왔다. 오늘날 '위어드' 문화권에서는 많은 종교인들이 과학을 도덕적 가치를 훼손하는 위협으로 여기고, 반대로 많은 과학자들은 종교 신자들을 위험한 망상에 빠진 사람들로 간주한다.

나 역시 이 문화적 편향의 양쪽을 깊숙이 경험한 적이 있다. 그 결과, 나는 자연스레 양쪽 모두에 거리감을 갖게 되었다. 어린 시절 나는 모르몬교 선생님에게 이렇게 질문한 적이 있다. 『몰몬경』에 따르면 아메리카 원주민은 600년 전에 중동에서 이주해 온 한 가족의 후손이라고 주장하는데, 이는 과학적 증거와 일치하지 않지 않느냐고. 그러자 선생님은 이렇게 답했다. "과학이 틀렸다는 건, 자주 바뀐다는 사실만 봐도 알 수 있지. 과학자들은 오늘은 이렇다 하고 내일은 또 저렇다 하잖니. 반면 교회의 가르침은 절대 변하지 않기 때문에 그것이 진리라는 걸 알 수 있어."

아직 생각이 유연하던 십 대 시절, 나는 하버드대학교에 진학하기 위해 고향을 떠났다. 그 무렵 나는 "지식인들은 악하다! 모르몬교도만이 모든 것을 안다!"라는 말을 가뿐히 버리고, 대신 "종교인들은 어리석다! 지식인들은 모든 것을 안다!"라는 말을 믿었다. 그러나 대학원생 시절에 아들 애덤이 다운증후군 진단을 받으면서 그 믿음은 거대한 벽에 부딪혔다. 나의 지도 교수들과 하버드 의학센터의 의사들은, 애덤의 삶이 살 가치가 없을 거라면서 아이를 관련 기관에 보내는 것이 좋겠다고 말했다. 하지만 내 마음도, 내 논리적인 뇌도 그 조언이 진리처럼 느껴지지 않았다.

그때 나는 문득 깨달았다. 분석적 지성을 신봉하는 교수들과 의사들의 모습이, 어린 시절 내 주변에 있던 모르몬교 신자들의 태도와 닮아있다는 것을. 둘 사이의 숱한 차이점에도 불구하고, 과학에 반대하는 종교 신자들과 종교에 반대하는 과학적 사상가들 사이에는 하나의 공통된 기본 교리가 있었다.

"우리는 모든 것을 안다!"

이것은 좌반구의 특징적인 관점이라는 사실을 여러분도 알아차렸을 것이다. 좌반구 중심의 사고방식에 완전히 젖어 있을 때, 우리는 자신이 말하는 모든 이야기를 절대적으로 믿는다. 나아가 다른 사람들도 내 말을 믿게끔 만들고 싶어 한다. 종교인이든 무신론자든, "우리는 모든 것을 안다!"는 확신 속에 갇힌 정신은 언제나 독단적이다. 이런 사고방식이 굳어지면, 마음의 눈이 멀어 자기가 경험하는 많은 것을 제대로 보지 못하게 된다. 그 결과 자기 마음이 투영한 세상—깨어남을 얻은 사람들이 '공상의 세계'라고 부르는 두렵고 불안이 가득한 세상—에 살게 된다. 그렇다면, 마음의 눈을 뜨게 해줄 수 있는 방법은 무엇일까? 로켓 공학처럼 복잡한 기술은 아니다. 단 하나의 태도를 받아들이는 것으로 충분하다.

"어쩌면 우리는 모든 것을 알지 못할 수도 있다."

무지의 마음이 선사하는 기쁨

소크라테스가 남긴 유명한 말이 있다. "내가 아는 것은 내가 모른다는 사실뿐이다." 프랑스 철학자 르네 데카르트도 이에 동의했다. 사람들은 흔히 데카르트의 말로 "코기토 에르고 숨 $^{Cogito,\ ergo\ sum}$"(나는 생각한다. 그러므로 나는 존재한다.)을 인용하지만, 실제로 그가 쓴 글은 다음과 같았다. "우리가 의심하는 동안에는 우리 존재를 의심할 수 없다." 그러고 나서 그는 이렇게 결론지었다. "두비토, 에르고 숨, 벨, 쿠오드 이뎀 에스트, 코기토, 에르고 숨 $^{Dubito,\ ergo\ sum,\ vel,\ quod\ idem\ est,}$

cogito, ergo sum ."(나는 의심한다 그러므로 나는 존재한다. 또는 같은 의미로, 나는 생각한다. 그러므로 나는 존재한다.) 데카르트의 현실에 토대가 된 것은 '생각'이 아니라 '의심'이었다. 하지만 이 점은 거의 언급되지 않는다. 의심은 종교적 독단론자들과 과학적 독단론자들이 모두 혐오하기 때문이다.

나는 스무 살 때, 종교적 버전과 지적 버전의 "우리는 모든 것을 안다!"라는 사고방식을 고스란히 흡수한 채 아시아로 건너가 공부하며 지냈다. 나는 "우리는 모든 것을 안다!"의 새로운 극동 버전을 찾게 되길 기대했고, 실제로 때때로 그런 믿음을 찾았다. 예를 들어 유교는 스페인의 이단 심문소*도 수긍할 정도로 경직되어 있다. 그러나 아시아 철학의 여러 학파는 내가 생소하게 여기는 접근법을 취한다. 그들은 "우리가 모든 것을 아는 일은 절대로 없을 것이다"라는 신념에 토대를 둔다.

인간 정신이 우주 전체를 파악할 수 없다는 사실은 30초만 곰곰이 생각해보아도 알 수 있다. 그럼에도 이런 생각을 편안하게 받아들이는 사람들을 처음 만났을 때, 나는 뒤통수를 한 대 얻어맞은 기분이었다. 단단한 벽이 있을 거라고 기대하고 손을 뻗었는데, 아무것도 닿지 않는 느낌이었다. 나는 언제나 지식으로 머릿속을 가득 채우는 것이 배움이라고 배워 왔다. 그런데 아시아에서 가장 존경받는 철학자들은 오히려 '무지의 마음' 상태에 이르기를 갈망했다. 처음에 나

---

* 1478년에 스페인 왕국에 설치되어 1834년까지 종교 재판을 진행했던 곳. 처음에는 유대인과 무슬림을 대상으로 했으나, 이후 개신교가 등장하면서 개신교도를 억압하는 양상을 띠었다 - 옮긴이.

는 그것이 어리석음을 뜻하는 말처럼 들렸다. 내가 알기로 유럽의 계몽은 수많은 지식인이 엄청난 양의 사실과 논리적 과정을 익힌 결과로 이루어진 것이었다. 그러나 아시아의 현자들은 모든 고착된 생각을 풀어놓는 것을 일컬을 때 '계몽'이라는 용어를 사용했다.

처음에는 이 모든 것이 이상하고 추상적인 낱말 퍼즐로 느껴졌고, 나와는 아무런 관련이 없다고 생각했다. 내 오랜 숙적인 불안이 아니었다면 지금도 그렇게 생각하고 있을 것이다.

몇 해가 지나며 나는 점점 더 참을 수 없이 불안해졌고, 온갖 걱정거리에 만성 통증까지 생겼다. 결국, 그 상태에서도 적극적으로 '실천'할 수 있는 한 가지에 의존했다. 바로 명상을 배우는 것이었다. 나는 고통스러울 정도로 지루한 시간을 무한히 보내며 점점 쌓여 가는 불안을 느끼는 과정에 돌입했다. 그러다 기대마저 내려놓았을 때, 아시아의 신비주의자들이 말하던 그 무엇을 희미하게나마 처음 느끼게 되었다. 가끔은 찰나와 같은 짧은 순간, 더 부드럽고 달콤하며, 더 생생한 세계로 미끄러져 들어가는 느낌이 들었고, 거기서 잠시나마 집에 돌아간 듯한 강렬한 감정이 밀려왔다.

지금까지 여러분이 이 책에서 읽은 기술들은 내게 이런 자비의 순간을 안겨준 몇몇 수행 방법이다. 이 기술들, 그 외 여러분이 주변에서 쉽게 발견할 만한 다른 요령들을 수행한다면, 허리케인의 눈 속에 존재하는 침묵처럼, 여러분의 불안이 잠시 멈추는 것을 이따금 경험할 수 있을 것이다.

이런 순간에는 시간이 가는 줄도 모르고 죄책감, 후회, 두려움도 사라진다. 다시 말하지만, 언어를 사용하는 정신―이 글을 읽고 있는 내면 부분―은 그런 경험을 전혀 기록할 수 없을지도 모른다. 이 경험 안에서는 그 정신이 중요하게 여기는 어떤 일도 일어나지 않기 때문이다. 그러나 생각 자체보다 생각의 흐름 속에 존재하는 고요한 공간에 집중하기 시작하면, 단순히 불안을 벗어나는 데 그치지 않는다. 우리는 잠에서 깨어나게 된다. 이런 사고방식을 향해 내딛는 모든 발걸음이 우리에게 매우, 매우 유익하다는 것은 오늘날의 과학도 인정하고 있다.

깨어남의 과학

리사 밀러 박사는 배짱이 두둑한 사람이다. 물론, 좋은 의미에서 하는 말이다. 컬럼비아대학교 교수인 그녀는, '영적 각성을 위한 도킹 스테이션'이 우리 뇌 안에 존재할 가능성을 시사하는 일련의 연구들을 모아 발표했다.

밀러와 그녀의 동료들은, 우주의 영적 실재가 존재할 수 있다는 가능성에 마음을 여는 사람들은 그렇지 않은 사람들보다 통계적으로 훨씬 더 행복하다는 사실을 밝혀냈다. 그녀의 말에 따르면, 우리가 우주에 형이상학적 요소가 존재할 가능성에 마음을 열 때 "우리는 비교할 수 없는 심리적 혜택을 얻게 된다. 우울과 불안과 중독은 줄어들고, 회복탄력성, 낙관성, 인내심, 끈기, 창의성과 같은 긍정적 심리 특성은 향상된다."

내가 밀러 박사를 '배짱 있는 사람'이라 부르는 데는 이유가 있다.

그녀의 연구는 흠잡을 데 없지만, 그녀가 속한 학계에서는 꽤나 논란의 소지가 있는 일이기 때문이다. 아이비리그 대학에서 '영성'을 진지하게 다룬다는 것은, 마치 수도원에서 열리는 일요 미사 도중에 자리에서 벌떡 일어나 수도승들에게 이렇게 외치는 것과도 같다. "친구들, 우리 모두 성적인 감정이 있다는 건 알잖아? 이제 그걸 탐색해 볼 시간이야!"

밀러가 처음 연구 자료를 발표했을 때, 못마땅하게 여긴 동료 학자들은 그 모든 결과를 설명해 줄 '숨은 요인'이 분명 있을 거라고 주장했다. 하지만 지금까지도 그런 요인을 밝혀낸 사람은 아무도 없다. 반면, 밀러의 연구를 뒷받침하는 현상을 직접 목격한 과학자들도 있다.

예를 들어, 신경학자 앤드류 뉴버그와 그와 함께 『믿는다는 것의 과학』을 집필한 마크 로버트 월드먼Mark Robert Waldman은, 영적으로 조율된 뇌를 '깨우침을 얻은 뇌'라고 불렀다. 이들은 밀러의 연구에서 나타난 영적 개방성과 정신 건강상의 긍정적 상관관계를 똑같이 확인했다. 하버드대학교의 대니얼 골먼Daniel Goleman과 리처드 데이비슨Richard Davidson은 MRI를 이용해 티베트 승려들의 뇌를 관찰했는데, 그들의 뇌는 또래 평균보다 훨씬 젊고, 훨씬 강한 행복감을 느낄 수 있도록 구조화되어 있었다. 이 효과는 명상 수행 시간이 많은 승려일수록 더 뚜렷하게 나타났다.

다시 말해, 그들은 선천적으로 행복한 뇌를 타고난 것이 아니라 영적인 수행을 통해 자신의 신경 체계를 실제로 변화시킨 것이다. 그리고 그 수행에서 중요한 건 특정한 교리를 배우는 것이 아니라, '확실해야 한다'는 집착을 내려놓는 일이었다.

정신 건강 전문가들 역시, 자아의 자비로운 핵심이 우주의 신비로움에 열려 있다고 본다. IFS(내면가족체계) 이론을 사용하는 치료사들은, 우리가 말하는 '참나'—애정을 품고, 지혜롭고, 두려움 없는 정체성의 중심—가 종종 명백히 영적인 존재처럼 느껴진다고 말한다. 실제로 IFS 창시자인 리처드 슈워츠는 "사람들이 자신의 참나를 설명할 때, 영적인 개념이나 언어 없이 말하기는 거의 불가능하다"고 내게 말했다.

많은 환자들이 내면으로 들어가 다양한 부분들과 대화를 나누는 과정에서, 자기 안의 영적인 측면들과 마주하게 되는데, 참나도 그중 하나로 자주 등장한다. 어떤 내면 부분은 자신을 '길잡이'와 동일시하기도 한다. 이는 개인이 삶에서 길을 찾도록 도와주는 의식의 측면들을 가리킨다.

요컨대, 신경과학과 임상심리학의 여러 접근이 만나는 지점에서는, 고도로 교육받고 철저히 과학적인 사고방식을 지닌 학자들조차도 한 가지 결론에 다다른다. 그것은 바로, 밀러가 말한 '영적 연결을 위한 도킹 스테이션'이 인간의 뇌 안에 실제로 존재할 수 있다는 가능성을 받아들인다는 점이다.

창의성의 소용돌이를 끝까지 따라가다 보면, 때로는 너무도 신비로워서 형이상학적인 경험처럼 느껴지는 지점에 '도킹'하게 된다. 그렇게 '깨어나는' 순간 우리는 두렵고 위축된 작은 자아를 넘어, 거대한 창조 세계 전체와 어우러지고 있다는 느낌을 받는다. 그 순간 불안은 시야에서 사라지고, 오히려 건강, 행복, 그리고 삶의 목적에 대한 자각이 극적으로 상승한다.

나는 여러분이 이런 경험을 할 수 있도록 기꺼이 돕고 싶다. 하지만 내가 제안하는 방식은 성격을 바꾸거나 천사들과 춤을 추라는 것이 아니다. 깨어나기 위해 우리가 해야 할 일은, 자기 인식의 한계를 받아들이는 것뿐이다. 깨어남은 새로운 지식을 채워 넣음으로써 얻어지는 것이 아니다. 오히려 현실의 진짜 모습을 포함해, 우리가 얼마나 많은 것을 모르고 있는지를 진심으로 인정할 때 열린다. 무지는 인간 존재의 본질적 특성이기 때문에, 무지를 인정하고 받아들일 때 우리는 비로소 이 길을 걷기 시작할 수 있다.

의심을 받아들이기

위에서 소개한 연구를 진행했던 앤드류 뉴버그 박사는, 마커스 통합의료센터 연구소장이자 토머스 제퍼슨 대학병원에서 근무하는 의사다. 청년 시절 뉴버그는 절대적 진리를 찾아 집요한 탐구에 나섰고, 그 과정에서 깊은 심리적 고통에 빠져 불안과 우울을 겪었다. 그러던 어느 날, 그는 이렇게 기록했다.

갑자기 … '무한한 의심의 바다'라고밖에 표현할 수 없는 무언가 속에 둥둥 떠 있는 나를 발견했다. … 그 의심에 맞서는 대신, 나는 그것과 하나가 되었다. … 이 경험은 놀랍도록 강렬하고, 매우 분명했으며, 완전히 고양되고, 감정적으로 충만하며, 놀라울 정도로 유쾌했다. 사실 이 경험은 내 인생과 철학에서 가장 중요한 전환점이 되었다.

뉴버그를 '깨어나게' 만든 것은 의심에 관한 생각이 아니라, 의심의 근원이 되는 '의식' 자체와 하나가 되는 일이었다. 나는 뉴버그처럼 확실성을 내려놓고, 고민하고, 열린 태도로 호기심을 유지하며, 현재에 집중하는 내면 상태로 옮겨간 사람들을 만난 적이 있다. 그들 역시 이 세상 전체가 '놀랍도록 강렬하고, 아주 분명했으며, 완전히 고양되고, 감정적으로 매우 충만하며, 놀라울 정도로 유쾌한 곳'처럼 느껴졌다고 말했다.

그들 중 명성과 존경을 얻는 사람은 거의 없다. 다들 더없이 평범한 삶을 살아간다. 일례로 어머니이자 프리랜서 작가인 나의 클라이언트 디나는 인터넷은 물론이고 휴대전화도 없던 청소년 시절에 대만에 방문했다. 어느 날 그녀는 학생 무리에서 빠져나와 돌아다니다가 길을 잃었다. 그것도 3일 동안. 중국어도 모르고 길거리 표지판도 읽지 못했지만, 그녀는 자신을 둘러싼 강렬한 에너지를 자각하게 되었다. 어떤 사람들에게 이끌리는 느낌이 들었고, 어찌어찌하여 영어를 모르는 그들에게 자신을 이해시켰다. 그들은 디나에게 음식과 잠자리를 제공했고, 결국에는 미국 대사관을 통해 디나가 속한 무리에 연락을 취하도록 도와주었다.

이 경험으로 디나는 다른 사람이 되었다. 수년 뒤에 그녀는 내게 이렇게 말했다. "주변 상황을 전혀 알지 못했기 때문에 저는 더 열린 자세로 상황을 인식해야만 했어요. 알지 못하는 상태에서 모든 것, 모든 사람과 소통하는 방법을 찾았죠. 그때 저는 아름다움과 사랑이 마치 매트릭스처럼 모든 것을 품고 있다고 느꼈어요."

그때 이후로 디나는 한 요가 수업에서 들은 문구를 신조로 삼았다. "나는 지금 이 순간 존재하는 모든 것에 지속적이고 창의적으로 반응하며 존재한다." 이러한 삶의 방식은 우리가 실상 많은 것을 모르고 있으며 우리가 안다고 여기는 것도 틀릴 수 있다는 사실을 받아들일 때 생겨난다.

애셔 역시, 내가 보기에는 '깨어 있는 사람'으로서 평범한 삶을 살아가는 또 다른 주인공이다. 애셔의 손녀도 나의 아들처럼 다운증후군이 있다. 한 콘퍼런스에서 처음 만난 우리는 다른 참석자 두세 사람과 함께 몇 시간 동안이나 이야기를 나누었다. 저녁이 지나 시간이 늦어졌을 때, 애셔는 자기 경험 하나를 내게 들려주면서 이렇게 말했다. "그 일이 저를 깜짝 놀라게 했고, 제 영혼을 구했습니다."

중년에 접어든 애셔는 삶이 허무하고 우울하게 느껴졌다고 한다. 그는 끔찍한 불안을 겪었고, 인간의 역사가 보여주는 온갖 고통, 죽음, 공포를 대하며 괴로움에 시달렸다. 그는 이렇게 말했다.

"그러던 어느 날, 이 모든 고통에서 뒷걸음질 치던 것을 멈추고, 오히려 그 안으로 걸어 들어간다고 생각해봤습니다. 어떻게 그랬는지는 모르겠습니다. 그런데 그러자, 지금까지 고통을 겪었던 모든 사람들과 존재들과 내가 하나가 된 듯한 느낌이 들었습니다. 하지만 내가 그들이 된 건 아니었어요. 오히려 그들을 존재하게 하는 무언가가 된 느낌이었어요. 그리고 생각했죠. '와, 이건 마치 영화 같구나! 이 모든 이야기가 진짜지만, 실은 진짜 같은 투영일 뿐, 이것들보다 훨씬 더 진짜에 가까운 무언가가 있어.' 그리고 그 '훨씬 더 진짜인 것'은 사랑이었어요. 그저 사랑이 아니라, 사랑을 초월한 사랑이요. 표현하기가 어렵네요. 저는 그저 그 사랑 안에서 살아가려고 노력할 뿐입니다."

이 사람들은 초인이 아니라 그저 인간이다. 뉴버그는 과학자일 뿐이고, 디나는 작가일 뿐이며, 애셔는 은퇴한 조경사일 뿐이다. 그들은 평범한 사람들이지만 대다수 사람보다 훨씬 덜 불안하고 훨씬 더 창의적이다. 그들은 내면의 고통을 만들어내는 대신에 끊임없이 무언가를 창조한다. 뉴버그는 실험을 창조하고, 디나는 시와 수필과 책을 펴내며, 애셔는 스페셜 올림픽 Special Olympics(지적 장애를 지닌 아동, 성인을 위한 국제 스포츠 대회 – 옮긴이)에 출전하는 선수들을 위한 활동과 체험을 기획한다. 그들은 순간순간 깨어 있는 쪽을 택한다. 뉴버그가 쓴 것처럼, 그들 모두 "모든 아동, 그리고 아마 모든 성인 안에는 인간 정신의 한계를 넘어서까지 손을 뻗어 더 깊은 생명의 본질에 닿을 수 있는 예술가가 있다"고 믿는다.

이 내면의 예술가를 발견하는 방법은, 불안 대신 경이와 호기심을 품고 의심과 함께 걷는 것이다. 내가 이를 실천하는 데 유익했던 연습 활동을 소개한다.

새로운 기술
내 안에 있는 무지의 정신에 접속하기

아래는 기록으로 남아 있는 몇 가지 사례에 관한 설명이다. 글을 하나하나 읽으며, 정확히 무슨 일이 벌어지고 있는지를 이해할 수 있는지 스스로에게 물어보자. 혹시 불안하거나 혼란스러운 느낌이 든다면, 이전에 배운 요령을 활용해서 다시 느긋한 상태로 돌아가자.

- 에슈레프 아르마간 Eşref Armağan은 터키의 화가다. 그는 태어날 때부터 한쪽 눈만 있었고 그마저도 렌즈콩 크기로 기능을 전혀 하지 못한다. 다른 쪽 눈은 흔적도 없다. 즉, 그는 평생 아무것도 본 적이 없는 사람이다. 그럼에도 그는 사람들이 알아볼 수 있는 초상화를 그리고, 공중의 새들과 선형 원근법이 담긴 사실적인 풍경화를 그려낸다. 하버드를 비롯한 여러 대학의 연구자들이 아르마간을 연구했다. 그들은 아르마간이 이런 사실적인 그림을 그리는 과정에서 그를 돕거나 안내한 사람이 아무도 없다는 사실을 확인했다.

  ☐ 나는 여기서 정확히 무슨 일이 벌어지고 있는지 이해할 수 있다.
  ☐ 나는 여기서 정확히 무슨 일이 벌어지고 있는지 이해할 수 없다.

- 여러 연구에 따르면, 서로 떨어져서 자란 쌍둥이들조차도 종종 비슷한 성격 특성을 보일 뿐 아니라, 심지어 같은 생애 경험을 공유하기도 한다. 심층 연구된 한 사례의 경우, 생후 4주에 서로 분리되어 각각 다른 가정에 입양된 쌍둥이 소년이 있었다. 그들은 서른아홉 살이 되어서야 처음으로 서로의 존재를 알게 되었고, 얼마 되지 않아 다음과 같은 공통점을 발견했다.

  ― 두 입양 가정 모두 소년의 이름을 짐Jim이라고 지었다.
  ― 두 명의 짐 모두 어렸을 때 반려견의 이름을 토이Toy라고 지었다.

— 두 명의 짐 모두 두 번 결혼했다. 첫 번째 아내들의 이름은 모두 린다Linda였으며, 두 번째 아내들의 이름은 모두 베티Betty였다.

— 한 명의 짐은 아들 이름을 제임스 알란James Allan이라고 지었고, 다른 짐은 아들 이름을 제임스 알란James Alan이라고 지었다.

— 두 사람 모두 담청색 셰보레 차량을 타고 오하이오를 출발해 플로리다에 있는 똑같은 작은 해변으로 여러 번 가족 여행을 다녔다. 현지에서 서로를 만난 적은 한 번도 없었다.

— 두 명의 짐 모두 살렘Salem이라는 담배를 피웠고, 밀러라이트Miller Lite라는 맥주를 마셨다.

— 두 명의 짐 모두 한때 시간제 보안관으로 근무한 적이 있다.

☐ 나는 여기서 정확히 무슨 일이 벌어지고 있는지 이해할 수 있다.
☐ 나는 여기서 정확히 무슨 일이 벌어지고 있는지 이해할 수 없다.

• 시드니대학교의 모니카 갈리아노Monica Gagliano 박사는 식물이 학습하고, 기억하고, 의사소통하는 방식을 다룬 검증된 논문들을 다수 발표했다. 그녀의 독창적인 실험들은 높은 성공률과 재현 가능성을 갖추고 있으며, 특히 가장 두드러진 점은 식물들이 휴식하고, 놀고, 학습하고, 소리를 내고, 주변 소리에 반응한다는 것이었다.

갈리아노는 이 실험에 대한 아이디어가 식물 자체로부터 비롯되었다고 주장한다. 그녀는 열대우림의 주술사들로부터 식물의 '목소리'를 듣는 법을 배웠고, 이를 토대로 얻은 통찰을 과학 실험으로 이어갔다. 그 실험들은 과학적으로도 타당한 결과를 도출해냈다고 평가받았다.

☐ 나는 여기서 정확히 무슨 일이 벌어지고 있는지 이해할 수 있다.

☐ 나는 여기서 정확히 무슨 일이 벌어지고 있는지 이해할 수 없다.

- 1898년 모건 로버트슨^{Morgan Robertson}이라는 작가는 '타이탄'이라고 불린 배의 난파를 다룬 중편 소설을 발표했다. 당시는 '타이타닉'이라는 실제 선박을 구상하기도 몇 년 전이었는데, 로버트슨의 이야기는 '타이타닉'의 침몰과 놀라울 정도로 비슷했다. 예를 들면 다음과 같다.

— (실제와 가상의) 두 선박 모두 당대 존재했던 가장 긴 선박이었다.

— 두 선박 모두 '가라앉지 않는' 선박이라고 불렸다.

— 두 선박 모두 영국 배였다.

— '타이탄'은 길이가 800피트였고, '타이타닉'은 882.5피트였다.

— 두 선박 모두 강철로 만들어졌고, 프로펠러 세 개와 돛대 두 개를 달고 있었다.

— 두 선박 모두 3천 명의 승객을 수용할 수 있었다.

— 두 선박 모두 24개의 구명선을 싣고 있었다.

— 두 선박 모두 자정 무렵에 빙하에 부딪혔다.

— 두 선박 모두 같은 선체 부분의 표면이 파손되었다.

— 두 선박 모두 4월에 침몰했다.

☐ 나는 여기서 정확히 무슨 일이 벌어지고 있는지 이해할 수 있다.

☐ 나는 여기서 정확히 무슨 일이 벌어지고 있는지 이해할 수 없다.

• 지난 한 세기 사이 물리학자들은, 우주가 서로 부딪히는 물리적 물체들의 집합이 아니라는 것을 알아냈다. 모든 물질의 근원이 되는 아원자 입자들은 우리가 그것을 측정하기 전까지는 에너지장에 불과하다. 우리가 측정을 시작하면 그 파동의 확률이 물리적 입자로 '붕괴한다'.

이러한 현상을 두고 일부 학자들은 의식적 관찰이 에너지로부터 물질을 창조한다고 본다. 한편, 또 다른 사람들은 우리가 대상을 인식하는 방식이 실제 현실과 전혀 다르다고 말한다. 우리는 우주를 물질로 보지만, 실제로는 모든 전자, 모든 연구자, 모든 장비 및 우주 전체가 사실상 그저 에너지장에 불과한 것일지도 모른다.

☐ 나는 여기서 정확히 무슨 일이 벌어지고 있는지 이해할 수 있다.
☐ 나는 여기서 정확히 무슨 일이 벌어지고 있는지 이해할 수 없다.

자, 어떤 결과를 얻었는가? 이 가운데 여러분이 확실하게 설명할 만한 것이 하나라도 있었는가, 아니면 이 중 하나라도 확실히 알 수 있을까 의심하는 데 만족했는가? 어쩌면 이렇게 생각하고 있을지도 모른다. '저 모든 이야기는 사실일 리 없어. 설령 그렇다고 해도 몇 가지 기이한 현상을 근거로 섣부른 결론을 내리진 않겠어. 나는 입증된 현실을 따를거야.'

그럴 수 있다. 하지만 그와는 다른 길도 있다. 확실성에 대한 집착을 내려놓고 신비한 일들 속을 기꺼이 헤매기로 마음먹는다면, 지금까지 살펴본 사례뿐 아니라 그보다 훨씬 많은 이야기를 만날 수 있다. 만약 그런 일이 벌어진다면, 여러분이 경험할 '깨어남의 순간'들은 전혀 낯설지 않고 오히려 집으로 돌아온 듯 더없이 친숙하게 느껴질 것이다. '여태 이런 건 전혀 몰랐네!'라는 생각이 들기보다 오히려 '맞아, 그렇지! 나는 늘 마음속으로 이런 애정 어린 현실을 알고 있었어. 단지 나의 사고방식이 그걸 가로막았던 것뿐이야' 하고 느끼게 될 것이다.

깨어난 순간에는 '마법적인 사고'가 훨씬 줄어들고, 그저 지금 이 순간, 이 현실 속에 더 깊이 젖어들 것이다. 이와 달리 불안한 날에는 여분의 복권을 사놓고, 『시크릿』*을 떠올리며 행운이 찾아오길 바라게 되는 등 마법적인 기대에 더 쉽게 마음이 끌리곤 한다.

자신이 깨어남에 접근하도록 더 자주 허락할수록, 삶은 점점 더 목적과 사랑으로 가득 차고, 내게 더 많은 모험을 선사하는 듯 느껴진다. 적어도 좌반구의 관점에서 보자면, 이는 실로 마법 같은 일이다.

마법 같은 모험들

내 삶에는 '마법 같은' 모험이 참 많이 일어나는 듯하다. 내가 특별하거나 깨어난 사람이어서가 아니라, 이 책에서 여러분에게 건넨 모든 조언을 적극적으로 반복해서 사용하기 때문이다. 자신을 불안에서

---

* 론다 번의 『시크릿』은 긍정적인 사고방식과 간절한 염원이 만나면 강력한 힘을 발휘한다는 내용을 골자로 한 책이다 – 옮긴이.

해방시키면 '마법'이 일어난다고 앞 장에서 말했다. 아마도 그 이유는 평범하게 작동하는 우리 뇌 속에 리사 밀러가 말한 '영성을 위한 도킹 스테이션'이 존재하기 때문일 것이다. 밀러는 "우리가 창조된 방식을 최대한 활용하려면 참 신비에 접근해야 한다"고 말한다. 불안으로부터 벗어나 내가 모른다는 사실을 기쁘게 받아들일 때, 현실은 언제나 놀랍도록 믿기 힘든 방향으로 열리기 시작한다.

내 삶에 일어난 몇 가지 '마법 같은' 이야기들을 이미 여러분에게 몇 가지 들려주었다. 그 이야기들을 고른 이유는, 내가 직접 겪었기에 과장이 없다는 것을 확신할 수 있기 때문이다. 이제 현실이 얼마나 기이하고 놀라울 수 있는지 여러분에게 보여주기 위해, 몇 가지 이야기를 더 나누려 한다.

언젠가 한 인류학자에게 저녁 식사를 산 적이 있다. 그녀는 시베리아의 샤머니즘을 연구하는 학자였다. 나는 그러한 고대 문화가 지닌 형이상학적 측면에 관심이 있어, 식사 자리에서 그녀에게 이런저런 질문을 던졌다. 이야기를 나누던 중, 그녀는 물리적 현실이 근본적으로 의식과 서로 얽혀 있다는 말을 무심히 내뱉었다. 내가 구체적인 사례를 묻자 그녀는 숟가락을 예로 들었다.

"만약 당신이 자신의 핵심 의식—숟가락의 의식과 섞여 있는 그것—과 연결된다면, 그리고 숟가락에게 나와 함께 놀아 달라고 요청한다면, 숟가락이 그 제안을 받아들일 수도 있어요. 그렇게 되면 당신은 숟가락을 흙덩이처럼 구부릴 수 있게 될 겁니다."

미친 소리처럼 들린다는 것을 나도 잘 안다. 말도 안 된다고 생각하면서도 포크를 집어 들고 나와 놀아달라고 요청했더니, 내 두 손이

가하는 가벼운 압력에 갑자기 포크가 반으로 구부러지는 것을 느꼈다. 원한다면 직접 해보라. 하지만 기억할 점이 있다. 정말 효과가 있으려면, 불안으로부터 자유로운 상태, 필립 풀먼이 『황금 나침반』에 적었던 '뭔가 게으른 방식', '차분하고 깊은 즐거움' 안에 있어야 한다. 평온한 무지의 마음 상태를 유지하면서 약간의 심층 연습을 실천한다면 쉽게 이 기술에 숙달할 것이다. (부디 여러분 집에 있는 숟가락을 사용하길 당부한다. 강연차 호텔에 방문하면 늘 사람들이 내게 이를 보여달라고 요청하고 각자 방에 돌아가 숟가락 구부리기를 연습한다. 그러다가 구부린 숟가락을 원래대로 돌려놓지 못해 불안해하고 여기저기 엉망이 된 숟가락이 생기면 내가 책임을 느끼게 된다.)

물론 파티 자리에 어울리는 이런 작은 퍼포먼스는 나와 어울려 노는 듯한 물체들의 의식을 느꼈을 때 경험했던 기묘한 기분과 사뭇 다르다. 그런 현상은 자연 속에서, 특히 야생동물과 소통할 기회가 생겼을 때도 종종 일어난다.

한 예로 얼음장같이 춥던 펜실베이니아(나의 거주지)의 한 겨울날, 우리 가족은 날개가 부러진 채 우리 집 뒷마당에 누워있던 큰어치를 구조했다. 수건에 새를 감싼 다음, 야생동물 구조 센터로 데려갈 수 있도록 상자 안에 잘 눕혔다. 센터까지는 꽤 먼 길이었다. 방향을 바꾸고, 브레이크를 밟고, 가속 페달을 밟을 때마다 상자 안에서 심하게 긁는 소리가 났다. "나는 스스로에게 말했다. "괜찮아, 밖으로 나올 수는 없어."

곧게 뻗은 고속도로에 접어들었을 때, 나는 시간당 $100km$로 속력을 올리다가 교통체증 지점에 다다랐다. 상자에서 나는 긁는 소리가 더 커졌다. 녀석이 당황해서 허둥지둥하기 시작했다. 나는 도로에 시선을 집중하고 속으로 되뇌었다. '못 나올 거야. 절대로 못 나와. 절대로 … 오, 세상에, 밖으로 나왔다!'

어떻게 빠져나온 건지 나는 모른다. 고개를 옆으로 돌리자 녀석이 조수석에 둔 상자 위에 서 있었다. 내 눈높이에 와 있는 녀석은 내 생각보다 훨씬 크고 생생한 모습이었다.

나는 차들이 속력을 내는 도로에서 조심스럽게 빠져나와 잠시 차를 세워둘 장소를 찾았다. 그러는 동안 내 머릿속에서는 백만 가지의 두려운 시나리오가 펼쳐졌다. 녀석이 내 얼굴에 대고 날개를 퍼덕이며 창문 밖으로 날아가려고 할 수도 있고, 그런 녀석을 붙잡으려고 하다가 싸움이 벌어질 수도 있고, 그러다 다친 날개를 또 다치게 되면 녀석이 내 두 눈을 쪼아서 큰 사고가 나고, 다수의 사상자가 발생할 거라는 생각까지 들었다. 가여운 큰어치는 완전히 새로운 환경에 놓여 있었고, 어떤 야생동물이어도 그런 환경에서는 겁을 집어먹겠구나 싶었다.

뭘 해야 할지 몰라서 아는 것을 실천했다. 공원에 차를 세워 놓고, 불안을 가라앉히는 요령을 다 사용했다. 그랬더니 언제나처럼 나의 불안은 미래에 일어날지도 모르는 일에 대한 공포에서 오는 것임을 깨닫게 되었다. 물론 바로 다음 순간에 그 미래가 펼쳐지긴 했지만. 나는 호흡을 늦추고, 근육을 이완한 다음, 간단한 문구로 친절한 내면 대화를 반복하기 시작했다. "넌 괜찮아. 다 괜찮아. 잘하고 있어. 별일 아니야. 다 괜찮아."

1~2분이 걸리긴 했지만 불안이 천천히 가라앉더니 점점 더 느려져 마침내 멈추는 것을 느꼈다. 그리고 불안 너머에서 언제나 나를

기다리고 있는 탁 트인 현재 상태에 깊숙이 들어갔다. 나는 길고 느리게 숨을 내쉰 다음, 고개를 돌려 새와 마주했다.

바로 그 순간, 녀석은 상자에서 뛰어올라 기어 위로 걸어 오더니 내 무릎에 안착해 자리를 잡았다. 마치 자신의 보금자리로 돌아온 것처럼 보였다.

내 심장은 잠시 요동치다 다시 제 박동으로 돌아왔다. 큰어치의 비단결 같은 털을 어루만지며 부드럽게 속삭이자 녀석은 두 눈을 감았고, 그 순간을 즐기는 듯한 모습을 보였다. 나는 수건으로 녀석을 잘 감싸서 다시 상자 안에 넣었고, 이번에는 아주 차분하게 응했다. 이어 조심스럽게 상자 위에 지갑을 올려놓고, 조금은 넋이 나간 상태로 야생동물 구조 센터로 향했다. 센터 직원이 사무실로 상자를 옮기자마자 녀석은 다시 날개를 퍼덕이며 크게 울어댔다.

"이런!" 담당 직원이 수건을 돌려주면서 말했다. "기운이 펄펄한 녀석이네요. 그렇죠?"

'글쎄요, 안 그럴 때도 있어요.'

그 큰어치가 왜 그렇게 행동했는지는 영영 알 수 없을 것이다. 내가 차분해지자 녀석의 뇌 속에 있는 거울 뉴런들이 금세 평화로운 상태로 들어간 나를 따라 했는지도 모르겠다. 어쩌면 녀석이 일종의 에너지 발산을 느꼈을 수도 있다. 아니면 스톡홀름 증후군이 생겼을지도. 그것도 아니라면, 그저 상황을 잘 살펴보고는 흐물흐물한 인간의 마음을 녹여야겠다고 마음먹었을지도 모른다. 그럴 의도였다면 분명 효과가 있었다.

나는 이 불안한 세상에서 살아가는 모든 사람의 두려움을 치유할 수도 없거니와 그 큰어치가 진정하도록 강요할 수도 없었다. 내가 할 수 있는 것은 친절하게 나 자신을 불안에서 탈출시켜서 호기심과 연결로 주의를 돌리고, 창조의 바다 한가운데서 의도적이고 집중된 하나의 의식 그 자체가 되는 것이다.

이를 위해 내가 즐겨하는 수행은 다음의 명상 활동이다. 이것은 프린스턴 바이오피드백 센터에서 활동하는 심리학자 레스 페미 Les Fehmi가 발견한 기법을 사용하면서 시작한다. 그는 어떤 문장을 말하거나 생각함으로써 뇌가 그가 말하는 '오픈 포커스 open focus' 상태로 들어갈 수 있다는 것을 알아냈다. 오픈 포커스는 숟가락, 새, 나의 참나와 소통하도록 돕는 평온하고 느긋한 상태다. 그리고 이것은 깨어남으로 가는 무한한 경로 중 하나이기도 하다.

새로운 기술
공간, 침묵, 고요 속으로 녹아들기

1. 평온한 공간에서 몇 분간 혼자 머물며 시작한다. 앉거나 누워서 긴장을 푼다. 편안하고 규칙적으로 호흡한다.

2. 다음 물음을 여러 번 속으로 되뇐다. '내 두 눈 사이의 거리를 상상할 수 있을까?' 답을 알아내려고 애쓰지 말고, 그저 질문을 반복한다.

3. 이제 속으로 다음 질문을 반복한다. '내 머리 정수리와 턱 끝 사이의 거리

를 상상할 수 있을까?'

4 이어서 다음 질문을 반복한다. '내 머리 정수리에서 가슴 한가운데까지의 거리를 상상할 수 있을까?'

5 이제, 내 몸을 이루는 원자들이 대부분 '빈 공간'으로 이루어져 있다는 사실을 떠올린다. 그리고 조용히 되뇐다. '내 몸속 원자들 안의 공간을 상상할 수 있을까?' 이 질문도 몇 번이고 반복한다.

6 다음으로 이렇게 생각해본다. '내 몸 안의 공간이 날 둘러싼 공간과 이어져 있다고 상상할 수 있을까?' 이 물음을 말없이 여러 번 반복한다.

7 다음 물음을 생각한다. '내가 듣는 모든 소리 아래 깔려있는 '침묵'을 상상할 수 있을까?' 이 물음도 여러 번 반복한다.

8 다음 물음을 생각한다. '모든 움직임이 일어나는 '정적'(고요함)을 상상할 수 있을까?'

9 이 낯선 물음들을 떠올리는 동안 어떤 감각이나 감정이 올라오더라도 그대로 두고, 부드럽고 다정하게, 억지로 몰아붙이지 않으며 자신을 대해준다. 내 몸을 가득 채우고 우주 끝까지 뻗어가는 공간의 장을 느낀다. 내 귀에 들어오는 모든 소리의 바탕인 '침묵'에 귀 기울인다. 모든 활동을 품고 있는 생생한 고요함 속에 편안히 머물러본다.

페미가 보고했듯이, 이런 물음을 생각하다 보면, 내 신경 체계가 다른 무엇을 시도할 때보다 빠르게 '짙은 녹색' 상태로 들어간다는 것을 여러분도 알아차릴 수 있다. "나는 안다!"라고 주장하는 마음이 보기에 이 활동은 참 이상하다. 명상하는 내내 해답은 고민하지 않고 계속 물음만 던지기 때문이다. 무지의 마음에 올라탄 채 내 몸을 벗어나 공간, 침묵, 고요함—이 세 가지는 모두 끝이 없다—안으로 들어갈 수 있다면, 우리의 작은 뇌는 거의 초현실적이라고 느껴지는 평온한 상태에 자신을 활짝 여는 듯하다. 그 지점에 이르면, 이제 '마법'을 마주할 준비를 하자.

포용의 자세

나는 이 짙은 녹색의 고요함이, 여러 성서에서 말하는 '모든 이해를 초월한 평화'라고 생각한다. 그 평화는 단지 무언가를 안다고 해서 도달할 수 있는 곳이 아니다. 오히려 모든 것을 알기 위해 온 힘을 다해 노력한 뒤, 결국 기꺼이 무지를 받아들일 때 비로소 도달하게 되는 곳이다. 우리는 많은 시간을 어떤 놀이에 몰두하고, 그다음에는 여전히 모든 것을 알 수 없다는 분명한 사실을 받아들인다.

'물리학 역사상 가장 우아한 실험'이라 불리는 이중 슬릿 실험은, 모든 물체가 경계 없는 통합된 에너지인 동시에 분리된 개체들의 집합이라는 사실을 보여주었다. 그리고 아인슈타인은, 우리의 일상적 관점에서 너무나 뚜렷하고 분명해 보이는 시간조차도 실은 '고집스럽게 지속되는 환상'에 불과하다는 점을 증명했다.

달리 말해, "알고 있다!"는 사고방식으로 접근하더라도, 과학이 우리에게 보여주는 것은 결국 '무지의 마음'이다. 현실은 상상을 초월할 만큼 역설적이다. 무언가를 배제하는 마음은 우리가 실제로 어떤 존재인지를 감당하지 못한다. 오직 모든 것을 포함하려는 마음만이 존재의 역설들을 온전히 품을 수 있다. 우리가 '무지의 마음'을 받아들일 때, 우리는 시간과 공간을 초월한 의식의 한 방울이자, 지금 이 순간에도 죽음에 한 걸음씩 다가가고 있는 작은 육체적 존재로서의 자신을 동시에 자각하게 된다.

죽음이라는 단어에 갑자기 불안해졌는가? 충분히 그럴 수 있다. 아무리 우주를 바라보며 '내가 내 왼쪽 다리에 연결된 것처럼, 우주와도 연결되어 있다'고 되새겼다 해도, '모든 이해를 넘어서는 평화'에서 미끄러져 나와 다시 불안에 빠질 수 있다. 그것은 아주 자연스러운 일이다.

하지만 우리가 이미 인정했듯(그렇다고 믿는다), 불안은 정말 진절머리 나는 감정이다. 이 괴로움을 계기로 삼아 긴장을 풀고, 깊이 호흡하며, 스스로에게 이렇게 물을 수 있다. "나는 모든 존재와 함께하는 공간, 침묵, 고요함을 상상할 수 있을까?" 다시 말해, 이 괴로움을 통해 다시 평화로 돌아갈 수 있다. 우리는 매 순간, 다시 깨어날 수 있다.

나는 이렇게 해서 참기 힘든 육체적 고통 속에서도 긴장을 풀고, 역설적이게도 안도감을 찾았다. 실패나 사랑하는 이의 죽음, 가장 소중한 사람들로부터의 거절을 견딜 때도 이 방법은 나를 지탱해 주었다. 이 방법은 언제나 그 자리에 있다. 내가 억지로 상상해낸 어렴풋

한 환영이 아니라, '나는 알지 못한다'는 단단한 사실로 존재한다. 이것은 마치 값을 매기기 어려울 만큼 귀한 선물을 발견했다가 잊어버리고, 또다시 발견하는 일을 계속 반복하는 것과 같다. 참나는 공간과 존재, 시간과 영원이라는 모든 역설을 변함없는 포근함으로 품고 있다.

그래서일까. 수년간 영적 수행을 실천한 여승 페마 초드론 Pema Chödrön 은 이렇게 적었다.

"나는 깨어 있다. 나는 이 갑옷을 벗는 데 내 삶을 기울일 것이다."

우리에게는 새롭게 배워야 할 것이 없다. 영적 깨어남이라는 타고난 재능과 연결되기 위해 특별한 의례나 의식이 필요한 것도 아니다. 우리가 할 일은 오직 하나, 계속해서 이 갑옷을 벗는 것이다. 그리고 언젠가는 그것을 다시 입는 것을 잊어버리는 것, 그것이면 된다.

지금 여기서 시작하는
나와 지구의 전환

12

처음으로 밤 비행기를 타고 날아가던 날, 바깥 풍경에 숨이 멎는 듯했다. 내 밑으로 보이는 도시들은 은하처럼 환한 빛을 내뿜고 있었고, 사이사이의 도로들은 칠흑 같은 우주를 수놓는 별들처럼 반짝거렸다. 몇 년 뒤 신경생리학자 찰스 셰링턴 Charles Sherrington이 쓴 뇌에 관한 유명한 묘사를 읽는 순간, 그날 밤 보았던 경관이 다시 떠올랐다. 다음은 매일 아침 우리 머릿속에서 벌어지는 일에 관해 셰링턴이 쓴 글이다.

뇌가 잠에서 깨어나면서 정신이 함께 돌아온다. 마치 우주에서 일어난 어떤 춤에 은하수가 합류하는 듯하다. 순식간에 머릿속 덩어리는 마법에 걸린 베틀이 되고, 여기서 번쩍이는 베틀 북 수백만 개가 하나의 신비한 패턴을 엮어낸다. 그 문양은 늘 의미로 가득하며 늘 변화한다. 하위 패턴들이 변하면서 하나의 조화를 이룬다.

이렇게 어른거리며 빛나는 에너지 직물 덕분에 우리는 인간 고유의 일들을 할 수 있다. 새로운 날에 관해 생각하고, 사랑하는 사람과 이야기를 주고받고, 달력을 보며 일정을 확인하고 이메일 계정을 열어 메시지를 확인한다. 이 모든 활동은 인간이 지닌 신피질^{neocortex}에 의존한다. 놀라울 정도로 작은 구조인 신피질은 신용카드 네 개를 겹쳐놓은 것과 같은 두께밖에 되지 않는다. 뇌 주변을 덮고 있는 이 작은 세포 조각에서 인간 고유의 발명품—농업, 과학, 문학, 수학, 중국의 만리장성, 우주 왕복선, 모카 프라푸치노 등—이 전부 나왔다.

우리 인간은 여러 면에서 지구의 신피질과 같다. 매우 활발한 개체들이 얇은 층을 이루어 지구 외피 곳곳에서 끊임없이 상호작용하고 소통하니 말이다. 뇌세포들이 전신에 영향을 주듯 우리도 우리가 사는 지구에서 다른 종들보다 많은 권한을 행사한다. 우리는 (그리고 실제로 매일) 종을 멸종시키고, 전체 생물 군계를 파괴하며, 지구의 날씨를 바꾼다. 그리고 뇌처럼, 우리 역시 함께 깨어날 수 있는 집단적 역량을 지녔다. 이는 단순히 밤잠에서 깨어나는 것이 아니라, 우리를 가두는 환상에서 벗어나는 것이다. 그리고 우리의 가장 해로운 환상들—자신의 필멸성에 대한 두려움에서부터, 자신과 다르다고 여겨지는 사람들을 배척하는 것까지—거의 모두는 그 중심에 '불안'을 품고 있다.

건강한 뇌세포처럼 건강한 정신도 자기 생성과 자기 치유가 가능하며, 창의적인 행동에 자발적으로 이끌린다. 내가 사랑하는 장소에 이끌려 사랑하는 사람들과 사랑하는 일을 하도록 스스로를 허락하면, 부분의 합보다 훨씬 큰 결과를 만들어낼 수 있다. 한 사람의 생각이 눈 깜짝할 사이에 수십억 사람에게 전달될 수 있는 오늘날, 우리는 인류 전체를 밝힐 만한 아이디어를 일으켜 전 지구적인 '유레카 효과'를 불러올 수도 있다.

이번 장에서는 내가 불안을 넘어서서 살기로 선택했을 때, 세상에 어떤 영향을 불러올 수 있는지 이야기하려고 한다. 사람들은 평온, 즐거움, 창의성에 이끌리므로 이런 방식으로 존재하면 같은 마음을 가진 사람들이 자연스럽게 '사회적 세포'라는 집단으로 한데 모이도록 이끄는 경향이 있다.

이러한 사회적 구조는 물건 혹은 부를 창출하거나 전쟁을 일으키기 위해 집단을 모으는 규칙들에 따라 꾸려지지 않는다. 오히려 사회적 세포를 이루는 사람들은 이상과 애정으로 느슨하게 연결되어 있다. 앞으로 보겠지만, 사회적 세포들은 부분의 합보다 큰 집단의 지혜를 내놓기도 한다. 역사적으로 그런 집단들은 인간의 사상과 활동면에서 종종 기념비적인 변화를 불러오는 원천이었다. 달리 말해, 나의 불안을 가라앉히고 나의 창의성에 기반해서 살 수 있다면, 그 유일한 목적이 나의 안녕일지라도 결국에는 세상을 구하는 데 보탬이 될 수 있다.

자아와 영혼의 돌봄

대다수 세포는 흐물흐물하고 연약한 작은 존재다. 그럼에도 그들은 구멍이 나거나, 찢어지거나, 심지어 반으로 갈라진 후에도 새것처럼 훌륭한 모습으로 자신을 고칠 수 있다. 우리의 자아와 영혼도 마찬가지다. 우리 모두는 뾰족한 모서리가 가득한 세상을 마주한다. 기막힌 운명이 던지는 돌멩이와 화살은 우리 모두를 구멍 내고, 찢고, 가른다. 그러나 세포는―또는 자아는, 또는 영혼은―심각한 파괴를 당한 후에도 생존할 뿐만 아니라, 치유하고 번성한다. 우리의 세포가 실행하도록 설계된 두 가지 일을 실천하는 한, 우리는 거의 모든 상태에서 회복할 수 있다. 그 일은 독소 예방과 영양분 섭취다.

바이러스가 세포를 무너뜨리듯, 내면에 곧장 파고들어 우리를 갈기갈기 찢어놓는 마음의 독소는 바로 **거짓말**이다. 이 책 전체에서 반복해 배운 것처럼, 우리 뇌와 몸은 거짓말을 본능적으로 거부한다. 우리의 경험 전체가 안고 있는 진실과 일치하지 않는 것―'내가 가진 건 충분치 않아!', '나는 쓸모 없이 공간만 차지하고 있어', '아무도 나를 신경 쓰지 않아!'와 같은 생각들―을 믿으면, 우리의 정신적·육체적 건강은 무너진다. 심지어 사회화의 일부라는 이유로 순순히 받아들이는 거짓말조차 우리를 위험한 길로 내몰고, 자기 자기파괴적인 행동을 부추기며, 현실과 동떨어져 우리가 하는 일들이 더 이상 효과를 내지 않는 것처럼 느끼게 만든다.

내가 『온전함에 이르는 길 The Way of Integrity』*이라는 책을 쓴 것도 그런 이유에서다. 이 책에서 나는 심리적 안녕을 이루는 데 요구되는 한 가지가 온전함integrity이라고 말했다. 내가 의미한 것은 행위적인 '온전함'(신자들을 감동시키려고 성서를 손에 든 경건한 정치가)이 아니라 '구조적인 온전함'이었다. 즉, 모든 부분이 제대로 작동하고 있는 생물체처럼 일치되고 정렬된 상태를 말하고 싶었다. 이런 온전함에 이르려면, 내가 진짜 아는 것을 알고, 진정으로 느끼는 것을 느끼고, 내가 진심으로 믿는 바대로 행동하도록 자신을 허락해야 한다.

『온전함이 이르는 길』이 출간되고 나서 많은 독자가 내게 이렇게 물었다. "저는 온전함을 이루고 사는 데도 여전히 기분이 엉망이에요. 정말이지 너무 불안해요!" 이 반응을 보고 나는 이 책을 쓰게 되었다. 이렇게 훌륭하고 정직한 사람들조차 자기도 모르는 사이에 자신에게 거짓말을 하고 있었기 때문이다. 그들은 지금 여러분에게는 명백해 보일 수도 있는 한 가지 사실을 알아차리지 못했다. 아마 이 책을 시작하면서부터 그 사실을 내뱉었더라면, 여러분도 그때는 받아들이지 못했을 것이다. 그 사실은 다음과 같다.

불안은 언제나 거짓말한다.

언제나.

기억하자. 건강한 두려움은 진실을 담고 있다. 침실에 표범이 침입한 경우처럼 건강한 두려움에 사로잡힐 때는, 행동해야겠다는 분

---

* 국문 번역서는 '어두운 숲길을 단테와 함께 걸었다'라는 제목으로 출간되었는데, 여기서 이 책을 언급하는 의도를 이해하기 위해 원제를 직역해서 적었다 – 옮긴이.

명한 충동이 일어난다. 이와 달리 불안이 품은 것은 생각뿐이다. 지금 눈앞에 표범이 없는 데도 표범을 두려워하는 것이다. 건전한 두려움은 늘 가지고 있어야 한다. 덕분에 내 생명을 지킬 수 있기 때문이다. 이와 달리 불안은 내 생명을 망가뜨리기만 할 뿐이다. 심리학자 댄 그루페Dan Grupe와 잭 니츠케Jack Nitschke는 불안을 가리켜 "불확실한 위험 아래서, 정도를 벗어나 지나치게 예견하여 반응하는 것"이라고 표현했다. 달리 말해 불안은 절대 일어나지 않을 수도 있는 상상의 미래에 존재하는 상상의 괴물들에 대한 공포다.

독소 막아내기

인간의 신경학적 구조와 우리 사회를 생각해보면, 우리가 그런 허구를 가지고 자신을 겁주는 이유는 분명하다. 불안이 지어내는 무서운 이야기들이 우리 뇌뿐만 아니라 우리 문화 전체에 촘촘히 얽혀 있다면, 진실에 굳건히 뿌리내리고 있기란 어렵기 때문이다.

우리는 개인과 집단 차원에서 좌반구의 유아적 태도 때문에 고통받는다. 좌반구는 아무리 이상해 보여도 자신의 신념이 사실 차원에서 옳다고 굳게 믿는다. 우리는 한 정당(우리가 좋아하지 않는 정당)이 우리 모두를 완전한 파괴로 몰아갈 것이라고 진심으로 믿는다. 특정한 다이어트—고기 금지, 탄수화물 금지, 가공식품 금지, 그 밖의 특정 음식 금지—를 실천하면, 내가 두려워하는 모든 질병을 예방할 거라고 확신하기도 한다. 자녀들에게 끊임없이 명령하는 부모가 있는가 하면,

아이들이 무엇을 하든 내버려두는 부모도 있다. 다들 자신이 선호하는 육아 방법이 아이들의 삶을 고난으로부터 보호해줄 거라고 믿는다.

의도는 좋으나, 불안에 기반한 이 모든 신념(그 외 많고도 많은 신념)은 사실상 입증해낼 수 없다. 특정 정치인이 당선되었을 때 무슨 일이 벌어질지는 전혀 알 수 없다. 평생 건강한 식생활을 유지하고도 병에 걸리는 사람들이 있다. 아이들은 양육 방식과 관계없이 고난을 겪게 마련이다.

그렇지 않다고 주장하면서, 입증할 수 없는 사실을 입증하려고 애쓰는 일은 스트레스를 유발하고 쉽게 지치게 만든다. 이와 달리 이 책에서 제안하는 방법을 포함해 불안을 가라앉히는 요령을 실천하면, 불안의 속임수를 알아차릴 수 있게 된다. 내게 두려움만 안겨주는 이야기들을 알아채고 의문을 제기하며, 그 이야기들을 물리치고, 대신 내 삶을 즐겁고 의미 있게 만드는 일에 집중하게 될 것이다. 이렇게 되면 여러분은 건강한 세포처럼, '무시무시한 거짓말'이라는 바이러스를 스스로 감지하고 물리치게 될 것이다.

여기서 이런 의문이 들 수도 있다. "잠깐만요! 요즘 뉴스 보셨나요? 험악한 일들이 실제로 벌어지고 있다고요. 그런 일들이 정말로 일어나고 있고, 언젠가는 제게도 닥칠 거예요. 나의 불안이 들려주는 이야기들은 다 진짜예요!" 다시 말하지만, 이는 충분히 이해할 만한 반응이다. 그럼에도 여전히, 그것은 여러분의 현재 순간에 관한 진실이 아니다. 천천히 길게 숨을 들이마시고 끝까지 내쉬어보자. 그리고 주위를 둘러보며 '표범'—즉, 무서운 생각과 달리, 지금 여기 물리적으로 존재하는 임박한 위험—이 없는지 살펴보자. 만약 실제로 위험이 있다면 행동에 나서야 한다. 그러나 이 순간 물리적으로 안전하다면 이렇게 말할 수도 있을 것이다.

"와, 정말 흥미롭네! 나는 지금 불확실한 위험 앞에서 과도하게 예측하고 반응하고 있었어!"

혹은 이보다 더 따뜻한 말을 스스로에게 건넬 수도 있다.

"괜찮아. 문제 될 것 없어. 긴장 풀어도 돼. 내가 바로 여기, 네 곁에 있어."

참나 에너지에 닿을 때까지 '친절한 내면 대화[KIST]'를 꾸준히 실천하자. 호흡이 더 수월해지고, 근육의 긴장이 조금씩 풀리는 것이 느껴질 때까지 충분히 해보자. 이 과정을 통해 우리는 다시금 본연의 나와 소통하게 된다. 본연의 나는 평온함, 명료함, 자신감, 호기심, 용기, 연민, 연결감, 창조성을 지닌 하나의 의식이다.

기억하자. 여기서 실제로 해야 할 것은 아무것도 없다. 세포가 손상되었다고 해서 내가 직접 나서서 그 세포들을 치유할 필요가 없듯이, 내 정신을 치유하는 과정도 내가 진두지휘할 필요는 없다. 사실, 그러려고 해도 불가능하다. 다만 지금 여기에 '진짜 존재하는 것'에 항복하기만 하면 된다. 그러면 자연의 지성이 스스로 치유할 수 있고, 또 분명 그렇게 될 것이다.

내 불안을 가만히 지켜보기

우리가 번성하기 위해 필요한 두 가지 중 하나는, 앞서 말했듯 거짓 신념이라는 독소를 피하는 것이다. 그리고 나머지 하나는 '영양분을 섭취하는 것'이다.

그 출발점은, 나의 불안을 곧이곧대로 믿기보다는 평온한 어머니가 겁먹은 아이를 조용히 지켜보듯, 내 불안을 지켜보는 데 있다. 지금 내게 어떤 일이 벌어지고 있는지 관찰하고 궁금해하기 시작하는 순간, 호기심이 생기고, 그 호기심이 용기와 연결로 이어진다. 이렇게 우리는 다시 '참나'의 임계치에 다다르고, 거기서 상상력을 길어 올릴 수 있다. 이 상상력은 이제 더 이상 무시무시한 이야기를 지어내는 데 쓰이지 않는다. 대신, 까다롭고 어려운 상황을 변화시키는 '창조의 촉매제'로 작용한다.

예를 들어보자. 언론인 마리아 레사 Maria Ressa 는 로드리고 두테르테가 집권하던 시절, 필리핀 정부의 부패를 보도해 2021년 노벨평화상을 수상했다. 두테르테 정부는 이에 대응해 매우 조직적이고 대규모로 레사의 평판을 훼손하고, 심지어 그녀의 생명을 위협하는 흑색선전 캠페인을 벌였다. 수십만 개의 공격적인 이메일과 소셜미디어 게시물이 쏟아졌고, 한때는 단 1시간 사이에 90건이 넘는 혐오 발언과 살해 위협이 쏟아진 적도 있었다.

이 상황에서 레사는 어떻게 대응했을까? 그녀와 그녀의 팀은 엄청난 불안을 유발할 수 있는 이 상황에 굴복하지 않기로 했다. 대신 그들은 '호기심'을 발휘했다. 공격 캠페인 자체를 분석해보기로 한 것이다. 그 결과, 한 가지 흥미로운 사실이 드러났다. 인터넷에서는 사실보다 거짓말이 훨씬 빠르게 퍼진다는 것이다. 수치로 보자면 무려 6배나 더 빨랐다. 실제로 벌어지는 일에 대한 단순한 진실만으로는 이처럼 빠르게 확산되는 거짓을 감당할 수 없었다. 그러나 레사의 팀은 또 하나를 발견했다. 거짓말만큼 빠르고, 때로는 더 강력하게 퍼져 나가는 힘. 바로 '영감'이었다.

불안이 강박적인 상상력의 최종 산물이라면, 영감은 창의적인 상상력의 가장 깊고도 아름다운 결실이다. 우리가 영감을 받을 수 있도록 자신을 열어둘 때, 마음은 불안에서 벗어나 긴장을 풀고, 우리 영혼에 영양분을 주는 가능성에 자연스럽게 집중하게 된다.

이 연습은 어디에서든 바로 실천할 수 있다. 천천히 심호흡하며 주변을 바라보고, 지금 이 순간에 집중해보자. 내가 안전하다는 사실을 자각하며, 4장에서 떠올렸던 기억―평온함, 명료함, 용기, 창조성을 발휘했던 그 순간 중 하나―을 다시 생각해본다. 그 장면을 최대한 생생하고 구체적으로 되살리고, 그 느낌을 온전히 음미한다. 겸손이라는 이름의 자기 축소는 잠시 내려놓고, 내 안의 가장 좋은 모습을 구현해낼 수 있는 능력에서 영감을 얻는다. 여러분은 이 복잡한 세상을 살아내기 위해 매일 최선을 다하고 있는, 놀라울 만큼 용기 있는 존재다.

강박적인 사고에 사로잡힌 사람은 불안을 퍼뜨리지만, 대담한 창의성으로 살아가는 사람은 영감을 전파한다. 내가 인생의 영웅으로 여기는 한 사람, 루스 킬팩 Ruth Killpack 은 십 대 자녀 다섯을 돌보며 살던 어느 날, 뇌종양으로 남편을 잃었다.

"무엇을 해야 할지 몰랐지만, 스스로 방법을 찾아낼 수 있으리라 믿었어요."

그녀는 내게 이렇게 말했다.

그 뒤 루스는 마흔 중반에 다시 학교로 돌아가 심리학 학사를 마쳤고, 결국 박사 학위까지 취득했다. 20여 년 뒤, 나는 불안과 우울, 그리고 신체 질환으로 고군분투하던 시기에 치료사로서 그녀를 다시 만나게 되었다.

솔직히 그녀는 다른 상담가들처럼 부드럽지 않다. 다른 일곱 명의 여성과 함께한 집단 상담에서 루스의 역할은 코치에 더 가까웠다. 말하자면, 그녀는 늘 이런 식이었다. "여러분 인생에 어떤 일이 벌어졌든 그건 중요하지 않아요. 반드시 해결책은 있어요. 늘 해답으로 가는 길이 존재하니까요. 그 길을 찾고, 또 찾고, 계속해서 찾아내세요."

나와 다른 동료 환자들은 루스의 격려 속에서 막다른 골목처럼 보였던 문제들을 하나씩 돌파해 나갔다. 누군가는 너무 큰 고통에 짓눌려 걷거나 손을 움직일 수조차 없는 날에도 아이들을 돌봐야 했고, 누군가는 배관공을 부를 형편이 되지 않아 직접 화장실 배관을 고치는 방법을 고민하고 있었으며, 또 어떤 여성은 학대 상황을 벗어난 뒤 새로운 진로를 어떻게 시작할 수 있을지 고민했다. 공통적으로, 누구나 불공정한 사회 구조에 맞서 단호하고 의미 있게 싸우는 방법에 대해 알고 싶어 했다.

루스는 스스로 말한 것을 행동으로 증명하는 사람이었다. 그녀는 인생의 모든 난관 앞에서 평온하게, 창의적으로, 용기 있게, 연민을 품고 반응하는 쪽을 선택했다. 부유하지도, 유명하지도 않았지만, 그녀는 만나는 모든 사람에게 영감을 전하며 많은 이들의 삶을 변화시켰다. 그리고 나 역시 그중 하나였다.

같은 마음으로 연결되는 사람들

루스와 레사처럼 영감을 주는 사람들은, 그들에게 배우고자 하거나 같은 목적을 추구하는 이들을 자연스럽게 끌어당긴다. 흥미롭게도, 앞서 언급했듯이 이렇게 모인 이들을 하나의 '세포'로 볼 수도 있다. 모든 인간은 취향, 관심사, 가치를 공유하는 사람들을 찾아 스스로 무리를 이루는 경향이 있다. 여러분도 여러 사회적 '세포'에 속해 있을지 모른다. 이를테면 같은 학교나 직장에서 만난 친구들 모임, 좋아하는 밴드를 함께 응원하는 팬들, 반려 미니 돼지를 키우는 사람들, 암벽 등반에 진심인 사람들, 게이머, 제빵사, 원예사 등이 모두 해당된다.

 우리 몸 안의 세포들이 무리 짓는 방식을 확실히 말해줄 수 있는 사람은 없다. 여러분이 고작 메뚜기만 했을 때(말 그대로다. 여러분의 몸 길이가 2mm에 불과했을 때), 여러분 몸속 세포 몇몇은 서로 엉겨 붙어 같은 리듬으로 움직이기 시작했다. 그 시간이 다 지나간 지금도 여러분의 심장―이제 30억 개의 세포가 모여 단단해진 기관―은 고동치고 있다. 뇌는 그보다 훨씬 더 경이롭다. 1천 710억 개의 세포로 이루어진 뇌는 내 몸을 작동시키고 생각들을 떠올릴 뿐 아니라 끊임없이 자신을 재구성하면서 무리를 이루어 다양한 목적을 달성한다. 반드시 해결하고 싶은 문제에 부딪혔을 때, 여러분의 세포들이 모여 이룬 몇몇 집단은 '원전이'(8장 참조)를 완성해, 여러분의 내면세계를 환하게 비춰준다.

우리 몸의 세포 집단들, 그리고 공동의 이상 아래 형성된 사회적 세포들은 둘 다 놀랍도록 탄력성이 높다. 반면, 일반적인 사회 조직(정부, 관료제, 공장)은 이런 특성을 갖지 않는다. 그런 조직들은 '연결하고자 하는 욕구'를 기반으로 작동하지 않기 때문이다. 기계와도 같은 이 조직들에서는, 서로 모르거나 데면데면한 사람들이 추상적인 규칙에 따라 배치된다. 그들은 뚜렷한 직책과 서열을 갖추고 있으며, 명령을 내리고 이를 따르는 사람들이 정해져 있다.

이런 조직은 최고 지도자가 사라지거나, 피라미드 구조의 밑바닥에 있는 사람들이 반란을 일으키거나, 외부로부터 급격한 변화가 밀려오는 환경에 놓이면 쉽게 붕괴된다.

반대로 사회적 세포들은 파괴가 거의 불가능하다. 이런 이유로 점령지역에서 활동하는 저항군들, 나아가 테러리스트처럼 더 흉악한 의도를 가진 사람들이 이런 조직 구조를 활용한다. 좋은 쪽으로든 나쁜 쪽으로든, 기존 문화를 거스르고자 하는 이상을 품은 사람들은 자연스럽게 이런 식의 조직을 따르게 된다.

구성원 중 한 사람의 '정체가 탄로 나더라도', 그 사람은 같은 집단에 속한 모든 사람을 배신할 수 없다. 그 집단에 누가 속해 있는지 모르기 때문이다. 지도자가 따로 없는 까닭에 집단의 지도자를 넘겨줄 수도 없다. 이 세포들은 스스로 형성하고 보수하는 까닭에 그들의 연결은 느슨하고 자발적인 방식으로 늘 부드럽게 교체된다. 이는 세

링턴이 말했던 '하위 패턴들이 바뀌면서 조화를 이루는' 뇌의 작동 방식과도 유사하다.

만약 구조화된 위계질서 속에서 평생 살아왔다면, 사회적 세포가 주변에서 어떻게 형성되는지 알아차리기 어려울 수 있다. 어쩌면 여러분은 남자가 여자보다 더 큰 권한을 갖는 가족 구조에서 태어났을 수도 있고, 백인이 유색인보다 우호적으로 대접받는 사회에서 자랐을 수도 있으며, '금을 가진 자가 규칙을 정한다'는 말이 실제로 통용되는 조직에서 일해 왔을지도 모른다. 어쩌면 매일 두려움 속에서 눈을 뜨고, 뭔가를 손에 넣기 위해 온종일 쫓기듯 살아가는 구조 속에 성인기를 보냈을지도 모른다.

어느 순간에서든 이런 불안의 문화를 그만 쫓고 자신의 창의성에 집중하기 시작할 때, 창조가 만들어내는 '무리 지음의 마법'을 경험하게 될 것이다. 그리고 이때 '마법'이라는 말이 결코 과장처럼 들리지 않을 것이다. 그 예로, 내 삶에 떠밀려오듯 다가온 하나의 무리에 대한 이야기를 여러분에게 들려주려고 한다. 이런 일이 왜 벌어졌는지, 나로서는 지금도 알 길이 없다.

나는 아주 작은 아이였을 때부터 강렬한 사명감을 느꼈다. 다만 그 사명이 무엇인지는 전혀 알지 못했다. 하지만 자라는 동안 다른 사람들—대체로 낯선 사람들—을 보게 되었는데, 그들은 마치 스포트라이트 불빛을 받는 것처럼 환하게 빛나 보였다. 그런 사람을 볼 때면 이런 생각이 들었다. '아, 우리는 같은 팀이구나!'

무슨 팀인지는 전혀 알 수가 없었다.

수십 년 동안 누구에게도 이런 이야기를 꺼내지 않았다. 너무 이상한 생각인 것 같았고, 이 이야기를 꺼내면 미친 사람처럼 보일 거라고 확신했다. 성인기에 들어서면서 상황은 점점 더 이상해질 뿐이었다. 내가 일종의 공인이 되기 훨씬 전일 때도, 거의 일면식이 없는 사람들이 때때로 내게 다가와 이렇게 물었다. "혹시, 우리 같은 사명을 갖고 여기에 온 거 아닐까요? 우리가 지금 여기서 무엇을 하고 있는지, 아시나요?" 그렇게 묻는 사람들에게 나는 이렇게 말해줄 수밖에 없었다. "그거야 알 수 없죠. 하지만 저도, 같은 느낌이 들어요."

박사 과정을 밟으며 사회학자로서 사고하기 시작했을 무렵, 나는 이렇게 스스로 무리를 짓는 '팀'에게서 보이는 일정한 패턴들을 하나씩 목록으로 만들기 시작했다. 나와 연결되었던 그 사람들은 강력한 사명감과 더불어 몇 가지 공통된 특성을 공유하고 있었다. 이를테면 다음과 같은 것들이다.

- 그들 모두 망가진 것—개인의 마음, 인간 문화, 해양이나 숲과 같은 생물 군계, 심지어 자연계 전체—을 치유하려는 강렬한 욕구를 느꼈다.
- 많은 사람이 특정 주제—생물학, 생태학, 사회과학, 의학, 특정 언어—를 배우고 싶다는 강렬한 욕구를 느꼈다.
- 그들은 권력을 휘두르는 데 거의 관심이 없었는데도 종종 사업, 학문, 정치 분야에서 권위 있는 자리에 오르기도 했다.
- 그들 자신이 중대한 신경다양성을 지녔거나, 사랑하는 사람이 사회에서 '정상적으로' 기능하지 못할 정도의 신경다양성을 가진 경우도 종종 있었다.
- 그들은 종종 젠더퀴어genderqueer*거나 사회가 정의하는 성별에 저

항하는 사람들이었다.
- 그들은 매우 상상력이 풍부하고, 창의적이며, 독창적으로 생각하는 사람들이었다.
- 그들은 자연을 사랑했고, 촘촘한 위계가 있는 공동체나 환경 속에 사는 것을 싫어했다.
- 그들은 지나칠 정도로 정서적으로 민감했고, 다른 존재들의 고통을 외면하지 못했다.
- 그들은 자신의 민감성 때문에 불안, 우울, 나아가 정서적 고통을 무디게 하는 다양한 중독 행동에 취약했다.
- 그들 모두 사람들의 사고방식에 거대한 변화를 몰고 오는 데 보탬이 되고자 여기 있다고 느꼈고, 이를 아주 어릴 때부터 느끼는 경우가 많았다.

많은 사람이 이런 특성 가운데 몇 가지를 지니고 있다. 그러나 위에서 말한 '팀'에 속하는 사람들을 더 많이 만날수록, 그들이 이런 특성의 대다수 또는 전부를 일관되고 구체적으로 설명하는 것을 보면, 이는 우연의 일치를 훨씬 넘어서는 듯했다.

그렇게 공동의 연결고리를 하나하나 짚어가다 보니, 나의 '팀'은 의료인, 주술사, 그 외 여러 전통문화권에서 신비스럽게 여겨지는 사람들에게서 흔히 발견되는 성향과 겹쳐졌다. 실제로 그들 중 몇몇은 의료인이거나 그런 전통에 속한 주술사들이었다.

* 기존의 이분법적인 성별 구분을 벗어난 성 정체성을 가진 사람을 일컫는 말 – 옮긴이.

중년에 접어들면서 나는 마침내 이 느슨하고 자기 생성적인 '팀'의 존재를 믿는다는 사실을 세상에 드러내기로 결심했다. 그리고 이러한 내용을 『자유로운 신세계에서 나의 길을 찾다 Finding Your Way in a Wild New World』라는 책 속에 담아냈다. 비난이 따르리라 각오했고, 실제로도 정말 그랬다. 학계와 출판업계 종사자, 일반 독자들까지 내가 내 전문 분야를 지나치게 넘어섰고, 무리한 일을 시도했으며, 제정신이 아니라고 말했다. 당시에는 정말 내 작가로서의 이력이 이렇게 끝났다고 진심으로 생각했다. 그런데 놀라운 일이 벌어졌다. 어떤 독자들은 책을 읽고 눈물을 터뜨렸다며, 자기와 같은 부류가 더 있을지 모른다는 것을 처음 깨달았다고 말했다.

물론 요즘에는 팀과 사명에 관한 내 생각을 전혀 숨기지 않는다. "클리블랜드에서 오신 분 계시나요?"와 같은 말을 크게 내뱉는 코미디언들이 있다. 나도 그런 식으로 청중을 향해 소리친다. "여기 계신 분 중, 인간의 의식을 변화시키는 데 보탬이 되겠다는 생각을 늘 해오신 분 있으신가요?" 군중의 성향에 따라 다르지만, 모인 사람의 5%가 손을 들기도 하고, 25%가 손을 들기도 하고, 거의 모든 사람이 손을 들 때도 있다.

이들을 더 자세히 조사해보면, 몇몇 사람은 목요일에 점심을 먹고 나면 성스러운 치즈볼이 우주선을 타고 와서 자신들에게 금을 쏟아부을 거라고 진심으로 믿는다. 하지만 그 외 절대다수는 지극히 정상적인 사람으로 보이며 다수가 의사, 치료사, 교수, CEO, 과학자, 교육자로서 큰 성취를 거둔다.

나는 수십 년간 이 '무리 지음', 즉 연민 어린 '잠재 세포들'이 모인 집단에 관해 깊이 궁리해왔다. 이 무리는 계속 스스로 형성하고, 나로서는 도저히 이해할 수 없는 무언가의 인도를 받는 듯하다. '대체 여기서 무슨 일이 벌어지고 있는 걸까? 이 사람들은 무슨 일을, 왜 하고 있는 것일까?'

내가 얻은 유일한 답은 T. S. 엘리엇의 시 〈이스트 코커 East Coker〉에서 찾을 수 있었다. (여러분도 기억하겠지만 이 해답은 주로 농담, 노래, 시에 사용되는 언어를 쓰는 우반구가 던져주었다.) 이 시에서 그는 이렇게 말했다. "난 내 영혼에게 말했다. 고요하라."

이는 그의 영혼이 희망, 사랑, 믿음, 심지어 생각도 품지 않고 기다려야 함을 의미했다. 같은 시에서 엘리엇은 또 이렇게 말했다. "생각하지 말고 기다려라. 너는 아직 생각할 준비가 되지 않았으니."

'위어드' 문화의 관점에서 보면 이는 매우 기이한 지침이다. '무지의 마음'을 권하는 것이기 때문이다. 그러나 의식의 변화를 경험하길 희망하는 모든 사람에게는 탁월한 안내다. 만약 이 변화가 자기의 사고방식에 일어날 예정이라면, 현재의 사고방식으로는 그것을 이해할 수도 없거니와 제대로 예측할 수도 없기 때문이다.

그래서 나는 우리 집단의 사명을 어렴풋하게 이해한 한 마리 두꺼비로서, 이 난해한 상황들을 지켜보고 헤쳐 나가며 고민한다. '무지의 마음'을 굳건히 지키고(내가 가진 유일한 마음이므로 굳건히 지키기란 어렵지 않다), 내가 느끼는 이 '팀'에 대한 끌림이 마치 뇌세포들이 서로 조화를 이루며 작동하는 감각과 닮았는지를 가늠해본다. 무엇이 그런 흐름을 이끄는 걸까? 도道일까? 포스 Force 일까? 무한한 의심의 바다일까? 나도 모르겠다. 그래서 나는 기다린다. 믿음, 사랑, 소망도 전부 기다리는 중이다. 언젠가 기회와 영감이 찾아오면, 그때가 되어야 비로소 움직일 수 있을 것이다.

나의 사명이 우선이다

나의 사명을 완수하는 것—다시 말해, 나만의 온전한 퀼트를 엮고, 오직 나만이 창조할 수 있는 삶을 살아가며, 불안한 뇌에서 깨어 있는 뇌로 전환해 가는 것—이야말로 나의 '팀'에 속한 다른 구성원들과 무리 짓는 최고의 방법이라고 상상해보자. 이렇게 마음이 맞는 사람들과 어울리고, 가능한 한 깊이 있게 배우고 창조하기 위한 심층 연습에 몰두하면, 나의 작은 좌반구 또한 스스로는 절대 파악할 수 없는, 크고 섬세하며 복합적인 아이디어와 해법을 만드는 데 기여할 수 있을 것이다. 그 이미지에서 영감을 얻자.

하나의 뇌세포가 어떤 방식으로 주변 세포들과의 병치를 이루는지 알 수 없듯이, 여러분도 지금 자신이 어떤 모험을 시작하고 있는지 정확히 알 수는 없을 것이다. 하지만 분명한 것은, 불안이 지어내는 거짓말로부터 멀어질 수 있다는 것이다. 불안의 소용돌이에서 벗어나, 호기심을 따라 계속해서 창의성과 창조의 영역으로 나아가자. 이렇게 매번 회복할 때마다 진실, 마법, 사명에 한 걸음 더 가까워진다. 데이비드 포스터 월리스 David Foster Wallace 가 말했듯이, "진리가 당신을 자유롭게 할 것이다. 다만, 당신 안에서의 작업이 끝났을 때야 비로소 가능하다." 여러분의 진리가 여러분을 자유롭게 하는 그 순간, 여러분은 자신이 얼마나 놀라운 방식으로 쓰임 받고 있는지를 발견하게 될 것이다.

우리는 무엇을 할 수 있을까

나는 론돌로지를 방문할 때마다 온몸에 긴장이 풀리며, 자연환경 속으로 스며드는 듯한 느낌을 받곤 했다. 그곳의 자연은 우리 인간이 아프리카 남부에서 진화하면서 처음 마주했을 법한 환경과 사뭇 비슷해 보였다. 단 론돌로지에는 '훼손된 낙원'의 이야기가 담겨 있다. 한때 소를 키우는 데 사용되었던 그 땅은 지나친 방목 끝에 자생 식물들이 죽고, 토양마저 메말라 버렸다.

그러던 중 데이비드 바티 David Varty 와 존 바티 John Varty 라는 십 대 소년 두 명이 갑작스러운 부친의 사망으로 그 땅을 물려받게 되었다. 형제는 이른바 '에덴의 회복'을 시도하기로 했다. 먼저 외래종 가시넝쿨을 제거하고, 침식된 흙 고랑을 메워 자연 수로를 회복시켰다. 그러자 자생 식물들이 돌아왔고, 뒤이어 동물들도 하나둘 모습을 드러냈다. 오늘날 그곳 생태계는 거의 완전히 야생의 모습을 되찾은 상태다. 이 놀라운 복원은 그곳 주민들이 세심하게 환경을 돌보고, 식물과 동물 나아가 인간까지, 그곳에 사는 모든 생명체를 소중히 보살핀 결과였다.

이와 유사한 복원 활동은 세계 곳곳에서 진행되고 있다. 2011년, '리와일딩 유럽 Rewilding Europe'이라는 단체는 독일, 이탈리아, 루마니아, 불가리아를 비롯한 유럽 내 12개국에서 총 10곳의 각기 다른 지형의 생태계를 복원하기 위한 작업에 착수했다. 중국에서는 '재녹지화 프로젝트'를 통해 지금까지 총 3,174만 헥타르의 땅을 삼림으로 녹화했고, 2025년까지 270만 헥타르를 추가로 녹지화한다는 계획을 품고 있다. 이러한 노력은 과거 지나친 농작으로 사막이 된 지역을 변화시켰다. 단 10년의 복원 사업으로 그곳은 모래폭풍을 예방하고, 물과 토양을 보존하며, 농업을 보호하는 '녹색 만리장성'으로 거듭났다.

2001년, 나는 환경운동가 폴 호컨^{Paul Hawken}을 만났다. 그는 '한 세대 안에 기후 위기를 끝낸다'라는 목표를 가지고 있었다. 우리가 만났을 당시, 그는 『플랜 드로다운』이라는 책의 출간을 앞두고 있었다. '드로다운^{drawdown}'이라는 단어는 대기로부터 탄소를 끌어내어 기후변화를 되돌리는 것을 의미한다. 호컨의 책에 등장하는 과학자와 생태학자 수십 명은 이를 실현할 다양한 방법들을 하나의 기술적 청사진으로 정리해놓았다.

그렇다. 우리는 정말 할 수 있다.

불안을 자극하는 현실을 마주했을 때, 개인이 취할 수 있는 첫 번째 행동으로, 호컨은 책의 초반에서 이렇게 설명한다. "드로다운 프로젝트의 시작은 두려움이 아니라 호기심이었다." 물론 그는 지구 대기에 닥칠 종말적 파괴를 막는 일에 지대한 관심을 두고 있었지만, 그럼에도 그는 두려움이 아닌 호기심을 의도적으로 선택함으로써 연구를 매우 긍정적인 방향으로 이끌었다. 그 결과, 그는 생태학자 및 기후 전문가 수십 명을 인터뷰하여 우리 생존에 꼭 필요한 생물계를 치유할 다양한 해법을 찾아냈다.

이 집단도 여느 사회적 세포처럼 자생적으로 형성되었다. 호컨은 책의 초반에서 이렇게 밝혔다. "우리 연구진은 어떤 계획을 세우거나 고안하지 않았다. … 이미 세상에 존재하고 있던 계획과 청사진을 인류가 지닌 집단 지성의 형태로 발견했을 뿐이다." 몇 번을 다시 살펴보아도 이 집단 지성은 불안 대신 창의성을 선택한다.

자신의 창의성, 연민 그리고 내면의 천재성을 좇는 사람들이 모인 작은 집단은, 때로 거대한 변화를 빠르게 일으킨다. 앞서 살펴본 소방관 와그너 도지를 생각해보자. 그는 눈앞에 다가온 불가피한 파멸을 응시하던 중, 어떻게 하면 살아남을지를 갑자기 정확히 깨달았다. 당시 그의 팀원들은 싸우거나 도망치느라 그 통찰을 이해하지 못했지만, 도지가 살아남은 뒤로 전 세계 소방관들은 그의 발견을 활용하기 시작했다.

만약 인류라는 우리 종 전체가 지구의 신피질이라면, 한 사람의 창의적인 우반구에서 나온 아이디어는 거의 즉시 전 세계에 뻗어 나갈 수 있다. 깨어남을 얻은 한 사람의 뇌가 어느 순간 번뜩이는 이해력과 의지를 만들어내면, 우리 모두 영감을 받아 각자의 사명을 따르는 가장 보람 있는 삶을 사는 동시에, 지구 역시 치유될 수 있다.

내가 호컨을 만난 곳은 생태 정상회의도, 학술 회의장소도 아니었다. 우리 둘의 친구이자 영적 스승인 바이런 케이티 Byron Katie의 집에서였다. 케이티의 전문 분야는 내담자가 자신을 괴롭히는 생각에 의문을 던지도록 도움으로써 그 사람을 치유하는 것이었다. 앞서 말했듯이 그녀의 방법(여러분도 자세히 살펴보기를 강력히 권한다)은 나의 불안이 항상 내게 거짓말한다는 것을 깨닫게 해주었고, 깨어남을 위해 내가 실제로 취할 행동은 대개 그 무서운 생각과 정반대라는 것도 알려주었다.

이러한 예로 호컨은 "지구 온난화는 우리에게 벌어지고 있는 일이다"라는 생각에서 출발해, 정반대의 가능성인 "지구 온난화는 우리를 위해 일어나고 있다"라는 관점에 도달했다.

전치사를 바꿔 생각해보자. 지구 온난화가 우리에게 일어나고 있다가 아니라, 우리를 위해 일어나고 있다고 생각하면 어떨까? 이런 관점에서 보면, 지구 온난화는 우리가 만들고 행하는 모든 것을 바꾸고 재해석하도록 영감을 불어넣는다. 그것은 우리로 하여금 새로운 세계에서 새로운 삶을 시작하도록 우리를 초대하는 셈이다. … 우리에게 지구 온난화는 창의력, 연민, 천재성을 깨우고, 혁신과 변화를 이끌어내는 세계로 향하는 초대장이다.

좌반구의 두려운 확신과 반대로 행동하라는 말은 이상하게 들리겠지만, 이렇듯 불안이 아닌 창의성에 기반해 생각하면 우리에게 가능성이 열린다. 호컨과 나는 우리 삶의 사명을 향해 움직이기 위해 반드시 이 점을 이해해야 했다. 그래서 우리는 케이티의 치유 작업을 중심으로, 자발적으로 느슨하게 조직된 하나의 세포처럼 무리를 이루었다. 우리는 지침과 아이디어를 공유한 다음, 각자의 팀과 과제를 향해 흩어졌다.

이런 방식으로 형성되는 문화는 기계보다 생명체에 가깝다. 쇠우리 같은 시스템과는 정반대다. 좌반구 중심의 문화가 경직된 구조를 따르는 반면, 사회적 세포는 유동적이다. '위어드' 사회에서는 부, 권력, 지위의 피라미드 위를 올라가야 하지만, 사회적 세포들은 열의, 공유, 창의적 통찰의 어울림 속에서 형성된다. 훈련받은 공학자 집단보다 스파게티 탑을 더 빠르고 훌륭하게 쌓는 다섯 살 아이들처럼, 자신의 창의적 천재성을 따르는 사람들은 위계적 구조로는 절대로 도달할 수 없는 해법을 찾아낸다.

역사에는 이런 과정을 보여주는 사례들이 넘쳐난다. 미국의 민주주의를 일군 사람들은 각자의 결함에도 불구하고 유럽의 군주제를 무너뜨리고 새로운 정부를 수립하고자 한데 모였다. 프랑스의 인상파 화가들은 문자주의의 한계를 밀어젖히고, 빛과 감정을 그림에 담아내기 시작했다. 또한 다수의 사상가 및 버지니아 울프, E. M. 포스터와 같은 작가들로 구성된 블룸즈버리 그룹(1907~1930년에 영국 런던의 블룸즈버리 구에서 결성된 문학가 모임. 시간이 지남에 따라 다양한 분야의 재능 있는 사람들이 함께했다 - 옮긴이)은 문학, 미학, 경제, 페미니즘, 평화주의, 성을 대하는 사람들의 사고방식을 바꿔놓았다.

사회적 세포의 힘을 빌려 내 삶의 문제를 해결하고 싶다면, 관심사를 공유하는 온라인 그룹에 참여해보자. 큰돈을 들이지 않고 집 꾸미기, 더 친근한 햄스터 기르기, 기분 좋은 가족 여행 계획하기, 밴에서 안락하게 생활하기, 잡동사니 나무로 의자 만들기 등 무엇이든 좋다. 너무 깊게 빠지지도 말고, 만나는 사람마다 매달릴 필요도 없다. 나의 관심과 주의가 자유롭게 떠다니도록 두자. 나의 창의력에 불을 붙이거나 연결감을 느끼게 해주는 사람이나 댓글이 있다면 눈여겨보자.

 위에 나열한 가벼운 주제부터 중증 질환 대처법 등의 무거운 해법까지 어떤 주제를 다루든 간에, 같은 문제를 고민하고 같은 문제와 씨름하고 있는 사람들이 있다. 온라인 게시판에 나의 고민을 올리는 등 간단한 행동으로 그런 사람들과 힘을 모아보자. 그러면 통찰과 정보를 교환하는 장이 열릴 것이며, 여러분의 세계 전체를 바꿔놓을 수 있는 살아있는 사회적 세포로 연결될 수 있다.

피라미드와 웅덩이

 신경다양성을 지닌 내 뇌가 이리저리 어슬렁거리며 다양한 관심사를 기웃거리던 어느 날, 문득 이런 상상을 해보았다. 만약 많은 개인이 저마다의 방식으로 깨어남을 경험한다면, 인간 문화는 어떤 모습이 될까? 이에 대한 답으로 떠오른 것은 좌반구다운 개념이 아니라 우반구다운 이미지였다.

 내 머릿속에 펼쳐진 그림은 하나의 물웅덩이였다. 이것은 인간의 생각, 감정, 경험의 집합체를 상징하는 은유였다. 각 개인의 공헌은 웅덩이 표면에 내려앉는 비눗방울 같았고, 그 비눗방울 하나하나가 물결을 일으켰다. 그렇게 생긴 물결들은 서로 영향을 주고받으며, 각 사람의 에너지가 전체에 영향을 주고 있었다.

 그러다 문득 이런 질문이 떠올랐다. 하지만 지금의 문화—부와 특권으로 이루어진 경직된 피라미드—가 어떻게 이런 웅덩이로 바뀔 수 있을까? 웅덩이에는 위계질서와 같은 것이 전혀 없지 않은가? 곧이어 나의 뇌가 또 다른 그림을 내밀었다. 그 그림이 너무 선명하고 강렬해서 직접 만들어보기로 했다. 유리로 된 납작한 파이 접시를 꺼내어 그 위에 각설탕으로 피라미드를 쌓았다. 단단하고 각이 진 명확한 구조를 마주하자 이런 생각이 들었다. '이것이 지난 수 세기 동안 인간 사회를 지배해온 의식의 형태로구나.' 다음으로 물 한 잔을 가져다 놓고 생각했다. '이건 깨어남을 얻은 의식이구나.'

그 물을 접시의 한쪽 가장자리에 붓고 가만히 기다렸다. 처음에는 아무 일도 일어나지 않았다. 그러다가 피라미드 밑바닥에 있는 각설탕들이 갈라져 부서지기 시작했다. 모세관 현상에 따라 다음 줄로 물이 올라가면서 그 줄의 각설탕들도 녹아내리기 시작했다. 이렇게 피라미드는 천천히 아래에서 위로 올라가며 허물어지기 시작했다. 거의 모든 각설탕이 녹아내릴 때까지도, 꼭대기 층은 여전히 마르고 단단한 모양을 유지하고 있었다. 그러다가 가장 높은 곳에 있던 각설탕도 물을 빨아들이기 시작하더니, 결국 그것도 녹아버렸다.

접시 위에 있던 설탕 중에서 완전히 사라진 것은 하나도 없었다. 그 위에 얹어 두었던 것은 모두 그 자리에 남아 있었다. 딱딱하고 불투명한 형태만 사라졌을 뿐이었다. 시간이 주어지면 물은 토양도, 시멘트도, 심지어 화강암도 닳아 없어지게 만들 수 있다. 좌반구 중심의 사고방식은 무엇이든 움켜쥐고 지키는데 집중하며, 유동적인 것은 단단한 것보다 약하다고 본다. 그러나 '쉼 없이 매일 떨어지는 물방울은 가장 단단한 바위도 닳게 만든다'. 적응하고 포용하는 힘은 결국 거부하고 배제하는 힘을 넘어설 것이다. 『도덕경』에 적혀 있듯이 "거대한 두 힘이 서로 맞설 때, 승리는 양보하는 자에게 돌아간다."

'피라미드와 웅덩이'의 은유를 실험한 이후로, 나는 그것을 렌즈 삼아 역사의 한순간을 차지하고 있는 우리 모습을 바라보았다. 모름지기 사람들은 고통 속에 있을 때 깨어남을 찾는다. 이를 고려하면 우리 사회의 피라미드 밑바닥 가까이에 있는 사람들 또는 이 피라미드에서 아예 배제당한 이들이 먼저 깨어날 가능성이 더 높을지도 모른다. 분명 그들은 특권을 안고 태어난 사람보다 잃을 것이 적다. 그들이 '깨어나' 자아의 경계가 풀어질 때, 그 마음 하나하나가 유동적이고 개방적으로 변하며, 양극화보다 포용을 택하게 된다.

지금 우리에게 필요한 것은 더 많은 '혁명'이 아니다. 누군가를 밀어내고 다른 이가 피라미드의 꼭대기를 차지하는 식의 잔혹한 전복은 필요치 않다. 우리에게 필요한 것은 깨어남 속에서 일어나는 자아의 용해다. 위 은유에서 물에 해당하는 우반구의 의식은 설탕을 거부하지 않는다. 그것을 투명하고 유동적으로 만들되 그 본질은 포용한다. 이처럼 우리의 우반구는 모든 관점을 인정하고 역설과 양극성, "나는 안다!"는 확신의 마음과 무지의 마음을 모두 담은 채, 그 어느 것도 파괴하지 않는다.

참나가 내 고집을 녹이는 방법

변호사 겸 활동가인 밸러리 카우어는 사랑하는 친구가 인종차별주의자에게 살해되었을 때 망연자실했다. 술집에 있던 그 살인자는 밖에 나가서 터번 쓴 사람은 누구든 쏘겠다고 큰 소리로 말했고 실제로 그렇게 했다. 그렇지만 카우어는 그 살인자가 자신의 정신과 마음을 영원히 닫아걸게 놔두지 않았다. 카우어와 가족은 그녀가 육아 잡지 〈페어런팅 Parenting〉에 소개한 다음의 과정을 따르며 치유의 길을 걸었다. 이 과정은 3단계로 이루어져 있다.

1   **상처를 간직한다.** 카우어는 이렇게 말했다. "상처가 내 몸 어디에 나타나는지 물어보세요. 상처를 알아차리는 것이 중요합니다. 저 아래로 밀어 놓으면 나중에 또 나타날 테니까요."
2   **사랑을 안으로 들인다.** 카우어는 이렇게 조언했다. "우리를 사랑하는 장소 또는 사람을 상상하고 이것이 몸에서 어떻게 느껴지는지 살펴보세요. 안으로 들인 사랑은 따뜻한 물과 같아서 내 몸 안에 있는 얼음을 천천히 녹이고, 새 기운을 북돋워 주거든요."
3   **예술과 행동을 선택한다.** "벌어진 일의 의미를 담아내는 시를 쓰거나, 그림을 그리거나, 이야기를 만들거나, 캠페인을 시작하세요." 자신의 창의성에 접근하고 이를 사람들과 나눌 때, 우리는 카우어의 말대로 "내가 혼자가 아니며, 다른 사람들을 자유롭게 하는 사랑스러운 무언가를 창조할 힘이 내게 있다"는 것을 알게 된다.

좌반구의 시선으로 보면, 이는 그저 딱한 말일 뿐이다. 아무리 좋게 보아도 한심한 수고에 지나지 않고, 최악의 경우에는 오히려 더 큰 파괴를 불러오는 일처럼 보인다. 하지만 FBI 인질 협상가 크리스 보스의 관점에서는, 이 같은 접근이 뇌의 정서적 반응을 가라앉히고 위험한 상황을 진정시키는 조언에 가깝다. 이 지점에서 우리는 물, 사랑, 그리고 깨어난 의식이 지닌 본질을 엿볼 수 있다. 그것들은 찌르거나 쏘거나, 폭력적으로 공격한다고 해서 다치거나 파괴되지 않는다. 오히려 그런 시도조차 결국 공격한 쪽의 에너지를 닳게 만들 뿐이다. 그 무엇도 공간이나 고요, 침묵에 상처를 낼 수 없다.

이런 이유에서 간디는 이렇게 말했다. "절망에 빠질 때면 역사를 통틀어 진실과 사랑의 방식이 늘 승리했다는 사실을 떠올린다. 물론 폭군과 살인자들도 있었다. 그들은 잠시 천하무적으로 보이겠지만 결국에는 어김없이 무너진다. 이 점을 기억하라. 항상."

나의 즐거움을 따라 불안에서 벗어나 창의성으로 나아가면, 창조가 살아 움직이는 사회적 세포 안에서 유동적으로 상호작용하는 자신의 모습을 발견하게 될 것이다. 각 개인과 집단이 일으키는 물결은 인류라는 커다란 웅덩이 전체에 영향을 준다. 내 마음속에서, 그리고 내 주변에서 불안 때문에 굳어 있던 구조들도 서서히 허물어지기 시작할 것이다.

지금 이 순간에도, 지구 위의 인류 전체는 역사상 유례없는 유동성의 흐름 속에서 이미 상호작용하고 있다. 우리가 더 많이 연결될수록, 집단적인 지혜에 다다를 가능성도 더욱 커진다.

다양성을 지닌 군중의 지혜

1907년, 과학자 프랜시스 골턴 Francis Galton 은 흥미로운 현상을 관찰했다. 한 카운티 박람회에서 군중에게 황소의 몸무게를 맞혀보라는 행사가 열렸고, 참가자들은 각자 추정한 숫자를 제출했다. 그 모든 추정값을 합산한 뒤 참가자 수로 나눈 평균값은, 놀랍게도 어느 한 사람의 추정보다 황소의 실제 몸무게에 더 가까웠다. 경제학자들은 이 현상을 '군중의 지혜wisdom of crowds'라고 부르며, 이는 다양한 상황에 적용될 수 있다고 본다. 어떤 경우엔, 군중이 그 집단을 이루는 개인 누구보다 더 정확한 판단을 내릴 수 있다.

여러분과 여러분이 속한 사회적 세포, 그리고 여러분과 상호작용하는 이들도 이런 '군중'이 될 수 있다. 우리는 각 개인의 집합이지만, 때때로 모든 개인을 초월하는 새로운 결과를 함께 만들어낼 수 있다. 마치 하나의 분자가 여러 원자를 포함하면서도 그들을 초월하고, 세포가 분자를 포함하면서 그 이상을 형성하며, 여러분의 몸이 세포를 포함하면서 그 자체로 더 큰 존재가 되는 것처럼 말이다.

깨어난 마음과 정신들이 자유롭게 상호작용한다면, 각자의 지혜를 담아내면서도 그것을 초월해, 우리 중 누구보다 더 지혜로운 어떤 것을 만들어낼 수 있다.

군중의 지혜가 가진 특징 중 가장 직관에 어긋나는 점은 바로 이렇다. 다양성을 지닌 군중일수록 더 지혜롭다는 사실이다. 물론 일부 군중은 선전이나 착각에 휘말릴 수 있다. 그러나 다양한 의견과 경험이 공존하는 군중은 그런 오류에 덜 휘둘린다. 더 많은 유입, 더 많은 생명체, 더 다양한 삶의 방식이 허용돼, 다양성을 갖춘 생태계나 사회적 세포는 회복탄력성도 강하다. 이처럼 사람들로 이루어진 군중도 서로 다른 관점과 차이를 가질 때 더 현명해질 수 있다. 단, 각자의 의견은 '독립적이며 타인의 영향으로부터 자유로워야' 한다.

우리가 안전하다는 메시지

다양한 군중이 현명한 군주가 될 수 있다면, 다운증후군이 있는 내 아들 애덤이 속한 군중은 지성인으로만 구성된 군중보다 더 지혜로울 수도 있다. 애덤은 자기가 아는 것이 매우 적다는 사실을 기쁘게 인정한다(애덤은 어떤 물음에든 "하나도 모르겠어요"라고 즐겨 말한다). 하지만 애덤도 참 신비 속에 살아가고 있다. 애덤이 경험하는 현실은, 우리 문화가 가치 있게 여기라고 가르치는 어떤 것보다 훨씬 더 경이롭다. 애덤은 번뜩이는 짧은 순간에 창조의 지성과 깊고 형언할 수 없는 관계를 맺고 있는 모습을 여러 번 보여주었다.

애덤은 눈에 띄는 일을 전혀 벌이지 않고 수년을 보낼 수도 있다. 하지만 때때로 그는, 내게 여전히 남아 있는 "나는 안다!"의 정신을 조용히 무너뜨린다. 언젠가 나와 몇몇 친구가 노트북 주위에 모여 '태양계의 모든 행성이 우주에서 내는 소리 All Planet Sounds from Space'라는 제목의 유튜브 동영상을 시청했을 때도 그런 일이 벌어졌다.

여러분도 구글에서 이 문구를 검색해봤으면 한다. 절대 실망하지 않을 것이다. 컴퓨터나 휴대전화로 이 영상을 재생하면, 한 우주선이 태양계 내의 다양한 행성 옆을 지나가며 수집한 라디오 방출음을 들을 수 있다. 소리로 전환한 이 녹화본은 외계 행성들이 특유의 으스스하거나 아름다운 음을 가지고 있다는 것을 보여준다. 지구는 윙윙

거리며 빽빽한 수풀을 헤치고 지나가는 바람처럼 거칠게 휘젓는 듯한 소리를 낸다. 금성은 거대한 티벳볼^{tibetan bowl}*과 같이 낮고 웅웅거리는 소리를 낸다. 목성은 흡사 파이프 오르간을 연주하는 듯하다. 천왕성은 백만 마리의 작은 새들이 지저귀는 듯한 소리를 낸다. (이 이야기를 파티 자리에서 무표정하게 해보라. 재미있을 것이다.)

친구들과 내가 이 모든 소리에 흠뻑 빠져 귀를 기울이고 있는데, 애덤이 우리 옆을 지나가다가 뒤늦게 상황을 알아차리고 다시 방으로 들어왔다.

"그 소리들은 다 뭐야?" 애덤이 물었다. "내 몸에서도 그런 소리가 나는데."

'몸 안에서?' 그 말이 이상하다는 것을 마음 한쪽에 담아둔 채, 행성들의 소리를 듣고 있었다고 애덤에게 설명해주었다.

"아, 그렇구나." 애덤은 마치 오늘이 수요일이라는 말을 들은 듯 태연하게 고개를 끄덕였다. 그러더니 뒤돌아 방에서 나가기 전에 이렇게 덧붙였다. "그건 앰플비야." (애덤은 발음을 어려워한다. 지금까지 수십 년을 연습했는데도 나는 종종 아이의 말을 이해하지 못한다.)

"잠깐," 내가 말했다. "방금 뭐라고 했어? 앰플비…?"

"응," 애덤이 말했다. "항상 똑같은 앰플비를 보내잖아. 항상."

한 친구가 합류했다. "애덤, 우리가 알아들을 수 있게 한 번만 다시 말해줄래? 우리가 이런 걸 잘 못해서 말야."

* 넓적하고 둥근 모양의 그릇으로 명상 수행 시 그 표면을 두드려 소리를 내는 도구 -옮긴이.

애덤은 참을성 있게 미소 짓더니, 전화기를 표현하려는 듯 자기 손을 귀에다 갖다 대고 엄지와 새끼손가락을 펼쳐 보였다. "앰-플-비!" 애덤이 또렷하게 외쳤다. "전화!"

"아, 메시지!" 우리가 한목소리로 말했다.

애덤이 환한 얼굴로 끄덕였다. "맞아!"

그 말을 알아들었다는 것이 너무 기뻐서 하마터면 물어보는 것을 잊어버릴 뻔했다.

"애덤, 잠깐만! 그러니까 행성들이 우리에게 메시지를 보내고 있다는 말이야?"

"응." 내가 그것을 몰랐다는 것이 놀랍다는 표정으로 애덤이 말했다. "항상."

"그 메시지가 어떤 내용인데?" 한 친구가 물었다.

애덤은 그걸 모르다니 참 딱하다는 듯이 고개를 저으며 말했다. "우리가… 안전하다고."

우리는 더 큰 무언가에 속해 있다

불안이 들이민 거울의 집에서 길을 잃었을 때, 이런 말은 너무도 터무니없게 들린다. 우리 삶 곳곳에서, 지구 곳곳에서 크고 작은 재앙들이 일어나고 있는데, 어떻게 우리가 안전할 수 있을까? 우리 모두 태어나는 순간부터 죽음을 향해 나아가는데, 도대체 어떻게 안전하다고 할 수 있을까? 엔트로피가 지배하는 이 우주에서 '나'라고 불리는 이 연약한 존재가, 정말 안전할 수 있을까?

그럼에도 불구하고, 우리는 깨어날 수 있다.

이 몸이 곧 내가 아니며, 내가 느끼는 불안이 곧 나 자신은 아니기 때문이다. 자연의 지성은 나의 사명, 나만의 창의적 천재성을 더 큰 전략의 일부로 삼는다. 우리의 집단적인 전前의식, 도道, 힘the Force, 자연의 지혜라고 부를 수 있는 어떤 지성은 지금 이 순간에도 전 세계에서 하나의 퀼트를 짜듯 얽히고 있다. 그리고 그 안에서 나의 사명은, 여러분의 사명은 분명 중요한 일부를 이룬다. 이것을 명확히 정의하기는 어렵지만, 우리는 그것을 경험할 수 있다. 사실 이것이야말로, 우리가 불안을 넘어 도달하려는 상태다.

불안을 지나면 무엇이 우리의 정신과 시간을 채울까? 완전한 몰입. 현재에 대한 충만한 집중. 그리고 우리 안의 참된 자아가 가져오는 자연스러운 평정심이 그 자리를 대신하게 된다. 그 지점에 이르면, 우리는 알게 된다. 나란 존재가 창조의 필수 요소임을. 우리는 소속되어 있다. 소속되지 않을까 두려워하는 그 부분까지 포함해서, 우리 전체는 언제나 소속되어 있다.

우리는 단단히 뭉쳐진 불안의 공으로 살아가는 대신, 열린 자세로 자신의 창의성 안으로 들어가기를 택하고, 결국 우리가 창조 자체와 밀접하게 어울리고 있다는 것을 깨달을 수 있다. 우리는 움켜쥐었던 것을 놓아버리고 녹아들 수 있다. 이렇게 해서 우리 모두가 함께, 새롭게 피어나는 하나의 거대한 사랑의 힘을 이룬다.

이것이 세상을 구할 수 있을까? 솔직히 나도 모른다. 어쩌면 지금 나는, 오직 한 곳에 초점을 맞춘 기나긴 꿈속에서 이 책 전체를 상상하고 있는 것일지도 모른다. "두비토, 에르고 숨$^{Dubito,\ ergo\ sum}$. 나는 의심한다. 그러므로 나는 존재한다." 내가 알 수 없다는 사실을 알고 있는 내 마음은 열려 있다. 나는 지금 여기서 내 갑옷을 벗는다. 그리고 나는 이것이 역사상 가장 위태로운 시기에, 우리에게 필요한 딱 한 가지라고 믿는다. 평온함, 호기심, 창의성을 지키며 준비하고 있으라고 말이다. 그 준비를 돕기 위한 시각화 연습 활동을 소개한다.

새로운 기술

어느 순간에도 평온함을 유지하기

1. 이 책에서 배운 요령들을 사용해서 평온한 상태에 들어간다. 조금 더 시간을 들여서 내 중심의 참나와 연결된다. 불안이 느껴지는 부분마다 '친절한 내면 대화^{KIST}'를 건넨다.

2. 내가 통제하기가 어렵거나 불가능하다고 판명된 것—질병, 노화, 전쟁, 불의, 사랑하는 누군가의 행동—임에도 몹시 통제하고 싶은 것을 떠올린다.

3. 내가 몸에서 빠져나와 천장을 뚫고 대기 속으로 올라가는 모습을 상상한다. 그리고 나를 괴롭히는 그 문제를 멀리서 내려다본다. 차분히 머문다.

4. 나의 내면에 있는 모든 부분에게 친절하게 말한다. "우리는 이 상황을 통제할 수 없어."

5 불안이 일어나는지 살펴본다. 만약 불안감이 느껴진다면, '친절한 내면 대화KIST'를 더 건넨다. ("네가 안녕하기를. 네가 행복하기를…")

6 규칙적으로 심호흡하며 찬나에 머물면서 내 모든 내면 부분에게 말한다. "이 상황을 통제하지 못해도 **정말 괜찮아**. 이것을 통제할 **필요**는 없어." 이 생각이 스며들도록 허락한다.

7 저항이 일어나는지 살펴본다. 어떤 부분 하나가 저항하고 나선다면(예. 아니야! 나는 이걸 반드시 통제해야 해!), 부드러운 태도로 이렇게 일깨운다. "하지만, 있잖아, 우리는 이걸 통제할 수 없어."

8 주어진 상황을 통제할 수 없다는 사실을 차분히 받아들였다면, 우주가 지닌 '마법의 암탉'(8장 참조), 포스, 도道, 그밖에 내가 창조를 지칭할 때 부르는 그 대상에게 한 가지를 제안한다. 이 제안을 믿을 필요는 없다. 다만 이렇게 말하는 동안 평온함을 느끼면 된다. 그 제안은 다음과 같다.
"필요하다면 이 상황에서 행동할 준비가 되어 있어. 상황이 달라졌으면 해. 이를 위해 나는 기꺼이 모습을 드러내고 최선을 다할 의지가 있어. 네가 언제 어떻게 보탬이 될 수 있는지 알려주길 부탁해."

9 한 번 더 심호흡하고 손과 발을 털어낸다. 그리고 내가 즐기는 일을 하러 간다. 아까 고민했던 문제를 몽땅 내려놓을 수 있는지 살펴본다. 만약 그렇다면, 더는 할 것이 없다! 하지만 아직 내려놓을 수 없다면 다음 단계로 넘어간다.

10 걱정거리를 내려놓지 못하겠다면 이렇게 말한다. "이 문제에 대한 통제 욕심을 내려놓을 수 없다는 그 사실만큼은 통제할 수 없어." 그리고 내가 통제할 수 없는 그것을 내려놓지 못한다는 점을 가지고 이 연습 활동 전체를 반복한다.

11 주의를 기울인다. 긍정적인 행동에 나설 기회가 나타날지도 모른다. 주변에 보이는 어떤 아이디어나 상황이 계기가 될 수도 있다. 그런 계기들이 눈앞에 나타나면 가장 마음이 편안해지는 것을 택해서 실행한다.

깨어남을 경험하기 시작하면 '참나의 임계치'를 항상 유지할 수 있다. 이 말은 곧, 평온함을 얻고 싶을 때 찾아갈 장소가 늘 존재한다는 뜻이다. 이 말은 인간과 동물 등 다른 존재의 뇌까지도 고요하게 가라앉힐 수 있다는 뜻이다. 이 말은 세상이 의외의 방식으로 나와 협력한다는 뜻이다. 그리고 이 말은, 내가 세상에 보탬이 될 수 있다는 뜻이기도 하다. 이러한 일이 실제로 일어날 때, 내 창의적인 마음은 내 안의 모든 불안을 따뜻하게 껴안는다. 그리고 광란이 고요함에 다다를 때까지 침착하게 기다리면서 오직 나만의 진실이 흘러가는 방향을 따라가게 된다.

내 안에서, 나를 통해, 나를 위해서 작동하는 그것을 느껴보자.

이것이 바로 **릴라**, 즉 의식의 활동이다. 의식은 물질을 선택해 잠시 어떤 형태를 이루었다가, 다시 그것을 떠난다. 이 의식은 물질의 장에서 춤을 추듯 움직이며, 인간이 아는 것보다 훨씬 더 아름다운 방식으로 우리의 몸과 조화를 이룬다. 이 의식은 과거 그 어떤 세대보다도 잠재력을 펼치며, 가능성을 끝까지 확장해 가는 세대의 모습으로 나타난다. 이 의식은 놀라운 기술을 활용한 뒤 유레카 효과로 도약하여, 어떤 문제든 한 번 생각해내면 더 이상 놀랍지 않을 정도로 자연스럽게 해결한다. 이것은 자유자재로 형태를 바꾸며 복잡한 알고리즘을 작동시키는 유기적 지성으로서, 자연 전체, 지구 전체의 생명력 그 자체다.

생명의 진정한 기적은 바로 이것이다. 깨어난 생명은 치유의 힘을 발휘한다. 나는 여러분이 이 말을 믿을 뿐 아니라 삶에서 체험했으면 한다. 전혀 비틀거리지 않고 단번에 이룰 수는 없겠지만, 자기가 지닌 착각들을 일관되고 꾸준하게 놓아버릴 수는 있다. 모든 세포가 '나는 안전해'라는 메시지를 느낄 때가 올 것이다. 불안을 넘어서서 살아가면 찢기고 구멍 난 마음이 치유되고, 평화와 즐거움 그리고 다른 모든 존재와 자유를 나누고 싶다는 욕구로 가득 찰 것이다.

그러니 이제 밤하늘에서 내려다본 지구를 상상해보자. 곳곳의 불빛이 점점이 움직이고, 무리를 짓고, 넓게 퍼져 나가고, 서로 연결되는 모습을 그려보라. 그 불빛을 사용하는 사람들 주변으로 전파, 디지털 의사소통, 전자기와 같은 다른 형태의 에너지들이 흐르고 있다. 우리 모두는 서로 겹치는 에너지와 물질의 장이며, 끊임없이 번쩍거리며 움직이는 존재들로서, 세계라는 마법의 베틀 위에서 한데 녹아드는 거대한 하나의 무늬를 엮어가고 있다.

불안을 넘어설 때—그토록 많은 비탄을 일으키는 거짓말들을 거부할 때—우리가 발견하는 것은 생명의 마법만이 아니다. 우리는 곧, 우리

자체가 그 마법임을 알게 된다. 의식이 물리적 형태 안에 머무는 한 그것은 움직이고, 행동하며, 생각하고, 스스로 부서진 부분을 회복하려 한다. 이것이야말로 진정한 마법이다. 삶이 안겨주는 슬픔과 고통 속에서도 여러분과 내가 치유될 수 있다는 사실, 그 자체가 마법 같은 일이다. 우리는 이 '마법'을 활용해 하나의 종으로서 치유되고, 용기와 호기심에 연결됨으로써 경직된 구조 없이도 조화롭게 협력할 수 있다. 나아가 우리는, 함께 손을 잡고 우리의 터전인 지구를 치유할 수 있다. 두려움에 지친 우리는 마침내 불안을 넘어서기로 결심했고, 지금, 작고 분주한 신피질처럼 지구 위를 부지런히 움직이고 있다.

우리가 지구의 '뇌'라면, 지금 그 뇌가 잠에서 깨어나고 있는 것이다.

불안을 멈추는 기술

1판 1쇄 인쇄 2025년 9월 5일
1판 1쇄 발행 2025년 9월 10일

지은이 마사 벡
옮긴이 김미정

발행인 양원석 **편집장** 최두은 **책임편집** 이현진
디자인 조윤주, 김미선 **영업마케팅** 윤송, 김지현, 최현윤, 백승원, 유민경

펴낸 곳 ㈜알에이치코리아
주소 서울시 금천구 가산디지털2로 53, 20층 (가산동, 한라시그마밸리)
편집문의 02-6443-8844   **도서문의** 02-6443-8800
홈페이지 http://rhk.co.kr
등록 2004년 1월 15일 제2-3726호

ISBN 978-89-255-7327-4 (03190)

※ 이 책은 ㈜알에이치코리아가 저작권자와의 계약에 따라 발행한 것이므로
  본사의 서면 허락 없이는 어떠한 형태나 수단으로도 이 책의 내용을 이용하지 못합니다.
※ 잘못된 책은 구입하신 서점에서 바꾸어 드립니다.
※ 책값은 뒤표지에 있습니다.